ro
ro
ro

Kirsten Fuchs, 1977 in Karl-Marx-Stadt (heute Chemnitz) geboren, gewann 2003 den renommierten Literaturwettbewerb Open Mike. Zwei Jahre später veröffentlichte sie ihren viel gelobten Debütroman «Die Titanic und Herr Berg». Es folgten «Heile, heile» und «Mädchenmeute», für das sie den Deutschen Jugendliteraturpreis erhielt. 2022 wurde Kirsten Fuchs mit dem W.-G.-Sebald-Literaturpreis ausgezeichnet.

«Eine große, sprachwitzige Geschichte über das Unterwegssein in der Welt.» BR Bayern 2

«Kirsten Fuchs ist eine Meisterin in der Konstruktion einzelner Szenen und komischer Pointen. Schlagfertig, schnodderig, krawallig gehen daher auch die Mädchen miteinander um.» FAZ

«Lesen! So geht das! ... Es ist dieser süchtigmachende Sprachsound, der diese reife und spannende Geschichte so einzigartig macht.» Badische Zeitung

«Kirsten Fuchs schreibt zart und ruppig, einfühlsam und pointiert, und die Figuren sprechen und handeln so echt und liebenswert, dass man sie schon nach wenigen Seiten nicht mehr hergeben will.» RBB Kulturradio

«Fuchs gehört zu den talentiertesten Autorinnen des Landes. Von ihr lernt man, dass das Leben gar nicht so schlecht ist, wenn man dem schnöden Alltag mit viel Humor begegnet.» Stern

«Diese Sprache produziert eine Energie und eine Lebendigkeit, die in der deutschen Gegenwartsliteratur ihresgleichen sucht.» Der Spiegel

Kirsten Fuchs

Mädchen-
meuterei

Roman

Rowohlt
Taschenbuch Verlag

Veröffentlicht im Rowohlt Taschenbuch Verlag, Hamburg, Mai 2023
Copyright © 2021 by Rowohlt · Berlin Verlag GmbH, Berlin
Covergestaltung Cordula Schmidt Design, Hamburg,
nach einem Entwurf von Anzinger und Rasp, München
Coverabbildung Julia Blackshaw Art
Satz aus der Adobe Garamond
bei Pinkuin Satz und Datentechnik, Berlin
Druck und Bindung GGP Media GmbH, Pößneck
ISBN 978-3-499-27504-3

Nach dem Sommer, in dem ich wuchs, kam der Herbst, in dem ich schrumpfte. Es war kein wirkliches Schrumpfen. Ich knickte einfach ein.

Und alle dachten, ich wäre jetzt anders.

Ich war jetzt Charlotte Nowak, die war mal aus einem Camp abgehauen, die hatte mal ein Auto geklaut und Hunde noch dazu, und dann hatte sie im Wald gelebt. Charlotte, die weggelaufen war. Hatte ich ja nicht allein gemacht. Sondern mit den anderen Mädchen zusammen. Dann waren noch drei Jungs dazugekommen, einer davon Jurek, den hatte ich geküsst.

Ich hatte nicht nur einen Freund, sondern auch noch einen Hund. Kajtek, denn den durfte ich nach der ganzen Geschichte behalten. Obwohl er erst seit einem Vierteljahr bei mir lebte, war er in der Zeit so gealtert, als wären Jahre vergangen. Die Tierärztin sagte, dass er Alzheimer habe. Er hörte und sah nicht mehr gut und lief oft ratlos herum. Dann brachte ich ihn ganz langsam in sein Nest und half ihm, sich hinzulegen. Ich zerkleinerte sein Futter, und bevor ich morgens zur Schule ging, zog ich ihm eine Windel an. Ich kümmerte mich gern um ihn, und es war mehr Verantwortung, als ich jemals vorher gehabt hatte.

Klar dachten alle, ich wäre jetzt reifer, irgendwie größer, genau wie sie sich vorher sicher waren, ich sei noch nicht so reif und nicht so groß. Ohne die anderen, mit denen ich im Wald gelebt hatte, war ich aber nur ich. Ohne den Wald war ich einfach zu Hause oder in der Schule. Ich badete an keiner Talsperre, sammelte keine Pilze, legte keinen Tunnel trocken und versteckte mich nicht vor der ganzen Welt. Ich war in meinem

Alltag keine Abenteurerin, kein bisschen, und ich war es auch vorher vielleicht nicht gewesen, denn wenn man eine Abenteurerin ist, dann geht man los und will meinetwegen einen Tiger erlegen. Aber ich war einfach losgegangen und hatte zufällig einen Tiger getroffen. So in der Art. Das interessierte die Leute aber so genau gar nicht. Tiger war Tiger.

Jetzt, wo ich berühmt war, schmissen sich lauter Mädchen an mich ran und wollten mit mir befreundet sein. Aber ich hatte genug Freundinnen, wir waren nur leider nicht zusammen, weil alle woanders wohnten. Rike war in Moabit, Antonia in Röntgental, Anuschka in Milchfelsen. Freigunda war ganz weit weg. Sie war ins Mittelalter zurückgekehrt und irgendwo unterwegs mit ihrer riesigen Familie, die als fahrende Leute im Bauwagen lebte. Yvette lebte absurd reich in Kleinmachnow. Und Bea, die mir von allen am wichtigsten war, wohnte in Potsdam. Aber da war sie nie angekommen. Sie war seit einem Vierteljahr verschwunden.

Ich hatte sie nach unserem Abenteuer im Sommer das letzte Mal an einer Weggabelung gesehen. Ich hatte den Forstweg genommen, und sie war ein Stück auf einem verwilderten Weg gelaufen und dann im Dickicht verschwunden. Sie war vermisst, und ich vermisste sie. Sie war von allen Mädchen, mit denen ich den Sommer verbracht hatte, die Wichtigste für mich gewesen. Erst weil ich sie einfach gut fand, weil sie so frei war und geheimnisvoll. Dann weil sie mir als Einziger vertraute. Und dann noch weil sie mich dazu brachte, ein bisschen wie sie zu sein. Aber als sie weg war, fiel ich einfach, genauso tief, wie ich mich hochgestreckt hatte, wieder runter. Als wäre Bea meine Rankhilfe gewesen. Ich war gar nicht gewachsen, nur gerankt. Wenn man so lang ist wie ich, dann kann man gut einknicken und sich dann eigentlich auch gleich einrollen. Jetzt lag ich eingerollt zu Hause rum und wartete auf irgendwas.

So konnte es doch nicht weitergehen. Und so ging es dann ja auch nicht weiter.

Wir liefen wieder weg. Und wir liefen sogar noch weiter weg. Wir liefen aus dem Hafen aus.

Wir wollten erst Bea retten, dann die Tiere und dann die Welt. Na klar, Bea retten – als ob die sich retten lassen würde. Dann schon eher die Welt!

Zum Herbstanfang war mein sechzehnter Geburtstag, und ich konnte wesentlich mehr Leute einladen als nur bloß Severine, die mir bis dahin auch immer gereicht hatte als beste Freundin, einfach weil sie eine verdammt gute beste Freundin war. Aber jetzt hatte ich auf einmal ganz viele Freundinnen, und es kamen auch fast alle zu meinem Geburtstag, obwohl es ein Mittwoch war, aber am Wochenende hatte Oma Siebzigsten, und sie hatte eine Übernachtung für die ganze Familie in einem Hotel gebucht. Ich war sehr glücklich, dass trotzdem fast alle kamen. Yvette und Rike und Antonia. Die wohnten ja nicht so weit entfernt. Freigunda kam natürlich nicht. Das Mittelalter war zu weit weg. Aber sogar Anuschka war da, trotz des weiten Weges. Ihr Vater brachte sie und fuhr sie wieder zurück. Und Jurek war auch da. Sogar Matheo und Ole. Sie waren extra alle drei den weiten Weg mit Matheos Auto gefahren, und nachts fuhren sie wieder zurück, aber ich wurde immerhin sechzehn. Das kleine Volljährig.

Meine Mutter hatte mir als Geschenk eine Liste ausgedruckt, was ich jetzt mit sechzehn alles durfte. Hinter jeden Punkt hatte sie Anmerkungen geschrieben.

Ich durfte in den Ferien länger arbeiten und sowieso mehr Geld verdienen. Mama: «Ferienjob bei Blitzeblank Nowak & Nowak?»

Das war die Putzfirma meiner Eltern. Das hätte sie wahrscheinlich wirklich gerne, aber nur weil sie nie Urlaub machten, musste ich doch nicht auch in den Ferien arbeiten.

Ich durfte ein Konto eröffnen. Mama: Daumen hoch!

Ich durfte wählen. Mama: Daumen hoch!

Ich durfte nicht mehr zum Kinderarzt. Mama: «Frau Nimmesgern.» Weinender Smiley. Ich mochte meine Kinderärztin.

Ich durfte ohne Eltern verreisen. Mama: «Mit unserer Zustimmung. Die Antwort ist: vielleicht. Nicht so weit weg!»

Meine Geburtstagsfeier fing mit Schlittschuhlaufen an. Das war schön, also eigentlich, denn erstens fehlten Bea und Freigunda, und zweitens gab es noch einen anderen Grund für eigentlich. Als wir gerade dabei waren, die ausgeliehenen Schlittschuhe anzuziehen (bis auf Yvette, die hatte eigene), summte mein Handy. Am Geburtstag summt ständig das Handy. Es waren sogar zwei Nachrichten. Eine von Oma, die immer absurde Sachen schickte. Wo bekam sie die immer her? Gab's extra eine App mit absurden Fotos für Omas? Sie schickte ein Foto von einem Igel in einem Eisbecher. Der Igel hatte eine Sonnenbrille auf, und in seiner Sprechblase stand: «Cool, du hast Geburtstag!»

Die andere Nachricht war von, ich musste draufstarren, als würde ich es mit den Augen anfassen, von, echt? Von Bea. Zumindest war sie so unterschrieben, etwas verschlüsselt, aber erkennbar. Ich war erst mal überrascht, dass sie wusste, wann ich Geburtstag habe. Es war ein Satz und ein Video. 2:30 Minuten. Sie schrieb: «Niemandem von der Nachricht etwas sagen. BpunktEpunktApunkt.»

Bevor ich das Video ansehen konnte, zog mich Jurek von der Bank hoch. «Komm, 'ne Runde auf den Arsch fallen.».

An dem Tag begann das mit meinen Händen. Sie juckten erst nur. Nicht nur die Hand, die Jurek festhielt. Die andere auch.

Wir lachten alle viel, Rike und Ole blödelten richtig viel rum, Antonia bekam Schluckauf vor Lachen, Anuschka konnte richtig gut Schlittschuhlaufen, und alles war eigentlich schön. Aber ich war nicht hundert Prozent dabei, habe nur fünfzig Prozent mitgelacht. Auf dem Weg zur Eishalle hatten wir noch über Bea gesprochen, und niemand hatte etwas von ihr gehört. Alle waren beunruhigt, und jetzt bekam ich eine Nachricht von ihr, wenn sie von ihr war. Vielleicht war sie auch gar nicht von ihr. Und ich sollte nichts sagen. Was war das für ein Video? Sang sie einfach Happy Birthday, oder erzählte sie mir, wo sie war? Was sollte ich dann tun? Und schon flog ich wieder auf den Arsch.

«Rutschige Angelegenheit!», lachte Jurek. Wir küssten uns, aber ich küsste nicht hundert Prozent. Meine Hände juckten immer doller. Ich schupperte mit den Handschuhen. «Zieh sie doch aus», hatte Jurek vorgeschlagen und seine Handschuhe ausgezogen. So kalt war es wirklich nicht in der Eishalle. Ich zog einen Handschuh aus, sah, dass ich Pusteln bekommen hatte, zog den Handschuh wieder drüber. «Ich find's kalt», und schon flog ich wieder auf den Arsch.

Ich war keinen Moment alleine, um mal die Nachricht von Bea anzuhören. Ich war mir sicher, dass die Nachricht von ihr war, auch wenn ich die Nummer nicht kannte, aber ich hatte sowieso noch nie ihre Handynummer gehabt. Wenn sie schlau war, hatte sie sich sowieso eine neue Nummer zugelegt. Sonst hätte man sie schon längst gefunden. Ich schupperte so doll mit den Fleecehandschuhen an den juckenden Händen, dass sie anfingen zu brennen. Die Handschuhe ließ ich auch auf dem Heimweg an, behauptete, dass mir kalt sei. Es war nicht kalt.

Wir fuhren mit dem Bus zu mir. Gute Stimmung! Tolle Freunde! Endlich sechzehn! Juhu! Außerdem Hände wie ein Ameisenhaufen und ein Video von BpunktEpunktApunkt.

Zu Hause auf dem heimischen Klo konnte ich mir meine Hände ansehen. Feuerwehrrot vom Kratzen, richtig tatütata, und dann noch so rote Flecken, unterschiedlich groß, dunkelrot. Die Rötung ging ein bisschen von kaltem Wasser weg, die Flecken blieben. Ich drehte den Wasserhahn ganz auf, damit das Wasser richtig laut rauschte. Dann sah ich mir endlich das Video an. Es war von Bea. Sie war nicht zu sehen, aber ihre Stimme war zu hören. Ein Geburtstagsgruß war es jedenfalls nicht. Das Video war in einem Auto aufgenommen, nur aus dem Fenster gefilmt. Bea redete mit einem Mann. Die Landschaft sah aus wie eine Wüste. Weit weg.

Ab da war ich auch weit weg.

Das zog mir die letzten Prozente Aufmerksamkeit ab. Prozentrechnung, dieses Kuchenaufteilen. Erst war wenigstens noch der halbe Kuchen auf meine Gäste konzentriert, dann nur noch ein Viertel, dann war nichts mehr vom Geburtstagskuchen übrig.

Die ganze Zeit hatte ich die Handschuhe angelassen, obwohl ich schwitzte. Ich zog einen Pulli drüber, damit man das nicht so sah, und schwitzte noch mehr. Alle waren sich sicher, dass ich krank war, und verabschiedeten sich mit «Gute Besserung!». Jurek küsste mich, obwohl er sich anstecken konnte. «Ein bisschen Risiko muss sein. Sonst isses ja langweilig.»

Dann waren alle weg. Meine Mutter machte mir Tee und sagte, dass ich am nächsten Tag zum Arzt gehen sollte, aber nicht mehr zum Kinderarzt, weil sechzehn. Es gongte zur Tagesschau, und meine Eltern begrüßten es, dass ich müde war und schlafen ging, denn gleich kam irgendein Film über die DDR oder aus der DDR. Den wollten sie unbedingt sehen. Papa trug mir noch Kajtek hoch, der nicht mehr die Treppen raufkam, obwohl Papa ihn nachher wieder runtertragen musste, aber ich hatte Geburtstag und wünschte mir, dass Kajtek bei mir war. Ich bekam noch eine Tiefkühllasagne gemacht und aß direkt aus der Alupackung. Während ich aß, zog ich mir im Bett das Video von Bea immer wieder rein, bis ich es auswendig konnte. Jedes Detail.

Video 1

Motorengeräusch. Wackelbild. Aus einem fahrenden Auto gefilmt. Unten ocker oder rötlich, Geröll oder Sand. Sträucher. Darüber hellblau, weiß, Himmel und Wolken. Dazwischen weiche Berge, hellbraun wie ein Kamelhöcker am anderen.

Der Himmel größer als die Erde.

Die Perspektive erhöht. Ein L K W.

«Was filmst du denn da?» Eine Männerstimme.

«Ich film die Blüten, die hier wachsen.» Beas Stimme.

Die Kamera zoomt in die Landschaft. Jetzt werden alle Farben aus dem Tuschkasten gebraucht, denn überall sind Tupfer zu erkennen: Gelb – neon- und sonnenblume –, Rot – dunkel, hell, rosa – und Grün – hell, petrol-, jedes Grün. Und Orange und Weiß. Viel Weiß.

Viele der Blüten flattern in den Sträuchern, an einem Strauch vier verschiedene Blüten.

«Was'n für Blüten? Meinste die Mülltüten?» Die Männerstimme.

«Die Müllblüten der Wüste, genau.» Beas Stimme.

Seine Stimme: «Ja, die werden irgendwo weggeworfen, kilometerweit entfernt. Dann bringt der Wind die her, und sie bleiben hier hängen und versauen die Landschaft. Dabei wohnt hier überhaupt niemand.»

Endloses Motorengeräusch, endlose Wüste, endlose Müllblüten.

Seine Stimme: «Das ist übrigens keine Wüste. Das ist eine Hochebene.»

Endlose Hochebenen. Doch nicht endlos. Video zu Ende.

Ich knüllte die leere Alupackung der Lasagne zusammen und warf sie vom Bett aus in meinen Mülleimer.

Bea redete ganz locker mit dem Mann. Das war also eher

keine Entführung. Ich tippte darauf, dass der Mann ihr Vater war. Der war LKW-Fahrer. Das hatte Bea mir im Sommer erzählt und auch, dass sie seit Jahren keinen Kontakt zu ihm hatte. Ihre Eltern waren schon ein paar Jahre geschieden, und ihr Vater hatte sich seitdem eher selten gemeldet. Nicht dass er vorher viel da gewesen war. Da war er ja auch schon LKW-Fahrer gewesen. Trotzdem fand sie ihn besser als ihre Mutter, was vor allem daran lag, dass sie sich mit ihrer Mutter wirklich gar nicht verstand. Wenn ich es richtig begriffen hatte, wollte ihre Mutter so unglaubliche Dinge von ihr, wie dass Bea regelmäßig zur Schule geht und nicht so viel Scheiße baut. Klar, so krasse Sachen wollte ihr Vater nicht von ihr. Der war ja gar nicht da. Mir fiel noch was ein, was ihre Mutter von Bea wollte. Bea sollte sich am Knie operieren lassen, weil es sonst für immer kaputtginge. Aber Bea hatte was gegen Krankenhäuser, überhaupt gegen Räume eigentlich, aber vor allem gegen Krankenhäuser. Sie hatte ein schlimmes Erlebnis gehabt, ein Fahrradsturz, eine Nacht heulend auf Hilfe warten und dann Krankenhaus. Das war auch alles wegen ihres Knies passiert. Aber weggelaufen beziehungsweise mit dem Fahrrad abgehauen war sie, weil ihre Mutter ihr gesagt hatte, dass sie sich scheiden lassen wollte. Seitdem lief Bea eigentlich ständig weg und erlebte dabei ziemlich abgefahrene Sachen. Leider hatte sie nicht so oft Lust gehabt, davon zu erzählen, aber ein bisschen was wusste ich, zum Beispiel von diesem Reiterturnier, an dem sie teilgenommen hatte, obwohl es nur für Männer erlaubt war. Das hatte sie sogar gewonnen. Dann war sie jetzt also zu ihrem Vater abgehauen. Aber wieso hatte die Polizei ihn nicht gefragt, ob seine Tochter bei ihm ist? Oder hatten sie ihn gefragt, und er hatte gelogen? Und wo fuhren die rum, die beiden?

Ich googelte nach Hochebene. Während ich durchlas, was eine Hochebene ist, kratzte ich an meinen Händen, aber nur ganz vorsichtig. Ich wollte nicht wieder so knallrote Feuerwehrpfoten bekommen. Wenn ich nicht so doll kratzte, ging es hoffentlich einfach wieder weg. Aber diese Flecken sahen nicht aus, als ob sie so schnell wieder verschwinden würden, wie sie gekommen waren. Sie waren inzwischen recht groß, und jeder Fleck sah anders aus, wie Umrisse von Ländern. Eine richtige Landkarte. Wo auf diesen Flecken auf der Welt bist du, Bea?

Das Internet wusste, dass es in Europa Hochebenen gab, aber auch in Asien, Afrika und Amerika.

Ich schrieb ihr eine Nachricht: *Wo bist du?*

Klare und knappe Fragetechnik. Das konnte ich, weil ich sowieso nie viel redete und weil ich gern online solche Detektivrollenspiele machte, sehr erfolgreich sogar. Im Sommer hatte ich sogar einen richtigen Fall gelöst. Also würde ich doch wohl rausbekommen, wo Bea war. Meine Nachricht wurde versendet, graue Haken und dann empfangen, blaue Haken. Wenn Bea meine Nachricht um die Uhrzeit bekam, war sie also noch wach. Ein zweiter Hinweis. Sehr gut.

Ich fertigte eine Liste an. Als Erstes strich ich Europa, denn die Hochebenen hier sahen nicht aus wie Wüsten. Dann recherchierte ich und rechnete aus, wie spät es überall war. Asien konnte ich auch streichen. Da war es überall Nacht. Klar konnte Bea trotzdem wach sein, aber in Indien war es null Uhr fünfzig, in Laos und Thailand sogar schon fast halb drei.

In Osttimor war es zwischen vier und fünf Uhr nachts, fast schon wieder Morgen. Im Iran könnte sie noch gut wach sein. Da war es gerade mal kurz vor dreiundzwanzig Uhr, aber da konnte man doch nicht einfach so einreisen. Das ergab so keinen Sinn. Theoretisch konnte Bea zu jeder Zeit wach sein. Ich änderte meine Taktik und recherchierte über die Einreisebestimmungen der einzelnen Länder. Amerika, Iran, Tibet flogen auf jeden Fall raus. Eigentlich musste man für jede Einreise seinen Pass vorzeigen, und wenn ein als vermisst geltendes Mädchen seinen Pass zeigte, da müsste doch irgendwo eine rote

Lampe angehen, und die Flughafenpolizei käme angerannt. Ich ging noch mal die Liste der Länder durch und strich alles, wohin man fliegen musste. USA, Mexiko, Ecuador, Brasilien, Peru und Argentinien. Das war eine Bauchentscheidung. Als Detektivin brauchte man auch ein bisschen Instinkt. Mit dem Zug konnte sie gefahren sein. Oder sie war mit einem Schiff gefahren. Ich kam so nicht weiter.

Ich drehte die Landkarte auf meinen Händen hin und her. Die Länder juckten alle. Nicht kratzen. Davon würden sie größer werden. Dann würden aus meinen kleinen Hand-Ländern ganze Hand-Reiche werden.

Wo bist du?, schrieb ich noch mal. Das Senden dauerte, ein Häkchen, noch ein Häkchen, ein Häkchen blau, noch ein Häkchen blau.

Oben stand: Bea schreibt. Sie schrieb ziemlich lange. Konnte aber auch heißen, dass sie alles wieder löschte und noch mal schrieb oder eingeschlafen war, immerhin war es bei ihr vielleicht bis zu acht Stunden später.

Pling. *Kann ich dir nicht sagen. Bitte alles für dich behalten.*

Für mich behalten, also geizig und reich gleichzeitig. Ich musste niemand was abgeben. Alles meins. Ich konnte es Kajtek erzählen, der aber gerade friedlich schlief, und wenn er schlief, dann war das gut, dann lief er nicht hin und her. Mama nannte das «Tippeln», und Kajtek tippelte manchmal stundenlang. Er schlief oder lief. Meine Hände machten mich wahnsinnig. Alles für mich behalten war ja mein Haupttalent, und Bea hatte sich von allen Mädchen, mit denen wir abgehauen waren, ausgerechnet mit mir ... angefreundet ist nicht das richtige Wort ... abgegeben. Einfach weil ich die Klappe hielt. Da könnte sie auch mit einem Baumstumpf befreundet sein. Der hatte sogar noch den Vorteil, dass man drauf sitzen konnte, wenn man wollte. Das stimmte nicht. Das wusste ich auch. Obwohl Bea am liebsten nichts über sich erzählte, hatte sie mir dann ja doch ziemlich viel erzählt. Die Sache mit dem Knie und dass sie schlecht in Räumen sein konnte. Ich mochte sie dadurch noch lieber, also mochte sie überhaupt. Vorher hatte ich sie eher so angehimmelt, aber dann war sie zu mir herabgestiegen. Das klingt vielleicht Stulle. Als wäre ich bloß ein kleiner Wurm. Nein, im Sommer war ich mir sicher gewesen, dass wir befreundet sind. Jetzt dachte ich wieder, dass ich sie toller fand als sie mich. Vermutlich weil sie es einfach war. Sie machte einfach immer, was sie wollte.

Aber warum schickte sie mir so ein Video? Warum hatte sie nicht einfach alles für sich behalten? Warum zog sie mich mit rein? Jetzt hatte ich den Scheiß! So was von! Ich müsste eigentlich sofort die zwei Polizistinnen anrufen, die mich zweimal befragt hatten, weil ich Bea als Letztes gesehen hatte. Ich sollte ihnen sofort sagen, wenn sich Bea meldete.

Ich kratzte an meinen Händen herum. Gut, dass Bea nicht geschrieben hatte, wo sie war. So wusste ich es immerhin nicht. Ich rollte mich unter der Zudecke ein, versuchte zu schlafen.

Kajtek wurde wach und begann zu tippeln. Wenn er tippelte, konnte es bedeuten, dass er mal musste. Er lief hin und her, als suchte er den Sinn des Lebens. Er fand ihn nicht in der einen Zimmerecke und nicht in der anderen, aber dann dachte er, dass der Sinn des Lebens vielleicht unterm Tisch war, also suchte er da. Dabei hechelte er. Motorische Unruhe hieß das. Kann man nichts machen, sagte die Ärztin. Wenn man so jemand in seiner Nähe hatte, wurde man selber unruhig. In der Situation gab es ja nichts zu tun, außer es auszuhalten. Als hätte der Sensenmann schon mal die Tür aufgemacht und gesagt: «Die bleibt jetzt offen, bis es vorbei ist», und es zog kalt rein. Die Tierärztin sagte, dass es ihm sonst gutgehe. Das sei eben so.

«Papaaaaa!», rief ich, und er kam die Treppe hoch, trug Kajtek runter und ging mit ihm raus. Danach trug er ihn wieder zu mir hoch, weil ich ja immer noch Geburtstag hatte.

«Vielleicht musst du die letzten Wochen dann unten schlafen, wenn du bei ihm sein willst.»

«Die letzten Monate, meinst du.»

Er streichelte mir über den Kopf, als wäre ich auch ein Hund. «Was'n mit deinen Händen los?»

Jetzt war es natürlich zu spät, sie schnell in den Pullover zu stecken und «Nichts!» zu behaupten. Ich sah meine Hände an und tat überrascht.

«Es geht weiter», rief meine Mutter von unten.

Mein Vater wendete meine Hände in seinen Händen hin und her, als seien sie misslungene Buletten. «Musst ja morgen sowieso zum Arzt. Kannst du ja deine Hände auch gleich mal zeigen.» Er drehte sich in der Tür noch mal um und zwinkerte mir zu. «Aber nicht mehr zum Kinderarzt.»

Eine halbe Stunde später bekam ich noch ein Video von Bea.

Video 2

Etwas dunkel, Kamera justiert nach.

Beas Stimme: «Das ist die Wohnung von meinem Vater.»

Die Kamera sieht sich um. Ein kleiner Flur, offene Tür zu einer Terrasse, kleines vergittertes Fenster ohne Glas. Schuhregal, zwei Taschen, die abreisebereit dastehen. Ein Spiegel, der Rahmen mit Mosaik verziert, Bea im Spiegel mit Kamera in der Hand. Mädchen mit dunkelbraunen Haaren. Kurz und strubbelig. Viel zu großes Schlafshirt mit NIRVANA-Aufdruck. Sie winkt. Garderobe mit Jacken, Beas Jacke, daneben eine Jeansjacke, hellblau mit NIRVANA-Aufnäher, noch eine Jeansjacke, dunkelblau, gefüttert mit weißem Lammfell.

Kamerablick durch einen Perlenvorhang. Zwei Männer sitzen auf einem Sofa. Einer groß, einer schmaler, etwas jünger. Bea geht durch den Perlenvorhang. Die Perlenschnüre klappern. Die Kamera jetzt nach unten gehalten, als würde sie nicht filmen, sondern nur das Handy in der Hand haben. Bodenfliesen, weiß, Beas Füße in Flipflops.

«Na, Hase, kommste doch Tach sagen? Das ist Amine. Er ist der Oberdisponent bei uns und ein Freund.»

Beas Stimme grüßt auf Französisch. Eine zweite Stimme lacht: «Tachchen reicht auch. Dein Vater hat mir gerade von dir erzählt. Hab gar nicht gewusst, dass er eine Tochter hat.» Er lacht wieder. «Ich bin aus Berlin, also hier geboren, dann als Kind nach Berlin mit meinen Eltern, jetzt wieder zurück. Wie gefällt dir das Land?» Bea sagt: «Schön.» Amine sagt: «Ja, schön ist es hier, oder?»

Die Stimme von Beas Vater: «Wir haben noch ein bisschen was zu bereden. Gehst du schlafen? Morgen geht's um fünf los.»

«Nacht», sagt Bea, und dann gehen ihre Füße in den Flur. Wieder zum Spiegel. Bea filmt sich ins Gesicht. Das Gesicht verrät nichts.

Am nächsten Tag musste ich zur Hausärztin meiner Eltern. Alleine! Scheiß Sechzehnsein. Klar, ich wollte ja nicht im Kinderwagen hingerollt werden, aber trotzdem. Wenn man schüchtern ist wie ich, hat man manchmal Knoten in den Beinen, in den Armen und in der Zunge. Noch dazu kannte mich die Ärztin natürlich aus der Zeitung, weil im Sommer so viel über uns berichtet worden war. Wie die meisten Leute wäre sie im Leben nicht auf die Idee gekommen, dass ich gar nicht so gern über mein Abenteuer sprach. Auch weil ich sowieso nicht so gern sprach, aber schon gar nicht über mich. Aber sie wollte auch gar nicht über mich reden, sondern über Bea. Noch schlimmer. Sie war sehr interessiert daran, mit mir über Bea zu sprechen. Sie glaubte nicht, dass Bea tot sei, «Mach mal den Mund auf!»

Vermutlich sei das mit den Händen eine Stressreaktion. Ob ich Stress hätte. Ich schüttelte den Kopf.

Etwas Schweiß und Rotwerden später bekam ich ein Rezept für eine Salbe und eine Krankschreibung für zwei Tage. Ich lief nach Hause, die befleckten Hände in den Taschen.

Kajtek hatte sich die Windel ausgezogen und zerpflückt. Im Flur lag eine kleine Watteschneewehe. Der große, dunkle Hund dazwischen und wedelte.

Ich cremte in den nächsten zwei Tagen morgens und abends meine Hände ein, aber es tat sich erst mal nichts. Die Flecken blieben, wie sie waren und wo sie waren. Ich speicherte Beas Nummer unter dem Namen Theresa ab. Das war der Name, der am wenigsten zu ihr passte, fand ich. Ich grübelte mir wahnsinnig viel zusammen, warum die Polizei nicht regelmäßig ihren Vater fragte, ob er wüsste, wo seine Tochter sei. Eigentlich reichte ja auch ein Anruf mit der Aufforderung, dass er sich sofort melden sollte, wenn er was von ihr hört. Konnte ich mir einfach nicht erklären. Am Morgen meines zweiten Kranktages erzählte ich Kajtek alles. Einfach weil ich mit irgendwem darüber reden musste und alle anderen Lebewesen ausschieden, außer vielleicht die Mäuse im Garten, aber die rannten immer weg. Außerdem kannte Kajtek Bea immerhin. Er sah mich aufmerksam an. Dann nickte er. Ich schwöre, er hat genickt, und dann ging der Ausschlag langsam weg.

Nachmittags musste ich zur Kontrolle zu der Ärztin. Da alles prima aussah, bestätigte sie mir, dass alles prima aussah, und schrieb mich gesund. Ich fuhr gerade mit dem Bus zurück nach Hause, als das nächste Video kam. Nachricht von Theresa. Die Kopfhörer hatte ich eh drin, weil ich gerade ein Hörbuch über eine ziemlich geniale Detektivin hörte. Neben mir und hinter mir saß niemand. Ich sah mir sofort das Video an.

Video 3

Wieder Wüste in den satten Wüstenfarben und großer Himmel.

Wolken wie zusammengeschobenes Mehl auf einem gläsernen Küchentisch.

Eine Männerstimme: «Was filmst du da immer?»

Geröllsandfeld, an einem leichten Anstieg zwei große, weiße, arabische Wörter und ein Stern.

«Ich filme den Weg, damit ich wieder zurückfinde, wenn du mich aussetzt.»

Männerstimme lacht. Kamera auf Mann. Mann am riesigen Lenkrad, wippende Federung des Fahrersitzes. Wippender kleiner Bauch des Mannes. Rötlich blondes Haar, leicht lockig. Der Bart eine Kupferdrahtbürste. Mann proper wie ein Gartenapfel, Arme wie Beine. Rechter Arm am Lenkrad, linker Arm aus dem runtergekurbelten Fenster. Dann nimmt er den Arm rein, zieht an einer Zigarette, pustet den Rauch schräg zum Fenster raus.

«Du würdest dich echt wundern, wenn ich dich aussetze, wenn du mich hier so überfällst. Soso.» Er lacht wieder. «Als hätte ich nicht genug andere Sorgen. Mensch, Mensch. Kommst hierher angerauscht wie so eine Chaosprinzessin, klebst dich in meinen Kalli, nachdem mich vor Wochen die Polizei angerufen hat, ob ich zufällig von dir gehört habe. Weihnachten, hab ich gesagt. Und schwupp, da bist du auch schon. Aber es sind Ferien, und deine Mutter weiß, wo du bist, sagst du. Muss ich dir glauben, wenn ich keinen Bock hab, deine Mutter anzurufen. Und hab ich Bock, deine Mutter anzurufen? Nicht wirklich. Und warum soll ich dir nicht glauben? Oder? Oder ich ruf nachher mal deine Mutter an.»

«Papa!»

«Sag Pim.»

Er schaut zu ihr, an der Kamera vorbei. Ein asymmetrisches Gesicht, die Draußen- und die Drinnenseite, jahrelang hier Sonne, da Schatten. Sie filmt auf sein T-Shirt. ‹Forever India›.

«Was haste denn für andere Sorgen?»

«Willst du echt wissen?»

«Was glaubst du denn?»

«Ich bin mir nicht sicher, ob reden immer hilft. Oder ich bin nur nicht dran gewöhnt, mit jemandem über irgendwas zu reden.»

«Du hast doch Amine.»

«Ja, mit dem hab ich auch gestern geredet, aber hat nicht wirklich geholfen.»

Die Kamera weg von ihm, aus dem Fenster auf ihrer Seite. Ziegen, schwarz, weiß mit hängenden Ohren. Ein Junge. Kleine Sträucher, als wären sie einem Riesen aus dem Korb gekrümelt. Die Sträucher stehen so weit auseinander wie Menschen, die sich nicht kennenlernen wollen.

«Ist nicht so gut, wenn du zu viel weißt. Schlimm genug, dass du da bist. Das gibt genug Ärger.»

«Dann gib mir meinen Pass wieder und fahr mich in eine große Stadt, wo ich wegkann.»

«Das haben wir doch geklärt. Ich behalte deinen Pass, bis ich weiß, wie wir dich wieder nach Deutschland kriegen, ohne dass ich Ärger mit deiner Mutter bekomme. Oder dem Jugendamt. War eine Kackidee von dir, Hase.»

«Sag Bea.»

«Ja, klar, Bea, aber war eine Kackidee.»

«Ja, war eine Kackidee.»

«Wie redest du denn?»

«Du bist mein großes Vorbild.»

«Na, wenn du meinst. Also, ich ruf deine Mutter an oder das Jugendamt. Ich weiß nicht, was besser ist. Und dann können wir einen Flug für dich buchen. Der Pass bleibt so lange im Bakje. Da ...» Er zeigt auf ein Fach. Beas Hand fasst ins Bild und dann in dieses Fach, nimmt einen Haufen Papiere raus. Es raschelt.

«Nö, der ist nicht hier.»

«Muss aber. Kuck noch mal.»

Video Ende

Der Bus fuhr gerade am Stadtpark vorbei. Dort standen jede Menge Bäume. Das Herbstlaub war halb am Baum, halb am Boden. Ganz anders als Wüste oder Hochebene, die wie Wüste aussah.

Wie ich es mir gedacht hatte: Sie war bei ihrem Vater, sag Pim.

Pim. Was war das denn für ein Name? Und wo waren die beiden?

Da waren diese arabischen Schriftzeichen gewesen. Ich schaute mir das Video noch mal an und stoppte es an der Stelle.

Wieder Wüste in den satten Wüstenfarben und großer Himmel.

Wolken wie zusammengeschobenes Mehl auf einem gläsernen Küchentisch.

Männerstimme: «Was filmst du da immer?»

Geröllsandfeld, an einem leichten Anstieg zwei große, weiße arabische Wörter und ein Stern.

Stopp!

Ein Stern. Die Schrift war weiß, der Stern war grün und aus einer einzigen Linie durchgezeichnet. Das ist das Haus vom Nikolaus und gar nicht fern: ein Stern.

Ich googlete *Flaggen mit Stern*. Da war er. Grün und aus einer Linie. Marokko.

Ich ließ das Handy sinken. Jetzt wusste ich, wo sie war. Marokko.

Marokko, dachte ich immer wieder. Es wurde richtig ein Rhythmus. Der Bus fuhr. Marokko. Marokko. Marokko. Scheiße! Ich war zu weit gefahren. Ich sprang auf, rannte zur Tür. Die schloss sich. Ich rief irgendwas. Hey, Hallo. Zwei alte Frauen sahen mich an. Jetzt musste ich die lange Station durch den Wald bis zum Friedhof fahren.

Marokko.

Weil ich so in Gedanken war, stieg ich für die zwei Stationen nicht in den Bus in die andere Richtung, sondern lief lieber zurück, bevor ich noch mal mit dem Bus zwei Stationen zu weit fuhr. Und am Haus würde ich ja wohl nicht vorbeilaufen. Vor dem Haus stand ein Polizeiauto.

Ich lief am Haus vorbei und ging zu Severine.

«Haben wir Hausaufgaben?», fragte ich sie und drängelte mich an ihr vorbei.

«Nee. Nix Hausaufgaben.» Sie schloss die Tür hinter mir. «Aber komm doch rein, wo du schon mal drin bist.»

Ich hatte mich seit dem Geburtstag vor zwei Tagen nicht bei ihr gemeldet. Wir sahen uns sonst jeden Tag. Ich stand blöd im Raum, anstatt zum Fenster zu laufen, die Gardine zur Seite zu schieben und nachzusehen, ob das Polizeiauto noch da stand. War ja Blödsinn! Klar stand das noch da.

Und es war relativ realistisch, dass sie mich im Küchenfenster gesehen hatten. Meine Mutter wusste ja auch, wann ich ungefähr vom Arzt zurück sein musste. Da ich die zwei Stationen gelaufen war, kam ich eh schon spät. Wirkte das verdächtig?

«Ich muss mal.» Das wirkte nun wirklich verdächtig. Egal. Vom Klofenster konnte man in unsere Küche sehen. Da saß meine Mutter mit den Polizistinnen Sina Mann und Pernille Waserfall. Die kannte ich ja schon. Mist! Ich saß auf dem Klo, die Pumpe ging mir wie verrückt. Sollte ich Beas Nachrichten löschen? Konnten die den Suchverlauf ansehen – und dann fanden sie Marokko? Marokko, ey! Warum denn Marokko? Ich ließ mein Handy neben dem Klo liegen. Kann ja mal passieren. Ich wurde halt ein bisschen vergesslich, jetzt wo ich sechzehn war.

«Woll'n wir Karaoke machen?» Severine klopfte an die Badtür. «Hast du dich runtergespült?»

Ich hustete angestrengt. «Immer noch ein bisschen angeschlagen.» Dann spülte ich und beeilte mich rauszukommen. Wir knallten zusammen. Sie sah mich an wie jemand, der dich seit der Geburt kennt, alles über dich weiß und gerade merkt, dass irgendwas komisch ist. Wir waren immer zusammen, Kindergarten, Schule, immer, und erzählten uns alles. Ich wusste gar nicht, wie man ihr etwas nicht erzählt.

«Ich muss.»

«Warste doch gerade.»

«Nee. Mit Kajtek raus.»

«Kann ich doch mitkommen.» Sie blieb mir auf den Fersen. Ich drängelte mich raus, wie ich mich reingedrängelt hatte.

«Da steht ein Polizeiauto vor eurer Tür. Was'n da los bei euch? Soll ich mitkommen?»

Menschen mit Locken anlügen war noch schwerer, als andere Menschen anzulügen. Noch dazu beste Freundinnen.

«Nee, ist 'ne Einzelbefragung. Wegen Bea.»

«Ich denk, du musst mit Kajtek raus?»

«Das auch.»

Severine mochte so süß sein, wie sie war, aber sie konnte eine unglaubliche Fresse ziehen, wenn sie was nicht verstand oder nicht gut fand. Jetzt verstand sie mich nicht und fand mich definitiv nicht gut gerade.

«Bis morgen!»

Die paar Schritte bis zum Haus bereitete ich mich darauf vor, jetzt besser zu lügen als gerade bei Severine. Hör zu, sagte ich im Trainerinnentonfall, im Kopf, klar. Hör mir jetzt genau zu, Charlotte Nowak. Du weißt von den Detektivrollenspielen ganz genau, woran man Lügner erkennt: Sie schauen runter. Sie werden unruhig. Sie antworten zu schnell und erklären zu viel. Bleib cool. Hörst du? Bleib einfach cool. Meine Hände begannen zu jucken.

Ich schloss auf, hängte den Schlüssel hin, zog schnell die Schuhe aus, und noch bevor meine Mutter mich begrüßte, waren meine Hände wieder in Sicherheitsverwahrung in den Taschen vom Pullover. Ich nickte meiner Mutter zur Begrüßung zu und folgte ihr ins Wohnzimmer. Die Polizistinnen standen kurz auf, aber ich setzte mich sofort hin, also setzten sie sich auch wieder hin. Ich saß da, als müsste ich gleich noch die Füße auf den Tisch legen oder Kaugummi kauen, ich war ja sechzehn. Das erwartete man doch fast schon von mir. Sechzehnsein als Tarnung. Hatte ich ein Schwein. Nee, ich hatte einen Hund. Kajtek kam und wollte begrüßt werden.

«Oh nee, wie riechst du denn?» Ich schob ihn mit dem Knie weg. «Geh mal ab!» Das Gesicht eines alten Hundes ist immer voller unwissender Freude. Er stand da, als hätte ihm jemand einen Hauptgewinn versprochen. Manchmal stupste er so lange gegen meinen Arm, bis ich ihn streichelte. Diesmal begann er aber wieder zu tippeln, Küche, Flur, Wohnzimmer.

«Ich geh mal mit ihm», sagte Papa und ging mal mit ihm.

Meine Mutter wurde weggeschickt. Meine Vernehmung begann.

Wenn sie good cop, bad cop spielten, dann sehr schlecht.

Die dunkelblonde Polizeiobermeister-Anwärterin Sina Mann versuchte, die Nette zu sein. Sie nickte mir zu. Aber sie sah aus wie ein Dompteur, wenn der Löwe keine Lust hat, sich seine Mähne beim Sprung durch den brennenden Reifen anzukokeln. Ihr Blick war eine Peitsche.

Die Polizeiobermeisterin Pernille Waserfall, mit leichtem dänischem Akzent und der hellblauen Augenfarbe des Uniformhemdes, war hingegen wirklich nett. Nett wie Mütter in Kleinkinderfilmen.

Ich wollte ihr sofort mein Tagebuch vorlesen. Sie aber spielte die Harte. Höherer Dienstgrad oder weil sie dachte, dass sie es der Jungen beibringen musste.

Das Stück hieß «Der Verdacht». Personen: die liebe böse Pernille Waserfall, die böse liebe Sina Mann, die verlogene Charlotte Nowak.

Ich konzentrierte mich auf den Schriftzug ihrer Hemden, las mit verschiedenen Betonungen: POlizei, PoLIzei, PolizEI. Und dann konzentrierte ich mich auf PO und EI. Das half mir am meisten.

Pernille Waserfall: «Wir möchten, dass du noch einmal in dich gehst und genau überlegst, ob dir Rabea nicht irgendetwas gesagt hat, das du uns bisher verschwiegen hast.»

Sina Mann: «Auch wenn du es nicht mit Absicht verschwiegen hast.»

Pernille Waserfall: «Aber auch wenn du es mit Absicht nicht erzählt hast, ist jetzt immer noch ein guter Zeitpunkt, es doch zu erzählen.»

Charlotte Nowak: «Nein. Ich hab, glaub ich, alles erzählt.»

Pernille Waserfall: «Glaubst du, oder weißt du?» (Sie sah aus wie eine Natter, die sich konzentrieren musste, weil sie sich aus Versehen selbst einen Knoten in den Schwanz gemacht hatte.)

Charlotte Nowak: «Sicher. Weiß ich.»

Sina Mann: «Irgendeine Kleinigkeit, Charlotte, wo du dachtest, die ist nicht so wichtig …»

Pernille Waserfall: «Oder etwas sehr Wichtiges, wo die Rabea gesagt hat, du sollst es niemandem sagen. Wo du dich als gute Freundin natürlich dran gehalten hast. Aber als gute Bürgerin …»

Sina Mann: «… die du natürlich bist …»

Pernille Waserfall: «… zumindest wenn du dich spätestens jetzt entscheidest, die Wahrheit und nichts als die Wahrheit, die einzig wahre Wahrheit zu sagen.» (Sie pochte ihren langen Zeigefinger auf den Tisch. Jedes Mal, wenn sie «Wahrheit» sagte.)

Sina Mann (versuchte, nicht zu lachen): «Wenn du wirklich etwas nicht erzählt hast, Charlotte, dann kann ich das verstehen. Ich habe auch eine beste Freundin, und die vertraut mir auch ihre Geheimnisse an, und wir tuscheln und sagen, dass die andere das nicht weitersagen darf. Aber weißt du, Charlotte, wenn meine Freundin» – und sie überlegte einen Moment – «Rabea. Wenn meine Freundin Rabea, ja, die heißt wie deine Freundin, wenn Rabea in Schwierigkeiten stecken würde, dann wüsste ich, wie ich entscheiden würde. Dann würde ich lieber erzählen, wo sie ist, bevor sie …»

Pernille Waserfall: «… zerhackt in einer Grube liegt.»

Sina Mann: «Quälen Sie das Mädchen doch nicht so.»

Charlotte Nowak: «Ich versteh das schon. Aber sie hat nichts gesagt.» (Und das war die Wahrheit und nichts als die reine Wahrheit. Ich könnte auch jedes Mal bei dem Wort Wahrheit mit dem Zeigefinger auf den Tisch pochen.)

Pernille Waserfall: «Gut, dann hat sie nichts gesagt. Ihr wart befreundet, weil ihr euch nichts erzählt. Vielleicht wart ihr gar nicht befreundet. Vielleicht gibst du immer nur an damit, dass du mit der berühmten Rabea Adler befreundet bist. Du weißt überhaupt nichts über sie. Du weißt nicht, wo sie schon immer gern mal hinwollte.»

Sina Mann: «Ich glaube dir, dass ihr befreundet seid. Doch, ich glaub dir das, obwohl sie sich bei dir nicht meldet.»

Pernille Waserfall: «Ich glaube ihr das nicht.»

Sina Mann: «Doch, ich glaube ihr.»

Ich schaute auf PO und EI und sagte, dass Bea nichts erwähnt hätte. Und ein bisschen stimmte das ja.

Als die beiden Frauen sich verabschiedeten, gab ich ihnen die Hand, und die begann sofort wieder zu jucken.

Ich wollte kein Abendbrot, und ich wollte nicht zusammen mit meinen Eltern diesen Film sehen, den ich vor zwei Jahren so lustig gefunden hatte. Vor zwei Jahren. Ewigkeiten her!

Papa hatte keine Lust, Kajtek zu mir hochzuschleppen. Ich hatte weder Geburtstag, noch war ich krank. Ich schleppte Kajtek also selber hoch. Er war echt nicht so schwer, nur groß. Ich war froh, dass er so dichtes Fell hatte und ich nicht sah, wie dünn er inzwischen war.

In meinem Zimmer suchte er eine Weile die perfekte Stelle, um sich hinzuplumpsen. Ich legte ihm meine Bettdecke hin. Er buddelte darauf so lange herum, bis ein schönes Knülllager entstanden war.

«Du bist ein komischer Mops», kommentierte ich sein Geraffel, und dann beichtete ich ihm alles, was es zu beichten gab. Er nickte. Gut.

Ich glotzte in mein Zimmer. Es war öde. Ich wollte es schon immer anders haben. Hellblau. Wie am Meer sollte es aussehen, weil ich das Meer mochte. Aber nicht nur so «Sonnenuntergang, ah schön», sondern eher die Tiefsee. Dann wäre Dunkelblau sogar besser für das Zimmer. Oder sogar eine Wand schwarz und dann diese abgefahrenen Tiefseefische draufmalen.

Meine Mutter hatte mir als Kind immer Seefahrergeschichten erzählt. Das konnte sie richtig gut. Ich hatte ins Kissen gebissen, weil das so spannend war. Sturm, Meuterei, Seeungeheuer, böse Kapitäne, verschlagene Offiziere, treue Matrosen und ein Bootsjunge als Held, bei dem ich mir immer vorstellte, dass es auch ein Mädchen sein könnte.

Als ich lesen konnte, hörte meine Mutter auf, diese Geschichten zu erzählen, und eigentlich war das eine totale Verschwendung ihres Erzähltalents. Als ich sie einmal gefragt habe, warum sie immer Seefahrergeschichten erzählte, lachte sie und sagte, dass sie als Kind Tiefseeforscherin werden wollte. Dass sie darüber so lachte, verstand ich nicht. Das weiß ich noch. War doch nicht lächerlich. Aber sie lachte, weil ihr einfiel, dass sie als Putzfrau ja zumindest ständig mit Wasser zu tun habe. Da musste ich auch lachen.

«Und Papa wollte Seemann werden. Hast du das gewusst?», da musste sie schon wieder lachen, weil Papa ja als Putzmann auch so viel mit Wasser zu tun hatte. «Aber er hätte lieber ein Deck geschrubbt.»

Ich nahm mir zum hundertsten Mal vor, nicht Putzfrau zu werden.

Dann kam mir eine Idee, und die fand ich so genial, dass ich Kajtek weckte, um sie ihm zu erzählen.

Kajtek sah nicht begeistert aus.

«Okay, du fragst dich, warum ich dich dafür extra wecke, aber pass auf», und ich erzählte ihm den ganzen Plan. Nach Marokko. Mit einem Schiff. Mit meinen Eltern, die beide das Meer genauso toll fanden wie ich. Ein bisschen mehr Wasser als ein Putzeimer voll würde ihnen doch bestimmt gefallen. Ich hatte ja ein bisschen Geld verdient mit den Auftritten, die Yvette für uns organisierte, und darum konnte ich das meinen Eltern ganz einfach schenken. «Oder? Was meinst du? Das Geld wäre doch super investiert.»

Kajtek gähnte.

«Maaaann, du verstehst es nicht, oder? Also, pass auf. Bald sind Herbstferien, und meine Eltern haben Hochzeitstag, und huijuijui schenke ich ihnen als Überraschung eine schöne Reise. Natürlich fahre ich mit. Und ganz zufällig fahren wir nach Marokko. Wo ganz zufällig ...», ich ging ganz nah an Kajteks Ohr und flüsterte, «... eine gewisse Theresa ist.»

Kajtek schüttelte den Kopf.

«Doch, is so», sagte ich. «Ich glaube nicht, dass Bea mir die Videos nur so geschickt hat. Sie will doch, dass ich zu ihr komme. Vielleicht. Selbst wenn nicht. Ich will zu ihr.»

Kajtek schüttelte wieder den Kopf, weil ihn das Flüstern kitzelte.

«Sag doch nicht gleich nein. Ich kann es doch wenigstens probieren. Und wenn nicht, ist es einfach eine Reise. Nichts weiter.»

Jetzt hatte der Hund echt genug von meinem Geflüster. Er kratzte mit den Pfoten im Ohr und brummte dabei.

Ich klemmte mich an den Laptop, um herauszufinden, ob

und wie. Ob und wie engten sich sehr schnell auf eine Containerschifffahrt ein. Na ja, war aber trotzdem ein Schiff. Und eigentlich auch ziemlich spannend. Da waren immerhin ein echter Kapitän und echte Matrosen. Die Preise gingen auch einigermaßen, eben weil es nur eine Containerschifffahrt war und das Schiff ja sowieso fuhr, mit Touristen oder ohne, und weil auch nicht viel Luxus geboten wurde. Kein Buffet oder lustige Abendveranstaltungen. Einfach nur übers Meer fahren. Fand ich gut. Könnte ich viel lesen. Musste ich auch gut finden, denn etwas Nobleres hätte ich nicht bezahlen können. So reich war ich nun auch wieder nicht geworden durch unsere Bekanntheit.

Yvette hatte nach dem Sommer eine Art Vortrag über unser Abenteuer zusammengestellt. Sie war mit einem Fotografen an ein paar Stellen gefahren, wo wir gewesen waren. Diese Fotos zeigten wir bei den Vorträgen und erzählten ein bisschen was. Dann beantworteten wir Fragen. Wir wurden von Schulen und Familienzentren gebucht, manchmal auch in Rathäusern und Gemeindesälen. Yvette machte die Verträge und überwies uns dann unseren Anteil. Es hatte sich eingespielt, dass Antonia, Yvette und ich oft zu diesen Veranstaltungen fuhren. Freigunda nie (kein Bock, keine Zeit), Rike selten (keine Zeit, weil Job), und für Anuschka war es oft zu weit. Außerdem hatte sie gerade in der Schule ordentlich zu tun. Das lief ganz gut mit diesen Auftritten, wie Yvette das nannte, weil sie Vortrag zu schnarchig fand. Ich machte das so mittelgern, zumindest nicht so gern wie Yvette, die für Aufmerksamkeit vermutlich alles getan hätte. Wenn ich die Reise mit dem Containerschiff buchte, wäre danach das Konto wieder leer, aber es gab noch einen Vortrag am Anfang der Herbstferien. Dann hätte ich wieder ein bisschen was, um in Marokko irgendwas Schönes zu kaufen.

Ich schrieb mir zwei Telefonnummern von Reiseveranstaltern auf, die Schiffsreisen nach Marokko anboten. Da müsste ich am nächsten Tag anrufen, obwohl ich anrufen hasste. Ich schrieb eine Mail. Mann, war ich gut. Ich war richtig kribbelig. Eine Schiffsreise. Dann war ich doch wieder eine Abenteurerin. Mit Absicht diesmal sogar. Okay, mit Eltern, aber mit einem Schiff. Auf dem Meer!

An dem Abend kam noch ein neues Video von Bea, und für mich sah jetzt alles anders aus, jetzt wo ich beschlossen hatte, zu ihr zu fahren. Dann könnte ich das alles mit eigenen Augen sehen, was ich bisher nur auf dem Bildschirm gesehen hatte.

Video 4

Pferdewagen, klappriges Pferdchen, klappriger Wagen, klappriger Mann. Der Wagen eigentlich ein Autoanhänger, oben ragen trockene Wurzeln und Äste raus.

Ein Fels ganz einzeln, grauweiß, als hätte ein Riese seinen Kaugummi hingeklebt.

Eine moderne hellblaue Eisenbrücke, Kinderhände, huhu.

Eine Siedlung wie aus einem Stück, ein einziges langes lehmverputztes Stück mit kleinen schwarzen Schießscharten als Fenster. Haus an Haus, weißes Minarett, Ort vorbei.

Strommast vom Typ Skelett einer Rakete, ein Skelettschnabel nach Norden, ein Skelettschnabel nach Süden, ein Skelettschnabel nach Osten. Der Ort ist drei Leitungen groß.

Arabische Musik. Arabische Musik aus.

«Fingers weg von die Knöppe. Frag mich, wenn du was willst.»

«Können wir Musik hören?»

«Nein.»

Kamera zu ihm, eine Aufwachfrisur, Raucharm aus dem Fenster, schwarzes T-Shirt: Indianerhäuptling, Kopf gereckt, Indian Motorcycle.

«Sei nicht sauer, Hase, Arsch voll Ärger, Kopf brummt wie ein

Rathaus, und jetzt ist dein Pass auch noch weg. Wenn jetzt Musik läuft, überhitz ich und fahr uns gegen einen Baum.»

Kameraschwenk aus dem Fenster auf Beas Seite und ihre Stimme: «Hier ist gar kein Baum.»

Langes Aus-dem-Fenster-Filmen.

Der Horizont ist fast nie gerade, er geht hoch, geht runter, fällt schroff ab, steigt sanft an, Geröllfeld, wieder Häuser.

Neue andere Würfel, alte graubraune, dreckiges Rosa, kleine Fenster. Lange Wäscheleinen, eine, noch eine und so weiter, den ganzen Ort entlang, Trainingshosen, Jeans, Fleecejacken, Oberteile mit Schrift, grün, weiß, schwarz, Adidas.

Beas Stimme: «Sagst du mir, was du für Probleme hast?»

Pim: «Nicht im Traum.»

Bea: «Und wenn ich bitte, bitte sage?»

Pim: «Auch nein. Glaubst du mir einfach, dass es besser ist, wenn du das nicht weißt?»

Bea: «Nicht im Traum.»

«Gut, dann sag mir, warum du hier bist.»

«Nee.»

«Deine Mutter weiß nämlich doch nicht, wo du steckst. Überraschung!»

«Hast du sie angerufen?»

«Nee. Aber ich hab vorhin mal das schlaue Internet gefragt, und das sagt, dass du gesucht wirst. Irgendwie hast du vergessen, das zu erwähnen, als du mich hier überfallen hast.»

Pause.

«Ich bin echt sauer, und jetzt kann ich dich ohne Pass nicht mal aussetzen. Und zur Polizei kann ich gerade auch nicht.»

«Warum?»

«Also ganz aktuell, weil ich gerade eine Tour habe bis zum Wochenende. Und alles wie immer straff getimt.»

«Du kannst auch einfach bei der Polizei anrufen.»

Er lacht. «Theoretisch.»

«Warum?»

«Maaann! Du hast deine Geheimnisse, ich meine. Was ist zum Beispiel mit deinem Bein los?»

«Nüscht.»

Pim: «Ja, seh schon, bin dein großes Vorbild. Na, fein. So, Kalli hat Durst. Gibt gleich was.» Kamera auf ihn, der das Armaturenbrett des LKWs tätschelt. Dann Blick zu Bea. «Musst du mal für kleine Wühlmäuse?»

Brummeln von Bea.

«Aber zu Pommes-Cola sagst du nicht nein, oder? Die Tanke, die kommt, ist fünf von fünf Tipptopppunkten. Sehr saubere Dusche. Ich muss eh Pause machen, kommt die Wolle runter.» Er fährt sich durch die rotblonden Strubbellocken. «Suppensieb kommt auch ab.» Er reibt sich den Bart. So ein harter Ton, als könnte er sich die Finger dabei abraspeln.

«Radikale Typveränderung.»

Beas Stimme: «Auf der Flucht?»

«Und selbst?»

Aus-dem-Fenster-Aufnahmen:

Rotlehmiger Anstieg, Geröllfelder, daneben saftiges, gewässertes Grün, Anbau.

Dann die Tankstelle, wie über Nacht aus der Landschaft gewachsen, alles bereit, falls an diesem Tag jemand kommt, und es kommt jemand: Bea und ihr Vater, sag Pim.

Die Tankstelle und alles drum rum ist eine Explosion an schön, wegen der Farben schön, wegen der Klarheit schön, wegen der Sonne und den kontrastreichen Schatten. Ein blaues Metallkonstrukt, zwei Pfeiler, ein Bogen, alles intensivblau lackiert. So wie der Himmel gerade aussieht. Dasselbe Blau. Riesige weiße Buchstaben auf dem Bogen. Afriquia. Wie direkt auf den Himmel geschrieben.

«Wow!», sagt Beas Stimme.

«Und die Dusche erst», sagt die Männerstimme.

Ich schrieb: «Geht es dir gut?»

Ich konnte mir die Frage mit den Videos auch selbst beantworten. Es ging ihr nicht gut. Die Stimmung zwischen den beiden war komisch. Sie hatte bestimmt gedacht, dass sie sich super verstehen würden, weil sie sich so ähnlich waren. Hatte zumindest Beas Mutter wohl immer behauptet. Warum war sie zu ihm gegangen? Echt wegen der Knie-OP? Weil sie immer was erleben wollte? Immer wegwollte? Wo ist eigentlich weg? Und wenn man da ist, merkt man das dann überhaupt?

Ich schrieb: Bea, kann ich was für dich tun?

Warum schrieb sie nichts? Pernille Waserfall und Sina Mann hatten recht. Ich hatte einfach nur damit angegeben, so eine coole Freundin zu haben. Sie erzählte mir gar nichts. Na gut, sie erzählte niemandem was. Mir schickte sie zumindest Videos. Da war auch schon das nächste.

Video 5

Ein Glas, Hälfte Cola-farbene Flüssigkeit, Hälfte Luft, Eiswürfel schon klein. Glas steht auf einer Menükarte aus Papier, eine Seite Französisch, andere Seite Arabisch. Fotos von Fleischspießen, Fleisch in Brottasche. Ein gezeichneter Junge, sehr glücklich, weil er eine Tüte Pommes und einen Hamburger hat. 35 dh.

Beas Hand greift nach dem Glas. Aus dem Fenster filmen. Eine sonnenknallig leuchtende Terrakottawand, Terrakottatöpfe mit Palmen mit Wedeln, deren Schatten auf der Hauswand alles nachtanzen. Daneben vier dunkelblaue Emailleschilder, Mosque Hommes drunter auf Arabisch, Mosque Femmes drunter auf Arabisch, Salle d'ablutions Hommes, daneben Femmes, darunter arabisch.

Aus der Richtung Salle d'ablutions Hommes kommt Beas Vater, sag Pim, er läuft seinen Körper ruhig auf die Kamera zu, alles

sicher und gleichmäßig. Er sieht so normal aus, aber es ist auf-
fällig, was er alles nicht tut, nicht schwanken, nicht eiern, nicht
hopsen, nicht zögern, jede Bewegung schmerzfrei und sicher.
Etwas ist anders: Bart und Haare ab. Sein Gesicht liegt brach.
An der Scheibe, hinter der Bea sitzt, bleibt er stehen, trommelt
grinsend dagegen. So eine Freude über die Verwandlung.
Dann kommt er rein, Kamera zur Tür, über der Tür, links und
rechts neben der Tür: Afriquia, Afriquia, Afriquia.
«Na, ein Babypopo mit Augen, oder?» Er streichelt die glatten
Wangen, Augenbrauen hoch und runter gewackelt. «Zehn Jahre jünger, oder? Wenn man die nur in echt einfach abrasieren
könnte. Haste was gegessen? Wo ist dein Teller? Haste nichts
gegessen? Willste was essen? Mach mal das Ding aus.» Pim mit
einem Blitzen in den Augen wie der Weihnachtsmann.
Ding aus.

Ich sah mir das Video noch mal an. Ich wusste nicht, ob ich
Beas Vater leiden konnte. Mal war er so brummig und dann
so albern. Und immer diese knappen Anweisungen. Komm,
sitz, bleib, iss. Ich konnte mir nicht vorstellen, dass das Bea
gefiel. Die war ja selber so. Und wenn man selber so ist, dann
musste das schwer sein, sich so behandeln zu lassen. Bea war
auch oft brummig gewesen und so knapp mit dem, was sie
sagte. Komisch, dass ich das bei ihr so cool fand, aber bei einem
stämmigen Typen nicht. Er machte außerdem ständig Sprüche.
Nee, ich mochte den nicht. Ich hatte ihn mir ganz anders vorgestellt, als Bea von ihm erzählt hatte. Vielleicht hatte sie ihn
anders in Erinnerung gehabt.

«Brauchst du Hilfe?», schrieb ich. War doch sinnlos. Sie
würde nur wieder das nächste Video schicken. Aber irgendwas
wollte sie mir damit sagen. Sie erzählte mir schon etwas, aber
sehr umständlich. Ich musste alles alleine zusammendenken.

Kajtek furzte und rappelte sich erschrocken hoch. Das war

nicht gut. Das hieß, er würde Durchfall bekommen und musste schleunigst raus aus meinem Zimmer und am besten auch aus dem Haus. Ich hatte ihn in Bestzeit runtergetragen, jede Sekunde zählte, Schuhe an, Hund raus. Über die zwei Stufen vor dem Haus lag ein Brett als Rampe für Kajtek. Er konnte verblüffend schnell sein, wenn es darum ging, mit Durchfallantrieb den Rasen zu erreichen. Leider blieb er nie stehen, wenn er Durchfall hatte, sondern lief immer weiter, als könnte er davor weglaufen. Hundelogik. Bevor ich die Erde draufschmeißen konnte, die meine Mutter extra für diese Situationen neben der Treppe bereitgestellt hatte, stand meine Mutter schon in der Tür.

«Ach, Mann!», sagte sie traurig. Sie klang oft so, als wäre Kajtek schon unter dem Rasen anstatt mit jetzt ziemlich guter Laune darauf.

«Vielleicht müssen wir noch mal Frau Dr. Sommer anrufen.» Wieder dieser Tonfall. Was ich ihr hoch anrechnete, war, dass sie nie über die Sauerei selber klagte, sondern immer nur über den armen alten Hund, den sie so bedauerte.

«Nein, die hat gesagt, dass es normal ist.» Ich auch mit dem üblichen Tonfall, wenn es darum ging. Ich holte einen der bereitliegenden Polappen und machte Kajtek sauber, der darauf bestand, am Ende am Polappen zu riechen. Muss man nicht verstehen.

«Soll er wieder hoch?», fragte mein Vater vom Sofa aus.

«Nee.»

Ich gab allen dreien ein Gutenachtküsschen und drehte mich an der Tür noch mal um. «Wollen wir in den Herbstferien nicht mal verreisen?»

«Das wäre schön», fand meine Mutter, und mein Vater blödelte rum, dass er seine Chefin fragen würde, ob er Urlaub bekäme. Er grinste meine Mutter an.

In meinem Zimmer musste ich erst einmal das Fenster aufreißen, um Kajteks Furz rauszulassen. Es hatte angefangen zu regnen, und ich schaute eine Weile raus. Ich stellte mir vor, dass jeder Tropfen ein Meer wäre, in dem ganz kleine Schiffe fuhren, ein jedes mit einer anderen Geschichte und Mannschaft. Ich hielt meine Hand aus dem Fenster und fing eine Geschichte auf.

Von den Reiseanbietern war noch keine Antwort da, aber ein neues Video von Theresa, also Bea.

Video 6

Ein leeres Glas, noch ein leeres Glas, zwei leere Teller, Ketchup-Schmiererei, Pommes-Wischspuren. Kamera raus. Pim steht draußen auf dem Parkplatz, die Augen finster und klein, die Augenbrauen zu Fäusten geballt. Er spricht laut, schreit, beschimpft irgendwas. Da ist niemand, nur jemand in der Freisprecheinrichtung im Ohr. Pim breitet die Arme aus, Nicht-dein-Ernst-Bewegung, dann Hand an den Kopf, Ich-glaub's-nicht-Griff, dann beide Arme hoch, runter, dann setzt das unsichtbare Orchester ein, alle Instrumente. Er geht zu einem LKW, dunkelblau wie eine Papiertonne. Schriftzug in Weiß, schräg geschrieben, als ob es Geschwindigkeit zeigen soll: Worldwide Surmann.

Bea steht auf, Stuhlbein kreischt auf Fliesen. Bea rennt, Bild schaukelt, Raststättenboden, Fliesen, Ausgangstür, Afriquia, Afriquia, Parkplatzboden, Beas Schuh, anderer Schuh, rascheln-de Jacke, Windgeräusch.

Pims Stimme lauter, lauter, noch lauter: französisch, laut, einige Buchstaben gepresst, eine Verfluchung, Druckventil Mund lässt Druck ab, Wörter, die nach Beschimpfungen klingen, einzeln hervorgestoßen, du bist ein – französisch – was, und ein elender – französisch – irgendwas, verdammter … Explosions-buchstaben, die aus seinen Lippen fliegen.

Pim auf der Metalltreppe zum Fahrerhaus, dunkelblau, Tür auf, Pim schon halb drin.

Eine weitere Männerstimme, mecker, mecker, aufgeregt. Die Stimme kommt angerannt.

Pims Oberkörper taucht wieder aus dem Fahrerhaus auf, Blick nach draußen zu Bea: «Machst'n du hier?» Zu jemand hinter Bea: französisch, beruhigend, erklärend. In die Freisprechein-richtung: knappe Information, jemanden hinhalten. Zu Bea: «Hab ich gesagt, dass du mir nachrennen sollst? Hab ich das gesagt?»

Beas Stimme, verblüfft: «Nein?»

«Warum bist du mir dann nachgerannt? Natürlich denkt der dann, dass wir hier die Zeche prellen. Hast du gedacht, dass ich ohne dich wegfahre? Ernsthaft? Ja? Vielleicht bin ich nicht der beste Vater, aber ich bin kein Arschloch. Klar?»

Männerstimme von der Seite, französisch, ob denn jetzt mal bezahlt wird, die Pommes und die Cola und das Wasser?

Pims relativ freundliches Gesicht, französisch, Zustimmung, Beruhigung, natürlich, sofort.

Schritte weg vom Mikrophon.

Der intensivblaue Eingang zur Tankstelle, Afriquia, Afriquia, Afriquia, in alle Himmelsrichtungen Afriquia.

Pims Gesicht finster, in die Freisprechanlage, in die Gegend, zum Himmel hoch, ein scharfer Satz, nur zwei Worte zu verste-hen: Pass. Erpressung.

Der Himmel antwortet nicht.

Am nächsten Morgen klebte ein Traum an mir. Sina Mann hatte Schlangen auf meinen Bauch gelegt, und die Schlangen waren durch meinen Nabel in meinen Bauch gekrochen, und als sie wieder rauskamen, waren sie grün, und daher wusste die Polizistin, dass ich log. Der Schlangentest, Dinge, die im Traum Sinn ergeben. Weil Sonnabend war, konnte ich noch liegen bleiben, aber alle Gedanken lagen mit mir im Bett, und ich ging lieber duschen. Meine Laune blieb trotzdem ein Matschhaufen. Ich setzte mich zum Frühstücken in die Stube.

«Kann ich einen Film kucken?»

Mein Vater suchte in seinem Vaterkatalog nach einer Vaterantwort und fand «Hast du Hausaufgaben?» eine gute Antwort.

Ich schüttelte den Kopf. Ich wurde inzwischen immer geübter im Lügen, aber es war nicht schön, in etwas gut zu werden, das schlecht war. Das war genauso wie in etwas schlecht zu sein, das gut war, nur dass dann vielleicht noch jemand Mitleid mit einem hätte, wenn es rauskäme. Ich wollte gar nicht daran denken, was passieren würde, wenn rauskäme, dass ich doch etwas über Beas Verbleib wusste. Das war so anstrengend, und eigentlich war es Scheiße von ihr, mich damit zu belasten und dann auch noch als Einziges zu schreiben, dass ich es niemand sagen durfte. Warum behielt sie dann nicht gleich alles für sich? Vielleicht wusste sie das selber nicht so genau? Ich wollte nicht schon wieder darüber nachgrübeln. Ich schaltete den Fernseher ein und schaltete durch bis zu einem alten Film namens «20 000 Meilen unter dem Meer». Eine Kampfszene mit einem Riesenkalmar, der aussah wie eine Schnecke mit angeklebten Gummiarmen, die auf einem Spielzeug-U-Boot herumwackelt.

«Was kuckst du dir denn an?», meine Mutter ließ sich neben mich aufs Sofa plumpsen. «Was für lustige, billige Tricks. Kuck doch mal!», lachte sie. «Wo man so genau sieht, dass das Tricks sind. Das sind die besten.»

«Weißt du noch, wie du mir früher immer diese Seefahrergeschichten erzählt hast?»

«Klar.» Sie legte ihren Arm um mich. «Weil du so ein Schissi warst und ich mir für dich gewünscht habe, dass du ein bisschen mutiger wirst. Und hat ja auch geklappt.» Sie küsste mich. «Große Abenteurerin.»

Ich zuckte erst mal mit den Schultern. Ja, nein, vielleicht. Okay, ein bisschen schon. Eine große Abenteurerin der Organisation, denn vor ein paar Tagen waren die Unterlagen des Reisevermittlers per Mail gekommen. Damit die Überraschung für meine Eltern perfekt wurde, musste ich abenteuerlich ausdrucken, abenteuerlich ausfüllen, bestätigen, dass wir drei volle Mobilität besäßen und eine gute Gehfähigkeit, Treppen und Stufen steigen konnten, auch steile Treppen und hohe Stufen, auch die Gangway auf das Schiff, auch mit Gepäck. Das alles war nötig, weil kein Arzt an Bord war. Ein ärztliches Attest war Gott sei Dank nur bei Personen über fünfundsechzig Jahren nötig. Ich musste unterschreiben, dass niemand schwanger ist, dass wir alles gelesen und verstanden hätten und uns klar war, dass ein Frachtschiff zur Ladungsbeförderung vorgesehen ist und sich darum die Ablege- und Liegezeiten nach den Ladungserfordernissen richten. Dann noch drei Haftungserklärungen, die Reisepässe kopieren, die Unterschriften fälschen. Ich musste abenteuerlich überweisen, abenteuerlich ein Hotel buchen und abenteuerlich mit dem Agenten in Rotterdam Kontakt aufnehmen, auf Englisch.

Ich musste organisieren, dass Magoscha allein die Arbeit meiner Eltern übernahm in der Zeit. Ich versprach ihr einen Zuschlag, und sie war begeistert, weil meine Eltern in all den

Jahren nicht einmal Urlaub gemacht hatten und weil ich so ein liebes Kind sei. Severine würde sich um Kajtek kümmern. Die beiden kamen gut miteinander aus, und auch Severines Eltern fanden, dass ich ein liebes Kind und das ja so aufregend sei. Wann ich es meinen Eltern sagen wollte, fragten sie? Wenn alles erledigt ist, sagte ich, denn ich hoffte, dass sie dann auf keinen Fall nein sagen konnten.

Dann war alles erledigt von meiner Liste, was ich zu organisieren hatte. Hatte auch alles geklappt. Ich hatte sogar die Zusatzpunkte, viel über Marokko lesen und mit Mama und Papa nebenbei immer wieder über das Meer und Schiffsreisen reden, abgearbeitet. Meine Eltern bekamen jedes Mal das Seufzen, wenn es um Schiffsreisen ging. Ja, das wäre schön. Eines Tages würden wir das mal machen, sagten sie, und nur ich wusste, dass eines Tages näher rückte.

Am ersten Tag der Herbstferien war es so weit. Draußen war es neblig, und drinnen gab es den größten Krach, den wir je hatten.

Ich war danach heulend aufs Zimmer gerannt, Tür zu, bums. Aufs Bett werf, weiterheul. Dann saß ich rum und starrte in den Nebel raus. Nebel war nicht mal Regen, keine Tropfen und keine Meere, keine Schiffe, keine Geschichten, alles löste sich auf.

Unser Krach hatte richtig Krach gemacht. Das hallte in meinem Kopf. Ich hatte geschrien. Hatte ich noch nie. Mein Vater hatte gegen den Tisch getreten. Hatte er auch noch nie. Andere Familien streiten wegen echten Problemen. Wir stritten, weil ich meinen Eltern einen Urlaub schenken wollte. Weil ich eine tolle Tochter bin und weil ich mit den Auftritten eine Menge Geld verdient hatte. Und deshalb durfte ich damit auch machen, was ich wollte.

Meine Eltern waren vor allem entsetzt, dass ich so viel Geld ausgegeben hatte. Nichts mehr von Papas «Eines Tages fahren wir mit so einem Riesenteil über das Meer». Nichts mehr von Mamas «Irgendwann würde ich gern wie früher tagelang lesen». Warum sollten nicht diese Herbstferien eines Tages und irgendwann sein? Das Geld war doch sowieso ausgegeben. Das war doch gar kein Argument. Ob ich nicht eine Reiserücktrittsversicherung abgeschlossen hätte? Hatte ich nicht. Außerdem hatten sie Oma versprochen, an den Wochenenden so einen scheiß insektenfeindlichen Steingarten vor dem Haus anzulegen, weil der weniger Arbeit macht. Also sollte es wie immer zu Oma nach Würsen gehen. Würsen, wie das schon klingt. Das war doch kein Urlaub. Alle aus der Klasse flogen regelmäßig irgendwohin.

Und da hat die tolle, liebe, großartige, mutige Tochter, die ich bin, gedacht ...

«Was? Nein!» Meine Mutter hatte ausgesehen, als wollte ich sie nur im Schlüpper auf den Mount Everest schleifen. «Was ist das denn für eine Idee? Marokko?»

Nichts mit Kompromisse finden, wie sie sonst immer sagte, einfach: nein.

Ich hatte gesagt, dass sie feige seien und eingerostet und voller Spinnweben.

Ich wurde auf mein Zimmer geschickt, als wäre ich vier Jahre alt, und ich war so sauer, hätte ich Bauklötzchen gehabt, ich hätte sie rumgeworfen.

Ich war den restlichen Tag im Zimmer geblieben. Ich würde die ganzen Ferien im Zimmer bleiben. Dann könnte sie mir mal gepflegt Salatblätter unter der Tür durchschieben.

Abends kam mein Vater zu mir rein, mit einem Teller Käsestullen mit Ketchup-Gesichtern.

«Ist das der selbstgemachte Ketchup? Ess ich nicht.»

«Is guter Industriemist!»

Ich schlang die Stullen rein.

Mein Vater setzte sich auf den Bettrand und versuchte, meine Hand zu streicheln. Wenn mein Vater streichelt, dann ist das, als ob jemand bei der Krankengymnastik streicheln übt. Ja, toll machen Sie das, vielleicht ein bisschen weicher die Hand, suuuuper.

Dann pulte er Argumente aus seinem Hirn: dass man doch nicht spontan auf so eine Reise ginge; das wäre ja schon in vier Tagen; und sie sind ja gar nicht gegen alles geimpft.

Gegen Reisefieber waren sie jedenfalls geimpft.

«Schau mal …», er patschte wieder auf meine Hand. «Morgen hast du doch auch Auftritt. Dann kommt ja auch wieder etwas Geld rein. Wir dachten, du sparst fürs Studium. Na ja. Yvette wird da sein und …»

«Antonia», ergänzte ich.

«Und Rike?», fragte er.

«Rikes Familie ist in Portugal. Geflogen. Hat Rike bezahlt.»

«Aha! Daher also.» Patsch, patsch machte seine Hand auf meiner. «Und warum Marokko?»

«Da gibt's Palmen», antwortete ich.

Er seufzte und ging. «Kommst du dann zu uns runter? Dann können wir noch mal reden alle.»

«Nein!»

«Du kannst ja nicht ewig sauer sein.»

«Doch.»

Als er rausging, schaute ich mir noch einmal die letzten beiden Videos von Bea an.

Video 7

Ein ganz kleiner Bildausschnitt, wackelt. Links und rechts etwas Dunkelblaues, wackelt. Das Geräusch des LKW-Motors, brummt. Fahrerhäuschen, aber Bea nicht auf dem Beifahrersitz. Bea hinter dem Beifahrersitz, erhöht. Der Bildausschnitt von diesem Dunkelblauen begrenzt, wackelt, ein Vorhangschlitz, ein Kasperletheater. Seid ihr alle da?

«Du bleibst hinterm Vorhang. Die ganze Zeit.» Die Stimme von Beas Vater, sag Pim.

LKW langsamer, um eine Kurve, ein Tor, große Räder eine Stufe hoch. Federung vom Fahrersitz wippt, Pim dreht am Lenkrad, beugt Kopf aus dem Fenster.

«Salam aleikum!» von draußen.

«Aleikum asalam, hi!» Pim zurück.

Fragen von draußen, Antworten von Pim, klingt wie «wohin, was, aha, da lang, so rum.» Motor läuft die ganze Zeit, ruhig, tuckert. LKW fährt an.

Pims Stimme: «Also, Rampe 24, Weihnachten sozusagen. Oder wie mein strunzdummer Chef früher gesagt hätte: Um die andere Seite von den Haus. Von den Haus. Ich hab schon kleine Jungen gegen was dagegenpissen sehen, das intelligenter war als der.» Pim schlägt mit beiden Händen aufs Lenkrad. «Alter! Na nu wattn? Soll ich mich in Luft auflösen? Genau. Drängel dich vor. Super!»

Er hupt, Kopf aus dem Fenster, rufen. Rufen, noch mehr Rufen. Lachen. Laut: «Okay!» Schräg nach hinten, wahrscheinlich zu Bea: «Man muss die Rangordnung wissen, Löwe über Panther, Panther über Gepard, bisschen knurren, aber kein Beißen. Und immer Spannung halten, immer schön meckern. Hält wach.»

Pim: Blick in den Rückspiegel. Motor aus. «Du bist nicht da, klar!» Abschnallen, aussteigen. «Vorhang zu!» zischen.

Vorhang zu. Dunkelheit. Atmen. Räuspern.

Vorhang ein bisschen auf, ein bisschen rausgefilmt. Eine Halle, ein anderer LKW, hellblauer Himmel.

Vorhang zu. Dunkelheit. Atmen. Eine Weile. Dann ein neues Geräusch. Ein Kratzen. Oder Scharren. Bea schaltet die Taschenlampenfunktion am Handy an und leuchtet alles um sich herum aus. Eine Art Bett, in dem sie sitzt. Vermutlich wo so ein LKW-

Fahrer schläft unterwegs. Bea leuchtet und filmt weiter. Nichts zu sehen, was kratzen oder scharren könnte, aber zu hören ist das Kratzen und Scharren trotzdem. Rascheln von Bea, weil sie sich bewegt, aufsteht, herumklettert. Das Handy ist einfach so in der Hand, filmt mal gerade, mal schräg. Der Vorhang ist zu sehen. Bea ist aus der Koje geklettert, steht vermutlich auf dem Fahrer- oder Beifahrersitz. Kamera wird wieder ruhig gehalten, filmt auf den Vorhang von außen. Vorhang wird geöffnet. Kamera filmt hinter den Vorhang in eine weitere Koje, oben. Doppelstockbett also im Führerhäuschen. Licht leuchtet alles aus. Nur eine Koje, Bettdecke, Kissen, nichts zu sehen, was kratzen würde. Aber es kratzt weiter. Scheint hinter der Wand vom Führerhäuschen zu sein. Bea schaltet die Kamera aus.

Video 8

Beas Gesicht von unten. Motorengeräusch, Rauschen, Fenster wahrscheinlich offen.

Beas Vater, sag Pim: «Das soll man nun verstehen. Kann ich nicht verstehen. Ich bin doch ein fixes Kerlchen und mein Ableger auch.»

Beas Gesicht von unten, versteinert, finster gar kein Ausdruck, geradeaus in die Gegend lasern.

Pims Stimme: «Ich sage zu dir, krabbel da rein, verschwinde, mach dich unsichtbar, und du stehst auf dem Fahrersitz mit dem Arsch zum Hof. Ich bin echt ein fixes Kerlchen, aber hier setzt es bei mir aus. Okay, Pim, zähl bis dreihundert, um dich zu beruhigen.»

Bea, die ganze Zeit von unten, der Kiefer nach vorn gefahren, Stoßstange des Gesichts, unfallbereit. Der Aufprall kommt in wenigen Sekunden, drei, vier, fünf ...

«Da war was.»

«Was, *da war was*? Was soll denn da gewesen sein? Du bist auf dem Fahrersitz rumgeturnt. Das war. Gut, ich hab nicht extra gesagt, turn nicht auf dem Fahrersitz rum, aber *mach dich unsichtbar* schließt das für mich mit ein. Da muss ich auch nicht extra sagen, jonglier nicht oder bammel nicht von der Ecke, oder?»

«Aber da war ein Geräusch, und ich wollte nachsehen …»

«Da war kein Geräusch. Kein Kratzen, kein gar nichts.»

«Von Kratzen hab ich gar nichts gesagt.»

«Ja, eben. Da war kein Kratzen.»

«Wie kommst du denn auf Kratzen?»

«Oder was weiß ich. Pfeifen, trommeln. Jedenfalls war da nichts, klar?»

Danach ist Stille.

Eine lange Stille.

Beas Gesicht am Anfang zerknüllt, nichts würde sie sagen, gar nichts, Streik, kannst mich mal. Dann unsicher, rüberschauen, Stirn entknüllen, wer war hier jetzt im Redestreik, er oder sie?

Immer noch Stille, der Motor des LKWs, zuverlässiges Brummen.

Beas Gesicht kommt in Bewegung, Mund entknüllen. Jetzt will sie was sagen.

Aber in dem Moment Pims Stimme: «Ist dir aufgefallen, dass bei keinem einzigen anderen LKW-Fahrer eine Minderjährige auf dem Fahrersitz rumtanzt? Das gibt's eigentlich gar nicht, und wenn ich hier Aufsehen errege, dann haben wir ein Problem. Dass die Gesetze hier ein büschen anders sind, ist dir aufgefallen? Und dass die hier bei den Gesetzen irgendwie gar keinen Humor haben, weißt du auch? Wenn es hier so laufen würde, wie ich es gern hätte, dann wäre in diesem Fach da dein Pass, den würde ich jetzt rausnehmen und sagen: Tschautschau, Rabea, jetzt fahr ich dich nach Rabat, und da fliegst du fein zu Mama und hörst auf, Mist abzuziehen. Das ist ja schön, dass wir Zeit zusammen verbringen, aber nicht wenn's gefährlich wird, klar? Du hast vielleicht «bescheuert» mit «Freiheit» verwechselt. Bitte brich mir nicht das Herz, dass ich also nach wie viel Jahren – drei? – meine Tochter wiedersehe und sie «aufregend» nicht von «gefährlich» unterscheiden kann. Für mich wäre hier die Reise zu Ende. Ab in den Flieger, tschau, Rabea. Aber wie du ja nun schon mitbekommen hast, gibt es ein Problem mit deinem Pass. Und das musst du mir jetzt einfach mal glauben, ich kann im Moment weder zur Polizei noch zum Auswärtigen Amt, um den Scheiß zu beenden. So genau musst du das nicht wissen, weil es einfach reicht, dass du machst, was ich dir sage. Vertraust du mir nicht, können wir es auch gleich lassen.»

Beas Gesicht von unten, ganz hart, aber der Blick möchte wegrennen, ein pokerndes Fluchttier. Viele Jahre jünger irgendwie, kindlich, wie rückgebaut.

Pims Stimme, auch da eine Veränderung: «Ich will dir keine Angst machen, aber ...»

Und dann. Und dann kein Aber. Langes Schweigen. Und Video Ende.

Ich überlegte, ob Bea sauer auf ihren Vater war. Ich war jedenfalls sauer mit meinen Eltern. Und wie. Und zu Recht. Mein Geld war weg, als wäre es verreist, ohne mich mitzunehmen. Wenn ich nicht Scheiße gebaut hatte, dann meine Eltern, und ich war dafür, dass sie es gewesen waren. Ich hatte so viel Arbeit in die Vorbereitung der Reise gesteckt. Irgendwie hatte ich dabei vergessen, dass meine Eltern nein sagen könnten. Das Schlimmste war aber, dass ich keine andere Idee hatte, wie ich Bea helfen könnte.

Ich sah meine Nachrichten zwischen ihren Videos durch. Immer wieder «Brauchst du Hilfe?». Immer wieder ein Video als Antwort. Die Videos sahen aus wie: ja. Falls Bea diese Frage nicht beantworten konnte, weil sie selber nicht wusste, ob sie Hilfe bräuchte, musste ich das für sie entscheiden. Und das hatte ich schon. Ich war ja schon fast auf dem Weg zu ihr gewesen, bis meine Eltern alles blockiert hatten. Sie wussten natürlich nicht, dass es um mehr ging, als ein bisschen rumzuschippern. Das konnte ich ihnen auch nicht sagen. Sie hätten darauf bestanden, dass wir Sina Mann und Pernille Waserfall anrufen. Und dann? Dann würde ich gestehen? Alle Videos zeigen? Und dann würde Bea geholfen werden? Und sie würde nie wieder ein Wort mit mir reden, weil sie mich ja nicht um Hilfe gebeten hatte, sondern darum, niemand von diesen Nachrichten zu erzählen.

Also lügen. Mochte ich echt nicht. Meine Hände auch nicht. Die juckten schon wieder.

Lügen war ein Raum mit offenen Türen, eine Tür führte in den Nachbarraum Wahrheit, dessen Türen auch immer weit offen standen. Erst hatte ich nur in den Raum Lügen reingesehen, und dann stand ich eine Weile auf der Schwelle, und dann war ich einen Schritt reingegangen, noch einen, noch einen, und so hatte ich mich immer weiter von der Tür entfernt. Ich wusste, dass sie noch da war und dass sie offen war, aber sie war weit weg. In meinen Träumen tauchten immer wieder die beiden Polizistinnen auf. Einmal sollte ich mich zwischen sie auf ein Sofa setzen, und ich versank darin wie in Brotteig. Dann hatte ich diesen Teig im Mund und konnte nichts sagen. Einmal hatten die beiden eine große Fahne bei sich, auf der war ein Bild von Bea, die mit starken Verletzungen auf einem Esel saß. Ich ging in die Fahne hinein, Traumlogik, und lief den Blutspuren nach, um Bea zu finden, die direkt vor mir auf diesem Esel saß, der dann ein Motorrad war.

«Wenn Bea in Schwierigkeiten wäre, wenn sie und ihr Vater Probleme hätten, dann, aber nur dann wäre es doch auf jeden Fall richtig, jemandem davon zu erzählen. Ja, antwortete ich mir selbst, dann ja. Nur eben nicht der Polizei. Ich müsste es den anderen Mädchen sagen. Aber ich sollte es niemandem sagen. Aber allein konnte ich ihr nicht helfen. Oder traute mich nicht. Wie denn auch? Ich? Alleine? Meine Gedanken waren ein großer Kreis, ein beängstigend hohes Riesenrad, in dem ich mal bei «Soll ich?» und mal bei «Soll ich nicht?» war. Ich fuhr Runde um Runde und wollte endlich nicht mehr allein in einer dieser offenen Gondeln sitzen.

ch war seit dem Vortag kaum aus dem Zimmer gekommen, weil ich sonst meine Eltern angeschrien hätte: «Wir müssen einfach nach Marokko!», aber auf «Warum?» nicht hätte antworten können. Ich hatte aus dem Fenster gesehen und mir vorgestellt, dass das Haus sich in ein Schiff verwandelt und einfach loslosfährt, das schien mir realistischer, als alleine loszufahren, was ich auch überlegte, aber mir weniger vorstellen konnte, als dass das Haus losfährt. Ich stellte mir vor, mit Antonia und Yvette zu fahren. Dazu müsste ich ihnen alles erzählen, und das sollte ich ja nicht. Und schon drehte sich alles wieder im Kreis, und mir wurde schwindelig. Was sollte ich tun? Ich hasste erst mal ein bisschen meine Eltern, alle halbe Stunde ungefähr. War ja jetzt klar, warum ich so ein Schisser war. Stammte von Schissern ab. Ich zerriss die Reiseunterlagen und ließ die Schnipsel auf dem Boden liegen.

Halb zwölf stand mein Vater vor der Tür und propellerte den Autoschlüssel um seinen Zeigefinger. «Sind wir startklar?»

«Ich ja», sagte ich. «Auf nach Marokko!»

«Ach, Charlotti!»

«Nee!» Ich ging an ihm vorbei und trampelte die Treppe runter. Nur weil er mich heute fuhr, brauchte er nicht so auf gute Stimmung zu machen.

Er machte aber total auf gute Stimmung. «Ihr ergebenster Chauffeur hat Stullen und pupswarmen Tee eingepackt.»

Na, toll! Ich hatte Hunger und müsste seine Stullen essen, und dann würde er sich einbilden, dass alles wieder fein wäre.

Als ich an der Haustür war, hörte ich Kajteks Krallen über das Laminat in der Stube klappern.

«Bleib liegen», rief ich rüber. «Ist gut. Ich bin doch gleich wieder da. Bleib doch liegen.» Aber er wollte zu mir. Er kam langsam angestelzt. Die Beine schienen steif zu sein oder weh zu tun. Er grinste in meine Richtung. Wedel, wedel, volle Liebe von ihm für mich, nur weil es mich gab. Aber ging mir genauso mit ihm. Volle Liebe, einfach nur weil es ihn gab. Wenn das reicht zum Liebhaben, dann ist es echt liebhaben.

«Nein. Du kommst nicht mit. Kajtek bleibt hier!» Ich klopfte ihm auf seinen dreieckigen Schädel, und er grinste. «Du kannst nicht mit. Nein, du. Nee, du.»

«Ich kann ihn ins Auto reinheben, und wir nehmen ihn mit. Warum nicht?», bot mein Vater an.

Es war egal, was ich sagte, mein Vater hörte, dass seine Hilfe gebraucht wurde. So lief er durch die Welt. Alles existierte, um von ihm geklebt, geschraubt, gepuffert, gehoben, genagelt oder gedübelt zu werden. Das war schön, denn er war nie hilflos. Man könnte es bestimmt kleben. Oder nachbestellen. Irgendwas ging immer. In Gesprächen hörte er wahrscheinlich nur: «Bitte tu was! Tu doch was!»

Meine Mutter war eigentlich auch so, aber ihre Hilfe war völlig anders. Egal was passierte, sie wollte wissen, wie ich das fand oder was ich deshalb fühlte. Das war ihr Werkzeugkasten, und dann sagte sie, dass sie das auch so sieht oder anders sieht oder auch so fühlt oder anders fühlt. Es wurde im Kopf und im Herz geklebt oder nachbestellt oder was auch immer. Wenn mein Vater sich sofort bewegen wollte, wenn etwas war, wollte meine Mutter sich sofort hinsetzen und reden. Wenn ich ihnen nur sagen könnte, dass ich Bea helfen wollte. Ich war mir sicher, dass sie mir helfen würden zu helfen. Wenn sie nicht gerade meine Urlaubspläne zerstörten, waren sie ziemlich gut darin, Eltern zu sein. Auf jeden Fall darin, meine Eltern zu sein. Aber ich hasste sie trotzdem ein bisschen weiter. Weil es mir einfach zustand.

«Wirklich, ich kann ihn ins Auto heben, und dann geh ich ein bisschen mit ihm spazieren, heb ihn dann wieder ins Auto …»

«Ach, Charlotte. Lass doch mal!»

«Nee!»

Mein Vater wurschtelte Kajtek durch das Fell und küsste meine Mutter.

Ich küsste den Hund und wurschtelte meiner Mutter durchs Fell. «Oh, verwechselt», sagte ich. Ein bisschen lächelte meine Mutter. Und ich auch. Obwohl ich gar nicht wollte, und sie sah auch aus, als hätte sie nicht vorgehabt zu lächeln.

«Mit dir macht man was mit!» Sie schüttelte den Kopf.

«Mit euch ja auch.»

Als wir losfuhren, winkte meine Mutter. Kajtek stand neben ihr und schaute freundlich dahin, wo ich gerade vermutlich verschwand.

«Soooooo», sagte mein Vater, als wir losfuhren. Und nach Soooo kam meistens eine Aufzählung von irgendwas, denn alles, was er tat, zählte er vorher gern auf. «Wir müssen über Panschen nach Jüten, Richtung Drießen. Gegen vierzehn Uhr sind wir in Hungel, bei Rathenberg, bei Gönau. Parkplatz suchen, aussteigen …»

«Du hast atmen vergessen», sagte ich «Wann atmen wir ein? Alle wie viel Sekunden?»

«Alle drei», entschied er.

Aus meinem Vater konnte kein Abenteurer werden. Er hätte vorher gesagt: «Soooo», und dann hätte er aufgezählt, wie es weitergeht, und wenn man das weiß, ist es kein Abenteuer. Aber stand er ja eh nicht drauf. Containerschifffahrtmemme! Trocken-Möchtergernseemann! Putzlappen!

«Ich fänd's gut, wenn wir uns wieder vertragen. Oder? Du nicht?»

«Nee!»

«Du kannst uns gar nicht verstehen irgendwie?»

«Nee!»

Ich sah aus dem Fenster, wie das ruhige Brandenburg in Schnelligkeit nicht mit uns mithielt und uns in Schönheit überholte. Die Krähen begleiteten dunkelgrüne Erntefahrzeuge. Es gab rote Landwirtschaftsmaschinen und gelbe und grüne und blaue, aber keine rosanen und lilanen.

Wie mein Vater es gesagt hatte, waren wir gegen vierzehn Uhr in Hungel und parkten vor dem Bahnhof.

«Wann kommt Antonia?»

Ich schaute auf das Handy. Ich hatte eine neue Nachricht.

«Na gut, musst nicht mit mir reden. Hab schon verstanden. Ich geh jetzt einfach und warte nachher hier auf dich. Viel Spaß!»

Die Nachricht war von Bea.

Video 9

Unruhiger Atem in der Nähe des Mikrophons. Fast nichts zu sehen. Gestreiftes Licht durch runtergelassene Rollläden. Ganz schmale Schlitze. Gestreifter Sonnenschein.

Im Hintergrund ein Schnarchen.

Der angespannte Atem und der entspannte Atem.

Beas Stimme, leise, nicht wütend, angespannt: «Scheiße!»

Beas Stimme knarrt: «Ich muss raus.» Lauter: «Ich muss raus.» Leiser: «Scheiße.»

Schritte von Barfußfüßen, Bild wackelt. Atem immer schneller. Handy wird weggelegt, filmt irgendwas, keine Perspektive. Lautes Rütteln an etwas, Metall, Holz, schieben. Quietschen. Beas Atem auch wie Quietschen. Immer schneller. Vielleicht weinen. Nach Luft kämpfen. Tageslicht in Lichtgeschwindigkeit überall. Das Bild nur die Decke von einem Zimmer. Bea atmet und atmet. Geräusche von draußen. Autos. Stadt. Bea atmet immer noch sehr schnell. Stimmen von der Straße. Rufen.

Sehr schnelle Schritte. Hämmern näher. Pims Stimme: «Fenster zu! Rollladen runter! Maaaann!» Schritte sind bei Bea. Kamera zeigt weiter nur nach oben. Handy liegt irgendwo. Fenster knallt zu. Rolladen rasselt runter.

«Charly!» Antonia hopste mich an, dass ich fast das Handy in die Luft wirbelte. Das Video war noch nicht zu Ende, aber ich, «Ähm, äh, Hallo!», hampelte es schnell in meine Hosentasche und versuchte, Beas panisches Atmen zu vergessen. Was auch immer bei ihr los gewesen war, ich musste es erst mal wegschieben. «Antonia!», sagte ich. «Wo kommst du denn her?» Wie aus einem Paralleluniversum geschnipst, stand sie vor mir. Eine rote Wollmütze, ein blau-weiß gestreiftes T-Shirt, eine hellblaue Jeans, gelbe Turnschuhe, wie aus einem Bilderbuch: Die lustige Toni fährt Tufftuff-Bahn. Auf dem Rücken ein Äffchen, der ein Rucksack war, der ein Äffchen war, das seine langen Arme um Antonias Schultern schlang und sich gut festhielt, während Antonia auf einem Hoverboard um mich herumfuhr, dass ich gleich noch verwirrter wurde.

«Neu! Geil, oder?» Sie bremste vor mir, kippte das Board auf einer Seite hoch. «Oben rosa, unten schwarz, fast drüber, oder? Zu gut.»

«Ähm, ja. Gut!», sagte ich und dachte weiter an Beas Atemnot.

Antonia drückte mich ganz feste, als wären wir gleichzeitig jahrelang befreundet und jahrelang getrennt gewesen. Sie war ein echter Kullerkeks mit eingebauter Tageslichtlampe. Man sollte sie bei Trübsinn vermieten. So langsam begann es bei mir zu wirken. Ich drückte sie auch ganz fest an mich.

Sie ließ mich los. «Das Board ist von Papa. Weil ich mich in Mathe so verbessert habe. Es ist so schön, dich zu sehen.»

Antonia sagte einfach immer alles, was sie fühlte und dachte. Sie sah einen Ball und sagt: «Ball», und: «Den will ich haben».

Ganz einfach, und es war ihr nicht mal peinlich. Ich bewunderte es, aber wenn es ansteckend wäre, würde ich mich hüten, es auch zu bekommen. Dann müsste ich ja ständig sagen: «Ich weiß grad gar nicht wohin mit meinen langen Armen. Wie die so an mir rumhängen. Und außerdem muss ich dir ein Geheimnis erzählen, ist aber geheim.»

Antonia kurvte um mich rum, das Plastik-Schrapsen der Räder.

«... und dann hab ich mich bei einer Skater-Halle angemeldet, und da kann ich jeden Tag rein, und da kann man Knieschützer ausleihen, und die muss man auch tragen, sonst darf man nicht ... Da ist Yvette.»

Antonia sauste los zu dem Auto, aus dem Yvette gerade ausstieg, konnte kaum bremsen, fiel Yvette in die Arme und hielt sich an ihr fest. Als ich bei den beiden ankam, erzählte Antonia gerade schon wieder von der Skaterhalle und den Knieschützern.

«Jajaja», winkte Yvette ab, umarmte mich nebenbei und wollte wissen, ob wir unsere Ausweise dabeihatten.

«Ich hab keinen Ausweis. Hab ich dir doch schon gesagt. Und du hast gesagt, dass ich den Reisepass mitnehmen soll. Und den hab ich mit», plapperte Antonia schon wieder.

Ich nickte. «Ich hab auch nur einen Reisepass. Aber bisher wollte den noch niemand sehen bei den Veranstaltern.»

«Sicher ist sicher», sagte Yvette. «Vorbereitung ist die Mutter der ... nee, anders, egal.»

Die Fahrertür des Autos öffnete sich. Auftritt Yvettes Vater. Er sah so aus, wie er roch. Er roch nicht wirklich gut, einfach nur sehr teuer. Und jetzt roch die halbe Straße gleich so. Er zupfte kurz an seinem Sakko und strich sich Fussel, die nicht da waren, vom Hosenbein. Er hob den Kopf, als hätten wir darauf gewartet und müssten jetzt wie ausgeflippte Robben in die Flossen klatschen, weil wir ganz dullidalli waren von seinem Anblick.

«Hey!», grüßte er.

Der machte mich fertig. Jedes Mal, wenn ich ihm begegnet war, brach bei mir das große Staunen aus, dass es so jemanden in echt gab. Mein Vater hatte mal gesagt, Herr Utpaddel sei ein Fatzke. Meine Mutter fand ihn ungewöhnlich attraktiv. Also, er war ein ungewöhnlich attraktiver Fatzke.

Er hatte ein Gesicht wie poliert. Ein Einstecktuch mit einem so verwirrenden Muster wie der ganze Mann.

Er breitete die Arme aus, und wir hatten uns an seinem duftenden Hals zu drapieren. Er schoss ein Selfie mit uns. Großes Lächeln. Dann kleines Lächeln. «Ich warte nachher direkt vor der Tür.»

«Nein, wir wollen doch Antonia noch zum Bahnhof bringen. Hab ich dir doch schon gesagt.»

«Ich kann euch fahren.»

«Wir können aber auch laufen.»

«Wie ihr wollt.» Er sah sein Auto an, dann uns, dann wieder sein Auto.

Mit jedem Schritt von ihrem Vater weg wurde Yvette entknitterter. Als wir außer Hörweite waren, fing sie an, ordentlich abzulassen. Dass er noch nie bei einem unserer Auftritte war. Regte sie auf. Dass er fand, wir würden zu wenig damit verdienen. Regte sie noch mehr auf. Yvette sagte, dass sie eines Tages mehr Geld als er hätte. Der Apfel fällt vielleicht nicht weit vom Stamm, aber dann kann er ja noch ein Stück kullern.

Der Weg zum Kulturzentrum ging ein wenig abwärts. Antonia sauste vorneweg, vorbei an den Gärten, einer nur mit Schotter, der nächste mit Halloween-Deko, der nächste mit kleinem Tisch mit Äpfeln zum Verschenken, der nächste mit bunten Igeln in Latzhosen aus Gips, in deren Schubkarren aus Gips Blätter aus Gips lagen.

Ich hatte überlegt, ob es nicht klug wäre, vor der Veranstaltung von den Videos zu erzählen, aber wir wurden jedes Mal vom Publikum nach Bea gefragt, und wenn ich es nicht erzählte, musste nur ich lügen. Meine Hände juckten schon wieder, aber nachher würde ich es ihnen erzählen. Dann wäre das Jucken weg. Wir würden einen tollen Plan entwickeln, Freigunda, Anuschka und Rike Bescheid geben und ... und irgendwas.

«Ich muss euch nachher was sagen.»

«Sehr gut!», Yvette klopfte mir auf die Schulter. Was dachte sie denn, was ich zu verkünden hatte?

Dann klatschte sie in die Hände und gab uns die wichtigen Infos.

«Also, wie läuft es heute? So läuft es heute. Beginn fünfzehn Uhr dreißig, eineinhalb Stunden ohne Pause, Anmoderation vom Haus, Einleitung ich, dann Fotos. Euer Einsatz, Fragen beantworten, Selfies mit den Fans. Händeschütteln. Over and out! Abflug siebzehn Uhr.»

Yvette organisierte das alles super. Sie hatte sogar Plakate anfertigen lassen, auf denen «Mädchenmeute» stand. So ein krasser Schriftzug. Als wären wir ein fettes Label, ein super Film, mindestens eine Comicserie. Ich würde uns total beneiden, wenn ich nicht zu uns gehören würde.

Als wir nach unserem Abenteuer wieder aufgetaucht waren, war das Interesse natürlich tierisch groß gewesen. Wir hatten zusammen einige Interviews gegeben, auch da hatte schon Yvette entschieden, welche Sender wir treffen und was die bezahlen. Sie nannte sich ab da «Management» und trug eine neongelbe Sonnenbrille. Sie fertigte Visitenkarten an, auf denen «Mädchenmeute. Agentur» stand. Als es um Homestorys ging, hatte aber keiner Bock darauf, nur Yvette selbst, und so gab es eine Vier-Seiten-Story, wo sie Haus und Pool und Hund und Autos und Pferde zeigte. Sie arbeitete sich zu einer C-Prominenz hoch und wurde zu Empfängen und Premieren eingeladen. Dort wackelte sie dann mit Hackenschuhen hin und trug mit Zack Partnerlook, sie hatten gleiche Lederwesten oder Krawatten oder Nietenhalsbänder. Ihr Instagram-Account war voll mit Fotos von ihr und Zack. Knutschmund und Hechel. Als das Interesse nachließ, dachte sich Yvette die Meet and Greets aus. Erst hießen sie Vorträge, aber das sei boring, sagte Yvette, da kommt keine Bindung zu den Fans auf. Fans sprach sie immer aus, als würde ihr Mund einem kleinen chemischen Experiment nachgeben und mit dem a in Fans explodieren. Außerdem arbeitete sie an einem Buch über unsere «verrückten Wochen», wie sie es immer nannte, als wären wir kreischend über Musikfestivals gerannt, statt mit Mückenstichen hungrig hinter Himbeerbüschen zu hocken und in selbstgebuddelte Löcher zu kacken. Es sollte «Ich und die Mädchen» heißen, was ich bescheuert, Rike beknackt, Anuschka unsympathisch und Antonia okay fand. Die Meinung von Freigunda und Bea wussten wir nicht.

Das Kulturzentrum war außen hellgrün und innen gelb, als ob man einen sauren Apfel betritt. An den Wänden waren in Hüfthöhe Holzbretter angebracht. Darüber hingen Bilderrahmen, in denen dicht an dicht Fotos von irgendwelchen Osterläufen, Erntedankfesten und Neujahrsfeuern erzählten, 2018, 2017, 2016 … Als wir bei 19-irgendwas angelangt waren, kam uns eine kleine, runde Frau entgegen, das Gesicht so, wie wenn Kinder der lieben, lieben Sonne ein Gesicht malen. Sie hieß Frau Klara und sie gab uns die Hand, indem sie ihre beiden Hände um die gereichte Hand von uns legte und dann drückte, als sollte Handsaft ausgepresst werden.

«Ist das schön, dass das geklappt hat! Herzlich willkommen im Kulturzentrum von Hungel.»

«Wo ist der Techniker?», fragte Yvette.

Frau Klara öffnete ihre Arme zur halben Flügelspanne. «Ich bin der Techniker. Hat man früher so gesagt. Da war ich Lehrer. Heute bin ich Lehrerin. Aber ich hab gar keine Geschlechtsumwandlung machen lassen.» Und sie lachte ein bisschen über diese überulkige Sache in ihrem Leben, die ihr auch nach dreißig Jahren noch neu vorkam. «So, hier ist das Herz von unserem Kulturzentrum.»

«Schön!», sagte Antonia.

«Wo ist der Beamer?», unterbrach Yvette. «Wir müssen die Technik testen.»

Dann holte uns Frau Klara mit einem «Los geht's. Aufi!» aus dem hinteren Raum, in dem wir herumgedümpelt hatten. Diese Minuten vor dem Auftritt waren für mich die krassesten Minuten. Ich war jedes Mal so aufgeregt, als müsste ich alleine raus und was vorsingen. Wenn es losging, wurde es sofort besser. Außer wenn Pernille Waserfall und Sina Mann im Publikum saßen. Ich sah sie sofort. Und sie waren in Uniform. Also waren sie nicht da, weil sie uns so interessant fanden wie all die anderen, die da waren, sondern sie waren als Polizistinnen da. Doppelscheiße!

Was wollten die beiden hier? Bisher hatten sie sich immer vorher angemeldet. Und ich konnte mich auf meine Rolle im nächsten kleinen Theaterstück vorbereiten. Mist, aber ein ganz großer Haufen!

«Nicht rot werden!», sagte ich mir selbst. «Nicht jetzt …» Und wie auf Knopfdruck wurde mein Kopf heiß, als wäre ein Sprengsatz drin. Drei, zwei, eins, Zündung, Rot! Ich trank einen Schluck Wasser und hörte aus dem Lautsprecher die Stimme von Klara Sonne: «Wir freuen uns sehr, dass sie heute da sind. Drei Vertreterinnen der Mädchenmeute. Wir alle haben diesen Sommer mit angehaltenem Atem die Suche nach ihnen mitverfolgt. Keine Zeitung, kein Radio- oder Fernsehsender, der nicht davon berichtet hätte. Sie waren die große Geschichte in diesem Jahr, und wir alle haben danach jeden Bericht über sie verschlungen, über ihre Hunde, über Kajtek, Zack und Boogie. Wir haben alles über den Stollen gelesen und jede Hintergrundstory. Über Freigundas verrücktes Leben. Und natürlich auch über Beas Verschwinden. Heute kommen sie selbst zu Wort. Über Nacht geflohen und ebenfalls über Nacht berühmt geworden, die –»

Yvette hatte diese Einleitung geschrieben. Die Veranstalterinnen durften nichts anderes sagen. Ein Wunder, dass Yvette nicht irgend so eine Musik einspielen ließ, bei der Boxer in die Kampfarena einlaufen.

Frau Klara schmetterte jetzt, so gut es ging, das Wort «Mädchenmeute». Als wären wir eine krass berühmte Band.

Und dann noch mal alle Namen: Antonia Trapp, Yvette Utpaddel …»

Im Kopf ergänzte ich: «Am Bass –, am Schlagzeug –, Gesang –.» Yvette wäre Gesang, logisch. Ich Bass. Antonia Gitarre. Bea wäre in unserer Band die Schlagzeugerin gewesen, denn sie gab das Tempo und die Einsätze vor. Aber sie war nicht da. Und vielleicht war das auch gut so, denn sie würde das hier scheiße finden, Affenzirkus.

«Uuuuund Charlotte Nowak.» Ich zuckte zusammen. Es war immer noch seltsam, meinen Namen aus der Anlage zu hören.

«Guten Tag!», sagte Yvette und winkte ab, als sei es ihr zu viel Applaus. Als sei es ihr jemals zu viel Applaus. Antonia strahlte. Nicht noch mal rot werden, Charlotte, nicht noch mal. Es war aber auch warm hier drin, oder? Ich trank noch einen Schluck. Glas leer. Was sollte ich jetzt tun, während ich hier oben saß? Ich konnte mich nicht wie Kajtek mit dem Bein am Kopf kratzen. Oder wie Zack an meinen Eiern lecken.

Wenn die Polizistinnen nach der Veranstaltung zu mir kämen und sagen würden: Zeig mal dein Handy, dann wär's vorbei, mit meiner Lügerei, mit Beas Flucht und unserer Freundschaft. Warum hatte ich überhaupt die ganzen Videos gespeichert? Ich war so dumm wie ein Waschbär, der keinen Weichspüler benutzt.

Yvette war fertig mit ihren auswendig gelernten warmen Floskeln: Schön, dass Sie da sind, wir freuen uns, wir nehmen Sie mit auf unser Abenteuer, blabla.

Dann projizierte sie das erste Bild. Es war verkehrt herum. Lacher im Publikum. «Hupsi», sagte Yvette, aber das würde sie nach der Veranstaltung auf jeden Fall ansprechen. Es musste alles perfekt sein. «So, jetzt ist es richtig herum. Was Sie hier sehen, ist die Route unserer Reise.»

Auf der Karte waren verschiedene Linien zu sehen, gelb, rot, blau, sieben Farben insgesamt. Die Linien irrten allein durch die Welt, bis sie sich fanden und ein Regenbogen wurden. «Hier sehen Sie, von woher wir alle nach Berlin angereist sind. Charlotte zum Beispiel aus Trebben, ich aus Kleinmachnow. Vielleicht kennen Sie das. Dort wohnen eher wohlhabende Leute.»

Das sagte Yvette jedes Mal, und ich denke, dass sie dachte, dass die Leute dachten: «Oh, wow! Wohlhabend. Gleich springt mir der BH auf vor Neid.»

Aber ich denke, dass die Leute dachten: «Bäh, ist das unsympathisch, das extra zu erwähnen.»

Yvette erzählte von unserem Treffen in Berlin, unserer Busfahrt nach Bad Heiligen, dem schlecht organisierten Camp, von Inken und Bruno, von der riesigen Pfütze, den verrotteten Bungalows, dem Geruch, dem schlechten Essen. «Sehr, sehr mangelhaft», sagte sie. «Minus drei Sterne», und sie lachte, als wär's spontan.

Jedes Mal, wenn sie das alles erzählte, flutschte ich direkt in diese Tage zurück. Ich roch die feuchten Baracken, das Moos, den Dreck auf dem Boden, die gelben Zudecken. Yvette war danach noch mal mit einer Profifotografin in dem gammligen Ferienlager gewesen. Die Fotos waren so gut, dass auch das Publikum es riechen konnte. Dieser ganze Muff eines aufgegebenen Ortes, ein Zeitportal von einer Vergangenheit voller DDR-Kinder und einer Zukunft als Brutstätte für Tiere.

Foto: alte Tischtennisplatte aus Beton. Eine Schrift quer über die Tischtennisplatte: Frank ist ein guter Loverboy.

Foto: Fahnenstangen ohne Fahnen. (Ich konnte mich an das Klappern der Drahtseile erinnern, wie es an die hohlen Stangen schlug.)

Foto: das Waschhaus.

Bei dem Bild bekam ich jedes Mal eine Gänsehaut, die vom Rücken aufstieg.

Yvette erzählte vom Feuer, vom Kochen und von dem Abend, als sich die Tür des Waschhauses hinter uns schloss und überall das Wasser lief, aus den Duschen, aus den Wasserhähnen.

Gleich war ich dran, denn ich sollte meine Narbe zeigen und erzählen, wie es dazu gekommen war. Ich hatte meine Sätze auswendig gelernt.

Ich suchte die Datei in meinem Kopf. Titel: Wie ich meine Narbe bekommen habe. Play.

«Es war absolut dunkel. Der Mond schien zwar in dieser Nacht, aber die Fenster des Waschhauses ließen kein Licht herein. Dreck und Spinnweben. Einige Fenster waren vernagelt ...»

Als ich alles abgespielt hatte, hielt ich meine Hand hoch und zeigte die Narbe. Sie war inzwischen weiß, und ich war fast die Einzige aus der Klasse, die so eine große Narbe hatte. Damit war ich fast so was wie ein tätowierter Pirat früher, gezeichnet als jemand, der etwas erlebt hat. Es gingen auch regelmäßig «Ahs» und «Ohs» durch das Publikum, ein Chor, der mich als Heldin besang.

Ja, das war schon amtlich das Krasseste. Ich, wie ich trotz der Wunde mit den anderen die Flucht ergriff, denn so sagte es Yvette immer. «Trotz ihrer Wunde ergriff sie mit uns die Flucht.»

Nächstes Dia: Bahnhof. Das Backsteingebäude, in dem früher Fahrkarten verkauft wurden. Abgeriegelt, zugenagelt, Birke auf dem Dach. Dann der Text von Antonia. Wie wir ins Erzgebirge gelangt sind.

Nächstes Dia: der nächste Bahnhof. Bei zu bedecktem Himmel aufgenommen. An dem Tag, als wir da waren, war es sonnig gewesen. Der Transporter von «Problemfelle» stand damals auf dem Parkplatz. Wagen geklaut, Hunde geklaut. Oder aber: Wagen gerettet, Hunde gerettet. Ein Verbrechen oder eine Heldentat.

Nächstes Dia: der Innenraum des Restaurants. Die Wirtin, als ob sie schon immer und für immer da stand. Bierkrüge, bemalte Teller, ein Ofen in Durchfallfarbe. Yvette erzählte, wie Bea den Schlüssel genommen hatte, wie rasant und entschlossen, als wäre Yvette es selber gewesen.

Nächstes Dia: Ortseingangsschild Wolfgetreu, Gemeinde Schnarrtal.

Die nächsten Dias: der Stollen, verschüttet, mit seinem Geheimnis. Ich konnte mir die Bilder fast nicht ansehen. Dass wir dort gewohnt haben, direkt neben dem schrecklichen Geheimnis, das Bea und ich später gefunden haben. Ich schaute hin. Ich schaute weg. Yvette erzählte nie etwas dazu. Auch nicht, warum der Stollen eingebrochen war.

Dann kamen Dias von Zeitungsartikeln über uns. Eins von der Karte, die wir unseren Eltern geschrieben haben.

Ich saß unter den riesigen Fotos von den Orten, an denen wir im Sommer gewesen waren. Allerdings gab es aus dieser Zeit keine Fotos von uns.

Nach den Fotos kam der Teil des Auftritts, den ich am wenigsten mochte. Fragerunde.

Wo sind die Hunde jetzt? Lebt Kajtek noch? Wie geht es ihm? Wo ist Bea? Werdet ihr noch mal so was machen? Wo ist Bea? Hat sie sich gemeldet? Wie haben eure Eltern reagiert? Habt ihr noch Kontakt zu Inken? Weiß Inken, wo Bea ist?

Gott sei Dank fragten Pernille Waserfall und Sina Mann nichts.

Kaum war der Applaus vorbei, stürmte ich hinter die Bühne zu meiner Jacke. Videos löschen, alle, schnell. Smartphone raus. Smartphone fällt runter. WhatsApp auf. Eine neue Nachricht. Theresa. Das konnte ich jetzt nicht löschen, ohne es anzusehen.

«Kommst du mal zum Autogrammegeben?» Antonia stand in der Tür.

«Was? Äh …» Das Smartphone hielt ich wie einen Frosch, der mir in die Hand gehüpft war.

«Und außerdem sind da zwei Polizistinnen, die …»

Jetzt schnell. Denken. Los. Löschen oder Handy schnell verschwinden lassen? Dann würden sie es suchen. Handy zerstören? Es Antonia geben und ihr sagen, dass sie nichts sagen soll? Dann würde sie den Polizistinnen gleich als Erstes sagen, dass sie nichts sagen soll.

«Ich muss mal … ähm», sagte ich und wusste nicht, was, «weg!» Ich schob Antonia zur Seite und wollte Richtung Klo rennen. Knallte fast gegen Yvette.

«Kommt ihr jetzt mal wieder nach vorne?»

«Ich sollte doch Charlotte holen», sagte Antonia.

«Aber du hast sie nicht geholt. Du bist einfach auch noch verschwunden.»

Ich sah beide an und sagte, als hätte ich noch nie in meinem Leben etwas so Wichtiges gesagt: «Es geht um Bea. Ich weiß, wo sie ist, und draußen sind zwei Polizistinnen, die mich immer wieder befragen. Ich muss weg. Mein Handy muss weg. Am besten müssen wir alle drei weg. Weil ihr es ja jetzt auch wisst.»

Antonia legte den Kopf schief. «Ich weiß nicht, wo Bea ist.»

«Aber du weißt jetzt, dass ich es weiß.»

«Warum hast du es mir nicht später gesagt? Du weißt doch, dass ich nicht lügen kann.»

«Okay. Plan.» Yvette zog ihre Jacke an und warf Antonia ihre Jacke zu.

«Kommt ihr noch mal nach vorne?» Frau Klara stand plötzlich im Raum. «Oder soll ich die Leute wegschicken? Da ist eine Journalistin mit einem Mädchen, das sagt, dass es euch kennt.»

«Charlotte?», rief jemand im Gang. Pernille Waserfall. Kacke!

«Das ist eine der Polizistinnen», sagte ich.

«Okay. Plan», sagte Yvette wieder, aber sie hatte keinen.

«Das ist ja aufregend.» Frau Klara bekam sich gar nicht mehr ein, weil sie so eine schöne Livevorstellung der Mädchenmeute als Zugabe bekam. «Soll ich sie ablenken?»

Wir nickten und sahen uns im Raum um. Aus dem Fenster? Warum nicht?

«Der Notausgang ist da lang.» Frau Klara strahlte. «Ich verschaff euch ein paar Minuten Vorsprung.» Sie machte Siegerfäustchen mit gedrückten Daumen und hielt sie in die Luft. «Kann ich Ihnen helfen?», hörten wir ihre Stimme kurz darauf aus dem Flur. «Die Mädchen sind gerade nach vorne gegangen. Ich zeig Ihnen den kurzen Weg. Kommen Sie!»

Ich wollte mich am liebsten auf den Sessel fallen lassen und erst mal in Ruhe erleichtert sein. Innerlich fiel ich zumindest erst mal auf einen Sessel, aber der hatte Sprungfedern drin und katapultierte mich wieder hoch.

«Los jetzt!» Yvette schnalzte mit der Zunge. «Wir sind auf der Flucht.»

Wir schnappten unsere Sachen, Antonia schnallte sich das Äffchen auf den Rücken und schwang sich auf ihr Hoverboard.

Wir rasten diese gerade Hauptstraße entlang, auf der wir schön auf dem Präsentierteller rannten. Obwohl es angeblich im Herbst so früh dunkel wurde, schien die tiefe Herbstsonne gelb und zu hell. Wenn Sina Mann und Pernille Waserfall aus irgendeinem Fenster nach vorne zur Straße raus sehen würden, dann rasten wir direkt vor ihren Nasen herum. Wir konnten doch nicht vor Polizistinnen wegrennen. Okay, konnten wir schon, taten wir ja gerade.

«Parallelstraße», rief Yvette zu Antonia vor, und die bog links ab, sodass wir hinter den Häusern entlangliefen, wo wir vom Kulturzentrum aus nicht mehr zu sehen waren und darum aufhören konnten, so zu rennen. Yvette atmete korrekt ein und aus, Arme hoch und runter. Ihre Mutter war Personal Trainerin. Ich schloss mich der Hampelmann-Atmung an, weil ich meine Puste brauchte, um endlich von den Videos zu erzählen. Antonia drängelte, weil ihr Zug bald fahren würde.

«Dein Zug fährt garantiert nicht.» Yvette sah sie streng an.

«Wieso fährt mein Zug nicht?» Antonia nahm den Affenrucksack nach vorne und holte ihr Handy raus, um die Zugverbindung zu checken. «Klar fährt mein Zug.»

Yvette schüttelte den Kopf. «Antonia, was denkst denn du, wie es jetzt weitergeht? Wir sind auf der Flucht. Wir sind weggerannt, und wenn wir keinen Grund hatten, vor den Polizistinnen wegzurennen, hätten wir nicht wegrennen müssen. Sind wir aber. Weil wir einen Grund haben. Oder, Charlotte?»

Ich nickte.

Yvette erklärte weiter für verblüffte Antonias. «Und wenn wir jetzt weggerannt sind, können wir auch nicht einfach damit aufhören, solange es diesen Grund noch gibt. Oder meinst du, Charlotte kann in Zukunft immer in ihr Haus rennen, damit die Polizistinnen sie nicht befragen? Dann rennt sie morgens zum Bus oder was weiß ich, wie sie zur Schule kommt. Die Polizei immer hinterher. Dann rennt Charlotte in die Schule. Und nachmittags rennt sie wieder zum Bus und ...»

«Ja, hab's verstanden.» Antonia packte ihr Handy wieder weg. Also fuhr kein Zug für sie. Aber was fuhr dann? Und wohin? «Aber was machen wir stattdessen?»

«Das wird uns jetzt Charlotte sagen, oder?» Yvette legte ihren Arm um mich.

Ich räusperte mich. «Bea ist in Marokko.»

«Was?», kreischte Antonia. «Das ist ja Afrika.»

«Schrei doch noch lauter rum.» Yvette sah sich auf der leeren Straße um. «Wir können nicht hier da drüber reden.» Sie zeigte ein Stück die Straße weiter. «Hinter dem Haus da könnte es zu einem Park gehen. Oder ist das ein Friedhof?»

«Oh, nein!», sagte Antonia. «Das mag ich nicht so.»

«Come on, nicht dein fucking Ernst.»

Yvette lief einfach los. Ich fand die Idee auch gut, auf den Friedhof zu gehen. Oder vielleicht war es doch ein Park. Antonia fuhr uns langsam mit ihrem Board hinterher.

Der Park oder Friedhof war weder noch, eher ein Stück wilder Wald, der mal ein Friedhof war. Ein paar Grabsteine standen halb im Gebüsch. Überhaupt war überall Gebüsch. Aber auch eine Bank. Die Latten der Lehne waren abgefallen, aber wir waren sowieso zu aufgeregt, um uns anzulehnen.

Wir hockten eng nebeneinander und sahen uns alle Videos von Bea an. Und die zwei neuen.

Video 10

Pims Wohnung. Gegenstände auf dem Boden, aus ihrer Ordnung gerissen. Alle Gegenstände, als wären sie schreiend aus ihren Aufbewahrungen gestürzt, aber nicht weit gekommen. Vier Schubladen auf dem Boden, ein aufgeschnittenes Sofa, die Füllung quillt heraus, dicker weißer Polsterungsschnee. Langsam schaut sich die Kamera um. Die Kamera schaut lange hin. Die Kamera möchte keinen Schritt zu viel machen. Keinen Schritt rein in diesen Überfall, etwas zögert, also Bea zögert. Dann zögert sie nicht mehr. Sie rennt in den Nachbarraum. Da ist ein Bett, kaputt, ein Teppich, kaputt, ein Vater, kaputt. Der hat vielleicht geheult. Der hat Blut im Gesicht. Das läuft von der rechten Augenbraue übers Auge bis zum Mund. Der muss nicht sagen: «Mach das scheiß Ding aus.»

Video 11

Eine Toilette, Fliesen, Waschbecken. Bea, direkt in die Kamera mit einer Hallstimme in dem kleinen Raum. Ein grauer Duschvorhang mit roten Streifen hört zu.

«Ich hasse Räume. Das weißt du.» Bea schaut nicht in die Kamera. Sie schaut nicht das Du an, also dich, ja du. Du bist «du», wenn du dieses Video gerade schaust.

Bea schaut jetzt in die Kamera. «Mann, ich hasse das. Ich weiß nicht, was ich machen soll. Weg kann ich nicht, weil mein Pass weg ist. Mein Vater sagt, dass er nicht weiß, wo der ist. Aber na ja ...» Beas Kopf ganz gereckt, Augen suchen die Decke nach etwas ab, jemand, der fliegen will, fliehen will. Der überstreckte Kopf von Bea findet wieder zu einer normalen Haltung, Schluckbewegung im Hals: «Ich hab was gesehen, was ich nicht hätte sehen sollen. Und, na ja, ich weiß jetzt was über meinen Vater, was ich lieber nicht gewusst hätte. Warum erzähl ich dir das? Du kannst mir auch nicht helfen.» Blick in die Kamera, zu diesem du irgendwo, ja du, also ich.

Wir saßen immer noch auf diesem Rest von einem Friedhof, und es wurde gerade dunkel. Jetzt ja? Ausgerechnet jetzt, wo wir es gar nicht mehr brauchten. Friedhof und Dämmerung. Das musste doch nicht gleichzeitig. Ich weiß nicht, ob ich sonst eine Gänsehaut bekommen hätte. Ja, wahrscheinlich schon.

Yvette sprang auf und sprach in einem ziemlichen Tempo. «Gut. Okay. Alles klar. Oder? Du hast ja zwischen den Videos gefragt, ob sie Hilfe braucht. Immer wieder. Aber das war jetzt eine Antwort. Finde ich. Sie hat gesagt: *Hilf mir*, auch wenn sie gesagt hat: *Du kannst mir nicht helfen*. Aber sie hat eigentlich gesagt: *Hilf mir*. Das war eindeutig.»

Mir war ein bisschen schlecht, weil es mir auch so eindeutig vorkam. (Und wegen Friedhof und Dämmerung vielleicht auch.) Wenn Bea sagte: *Du kannst mir ja sowieso nicht helfen,* dann hieß das doch, dass sie mich um Hilfe bitten würde, wenn sie das Gefühl hätte, dass das was bringen könnte. Sie hätte also schon gern, dass ich ihr helfe. Und deutlicher hatte sie es vielleicht nicht hinbekommen. Sie war Bea. Sie sagt nicht *bitte, bitte* und *Hilfe.* Aber sie hatte es trotzdem gesagt. Zu mir. Und was werde ich tun? Genau das! Also wir. Wir würden ihr helfen. Ich war erst stolz, und dann wurde mir bewusst, dass ich eigentlich nach wie vor niemandem von den Videos erzählen sollte. Darum hatte sie mich gebeten. Nicht um Hilfe. Oder doch. Ein bisschen.

Antonia presste die Hände auf den Mund und murmelte dahinter: «Es geht ihr richtig schlecht. Richtig, richtig schlecht. Habt ihr das gesehen?»

«Haben wir gesehen.» Yvette kickte leicht gegen die Bank. Kick, kick, kick. «Wir müssen, wir müssen … Okay. Plan!»

Jetzt nahm Antonia die Hände vom Mund. «Wir müssen zu ihr. Aber erst mal hier weg?» Sie sah sich um. Hinter jedem Gebüsch könnte jedes Lebewesen hervorspringen. Ach was, Lebewesen. Tote Lebewesen. Noch schlimmer.

«Das ist kein Plan. Das ist das Ziel. Okay. Plan. Wir gehen jetzt erst mal zum Auto von meinem Vater, und dann sprechen wir im Auto weiter.» Sie lief los, wir also hinterher.

«Soll er uns nach Marokko fahren?», fragte Antonia, das Hoverboard unter dem Arm.

«Quatsch!», zischte Yvette.

Ich wusste schon, wie man nach Marokko käme. Mit dem Containerschiff. Aber erst mal reichte es mir, von diesem Friedhof wegzukommen.

Als wir zu dem Auto von Yvettes Vater liefen, der am Ende der Straße kurz vor dem Bahnhof stand, bog hinter uns ein gelbes Auto in die Straße. Vielleicht sind alle Autos nachts grau, aber gelbe Autos sind immer gelb. Es fuhr an uns vorbei. Wir konnten die Straße bis ganz rauf sehen, wo das gelbe Auto kurz vorm Bahnhof wendete und zurückkam. Aber genau dazwischen stand der Wagen von Yvettes Vater.

«Fuck! Wer ist das?», rief Yvette. «Los, jetzt!»

Das gelbe Auto war inzwischen fast schon bei uns.

Yvette rannte zum Auto ihres Vaters, riss die Tür der Beifahrerseite auf, hechtete rein, dabei schoss überhaupt niemand auf uns. Antonia und ich hüpften hinten rein.

«Was soll das denn bitte?», fragte Yvettes Vater.

«EINE FLUCHT!», brüllte seine Tochter.

«Na, na», sagte er, und wenn das seine Erziehung gewesen war in all den Jahren, dann war ja alles klar.

EINE FLUCHT! – Ja, das war es wohl! Wow! Schon wieder! Ausreißerin, das Wort war wie eine Jacke, die ich mir einfach wieder drüberzog. Abenteurerin als Mütze auf den Kopf. Okay, startklar. Na ja, eigentlich nicht, aber was blieb uns anderes übrig?

«Fahr los!», sagte Yvette, und ihr Vater zeigte, was sein Wagen draufhatte. Das gelbe Auto verschwand hinter uns, und wir klatschten ab.

Das Auto, in dem ich nun saß, hatte zwar schon von außen wie ein teures Auto ausgesehen, aber innen war es, keine Ahnung, bombastisch, übertrieben. Die Sitze waren weiß, bestimmt Leder von irgendeinem besonders kulleräugigen Tier, ein waffelartiges Muster war eingesteppt, an den Seiten der Sitze ergonomische Ausbeulungen, eine weiche Kopfstütze, dahinter eine blaue Lichtleiste. Ein Sitz, der einen liebevoll auf den Schoß nahm. Antonia und ich saßen nicht auf einer Bank, sondern auf Einzelsitzen. Zwischen uns eine schwarze Lehne mit Knöpfen, Butler, Rosenblätter, Laserstrahl oder so. Gleich kam bestimmt eine Stewardess und fragte nach Getränkewünschen.

«Oh mein Gott!», japste Antonia.

«Maybach», Yvette drehte sich zu uns um. «S560 4matic.»

«Nicht das Auto! Alles, dass wir …» Antonia sah zu Yvettes Vater. «Ihr wisst schon. Alles. Ich meine, dass wir … Oh Mann!»

«Also, was ist los?», aber eher als Aufforderung als als Frage. Yvettes Vater war daran gewöhnt, dass man ihm zuhört. Die meisten Hunde wedeln mit dem Schwanz, wenn sie einen anderen treffen, aber es gibt auch welche, die nicht wedeln. Yvettes Vater war zwar kein Hund, aber wäre er einer, würde er nie wedeln. «Auf der Flucht! Meinetwegen. Aber wohin?»

«Wissen wir noch nicht genau», sagte Yvette. «Moment.»

Sie schnallte sich ab und kletterte zwischen den Vordersitzen durch nach hinten. Sie setzte sich auf die schwarze Bedienungsleiste zwischen mir und Antonia. Ich hoffte, dass sie nicht mit dem Hintern aus Versehen irgendwas Komisches anschalten würde.

Er sagte: «Du weißt, dass ich das hasse, wenn du nicht angeschnallt bist.»

«Ich kann ja die Scheibe hochfahren, dann siehst du es nicht», Yvette drückte einen Knopf.

«Nicht gut, aber ein bisschen besser», sagte Yvettes Vater und verschwand hinter einer Scheibe, die zwischen Vorder- und Hintersitzen hochfuhr.

«Diskretionswall», sagte Yvette. «Geht auch noch auf Sicht.» Sie drückte einen Knopf neben ihrem Hintern, und die Scheibe verdunkelte sich.

«Kann er uns hören?», fragte ich.

Yvette schüttelte den Kopf. «Nichts hört er! Nichts! Und selbst wenn er was hören würde, würde er so tun, als ob er nichts hört. Er lässt sich nie in was reinziehen. Er hält sich aus allem raus. Stimmt's, Papa? Papipapipapi.»

«Ist ja gut», sagte Antonia. «Ich würde lieber darüber reden, wie es weitergeht.»

«Wir müssen nach Marokko.»

Der Satz war eine Flagge. Yvette hisste ihn, und damit war Marschrichtung und Losung klar. Ich war erleichtert, dass es nun so war, denn ich hätte diese Fahne nicht hissen können.

Gleich würde sie wieder sagen: «Okay, Plan.» Sie hatte ja völlig recht. Wir brauchten einen Plan. Ich hatte vielleicht einen. Nicht einen richtig guten, aber wie hatte Yvettes Vater gerade gesagt? Nicht gut, aber ein bisschen besser.

«Ähm, ich hab keinen richtigen Plan, aber vielleicht eine Idee.» Ich erklärte meine Idee. Ich hätte drei Tickets für ein Schiff, erzählte ich. Nach Marokko. Die Tickets waren eigentlich für meine Eltern und mich. Vielleicht könnte man mit denen …

«Mit dem Schiff?», rief Antonia. «Mit einem Schiff?» Sie wedelte mit den Händen, um sich Luft zuzufächeln oder um zu fliegen, weil sie fliegen besser fände, als mit einem Schiff zu fahren.

«Onlinetickets?», fragte Yvette. «Per Mail bekommen? Sind die auf deinem Handy?»

Ich überlegte. Man brauchte eigentlich gar kein Ticket. Ich war ja angemeldet. Also ich und meine Eltern. Da war gar kein Ticket genau genommen. Wir mussten nur nach Rotterdam.

Yvette nickte zufrieden, als sie das hörte.

«Ich brauch Telefonnummer und Mailadresse des Reiseveranstalters.»

«Ich hab nur den Namen von denen.»

«Sag an.»

Ich sagte an. Sie las eine Weile auf der Website des Reisevermittlers herum, während Antonia «Containerschiff» flüsterte und «Marokko» und «Uff!». Sie hielt ihren Affenrucksack ganz fest, als hätte der Angst.

«Mit der Lexy Barker?», fragte Yvette.

Ich nickte. «Mit der Lexy Barker.» Ich hatte es noch nie ausgesprochen. Stark klang das, groß und fremd und wie etwas, das Piraten murmeln konnten, wenn das Schiff am Horizont auftaucht.

Yvette ließ die Scheibe runterfahren. «Hannover», sagte sie nur.

Ihr Vater sagte gar nichts und fuhr weiter.

Als der Diskretionswall wieder oben war, hatte Antonia sofort sehr viele Fragen, die ich so ungefähr auch hatte. Wieso Hannover? Wieso nicht Rotterdam? Und ob wir denn die Tickets einfach so benutzen konnten? Und ob Charlottes Eltern, fragte sich Antonia, nicht dann auf die Idee kämen, dass wir mit dem Schiff unterwegs wären? Wir wollten doch sicherlich nicht, dass sie das wussten, oder? Und ob wir jetzt wirklich mit Yvettes Vater nach Hannover fuhren? Einfach so?

Yvette beantwortete die Fragen halbwegs. Er fuhr einfach gern mit dem Maybach rum, und mehr wollte er darüber sicherlich nicht wissen. Yvette grinste. «Ich hab doch gesagt, dass er lieber zu wenig weiß. Aber Hauptsache, bisschen rumfahren.» Um die Tickets würde sie sich gleich kümmern. Und ob Charlottes Eltern auf die Idee kämen, dass wir mit dem Schiff fuhren, das müsste eher Charlotte beantworten.

Ich zuckte die Achseln.

«Ich werd die Reise erst mal stornieren und dann neu buchen, wenn das geht.» Yvette klang, als ob sie so was ständig machte. Ich dachte an meine Eltern, die nicht mit mir verreisen wollten. An meinen Vater, der wahrscheinlich immer noch am Bahnhof auf mich wartete. An meine Mutter und wie sie «Mit dir macht man was mit» gesagt hatte. Und jetzt verschwand ich schon wieder. Ich dachte an Kajtek, der mich im Haus suchen würde. Aber ich hatte nicht so viel Zeit, herumzugrübeln, denn Antonia hatte noch mehr Fragen. Eine eigentlich nur.

«Du wolltest also sowieso zu Bea?», fragte Antonia. «Ohne uns Bescheid zu sagen?»

«Wann wolltest du uns das denn sagen?»

Ich überlegte. Gar nicht? Das klang ganz schön hart. Überhaupt nicht? Auch nicht besser. Hinterher?

«Bea wollte nicht, also ich dachte, dass sie nicht wollte, dass ...»

«Charlotte!» Antonia war entsetzt. «Aber deine Eltern wussten es.»

«Nein. Die wissen doch nicht, warum ich nach Marokko wollte.»

«Marokko», murmelte Antonia. «Ich glaub das nicht. Das ist doch zu krass. Ich muss was trinken.» Sie fummelte eine Wasserflasche aus ihrem Affen.

Ich sah Antonia an und war so froh, dass sie mitkam. Sie war jemand, der dann sagen konnte: «Das Meer ist schön», und: «Ein Abenteuer ist aufregend», und: «Wir retten Bea», und dadurch vergaß ich nicht ständig, worum es ging.

«So!» Yvette legte nach Dauerwisch und Tipperei das Handy weg. «Ladys! Ich hab's drauf. Die Sache läuft. Ein Telefonat noch, und alles wird seinen Gang gehen. Nennt mich genial und glänzend und funkelnd. Dann können wir uns übermorgen einschiffen.»

«Einschiffen! Wie das klingt», kicherte Antonia.

«Hör auf, sonst schiff ich mir noch ein.» Yvette lachte, aber vor allem, weil sie lachen wollte. Das hatte sie manchmal. So dolle gute Laune, dass es richtig krachen musste. «Stellt euch mal vor, wie es in einer Einschifferei riecht. Ihhhh!»

Sie quiekte und kreischte. Yvettes Vater hämmerte gegen die Scheibe.

«Oh Gott, der wilde Hämmerer!», rief Yvette.

Wir lachten ein bisschen, einfach so, weil es guttat.

Und spätestens da hatte mich das normale Leben verlassen. Es wurde gegen das Abenteuer ausgetauscht, wie eine Blutwäsche, wie ein Überzug, der sich innen um alle Organe legte, schusssicher, angstfrei, reduziert, aufmerksam und sprungbereit. Ich wurde weniger menschlich und dafür tierischer. In meinem Körper sprangen die lebhaften Funktionen an, und alle Blutbahnen waren frei, und das Blut wurde schneller gepumpt, alle Umwege geflutet, die zivilisierten Brücken weggespült. Hinter meinen Pupillen stellte sich eine schärfere Sichtweise ein. Das Gehirn richtete sich in alle Richtungen aus, und alles sagte: Leben.

Wir würden zu Bea fahren, uns durchschlagen, zusammenarbeiten.

Das Wie war nicht mehr so wichtig wie das Was. Das Wie hemmte mich nicht mehr, weil das Was so stark war.

Nach Marokko. Aber erst nach Hannover.

Kurz darauf schlief Antonia ein. Sie schlief immer, wenn etwas brummte oder rauschte oder schnurrte. Und sowieso, wenn etwas wackelte oder wippte oder schaukelte. Sie musste ein pflegeleichtes Baby gewesen sein. Vermutlich hatte man sie die ersten Jahre vor die Waschmaschine gelegt und ab drei dann vor den Fernseher.

Antonias Kopf lehnte an Yvettes Schulter. Die zockte auf ihrem Handy, aber nicht um Punkte oder Level oder Zusatzwaffen. Sie spielte um Geld. Dabei fluchte sie wie überall tätowiert.

Ich saß in diesem teuersten Auto der Welt, ich, die Tochter aus einer Putzdynastie.

Was für ein Wagen! Ich strich über die gesteppten Ledersitze. Ich wusste, dass ich nie in meinem ganzen Leben so etwas Teures besitzen würde. Das letzte Mal hatte ich so sinnlose Sehnsucht gehabt, als ich in der ersten Klasse war und mir Flügel wünschte. Mir war klar, dass ich nie welche haben würde. Ich war ja nicht blöd, aber ich wollte trotzdem welche haben. Schmetterling oder Spatz?, fragte mich meine Mutter. Eule, sagte ich. Ich hatte mir schon immer Flügel gewünscht. Meine Mutter erzählte zu gern, dass ich beim Auspusten der drei Kerzen meine Augen fest zupresste und dann erst pustete. Als ich sie öffnete, schaute ich auf meinen Rücken und weinte. Erst nach längerem Schluchzen auf dem Teppich war ich bereit, mich in den Arm nehmen zu lassen und zu erklären, dass ich mir Flügel gewünscht hatte. Meine Mutter erzählte das bei jedem meiner Geburtstage, jedes Jahr, und nie, ohne darüber zu lachen und mich dann mit «So süß!» besänftigen zu wollen, was mich aber noch mehr aufregte. «Sie hat wirklich geglaubt, dass sie Flügel hat, richtig echte Flügel, wenn sie es sich genug wünscht.» Das konnte meine Mutter nicht fassen. Als wäre sie selber nie klein gewesen. Klar. Sie war mit zwanzig auf die Welt gekommen. «Eine Phantasie hat das Kind gehabt!», sagte meine Mutter auch oft, und es klang so, als wäre Phantasie etwas wie Locken, was ich als Kind wohl auch gehabt habe. Als würde sich Phantasie mit der Zeit glätten. Dann wird die Phantasie gebürstet, und Zöpfe werden geflochten, so lange, bis die Phantasie ordentlich am Kopf anliegt.

Einmal hatte ich gespielt, dass mein Fahrrad ein Pferd ist, und ich forderte ein Mädchen aus dem Kindergarten auf, mein Pferd zu begrüßen, denn es würde wild werden, wenn es jemanden nicht kennt, und darum müssten alle Kinder das Pferd begrüßen. Das Mädchen ließ seine Hand kurz vor der Schnauze meines Pferdes in der Luft stehen und sagte: «Aber du tust nur so, oder?» Hätte ich nein gesagt, hätte sie immer noch nicht gewusst, ob sie nun spinnt oder ich. Hätte ich ja gesagt, hätte ich mir selbst mein Pferd getötet. Fast war der Kopf schon wieder ein Lenker, das eine Ohr eine Klingel. Also antwortete ich nicht und ritt davon. Dass das Pferd an dem Tag wild war, war nicht meine Schuld.

Irgendwann, vielleicht durch Erwachsene, vielleicht auch durch Kinder, die ein Pferd nicht von einem Fahrrad unterscheiden konnten, wurde meine Phantasie schwächer. Wäre sie wirklich so etwas wie Locken, so waren es dann nur noch Wellen. Ich schaffte es nicht mehr, meine Plüschtiere mit Phantasie zu beleben. Bis dahin hatten sie einfach gelebt. Ab da war es mein größter Wunsch, dass meine Plüschtiere richtig leben, dass sie eines Morgens beginnen, sich zu bewegen. Ich wurde immer ganz glücklich bei dem Gedanken, wie der große Plüschaffe vom Regal klettert und zu mir gelaufen kommt, die Affenarme nach mir ausgestreckt.

Der Motor des Maybach arbeitete freundlich und dezent.

Das erste Mal verstand ich, dass Autoverkäufer von Schnurren sprachen. Wir waren in einer träumenden Katze, und alles, was ich tun wollte, war hierbleiben. Die Scheiben konnten auf Knopfdruck getönt werden, und weg war die lästige Welt. Wer wollte dieses Draußen ertragen, ohne die Möglichkeit, das Klima zu regeln? Das Auto war seine eigene Welt.

Es war kein angenehmes Gefühl, dieses Auto so toll zu finden, denn es war nur ein Auto, aber sosehr ich mich auch darauf konzentrierte, dass Autos nur hin und her fahren, es war so schön in diesem Auto. Die Armaturen waren aus einem Holz mit Punkten. Vielleicht gutes Stammbaumfurnier. Bestimmt so teuer, dass es Menschen gab, die in ihrem ganzen Leben nicht mehr Geld ausgaben, als dieses Auto kostete.

Am schlimmsten fand ich, dass ich das erste Mal so etwas besitzen wollte, später als Erwachsene, und ich wünschte, ich könnte wieder vergessen, wie schön so ein Auto von innen war. Warum wurde so etwas hergestellt? Um einen Einzigen glücklich zu machen und Tausende andere unglücklich? Das war doch Scheiße. Ich wollte, so wie ich das in Filmen gesehen hatte, den Stern vorne an dem Auto abbrechen und alle Sterne vom Firmament, weil alles so Scheiße war. Als würde das Licht der Sterne nur für einige Menschen zu sehen sein, zufällig per Geburt ausgesucht. Du nicht, du nicht, du nicht – aber du, du darfst. Dieser Gedanke machte mir das schöne Auto kaputt. Schade! Ich hasste das Auto für seine Verführung, mich für meine Verführbarkeit.

Nach ungefähr einer Stunde Fahrt machten wir an einer öden Raststelle halt.

Ein paar Laternen, ein Schnellrestaurant, das leuchtete, als wär's die letzte Hoffnung auf Nahrung. Antonia musste pullern. Yvettes Vater brauchte Kaffee. Dann standen wir ratlos rum. Eigentlich stand nur ich ratlos rum. Yvette lief hin und her und telefonierte.

Ich hörte sie sagen: «Es geht um die Reise auf dem Frachtschiff Lexy Barker», und: «Finanzieller Aufschlag», und: «Ich werde lobend erwähnen, wie spontan und flexibel Sie mit den neuen Bedingungen umgegangen sind.» Sie sicherte zu, «dass die Unterlagen an diesem Abend teilweise eingehen und am Folgetag in Gänze». Dann sagte sie nickend: «Natürlich, selbstredend, absolut. Daran müssen Sie sich halten und wir auch.» Sie schmatzte ein paar Mal in den Hörer, als ob sie etwas aß nebenbei, und wer so was am Telefon machte, dem war egal, was der andere von ihm dachte, und dann war man entweder sehr arm oder sehr reich, und wer dann aber sagte: «Ich weise das Büro an, umgehend zu schicken», der war natürlich stinkreich. «Ist Ihnen per Fax oder per Mail lieber, oder bestehen Sie auf den Originalen?»

Währenddessen fuhr ein gelbes Auto auf den beleuchteten Rastplatz.

Yvette war gerade fertig mit telefonieren, und ihr Tonfall änderte sich sofort. Von selbstredend und so weiter ohne Umwege zu «Scheiße. Ist das das gelbe Auto von vorhin? Gibt ja nicht so viele gelbe Autos.»

Wir hockten uns hinter den blauen LKW, neben dem der Maybach parkte.

Der Maybach konnte sich nicht verstecken. Wenn sie den gesehen hatten, wussten sie, dass wir hier waren. So viele Maybachs gab's ja nicht. Noch seltener als gelbe Autos. Hatten die uns verfolgt? Wer denn überhaupt und warum? Unsere Flucht vor den Polizistinnen war geglückt, und jetzt kamen hier solche Amateurverfolger. Oder war das Zufall?

Das gelbe Auto parkte ungefähr zehn Parkplätze von uns entfernt.

Wir schauten unter dem LKW durch. Ein Mädchen und eine Frau stiegen aus. Die Frau war ganz in Gelb gekleidet, hatte Locken und eine Frisur, als ob sie unter Strom stand.

Sogar ihr Pony stand ab. Er war sehr kurz geschnitten und stand wie der Schirm einer Mütze nach vorn. Außerdem hatte sie eine sehr große, runde Brille. Ein bisschen wie eine Libelle. Wegen der Haare aber auch ein bisschen wie ein Pudel. Das Mädchen konnte ich nicht richtig sehen. Es war verdeckt von der Frau. Sie setzten sich auf eine dieser Rastplatz-Steinbänke an einen dieser Rastplatz-Steintische, mitten in den Lichtkegel einer Laterne. Sie hatten jedenfalls keine Angst davor, gesehen zu werden. Und wir sahen sie gut. Theoretisch. Die Frau nur von hinten, und sie verdeckte schon wieder das Mädchen.

Antonia stand neben uns und fragte laut zu uns runter: «Hääääh? Habt ihr was verloren?»

Yvette machte scharf «Psssst!», als müsste sich ein Tölpel schämen, weil er mit seinen bunten Hosenträgern die weiße Tischdecke vom Küchenbuffet gerissen hatte.

«Das gelbe Auto,» flüsterte ich und zeigte mit dem Kopf rüber.

Antonia hockte sich zu uns. «Beobachten wir die jetzt? Das ist ja spannend.»

Die Frau hatte etwas aus ihrer gelben Jeansjacke geholt. Während ich mich das nur fragte, musste Antonia es aussprechen: «Was macht sie denn da?»

«Häkeln», sagte ich.

«Psssst», machte Yvette.

«Sie häkelt gar nicht. Sie dreht sich eine Zigarette, oder?» Antonia freute sich, dass sie das erkannt hatte. Und sie freute sich auch über alles Weitere, was sie erkannte. «Jetzt macht sie wahrscheinlich den Tabak rein, und jetzt dreht sie, und jetzt leckt sie den Klebestreifen an. Wenn sie nur andersrum sitzen würde, dann würde man besser ... Ich seh gar nichts. Jetzt ist ihr die Zigarette runtergefallen, und jetzt bückt sie sich, und jetzt ...» Und obwohl Antonia hätte sagen müssen: «... und jetzt stößt sie sich den Kopf beim Wiederhochkommen», denn die Frau stieß sich beim Wiederhochkommen echt dolle den Kopf, sagte sie stattdessen:

«Das ist Mimiko.» Antonia flippte fast aus. «Das ist …»

«Pssst!», zischte Yvette.

«Aber die können uns doch nicht hören. Und da ist Mimiko!» Antonia sprang auf und setzte sich wieder hin, sah wieder unter dem LKW drunter durch.

«Ist doch egal, ob die uns hören, du kannst doch trotzdem einfach einmal die Klappe halten. Du redest und redest und redest.»

«Aber da ist …»

«Ja, Mimiko. Aha! Wer ist das?» Yvette schloss die Augen und schüttelte den Kopf.

«Na, Mimiko, die Mimiko. Was macht die denn hier? Gehen wir rüber und sagen hallo?»

«Ich wiederhole mich ungern, aber: häh? Wer?»

«Na, Mimiko!»

«Du kannst ja den Namen, so oft du willst, wiederholen, ich kenne sie nicht.»

«Doch.»

«Nee.»

Ich versuchte, es Yvette kurz zu erklären. Mimiko war doch mit uns Anfang des Sommers ins Camp gefahren. Sie war nur die erste Nacht da und am nächsten Morgen verschwunden. «Musst du dich doch dran erinnern.»

«Ja, schon. Ich dachte, die hieß May», sagte Yvette.

«Nein, sie heißt …», plapperte Antonia.

«Jaja, hab ich ja jetzt verstanden.» Yvette legte ihre Finger an die Schläfen.

Die beiden drüben an dem Steintisch redeten und schauten sich um. Vielleicht sagten sie: «Wo sind die denn hin?», oder: «Wir haben sie verloren.»

Yvettes Vater stand neben uns. «Was tut ihr da? Will ich

das wissen? Nein!» Er hatte keinen Pappbecher mit Kaffee in der Hand. Vermutlich war das unter seiner Würde, Kaffee aus einem Pappbecher zu trinken. Oder er war noch auf der Toilette gewesen und hatte sich vor dem Spiegel Komplimente gemacht.

«Einsteigen.»

Antonia konnte es nicht glauben. «Wir sagen nicht hallo? Nicht mal kurz hallo?»

«Du mit deinem Hallogesage. Hallo, hallo. Bist du ein Papagei?» Yvette stand auf und schüttelte ihre Beine aus.

«Hallo, hallo. Bist du ein Papagei?», papageite Antonia zurück.

«Haha, sehr lustig.»

«Haha, sehr lustig.»

«Mann, hör mal jetzt auf.»

«Mann, hör mal jetzt auf.»

Eine vernünftige Fee stieg aus einem Strahl Herbstlicht, legte mir kurz ihre Hand auf die Schulter und flüsterte in mein Ohr: «Geh nach Hause, Charlotte, du kannst nicht mit Hallo und Knallo nach Afrika. Das ist Mist! Schau sie dir an.»

Klar hatte die Fee recht, aber wenn es nach ihr ginge, würde ich ja gar nichts machen. Ich würde im Bett liegen und sicher sein. Ich würde mich nicht mal verlieben, weil das ja am Ende mehr weh tat als wo runterfallen. Sie war gar nicht die Vernunft, sie war die Ödnis und wollte nur überleben, die Qualität des Lebens war ihr egal. Das ist doch unvernünftig, wenn man nur ein Leben zur Verfügung hat, um was zu erleben. Ich schüttelte den Kopf und die Fee weg.

«Ihr hört jetzt auf!» Herr Utpaddel klapperte mit dem Autoschlüssel. Wie er dastand. Wie er den Schlüssel in seiner Handschale hopsen ließ und dabei aussah, als hätten wir auch so in seiner Handschale zu hopsen, wie Gegenstände. «Einsteigen, oder ich fahre ohne euch los.» Dann stieg er ins Auto.

«Ich glaub, dein Vater fährt jetzt weg.» Antonia zeigte sogar hin.

«Ich glaub, dein Vater fährt jetzt weg», papageite Yvette jetzt. «Jetzt sag ich dir alles nach.»

«Jetzt sag ich dir alles nach.»

Yvette und Antonia standen sich wie zwei kaputte Spiegel gegenüber und verzerrten den anderen.

Das fing alles echt ganz, ganz klasse an.

«Hallo! Hört ihr jetzt mal auf mit dem Kack. Er fährt echt weg.»

«Hallo», machte mich Yvette nach. «Er fährt echt weg.»

Der Maybach sah auch beim Ausparken toll aus, von der Seite und von hinten. Schöne Rücklichter, edel und geschmackvoll.

Ich rannte los. Den Bremslichtern hinterher. Sie waren die Leitsterne auf dem Weg zu Bea. Hinter mir Antonia und Yvette.

Der Maybach fuhr langsamer und ließ uns rankommen.

Ich warf meinen Arm aus und angelte mir den Türgriff. Dann hielt er endlich an. Türen aufreißen, Auto stürmen. Dann zog das Tempo an, sanft wie im Traum in die Luft geworfen, flogen wir weiter.

Parallel zur Straße standen Masten mit Telefonkabeln, durch die der ganze Blabdibla übertragen wurde, komme zehn Minuten später, ich liebe dich, am Dienstag kann ich nicht. Die Kabel hingen zwischen den Masten durch, und durch das Vorbeifahren ergab sich eine Schwippschwipp-Bewegung, Hochrunter, ein Seilspringen für niemand.

Wir sahen hinten aus dem Fenster, ob uns ein gelbes Auto folgte, aber da war nur ein Transporter, auf dem «Hühner-Land» stand. Nirgendwo ein gelbes Auto.

«Wollen wir fernsehen?» Yvette ließ einen Bildschirm erscheinen und schaltete ihn ein. Ein Rapper, der vor lauter Coolness nicht laufen konnte, und wenn der einmal hinfiel, konnte der mit seinem ganzen Bling-Bling gar nicht mehr aufstehen. Yvette warf die Hände in die Luft und sang mit, so was wie Mmmmm-bambaloo.

Ein weiteres Knöpfchen, und Coladosen fuhren aus einem Kühlschrank. Der Rapper turnte inzwischen auf einem Käfig herum, in dem Mädchen gefangen waren. Dann kam Wasser von der Decke, und alle konnten so richtig schön duschen. Dusch, dusch, dusch, bambaloo. Die Mädchen wuschen sich gründlich, aber gar nicht Hände und Gesicht, nur ihre Brüste mussten gewaschen werden.

«Ich dusch nie so!», sagte ich.

Wir lachten.

Wir rissen verschiedene Tüten mit Nüssen auf und warfen sie in unsere Münder.

Herr Utpaddel fuhr uns bis zum Bahnhof. Alle aussteigen. Versichern Sie sich beim Aussteigen, dass Sie Ihre Wertsachen bei sich haben. Meine Wertsachen waren zu Hause oder in mir drin. Und eine Wertsache war in Marokko.

«Dann wünsche ich euch gutes Gelingen!» Er strich sich über die Haare. «Egal wobei. Will ich nicht wissen.» Dann fuhr er leise an und schnurrte davon.

Hannover also, dachte ich. War ich noch nie. Und jetzt?

«Na los!» Yvette klatschte in die Hände. «Wir brauchen ein paar Sachen, neue Handys und Klamotten. Shoppen!», trällerte sie.

Antonia verschränkte die Arme. «Shoppen? Ich hab kein Geld.»

«Ich hab», und Yvette lief auf ein Kaufhaus zu.

Wie liefen hinterher.

Wir – na gut, eigentlich Yvette – besorgten neue Handys und

Prepaidkarten. Später legten wir die alten Handys ausgeschaltet in ein Schließfach, das nicht länger als vier Wochen belegt werden durfte.

Dann teilten wir uns auf, weil das Kaufhaus in einer halben Stunde schloss. Beziehungsweise Yvette teilte uns auf. «Ich Rucksäcke, Unterwäsche, Socken. Du warme Jacken, Mützen, Schals. Du Hose, Oberteile. Alles bitte Baumwolle und praktisch, also dehnbar. Nicht auf den Preis achten bitte! Treffpunkt in fünfundzwanzig Minuten an der Kasse im ersten Stock.»

«Ich bleib bei dir», Antonia henkelte sich bei mir ein.

«Na dann, shoppen!» Ich machte Yvettes Tonfall nach.

Während wir die Rolltreppe rauffuhren, redete Antonia davon, wie aufgeregt sie sei, weil alles so aufregend sei.

Sie fragte dreimal, ob ich auch aufgeregt sei, und ich wurde ziemlich aufgeregt. Als wären meine Organe locker aufgehängt und meine gesamte Zukunft unsicher. Marokko. Mit einem Schiff. Morgen schon.

Aber irgendwas anderes war auch noch komisch, weshalb ich aufgeregt war. Ich schaute mich um. Da stand ein Mann und schaute zu uns und wieder weg. Der Typ war noch recht jung. Ich glaub zwar nicht an Aura, aber er hatte eine schlechte.

Wir durchkämmten die Klamottenabteilung. In der Sportecke fanden wir praktische Teile. Teuer, aber Baumwolle und elastisch. Der Typ blieb immer in der Nähe, fummelte auf einem Wühltisch durch runtergesetzte Tücher.

«Spritzt denn das Wasser auf so einem Schiff immer aufs Deck? Bestimmt, oder?» Antonia hielt eine wasserdichte, dünne Regenjacke hoch. Schwarz mit roten Schultern. Wir nahmen dreimal so eine.

Zwölf Oberteile (für jede von uns dunkelblau, grau, rot, gelb) und sechs Jogginghosen (schwarz) später war der Typ immer noch in unserer Nähe und tat so, als würde er sich für Sportkleidung für Frauen interessieren.

«Haben wir alles? Noch neun Minuten.» Antonia zog mich weiter. Wir gingen relativ schnell, und trotzdem stand der Typ auf der Rolltreppe hinter uns. Und stieg noch eine Stufe hoch und noch eine. Antonia drehte sich zu ihm um, und da schaute er sie an, als wäre sie ein Karussell und er ungefähr fünf. Das war unangenehm, sogar mir, dabei hatte er mich gar nicht so angesehen. Antonia griff nach meinem Arm.

«Komm, wir haben es eilig», sagte sie, als wüsste ich das nicht. Laut genug, dass der Typ das hört.

Yvette stand neben der Kasse bereit. «Lasst mal sehn.» Wir legten die Klamotten auf den Tisch, und Yvette ging sie durch. «Gut. Gut. Das ist schön weich. Gab's keine schöneren Farben? Na ja. Okay.»

Hier sind jedenfalls die Rucksäcke. Von Fledermaus. Die haben ein gestärktes Tragesystem. Man macht sich sonst den Rücken kaputt.» Als der Kassierer alle Teile eingescannt hatte, reichte sie ihre Karte rüber.

Ich schaute mich um. Der Typ war tatsächlich immer noch in der Nähe. Er stand an einem Regal und lernte Preise auswendig. Yvette sah einmal rüber und hatte alles gecheckt. «Belästigt der euch?»

Ich hätte vielleicht gesagt, dass der uns beobachtet, aber eigentlich belästigte er uns tatsächlich. Wie er gekuckt hatte.

Antonia stammelte: «Der kommt uns irgendwie nach.»

Yvette wischte an ihrem Handy rum. Wollte sie die Polizei rufen, oder was? Dann stampfte sie direkt auf den Typen zu, richtete ihr Handy auf ihn, blitzte ihm ins Gesicht und brüllte: «Seh ich dich noch einmal, du Wichser, reiß ich dir den Schwanz ab und werfe ihn gehackt meinem Hund vor. IST DIE MESSAGE ANGEKOMMEN?»

«Hey, hey», sagte der Typ und ging mit erhobenen Händen weg.

«Nichts hey, hey, du Spanner! Du bist krank!», rief Yvette. «Such dir Hilfe!»

«Ich darf Sie bitten …» Der Kassierer war zu Yvette gelaufen. Jetzt war's zu spät. Weder sollte man Yvette anheyheyen oder mit «Ich darf Sie doch bitten» bitten.

«Ich darf Sie auch mal bitten, und zwar, dass Sie die Aufnahmen ihrer Überwachungskameras durchsehen. Der Typ ist meinen Freundinnen hinterhergelaufen. Und wenn Typen wie Sie», sie zeigte auf ihn, «wenn Sie als anständiger Mann solche kranke Scheiße von solchen kranken Typen verharmlosen, dann brauchen Sie sich nicht wundern, wenn ich stinksauer werde. Und Sie werden natürlich in Zukunft dafür sorgen, dass solche wichsenden Streuner nicht mehr in diesem Kaufhaus herumlungern.» Yvettes Augenbrauen waren jetzt bis zum Anschlag oben.

«Sie haben ja recht. Ich wollte Sie bitten, nicht so laut …» Der junge Kassierer knetete seine Hände.

Okay, jetzt erst waren Yvettes Augenbrauen auf Anschlag. «Wie soll man sich denn leise aufregen?» Yvette sah auf ihre Uhr: «Sie schließen!».

Yvette buchte ein Hotel, preiswert, sagte sie, ausnahmsweise. «Hat aber gute Bewertungen. Heißt Superhotel.»

Das Superhotel war lustig. Die Wände waren mit kopierten Zeitungsartikeln tapeziert. Unten bei der Rezeption gab es Schubkarren mit Lammfell zum Drinsitzen.

Ich war fast glücklich. Bis auf das, dass die drei Fakten immer noch bestanden: Marokko! Schiff! Ich! Aber, das war das Wichtigste, es war richtig, wegen Bea. Wenn ich an ihre letzten Videos dachte, wurde mir gleich wieder schlecht. Oder ich hatte Hunger. Zumindest war mir nach ein paar Hot Dogs, die man sich unten selbst zubereiten konnte, wohler.

Im Zimmer machten wir Musik an, tanzten und tranken ein Biermixgetränk aus dem Kühlschrank.

«Es wird Zeit, dass wir mal über was sprechen.» Yvette klang ganz streng.

Antonia japste. «Och nö. Ist das Bierzeug alle?»

«Bierzeug ist nie alle!» Yvette bestellte noch welches. Das Zimmer roch wie ein Gummibärchen.

«Mach mal lauter. Das Lied liebe ich. Wir wollen alles, alles, alles und noch meeeeehr!», sang Antonia mit den Beinen in der Luft. Sie hatte so viel von dem Bierzeug getankt, dass es besser wäre, den Magen ruhig zu halten.

«Doch wir müssen trotzdem reden. Morgen ist es zu spät.»

«Och neeeeeee», quiekte Antonia und sang wieder laut mit. «Wir wollen alles, alles, alles und dann noch mal alles. Yeah!»

«Wenn wir nicht jetzt reden, dann …»

«Dann morgen, denn wir wollen alles, alles, alles …» Die war stramm. Heute Nacht würde sich ihr Bett drehen.

«Antonia!», sagte Yvette streng. «Wenn wir nicht jetzt reden, dann wirst du morgen …»

«Egal, egal, egal!», rief sie und sang: «Über den Dächern und über der Welt, über das All und weiter hinaus, wir wollen alles, alles, alles …»

Und dann rannte sie ins Bad, und da gab sie alles, alles, alles und noch viel mehr. Yeah!

«Toni!» Ich klopfte an die Badtür.

«Nee!», schluchzte sie.

«Es kann sein, dass wir sie nicht mitnehmen können», sagte Yvette.

«Was? Wieso? Weil sie kotzt?»

«Nein, weil sie unter sechzehn ist und weil sie nicht ohne eine erwachsene Begleitperson in ein Land außerhalb der EU einreisen darf.»

«Aber ...», sagte ich.

«Vielleicht freut sie sich sogar, wenn sie nach Hause kann.» Yvette zuckte nur die Schultern, als wären wir hier bei «Deutschland sucht die Super-nach-Marokko-Fahrerin» und Antonia war vom Laufsteg gefallen und jetzt raus.

«Aber sie kann nicht lügen. Wir müssen sie schon allein deshalb mitnehmen.»

«Ich hab Antonia aber nicht mit angemeldet.»

«Aber wir haben doch drei Tickets.»

«Dann überleg dir eine bessere Lösung.»

Ich war zu besoffen und dachte zu langsam. «Aber wen hast du denn dann angemeldet?»

«Ich würde am liebsten Freigunda mitnehmen.»

«Oh, ja, ich auch.» Ich lachte. Freigunda war so, so unglaublich, so ... musste man selbst erleben.

Dann kam Antonia aus dem Bad. Oder ein Gespenst. Uijuijui. Wir mussten uns erst mal um sie kümmern.

Nachts griff mich das schlimme Gegrübel an. Es warf mich von einer Seite auf die andere, als wäre ich eine Bratwurst auf dem Grill. Ich schwitzte. Was war das für eine Kackidee? Vor mir lag unklar, und ich hasse unklar. Reiß dich zusammen. Bea steckt in Schwierigkeiten und ihr Vater auch, und vermutlich haben die sich das selber eingebrockt. Da ruft man als Freundin nicht die Polizei. Da hilft man selbst.

Dann war es eben das Richtige. Das wussten die ganzen Ritter bestimmt auch, wenn sie klappernd in ihren Dosen zu den Lindwürmern ritten. Hatten die Schiss? Nein, die hatten ein Wappen mit einem Löwen. Auf meinem Wappen war ein Hase, der sich gerade einschiss. Aus Antonias Bett kam Gejammer. Mein Bett schaukelte auch, aber ihrs musste echt hohen Seegang haben. Bald würden unsere Betten sowieso schaukeln ... und dann schlief ich ein.

Der nächste Morgen war bretthart. Auf der Anrichte standen die Bierdingsflaschen. Ich wollte gar nicht nachzählen und dann durch drei teilen.

Irgendwie hatte ich gehofft, alles geträumt zu haben. Und irgendwas fühlte sich blöd an. Ach ja, Antonia war nicht sechzehn. Und wir hatten keine erwachsene Begleitperson, und darum konnte sie gar nicht mit. Blick aufs Handy. Schon halb zehn. Immerhin keine neue Nachricht von Bea. Oder war das kein gutes Zeichen, dass sie kein neues Video geschickt hatte? Ich hatte ihr meine neue Nummer geschrieben, aber vielleicht steckte sie inzwischen so in Schwierigkeiten, dass sie nicht einmal mehr Videos schicken konnte.

Ich setzte mich auf die Bettkante. Yvettes Bett war leer. Die vielen kleinen Kreissägen im Schädel ließen mich nicht denken. Warum war der Kopf denn so nachtragend nach Alkohol? Im Bad war Yvette auch nicht. Als ich wieder aus dem Bad kam, saß sie plötzlich an dem kleinen Tisch, und auf dem kleinen Tisch stand ein Tablett mit Waffeln und Tassen.

«Kaffee oder Tee?»

«Tee!»

«Für mich nichts.» Eine schwache Stimme aus Antonias Bett. «Vielleicht wirst du ja krank und kannst nicht mit.»

Hatte Yvette sie mit Absicht so abgefüllt? Weil sie sowieso nicht mitkonnte? Wenn ich mal einen Zweizeiler auf Yvette dichten würde, dann mit den Reimwörtern gerissen und beschissen. Aber dass sie uns Frühstück geholt hatte, war nett und fett. Die warmen Waffeln hatten große Sahnehauben obendrauf, die dabei waren wegzuschmelzen.

«Die kann man selber unten machen. Eigentlich war das der Grund, das Hotel zu buchen. Ein Waffeleisen, Leute!»

Antonia rappelte sich hoch, um duschen zu gehen. Sie hoffte, dass die Kopfschmerzen davon weggehen würden.

Als die Waffeln fast alle waren, gingen wir runter, um neue zu machen. Antonia ließen wir eine da. Yvette legte eine Kopfschmerztablette daneben. Ich ließ mir auch eine geben.

Unten in der Lobby saßen in den Schubladen mit Schafsfell zwei Überraschungen. Mit dem Rücken zu uns, aber wir erkannten sie trotzdem.

«Scheiße!» Yvette zog mich hinter ein flaches Regal, in dem Spiele gestapelt waren. Direkt dahinter saßen sie und spielten Looping Louie. Das Spiel hatten wir auch zu Hause. Da fliegt so ein Typ rum, und man muss so auf Knöpfe drücken, egal eigentlich, machte total Spaß, und sie lachten.

Wie hatten die uns gefunden? So ein Zufall. So ein Zufall konnte das ja nicht sein. Konnte man unsere alten Handys auch ausgeschaltet orten? Konnte man die neuen Handys auch orten? Aber wer sollte denn wissen, dass wir neue Handys hatten? Ich hatte Bea die Nummer geschickt, aber die war doch nicht in Kontakt mit denen. Nee. Außerdem waren sie nicht von der Polizei oder so. Was machten die hier, verdammt? Außer Looping Louie spielen?

Looping Louie flog mit seinem roten Flugzeug schnurrend im Kreis. Sie drückten die Knöpfe und sagten, hui, das war knapp, und so Sachen. Wir saßen perfekt zum Lauschen, zwischen Wand und Regal eingeklemmt.

«Wie viel Uhr genau hat sie gesagt?» Die Frau hatte eine ungewöhnlich quakige Stimme. Als könnte sie eine Trompete singen.

«Halb. Und Treffer.» Looping Louie stahl ein Huhn.

«Es ist halb», quakte die Trompete.

Ich schob eines der Spiele im Regal zur Seite, um bessere

Sicht zu bekommen. Looping Louie drehte gerade einen Looping. Dass es dafür keinen Extrapunkt gab, hatte ich nie verstanden. Also was ist los hier? Was verdammt noch Mal ist eigentlich Looping Louies Problem? Nein, Quatsch. Was wollten die beiden hier? Aber trotzdem, was war eigentlich mit Looping Louie? Warum griff er die Hühner an, die auf den Münzen waren? Waren das nur Münzen mit Hühnern drauf, oder sollten das sehr runde Hühner sein, und hasste Looping Louie Hühner oder klaute er sie? Befreite er sie? War er militanter Vegetarier? War sein Flugzeug kaputt, und jemand musste ihm helfen? Aber vor allem: Was wollten die gelbe Frau und Mimiko hier? Die gelbe Frau hatte tatsächlich wieder etwas Gelbes an, eine Bluse zu einer weißen Jacke. Mimiko war ziemlich durchschnittlich angezogen, weiße Turnschuhe, schwarze Leggins, langer grauer Kapuzenpulli. Über den einen Griff ihrer Sitzschubkarre hing ein Mantel mit Puschelrandkapuze. Lange, schwarze Haare in einem hohen Pferdeschwanz mit großem, dunkelblauem Samtzopfgummi. Große Creolen an den Ohren, die schaukelten, wenn sie nickte, und die Creolen schaukelten viel. Ein positiver Typ also, vielleicht angespannt, die Hände immer wieder geballt, an der Unterlippe knabbernd. Aber wirklich nett. Ich fand sie im Sommer auch nett, obwohl sie sehr viel geredet hatte, aber musste ich nicht reden. Fand ich damals ganz gut.

«Na ja, ähm, ich hoffe, dass sie mich erkennt», sagte Mimiko. Ihr Zopf oben auf dem Kopf nickte mit. Creolen schaukelten.

Yvette zeigte mit dem Zeigefinger nach oben. Meinte sie Antonia? Ich zuckte die Schultern. Wieso sollten sie über Antonia reden? Wieso sollten sie wissen, dass sie hier ist?

«Wir werden sie fragen, ob sie sich an dich erinnert, und dann wird das schon irgendwas in Bewegung bringen», antwortete die Frau. «Sie wird uns schon irgendwas Interessantes erzählen. Oder?»

Sie waren hier, weil sie irgendwas wissen wollten von irgendwem. Da Yvette und ich es nicht waren, musste es ja Antonia sein.

«Oh! Huch!», sagte Mimiko als Looping Louie ihr ein weiteres Huhn stahl. «Ja, ähm, nur noch eins. Jetzt wird's spannend.»

Allerdings, fand ich auch.

«Da ist sie,» sagte die Frau und ließ sofort das Spiel Spiel sein, weshalb Looping Louie in den Sinkflug ging und die letzten Hühner abräumte. Ich schob Schiffe versenken und Twister beiseite und konnte jetzt den Eingang des Hotels sehen. Freigunda. Die echte Freigunda. Unsere Freigunda! Unverwechselbar und einzigartig. Genau so, wie ich sie in Erinnerung hatte, mit Schritten, die wussten, wohin, und einem gebräunten Gesicht von der Arbeit draußen. Armeerucksack, sehr große Jacke, sehr große Hose, überall Taschen, der Stoff mit einem Waldfoto bedruckt. Die Jacke war offen, und darunter trug sie ihr Ziegenlederhemd. Das Mittelaltermädchen aus der Mittelalterfamilie. Obwohl sie gerade eher wie aus dem Wald aussah. Der Gesichtsausdruck wie immer bereit, einen Baum zu pflanzen oder abzusägen, was eben gerade nötig war. Ich freute mich, sie zu sehen und dass sie so war, wie sie war: mit einem Ufo aus geflochtenem Bast aus der Vergangenheit bei uns gelandet. Mit Abstand die seltsamste Person, die ich kannte.

Sie ging auf die gelbe Frau und Mimiko zu.

Die Frau streckte ihre Hand Freigunda entgegen. Freigunda drückte herzhaft zu. Die Frau schüttelte ihre Hand und kicherte. «Das ist schön, dass du das einrichten konntest.»

«Hat sich gut ergeben.»

Mimiko war jetzt auch aufgestanden und winkte lieber nur zur Begrüßung. «Ja, also, hallo! Erinnerst du dich an mich?»

Freigunda nickte.

Die gelbe Frau und Mimiko setzten sich wieder in ihre Schubkarren. Freigunda nahm die dritte Schubkarre, dem Regal gegenüber, stand aber gleich wieder auf: «Das lenkt mich ab.»

Sie nahm Looping Louie und stellte ihn auf das Regal, hinter dem wir Hilfsspione hockten. Sie suchte den Knopf und schaltete Louie aus. Dabei sah sie kurz über das Regal. Dann setzte sie sich wieder hin. «Ich bin bereit. Was ist das für eine Reportage?»

Die gelbe Frau erklärte ausführlich, was das für eine Reportage werden sollte, an der sie arbeitete. Eine Story mit viel Nähe, blabla. Sie sagte «exklusiv» und «frisch». «Ich begleite die Mimiko und treffe mit ihr zusammen die Mädchen. Mimiko ist aber die Hauptheldin der Geschichte. Und ich frage mich vor allem, wie euer ganzes Abenteuer im Sommer gewesen wäre, wenn die Mimiko bei euch geblieben wäre.»

«Ich möchte erst die Adresse von dem Arzt», unterbrach Freigunda und bekam eine Visitenkarte von der gelben Frau, die sie sofort in eine ihrer großen Jackentaschen steckte. «Ich hab nur eine halbe Stunde Zeit. Sie sollten mit den Fragen anfangen.»

Die gelbe Frau nickte Mimiko zu. Die suchte einen Zettel aus einem schwarzen Lederrucksack und las ab. «Also, meinst du, es wäre mit mir anders gewesen, und wenn ja, wie?»

«Nein», sagte Freigunda.

«Ähm, ja, denkst du oft an diese Tage im Sommer, und an was denkst du am liebsten?»

«Nein», sagte Freigunda wieder. Und dabei blieb sie auch. Würdest du gern noch einmal so was erleben? Hast du Kontakt zu den anderen? Fehlen sie dir? Hast du was gelernt, und wenn ja, was? Magst du, dass du jetzt berühmt bist, und was magst du daran am meisten?

Alles nein. Freigunda interviewen. Wie kommt man denn auf so eine Idee, wenn man Freigunda auch nur ein bisschen kennt? Yvette und ich grinsten uns an.

«Charlotte!», rief es plötzlich hinter uns, und wie es aussah, hatte Antonia das Duschen gutgetan oder die Waffel oder die Kopfschmerztabletten. Sie war fröhlich und sagte mal wieder einfach alles, was sie sah: «Yvette!» Sie rief auch Mimikos Namen und Freigundas.

Immerhin schrie sie nicht auch noch «Rezeption, Schubkarre, Regal, Looping Louie», aber sie war bei weitem noch nicht fertig mit dem Aussprechen aller Namen, denn da war ja noch: «Francesca!»

Die gelbe Frau hieß mit vollem Namen Francesca Schirdewahn. Sie war Journalistin. Das hatte ich mir inzwischen schon gedacht. Sie machte eine Story über uns oder Mimiko oder beides. Das war ja auch schon klar.

Francesca, wie wir sie doch «Bitte, bitte» nennen sollten, war eine echte Show. Gar nicht so sehr, wie sie aussah. Gut, sie hatte diese Locken, die abstanden, und die große, runde Brille, aber das war es nicht. Ihr Gesicht hatte etliche kleine Narben, und um den Hals trug sie eine Kette mit einem Yin-und-Yang-Anhänger. Von hinten sah man wirklich nichts Besonderes, weshalb auch klar war, dass Antonia sie am Vortag auf dem Rastplatz nicht erkannt hatte. Die beiden hatten bisher zweimal telefoniert und waren sich noch nie begegnet. Antonia hatte im Internet ein Foto von ihr gesehen. Die große Brille und die auffällige Quakstimme hatten dann dazu geführt, dass Antonia sie erkannte, als sie runter in die Hotellobby gekommen war. Aber wie gesagt, die große Francesca-Show war nicht ihr Äußeres. Sie war einfach hampelig und lachte dann über sich selbst. Und sie hatte viel zu lachen. Als wir weitere Schubkarren holten, um uns zusammenzusetzen, wollte sie mit ihrer Schubkarre Platz machen und fiel um. «Kein Problem», sagte sie und lachte. Vielleicht hatten ihre Eltern im Zirkus als Clowns gearbeitet und sie zusammen mit der klatschenden Robbe aufgezogen. Als sie mir die Hand gab, bekam ich einen elektrischen Schlag.

Bis aufgeklärt war, warum wir alle hier aufeinandergetroffen waren, verging eine Weile.

Francesca und Mimiko waren hier, weil sie am Vortag bei unserem Auftritt gewesen waren, um uns zu treffen, aber als wir nach der Veranstaltung nicht mehr nach vorne kamen, wollten sie uns draußen abfangen. Dabei hatten sie uns wegrennen sehen. Da das nach Ärger aussah, auf jeden Fall interessant und vielleicht sogar was für die Story, wollten sie helfen, waren neugierig und blieben dran. Ich hatte das Gefühl, dass nur eins davon stimmte. Sie waren den Weg zum Bahnhof abgefahren, um uns zu suchen. Dabei hatten sie gesehen, wie wir in den Maybach gestiegen waren. Ab da hieß es einfach dranbleiben. In Hannover hatten sie uns verloren. Aber überraschend habe sich gestern Freigunda gemeldet, die Francesca Schirdewahn schon länger um ein Gespräch gebeten hatte. Es wäre sehr schwer gewesen, sie überhaupt zu erreichen. Die Familie habe keinen Festnetzanschluss und kein Handy. Erst über den Tourplan des Mittelalterspektakels sei es möglich gewesen, Kontakt zu Freigundas Vater zu bekommen, der unwillig versprach, die Telefonnummer der Journalistin an die Tochter weiterzugeben. Er sagte sofort, dass Freigunda unentbehrlich sei für den Familienbetrieb und nicht freibekäme. Francesca bat trotzdem um ein Telefonat mit Freigunda. Tatsächlich hatte Freigunda ein paar Tage später angerufen. Sie nannte ihre Bedingung für ein Interview, denn sie benötigte Hilfe.

Ich beobachtete Freigunda. Sie brauchte Hilfe? Freigunda? Sie hatte Francesca vor dem Interview um eine Adresse von einem Arzt gebeten. Das war superinteressant, dass Freigunda bei irgendetwas Hilfe brauchte, fand ich, aber beide sagten nichts weiter dazu. Freigunda sah kein bisschen hilflos aus. Sie sah aus, als gäbe es kein Problem, das sie nicht mit ihrem Messer Gundastich lösen könnte.

Francesca zeigte auf Freigunda, als hätte sie ihren Beitrag anmoderiert – und Kamera an, Licht, Ton, Klappe, hier war Freigundas Beitrag: «Yvette hatte mich vor mehreren Wochen gebeten, mich bereitzuhalten. Gestern rief sie an und sagte, dass es nun so weit sei. Ich solle nach Hannover kommen. In dieses Hotel. Normalerweise verlasse ich meine Familie nicht, und es hätte nie eine Möglichkeit gegeben, Frau Schirdewahn zu treffen. Aber da ich sowieso nach Hannover unterwegs war, habe ich Frau Schirdewahn ein Treffen vorgeschlagen. Hier. Alles hat sich gefügt. Dann sollte es wohl so sein.»

Manchmal sprach Freigunda gestelzt, aber nur ein bisschen, nicht so seltsam, wie in ihrer Welt gesprochen wurde. Niemand dort hörte Radio, sah fern oder hatte Internet. Die Familie besaß ein Klapphandy und wollte so viel wie möglich verpassen von dem, was neuerdings so los war. Mit neuerdings war die Zeit seit der Pest gemeint.

Freigunda sah jede von uns einmal an. «Ich habe beides verknüpft.»

«Na prima, und du hast dir nicht überlegt, ob das eine bekackte Idee ist?»

«Nein», Freigunda sah Yvette geradeheraus an.

«War es aber.»

«Das wird sich erst zeigen.»

«Soso, fein, Häuptling Blablabla.» Yvette war in jeder Kombination ein Talent im Stänkern, aber mit Freigunda zusammen wurde es richtig schlimm. Vermutlich, weil Freigunda nie darauf einging.

«Das Treffen mit dir sollte erst später stattfinden, und ihr wärt hier nicht aufeinandergetroffen.» Freigunda hatte nichts falsch gemacht, fand Freigunda.

«Ein Wunder, dass du die Zeit so genau weißt», sagte Yvette zu Freigunda. «Lass mich raten. Du erkennst die Uhrzeit an der Sonne.»

«Ja», sagte Freigunda.

Ich feierte innerlich dieses unglaubliche Mädchen. Sie sagte einfach ja oder nein – und fertig.

Yvette bat Francesca, ihr eine Zigarette zu drehen.

Francesca krümelte den Tisch mit Tabak voll, drehte sich selbst auch eine, und die beiden gingen in den Innenhof. Dort standen ein Aschenbecher, ein Sonnenschirm und dann auch Yvette und Francesca.

Yvette hatte sich verdrückt, bevor ich sie fragen konnte, was das bedeutete, dass sie Freigunda gebeten hatte, sich bereitzuhalten.

Mit einer Gehirnhälfte hörte ich zu, was Mimiko gerade erzählte. Sie fand es toll, mit Francesca an dieser Story zu arbeiten und uns zu treffen, denn sie habe im Sommer alle Artikel über uns gesammelt und sich immer geärgert, dass sie nicht dabei gewesen war. Sie fühle sich aber trotzdem irgendwie wie ein Teil der Gruppe, auch wenn das für uns bestimmt nicht so wäre.

«Doch», Antonia stieß mich an. «Doch, oder? Sie gehört auch zu uns.»

Jetzt müsste man Freigunda sein können und einfach nein sagen. Warum sollte Mimiko zu uns gehören? Sie war nicht mit uns abgehauen und hatte nicht im Wald gelebt.

«Na ja, ich denke, ich bin auf jeden Fall euer größter Fan.» Mimiko zog lustig den Kopf ein. «Und, ja, ähm, ich bin froh, jetzt mit euch zusammen zu sein.»

Das war mir immer peinlich, wenn jemand ein Fan von uns war. Die kannten uns doch gar nicht. Gut, Mimiko kannte uns sogar, aber sie hatte nicht mitbekommen, wie viel Streit es gegeben hatte oder wie wir den Hund aufgeschnitten hatten, als er gestorben war. Je länger das alles zurücklag, desto weniger gut kam mir vor, was wir gemacht hatten. Weggelaufen waren wir, hatten Inken allein gelassen, die Hunde entführt und gefährdet, drei waren gestorben. Wir hatten niemanden gerettet und nichts Sinnvolles getan.

Vielleicht würden wir diesmal etwas Sinnvolles hinbekommen. Ich dachte an Bea. Ich schaute auf mein Handy. Keine neue Nachricht.

Yvette und Francesca standen immer noch im Hof und rauchten vermutlich schon die zweite. Sie beredeten was. Gefiel mir überhaupt nicht. Bea hatte mir die Videos geschickt, und das waren meine Plätze auf dem Containerschiff, und ich wollte gefälligst wissen, was vor sich ging. Andererseits war die Sesselschubkarre sehr gemütlich und ich ohnehin ein Sesselschubkarrentyp. Da war kein Lenker dran, und ich musste nichts entscheiden. Ich wurde geschoben, und eigentlich fand ich Entscheidungen wirklich eine schwierige Sache, weil es eben ja und nein gab und ich nicht Freigunda war.

Mimiko erzählte, dass dieses Hotel früher eine Fabrik war und so weiter und so weiter. So interessant, wie Antonia das fand, so uninteressant fand ich es. Freigunda saß mit geschlossenen Augen da und wartete, dass die Zeit verging.

Irgendwo knallte es. Francesca war gegen den Sonnenschirm im Hinterhof gelaufen. Ich hörte ihr Trompetenlachen. Dann kamen sie rein. Etwas hatte sich bei ihnen getan. Sie liefen im Gleichschritt. Yvettes Körperhaltung, als sie bei uns war, gleich wieder so: «Aufgepasst, jetzt kommt eine Ansage», und bestimmt hatte sie einen «Okay, Plan». Ich war wieder erleichtert, dass sie das alles übernahm und ich mich dem einfach anschließen konnte, vom Sternzeichen faule, feige Nuss. Überhaupt saßen wir hier bei unseren Waffeln wie die Kinder, und Mama und Mama kamen rein, und wir mussten uns um nichts kümmern.

«Sie weiß alles, und sie kommt mit.»

«Echt? Wieso?» Ich wollte doch kein Kind sein, das nur Waffeln frisst. «Haben wir dazu nicht auch was zu sagen? Das geht grade ein bisschen schnell, und wie es aussieht, hast du ihr ja schon alles erzählt, ohne uns zu fragen. Versteh ich nicht. Was soll das? Das hättest du vorher mit uns besprechen müssen.»

«Absolut!» Yvette schlug vor abzustimmen.

«Worüber denn? Ob du es ihr erzählst?» Ich zeigte auf Francesca. «Da hättest du uns doch vorher fragen müssen. Echt! Find ich kacke!»

Yvette stand immer noch und schaute auf uns Schubkarrenhocker herab. «Also nur als Info. Dem Reiseveranstalter ist es lieber, wenn bei minderjährigen Personen eine erwachsene Begleitperson anwesend ist. Francesca gibt sich als unsere Reiseleiterin aus. Sie bekommt eine Extrakabine und ihre Story. Und wir können möglicherweise sogar Bea besser helfen, in Marokko.»

«Was? Wieso Marokko?», fragte Mimiko. «Jetzt mal langsam.»

Und alles wurde noch komplizierter, denn jetzt wusste es auch Mimiko, ohne dass wir abgestimmt hatten, ob sie es wissen sollte. Na ja, egal. Wir könnten es ja noch dem Typen vom Hotel erzählen, der immer neuen Waffelteig in einem Krug hinstellte. Vielleicht wollte der ja auch mitkommen und auf dem Schiff für uns Waffeln machen. Ich schüttelte den Kopf. Nee, fand ich nicht gut. Was gab's da abzustimmen?

Erst mal waren aber bei den neuen Mitwissenden lauter Fragezeichen, und darum wurde kurz zusammengefasst: Bea in Marokko. Bea in Schwierigkeiten. Polizei – ausgeschlossen. Auswärtiges Amt auch. Charlotte, also ich, drei Tickets für die Lexy Barker, die nach Marokko fuhr. Weil sie, also ich, dahin wollte, ursprünglich mit den Eltern. Wegen Bea helfen. Also drei Tickets. Namen überschrieben. Erwachsene Reiseleitung Bedingung. Mehr Leute können nicht dazugebucht werden, weil nur vier Touristen an Bord erlaubt seien.

Wir waren voller Waffeln und voller Infos, und die Verdauung von beidem brauchte Zeit. Yvette und Francesca sahen sehr zufrieden aus, Mimiko zumindest aufgeregt, denn sie gehörte jetzt zu uns. Bea würde staunen, dass eine so riesige Truppe anreiste, wenn sie mich um Hilfe bittet, obwohl sie mich nicht mal richtig um Hilfe gebeten hatte, nur auf ihre Bea-Art.

Und jetzt kam diese Rettungsarmee zu ihr. Und alles nur, weil ich zu feige war, allein loszufahren. Also hätte Bea gar keine Hilfe bekommen. Irgendwas knirschte noch in meinen Gedanken.

«Und wie kommen wir dann an Bord?» Mimiko zeigte auf sich und Antonia, die gedanklich ganz woanders war und sagte: «Und wieso ist Freigunda hier? Wieso hast du sie angerufen? Sie hat vorhin gesagt, dass du sie angerufen hast.»

Genau das war's gewesen. Wieso sollte Freigunda sich bereithalten? Das wollte ich auch wissen.

Yvette zuckte die Achseln. «Wir brauchen Freigunda. Sie kann so Sachen.» Ja, neben Freigunda sahen wir alle blass aus im Sachenkönnen.

Antonia sah das anders: «Wir können alle was. Ich auch. Ich weiß viel über das Wetter.»

«Dann könntest du jeden Morgen den Wetterbericht verkünden. Das ist nicht, was wir brauchen.»

«Woher willst du wissen, was wir brauchen? Vielleicht brauchen wir dich nicht.»

Yvette griff sich an die Schläfen. «Ich habe das Geld.»

Antonia war aufgesprungen. «Dann brauchen wir dein Geld, aber nicht dich.»

«Ach ja, und du kannst schön hoch sprechen. Falls die Sirene an Board ausfällt, kannst du ...»

«Du bist gemein! Und es geht nicht immer nur um Geld.» Manchmal hatte ich Angst, dass Antonia eine Trickfilmfigur war und sich an die Brust fassen würde, um ein Lied über innere Werte zu singen.

«Oh doch, meine kleine Freundin.»

«Ich finde nicht», sagte Antonia.

«Du findest auch, dass alle Menschen gut sind.»

«Außer sie sind böse.»

«Außer sie sind böse ...», wiederholte Yvette.

Ich glaube, für Mimiko brach eine Welt zusammen. Die Band, in der sie unbedingt mitspielen wollte, war gar nicht cool. Zumindest nicht die beiden, zumindest nicht zusammen.

«Und jetzt soll ich nicht mit, oder was?» Antonia war geknickt.

«Oder ich?», fragte Mimiko.

«Mimiko sollte schon mit, wegen meiner Story.»

«Francesca, bitte. Jetzt nicht so was. Dann wird es eben eine andere Story.» Yvette war schwer genervt.

Jetzt schlug Freigunda vor, dass sie verzichten könnte. «Meine Familie bereitet sich auf das Winterquartier vor. Sie brauchen mich. Und ich habe bekommen, was ich wollte.» Sie nickte Francesca zu.

«Wir brauchen dich aber gerade mehr als deine Familie», sagte Yvette. «Ohne dich fahr ich nicht. Und ich hab das Geld.»

Sollte ich jetzt auch anbieten, nicht mitzufahren? Das war doch auch Quatsch. Ich dachte daran, wie Yvette beschrieben hatte, dass ich mein restliches Leben vor den zwei Polizistinnen weglaufen müsste.

Yvette rannte wie ein Hütehund um uns Schäfchen herum, damit wir zusammenblieben. Also mit Worten. Alle kämen mit. Ruhe jetzt!

«Wir räumen jetzt das Buffett ab», informierte uns der Waffelteignachfüller vom Hotel. Das Waffeleisen blieb noch stehen. Das sei den ganzen Tag zur freien Nutzung, ebenso Kaffeemaschine und Wasserkocher.

«Is recht», Yvette nickte huldvoll. «Dann können wir jetzt abstimmen, oder?»

«Und wie kommen wir aufs Schiff?» Mimiko wieder, auf sich und Antonia zeigend.

«Das sehen wir dann. Erst das Problem, dann die Lösung. Wer ist dafür, dass alle mitkommen?» Yvette hob schon die Hand, als sie die Frage noch nicht mal zu Ende gestellt hatte.

Das Abstimmungsergebnis: Alle zu niemand für alle.

Mir war flimmerig. Entweder würde das alles ganz toll oder ganz schrecklich werden, an so lala glaubte ich nicht.

Meine Kopfschmerzen kamen zurück, und wir mussten langsam auschecken. Während wir unser Zimmer räumten, dachte ich kurz ans Abhauen vom Abhauen, aber dann müsste ich zu Hause vom Abhauen vom Abhauen abhauen.

Antonia stopfte schnell alles in ihren Affenrucksack und in den neuen Rucksack. Dann rannte sie runter zu Mimiko. Nervte mich ein bisschen, dass die beiden sich so gut verstanden. Deshalb musste ich jetzt mit Yvette befreundet sein. Ich war ja auch mit ihr befreundet, aber eben nicht immer gern. Man musste sie schon echt mögen, um sie gernhaben zu können.

Ich hatte fertig gepackt und sah ihr zu, wie sie sich schminkte. «Kann ich dich was fragen?»

«Warte kurz, sonst vermal ich mich. Warte. Warte. Jetzt.»

«Warum hast du Freigunda gesagt, dass sie sich bereithalten soll? Also ich meine nicht, weil Freigunda Sachen kann, sondern: Wie bist du überhaupt auf die Idee gekommen, dass irgendwas ansteht.»

«Weil ich die ganze Zeit gehofft habe, dass sich Bea meldet.» Yvettes Spiegelbild sah mich an. «Ich sag dir jetzt einfach die Wahrheit.» Aber nur durch den Spiegel tat sie das. «Ich habe einfach gehofft, dass es weitergeht. Dass sich Bea meldet. Ich meine – Bea, hallo! Die fährt natürlich nach unserem Abenteuer als Einzige nicht nach Hause. Das hab ich so gut verstanden. Wie soll man denn danach einfach so weitermachen? Ich habe die ganze Zeit gehofft, dass wir irgendwie... eigentlich genau das, dass wir ihr helfen müssen. Deshalb habe ich auch immer gesagt, dass ihr die Pässe mitbringen sollt, falls es losgeht. Und jetzt geht es los. Ich find es super. Du nicht?»

«Mir wäre lieber, dass es Bea gutgeht.»

«Jaaa», Yvette nickte. «Klar. Mir wäre auch lieber gewesen, dass sie in einer schönen kleinen Hütte in Norwegen sitzt und sich das Knie wieder ausgerenkt hat oder so.»

Ich flatterte ratlos mit den Lippen. Sie hatte gehofft, dass sich Bea das Knie ausrenkt oder so?

Yvette klang ganz fröhlich. «Aber jetzt sieh es doch mal so, nach dem Sommer wäre es vorbei gewesen, wenn ich nicht die Vorträge gemacht hätte. Weißt du, dass wir kaum noch gebucht werden?» Jetzt drehte sie sich zu mir herum. «Das Ding ist bald vorbei, aber jetzt kommt ja ein neues. Das ist doch super, oder?»

So hatte ich das noch nicht gesehen. «Na ja. Irgendwie.»

«Nicht irgendwie. Absolut!» Yvette bürstete sich die Haare so intensiv, so viel bürstete ich mich in der Woche.

«Okay», sagte ich. Mehr fiel mir dazu nicht ein. Sie war egoistisch, aber ich war mir nicht sicher, ob ich das nicht auch war.

Francesca musste nach Hause fahren, um ihren Reisepass zu holen und dem Vater ihrer Kinder die Kinder zu bringen. Sie stieg in ihr gelbes Auto, krümelige Rückbank, Kindersitz. Sie musste ganz schön auf unsere Story stehen, oder Yvette hatte ihr noch etwas Besseres angeboten.

Wir hatten einiges zu erledigen, also los. Zug gebucht. Hotel gebucht. Auf nach Rotterdam.

Es wurde auch Zeit, das Land zu verlassen, denn wir waren gestern verschwunden, und es würde nicht so lange dauern, bis unsere Fotos wieder in den Zeitungen waren. Unsere Gesichter waren vom Sommer noch bekannt genug, und wir versuchten, sie zu verstecken, ohne mit den Kapuzen, Mützen und Sonnenbrillen allzu verdächtig auszusehen.

Ich blätterte die Zeitschriften im Bahnhofskiosk durch, aber da stand noch nichts über uns. Na ja, wir waren auch erst seit gestern weg.

Im Zug hatten wir genug Zeit, über unser letztes winzig

kleines Problem zu reden. Wie konnten Mimiko und Antonia mitkommen?

Der Zug war nicht voll, und wir breiteten uns in einem Sechserabteil aus. Mimiko saß vorne und reichte dem Zugbegleiter das Gruppenticket, sodass er uns gar nicht so viel ansehen musste. Mimiko war als Einzige nicht weggelaufen. Ihre Eltern dachten, dass sie mit Francesca unterwegs sei.

Mimiko rief ihre Eltern an und bat sie, per Kurier ihren Pass nach Rotterdam zu schicken, weil sie angeblich ihren Personalausweis verloren hatte. Das war schon mal erledigt.

In Bad Bentheim standen wir eine Weile, und dann kam die Ansage, dass der Zug nicht in Hengelo und Almelo hielt. Als das holländische Team den Zug übernahm, kam die Ansage noch einmal, auf Holländisch, Deutsch und Englisch, Hengelo, Almelo, Hengelo, Almelo, Hengelo, Almelo. Yvette und Antonia lachten sich schlapp.

Holland sah aufgeräumt aus. Wir fuhren durch Gouda. Das fand ich nun wieder lustig. Mimiko wollte uns was über Käse erzählen, aber ich sagte, dass wir lieber darüber reden sollten, wie wir unsere zwei blinden Passagiere auf das Schiff bekamen. Ich sah uns schon nachts auf dem Hafengelände herumschleichen und einen Container aufbrechen.

«Ähm, na ja, die Container sind verplombt», informierte Mimiko. «Und, ach so, manchmal werden sie ausgeräuchert, damit keine Insekten in andere Länder gelangen, aber vor allem auf Transporten nach Europa, also Afrika nach Europa oder Australien nach Europa. Da sind schon Menschen gestorben in Containern.»

«Also, wir drei haben ja schon die gleichen Jacken, wenn wir die tauschen, gleiche Mützen kaufen und dann ganz oft hin und her laufen, dann können die uns gar nicht auseinanderhalten», schlug ich vor.

Yvette lachte. «Dafür bist du zu groß und die zu klein und

die zu krumm.» Sie zeigte auf mich, Antonia, Mimiko und dann Freigunda, die uns gegenüber auf einer Bank saß und ihr Schnitzwerk fast vollendet hatte. Ein Boot aus Kiefernrinde.

«Niemand ist zu dies zu das. Dein Herz ist zu zu», sagte Freigunda. Hätte ich sie küssen können für. Hätte sie aber nicht gewollt.

«Wie genau kontrollieren die denn beim Einchecken?», wollte Antonia wissen, aber das wusste ja niemand, nicht mal Mimiko. Ich hatte den Vertrag gelesen, und da stand im Grunde genommen drin, dass man unwichtiger als die Fracht war und nicht im Weg rumstehen soll. Ach so, dass man gesundheitlich in der Lage sein sollte, sein Gepäck allein diese Gangway rauszutragen. Außerdem sei niemand richtig für einen zuständig, weil alle Mannschaftsmitglieder mit ihren Aufgaben genug beschäftigt waren. Das klang nach einem Nichtservice, der uns sehr entgegenkam.

Dann hatten wir eine Idee, wie wir zu fünft aufs Schiff kämen, zu sechst mit Francesca.

Am Hauptbahnhof von Rotterdam gingen wir zu «Reistassen voor Dames en Heren» und suchten nach zwei Koffern, die groß genug waren, dass sich Mimiko und Antonia darin einrollen konnten.

Yvette steuerte auf eine Reihe mit Koffern zu, bei denen hinter dem kleinsten der mittlere stand, dahinter der größte, wie Matroschkakoffer. Yvette zeigte auf den größten in Lila und fragte, ob es einen noch größeren gab. Sie sprach einfach deutsch, und falls der holländische Verkäufer dachte, dass die Deutschen arrogant sind, dann rüttelte Yvette zumindest nicht an seinem Weltbild. Sie wollte herausfinden, ob er Deutsch verstand, erklärte sie später. Nix Arroganz. Der Verkäufer verstand Deutsch und führte uns von den Hartschalenkoffern weg zu sehr großen Taschen aus Stoff. Die größte Tasche war aus einem schwarzen wasserdichten Stoff, wie aus einer Plane. Was für die Tasche sprach, war, dass sie annähernd die benötigte Größe hatte und dass man darin sicherlich besser Luft bekam als in so einem Hartschalenkoffer. Dagegen sprach, dass die beiden dadrin komplett ungeschützt vor Prellungen und so was wären und dass alles aufflog, wenn sie sich zu offensichtlich bewegten.

«Können wir eine Tasche mal ausprobieren?», fragte Yvette «Draußen im Bahnhof für einen Praxistest? Vor allem auf den Treppen?»

Entweder beeindruckte ihn das Wort «Praxistest» oder dass Yvette als Pfand ihr Smartphone daließ, jedenfalls durften wir mit der Tasche draußen im Bahnhof herumschieben.

Freigunda zeigte, dass sie vor dem Laden bleiben würde. Der Verkäufer sah sie an, als sei er sich nicht sicher, ob dieses Mädchen in den zu großen Jägersachen wirklich zu uns gehörte oder gerade von der Waldarmee abgehauen war.

Wir suchten die Toiletten, und dort krabbelte Antonia in die Tasche, Reißverschluss zu, Antonia weg. Yvette zog die Tasche hin und her und ließ sie dann umfallen.

«Aua, Mann!»

«Sorry, muss man ja auch mal ausprobieren.»

«Hättest du mich ja vorher warnen können», meckerte die Tasche.

Dann war Mimiko dran, und sie passte auch rein. Sie rief aus der Tasche «Ähm, ohne Umfallen oder mit Umfallen?»

Yvette ließ die Tasche diesmal nicht nach hinten, sondern zur Seite fallen. Womit auch Mimikos Frage beantwortet war. «Wenn die Tasche morgen umfällt, seid ihr auch nicht vorbereitet.»

Es kam kein Mucks aus der Tasche.

Die beiden durften sich dadrin nicht bewegen. Wenn die Tasche umfiel, sei das schon «schmerzhaft» (fand Antonia), aber «aushaltbar» (fand Mimiko).

Yvette kaufte zwei von den Taschen und bezahlte bar. Das Hotel bezahlte sie auch in bar, damit nicht über die Bankdaten herausgefunden werden konnte, dass wir in Rotterdam waren. Unsere letzte Spur führte nur bis Hannover.

Ich bin mir nicht sicher, ob ich in der Nacht überhaupt schlief. Alles, an was ich mich erinnere, waren die Lichter vorbeifahrender Autos an der Decke. Autos zählen hilft nicht beim Einschlafen.

Alles fühlte sich an wie aus einem Rückblick erzählt. *In der Nacht vorher konnte Charlotte Nowak nicht schlafen*, sagte eine Offstimme. Es war so eine Reportage, die alles mit Schauspielern nachstellte. *Sie zweifelte bis zum letzten Moment an der Reise.* Und dann war meine Stimme zu hören: Eigentlich wollte ich das alles gar nicht.

Ich dachte an meine Eltern, die sich jetzt schon zwei Tage Sorgen machten, weil ich nach dem Auftritt nie am Bahnhof angekommen war, wo mein Vater mich abholen sollte. Ob das jetzt weniger schlimm war als im Sommer, weil sie es schon kannten? Oder sie waren noch mehr sauer, weil ich es schon wieder getan hatte? Ich dachte daran, wie Kajtek mich im Haus suchte oder mich vergaß. Ich musste schnell an etwas anderes denken. Ich hoffte, dass Francesca am nächsten Morgen nicht kam oder zu spät und alles endete, bevor es begann. Ich hoffte, dass sie als die einzige Erwachsene sagte: Nee, das lassen wir mal schön. Dann hat Bea eben Probleme, aber das sind doch nicht eure. Ihr könnt doch nicht aus einem Problem noch vier zusätzliche machen. Ich zuckte kurz zusammen, so wie das manchmal beim Einschlafen passiert, und ich versuchte mir einzureden, dass alles okay war und klappen würde. Warum sollte die Mannschaft sich für zwei große Taschen interessieren? Dann wären wir in Marokko, und da würden wir Bea und ihren Vater raushauen. Dann kam wieder die Offstimme: *Da wusste*

Charlotte Nowak noch nicht, was sie später wusste und wie es aus-
gehen würde.

Halt die Fresse! Das ist doch immer so, dass man vorher
nicht weiß, was man hinterher weiß. Und woher willst du denn
wissen, wie es ausgeht?

Weil ich die Geschichte schon kenne, sagte die Offstimme.

Und wie geht es aus?

Es geht gut aus, aber zwischendurch wird es auch mal gefährlich.

Na, super, du bist nicht hilfreich. Hör auf, mich vollzuquat-
schen.

Und so führte Charlotte Nowak die Hälfte der Nacht Selbst-
gespräche, und am Morgen war sie ...

A m nächsten Morgen war ich schwer wach zu bekommen. «Charlotte!» Antonia zog an meinem Fuß. «Steh auf, du langes Ding!»

Ich streckte mich, ich langes Ding, hinter mir die Nacht, das lange Ding, und vor mir dieser Tag, auch ein langes Ding.

Es war zwanzig vor neun. Frühstück gab es nur bis neun. Die anderen waren schon angezogen und gingen runter.

Ich beeilte mich, aber an dem Tag waren die Hosenbeine länger als sonst, mehr Zähne zu putzen als üblich, und beim Frühstück, meine Fresse, musste man immer so viel kauen, bevor man schlucken konnte?

Dann war Zeit totzuschlagen. Bis der Pass von Mimiko da war (voraussichtlich zwölf Uhr). Bis der Shuttle zum Hafen kam (vierzehn Uhr). Bis wir auf das Schiff konnten (frühestens ab fünfzehn Uhr).

Francesca schickte eine Sprachnachricht. Im Hintergrund war ein Kind zu hören, das fragte, ob sie mit Papa telefoniere. Francesca hatte sich beim Teekochen den kleinen Finger verbrüht. Deshalb würde sie direkt zum Immigration Office in der Nähe vom Hafen kommen. Ihr Navi sagte, dass sie kurz nach drei dort wäre. Was das mit dem Finger zu tun hatte, verstanden wir nicht.

Wir versicherten uns immer wieder gegenseitig, dass Verzögerungen kein Problem wären. Käme der Pass später, würden wir den Fahrer für später bestellen. Käme Francesca später, gingen wir eben später auf das Schiff. Es lief erst gegen zwanzig Uhr aus dem Hafen aus. Alles war gut, versicherten wir uns.

Mimiko las das Internet durch und wollte dann, dass wir

auch alles über Containerschifffahrt wussten. Ich wäre gern ununterbrochen hin und her getigert vor Aufregung und hätte gebrüllt: «CONTAINERSCHIFF! WIE KRASS!»

Ich hatte echt keine Lust, mir Mimikos Vortrag anzuhören, aber dann interessierte es mich doch. Nicht so doll die puren Zahlen, wie viel zigtausend Frachtschiffe weltweit unterwegs sind, für wie viele Millionen Menschen täglich Container um die Welt fuhren. Neunzig Prozent von allem, was wir konsumieren, sei mit einem Container zu uns gekommen, und es würde immer mehr werden und die Schiffe immer größer, sagte Mimiko. Immerzu gäbe es neue Rekorde für das größte Containerschiff der Welt. Und je größer sie wurden, umso billiger wurde der Transport. Wenn früher ein Produkt in einer Fabrik hergestellt wurde, so wurde heute jedes Einzelteil woanders hergestellt und woanders geschnitten, gesägt, vernäht, vernietet, verklebt, verschraubt und verpackt. Das Etikett auf dem Produkt sei nur aus der letzten Fabrik. Eigentlich müsste auf unseren Jacken stehen, dass sie aus Indien, China, Bangladesch, Thailand und so weiter kämen. Mimiko zeigte auf ihren Mantel. Sie hatte eine Seite gefunden, wo man sein Kleidungsstück eingeben konnte, um herauszufinden, wie viele Kilometer es ungefähr gereist war, ehe es in den Laden kam. Mimikos Mantel war weiter als der Erdumfang unterwegs gewesen, und das für weniger Geld als eine Busfahrt.

Ich starrte Mimikos Mantel an. Und die Jacken von Yvette, Antonia und mir, die, weil wir sie zusammen gekauft hatten, zusammen um die Welt gefahren waren. Nur Freigundas Jagdkleidung kam vielleicht aus nur einer Fabrik. Hose und Jacke waren schon länger im Familienbesitz und wurden vorher von ihren Brüdern getragen.

«Na ja und, ähm, das Interessanteste ist», sagte Mimiko und nickte, dass die Ohrringe schaukelten, «dass wir darüber kaum etwas wissen. Weil die Schiffe immer größer werden, werden die Häfen immer größer und liegen immer weiter außerhalb der Städte. Wir sehen die Schiffe nicht, weil sie so groß sind. Ähm, das ist doch wirklich ... spannend.» Mimiko riss die Augen auf. Sobald es Informationen gab, sprang sie darauf an wie ein Drogenopfer. Sie war ein Faktenjunkie.

Dann kam endlich Mimikos Pass, nicht in einem Container. Wir waren alle erleichtert und gönnten uns einen Kakao mit Sahne.

Wir versicherten uns noch einmal gegenseitig, dass genug Zeit für alles war, denn käme der Fahrer später und käme Francesca später, fuhr das Schiff trotzdem erst gegen zwanzig Uhr.

Die anderen Schwierigkeiten besprachen wir nicht. Wenn nun Francesca nicht kam, weil sie sich während der Fahrt aus Versehen das Ohr im Autofenster einquetschte? Und noch schlimmer, wenn irgendwem auffiel, dass in den zwei großen schwarzen Taschen zwei Menschen hockten?

Ich sagte lieber nichts. Musste ich auch nicht, weil Mimiko schon wieder redete. Inzwischen hatte sie mich angefixt, und ich hing an ihren Lippen wie Antonia. Sogar Yvette hörte auf herumzuhampeln. Spätestens ab da, wo es um Waffen und Drogenschmuggel ging, hatte sie uns alle. Aber erst einmal erzählte Mimiko, dass die Containerschifffahrt zufällig entstanden sei. Ein Spediteur war auf die Idee gekommen, ganze LKWs auf Schiffen zu transportieren, um einen Stau an der Atlantikküste zu umfahren. Anstatt weiterhin die ganzen LKWs zu verschiffen, erfand er Container, von denen man bis zu zwanzig übereinanderstapeln konnte. Mit der Erfindung des Standardcontainers explodierte der Welthandel. Mimiko zeigte mit ihren Händen, wie der Welthandel explodiert war. Bumm. Der Standardcontainer passte weltweit auf alle LKWs, auf alle Güterzüge und an alle Hafenkräne. Wenn Mimiko etwas erzählte, ließ sie komplett weg, wie sie das fand. Außer spannend. Es war einfach Information, also interessant. Das war in der Schule echt anders. Da gehörte natürlich eine Betrachtung dazu. Ist das nun toll oder oll, dass der Standardcontainer weltweit wie ein Wirtschaftslegostein überall raufpasst? Keine Ahnung. Noch dazu sollte man in der Schule die richtige Meinung dazu haben. Dabei war es vielleicht einfach nur interessant.

Noch interessanter war, dass in diesem Standardcontainer Tonnen von Kokain unterwegs waren und Massen von Waffen, denn nur der Sender und Empfänger des Standardcontainers wussten, was darin war. Die Standardmannschaft hatte keine Ahnung. Nicht mal der Standardkapitän wusste, was er da rumfuhr. Vielleicht bedeutete das, dass ihnen auch völlig wurscht war, was in zwei großen, schwarzen Taschen war, die wir an Bord brachten. Okay. Dazu hatte ich eine Meinung. Das war gut.

Als ich kurz vor halb zwei dachte, dass ich gleich durchdrehen würde vor Aufregung, kam ein neues Video von Bea. Wir gingen auf einen leeren Spielplatz gegenüber vom Hotel, der wegen Rattenbefall gesperrt war. Wir hockten uns unter so einen Kletterturm, der wie ein Boot aussah.

Video 12

«Jetzt filmt sie wieder», murmelt der Rücken. «Das filmt sie wieder. Wie ich packe.» Der Rücken packt. Der Rücken packt nicht hektisch, aber schnell.

«Aber als die Typen kamen und mich zugerichtet haben, da war sie nicht da», sagt der Rücken. Er dreht sich herum und macht eine Faust in die Kamera. Die Augenbraue aufgeplatzt, Blut schon abgewischt, ein Pflaster drüber. Er dreht sich weg, und sein Rücken spricht wieder in die Tasche, bis sie voll ist: «Da zieht sie noch mal so eine Nummer ab. Noch mal das Gleiche. Ich sag, bleib hier, und sie rennt weg. Das sind keine sinnlosen Regeln, weil mir langweilig ist. Ich hab dir nicht verboten, in zu hohen Tönen zu pupen oder gelbe Sachen zu essen oder, weiß der Geier, freitags zu singen. Ich bin keine Scheißreligion oder so was. Wenn ich dich um etwas bitte, dann hat das einen Sinn und in diesem Falle leider den, dass wir beide sonst Ärger kriegen. Und das ist mir wumpe, ob du ein Problem mit geschlossenen Räumen hast. Ein geschlossener Raum ist geschlossen, weil er dich schützt, und darum war dieser Raum auch geschlossen, aber wenn du das Fenster aufreißt und die Tür offen lässt, dann kann schon sein ...», und jetzt hatte Pims Stimme ihre halbe Kraft erreicht, «dass jemand kommt und mir barbarisch eine überzieht», und jetzt drei viertel Kraft: «... während du Erdnüsse kaufen gehst oder am Strand buddelst.» Und jetzt volle Kraft voraus, Stimme als Windmaschine: «WO WARST DU? MACH DAS NIE WIEDER!» Ein Wunder, dass die Augenbraue nicht wieder aufplatzt bei dem Druck. Alles steckt dadrin, mehr Sorge als Schmerz, mehr Schmerz als Wut, mehr Angst als alles andere.

«Was wollten die denn?», Beas Stimme.

Pim sitzt auf dem kaputten Bett. «Reden wir nicht mehr drüber», sagt er. «Lass das mal meine Sorge sein. Ich regle das. Du musst auf mich hören, okay? Hand drauf?»

Auf dem Spielplatz stank es. Durch den Wind knatterte das Absperrband.

Wir alle machten uns Sorgen um Bea und ihren Vater.

Eine Ratte rannte von der Rutsche ins Gebüsch.

Yvette sprang auf und rannte weg.

«Die Ratten verlassen das sinkende Schiff, und das sollten wir auch.» Freigunda stand auf.

Kurz vor vierzehn Uhr hockten sich Antonia und Mimiko in die Taschen, wir stopften ihre wenigen Klamotten links und rechts neben ihren Kopf. Die Fäuste sollten sie lieber vor dem Gesicht lassen, riet Freigunda.

«Bereit, mit dem Boden zu boxen, falls er angreift.»

«Du hast gut lachen, Yvette.»

Bevor sich Antonia und Yvette wieder aneinander festquatschten, schloss ich den Reißverschluss der Antoniatasche und zog sie hinter mir her. Die Räder schrien. Dann kam Freigunda mit der Mimikotasche raus. Die Räder kreischten eher.

Yvette hatte vorher in ihrem bemerkenswerten Wichtigwichtigtonfall am Telefon auf einem Großraumtaxi bestanden, und da war es.

«Hallo. Guten Morgen!», grüßte Yvette den Fahrer, vermutlich um herauszufinden, ob er Deutsch verstand, aber er verstand nur Englisch. Yvette sah auf sein Namensschild und informierte Mister Zenginer, dass wir nur unsere Rucksäcke hinten in den Wagen legen wollten und die großen Taschen zu uns in den Innenraum sollten.

«Sorry, Plutonium», gab sie als Erklärung, warum wir die großen Taschen lieber im Auge behalten wollten. «Joke. It's a body. Haha. Another joke.»

Der Fahrer hatte keinen Humor. «To Immigration Office?»

Wir ließen uns nicht helfen, die Taschen auf die Bänke des Taxis zu hieven. Das war so abgesprochen. Wir hatten gestern geübt, mit den Taschen mit den Mädchen drin umzugehen, viermal hatten wir sie auf das Sofa gehoben und einmal eine Etage hochgetragen. Das war keine Frage der Technik, sondern nur eine Frage der Kraft, und dann fanden wir, dass wir lieber keinen Muskelkater am Folgetag riskieren sollten.

Wir hoben eine Tasche auf die Hinterbank und eine auf die mittlere, Freigunda hinten, ich in der Mitte daneben. Yvette stieg vorne neben dem Fahrer ein. Ich fühlte mich, als ob wir Gold schmuggelten.

Ich legte meine Hand auf die Tasche neben mir. Ich wusste grad nicht mal, wer drin war.

Wir hatten abgemacht, dass wir klopften, wenn alles in Ordnung war, aber jemand in der Nähe, und dass wir pfiffen, wenn die Luft rein war. Wenn die Luft noch reiner war, dann husteten wir. Dann konnten sie reden. Falls aber ein hustendes Pfeifschwein vorbeilief, waren wir geliefert.

Wir fuhren los.

Mitten in der Stadt war ein Fluss, oder war das schon ein Hafenbecken? Jedenfalls stand dort ein riesiges Hotel, und davor stand ein riesiges Kreuzfahrtschiff. Beide waren gleich groß, nur dass das eine ein Haus war und das andere ein Schiff. Ich sah es richtig vor mir, wie die ganzen alten Leute anreisten, eine Nacht im Hotel verbrachten, und am Morgen stand das nächste Hotel vor dem Hotel. Sie mussten zwanzig Meter laufen und konnten danach endlich wieder sitzen.

Wir fuhren ziemlich lange durch eine Gegend, die aussah, als würde jetzt gleich der Hafen anfangen. Immer war irgendwie Wasser in der Nähe und eine Weite und Leere zwischen den Häusern, als wäre hier gar keine Stadt. Wir hielten vor einem kleinen Backsteingebäude.

Der Fahrer stieg aus und winkte uns, ihm zu folgen. Wie es aussah, musste er uns bringen, was gut war, weil er dann nicht mit unseren Freundinnen in den Taschen im Auto zurückblieb. Schlecht war, dass er sehr schnell lief und dass kein gelbes Auto zu sehen war. Aber jeden Moment müsste Francesca da sein, war sich Yvette sicher. Sie bat den Fahrer, langsamer zu laufen, und er lief ein winziges, ganz kleines Ameisendreckchen, Zwergenknöpfchen, Wieselbackenzähnchen weniger rasch.

Yvette informierte ihn, dass wir auf unseren Travel Guide warten müssten.

Der Typ nickte und sagte, dass er dann noch einen Kaffee trinken würde. Er ging zum Wagen zurück, um was zu holen, dachten wir, dann stieg er ein, um was aus dem Fach im Armaturenbrett zu holen, dachten wir. Dann startete er den Wagen, und dann rannten wir alle los, weil er auf keinen Fall mit Antonia und Mimiko wegfahren konnte.

«Wait!»

«Hello! NOOOO!»

Freigunda rannte los. Mit ihrer Waldkleidung sah das aus, als würde sie einen Hirsch jagen, aber sie jagte nur ein Auto. Sie rannte direkt vor das Auto. Sie hatte einfach keinen Respekt vor modernem Schnickschnack wie Überfahrenwerden. Mister Zenginer hielt an und brüllte rum, was das sollte, ob Freigunda verrückt sei. Entweder verstand sie ihn nicht oder war sich selber nicht so sicher.

Ein gelbes Auto kam auf den Parkplatz geschossen und darin eine Frau in einer gelben Jacke, mit einem abstehenden Pony und großer Brille. Ich hatte nicht gedacht, dass ich mich über Francesca Schirdewahn so freuen würde.

Francesca stieg aus und reckte die Fäuste in die Luft, als hätten wir schon gewonnen. Das sah nicht so richtig nach einer erwachsenen Begleitperson aus. Sie nahm die Fäuste wieder runter und haute sich dabei aus Versehen selber eine rein. «Kein Problem!», lachte sie.

«Is she your travel guide?», fragte Mister Zenginer.

«Yes, I am the travel guide.» Das klang, als ob sie das Wort zum ersten Mal in ihrem Leben sagte. «I call it tour guide.» Das klang schon flüssiger.

Das Immigrationsbüro wirkte wie die Kulisse eines Immigrationsbüros. Zwei kleine Schalter, hinter einem saß ein schwarzer Mann mit Glatze, hinter dem anderen ein weißer Mann mit Glatze. Beide trugen dunkle Poloshirts, auf denen groß *Politie* stand. Ich weiß nicht, was ich dachte, wer beim Immigration Office arbeitet, aber es war die Polizei.

Hinter den beiden Glatzköpfen hing ein Wandkalender mit Schiffen und eine Uhr von einer Pizzeria, auf der ein Stück

Pizza ein Stück Pizza aß und dabei sekündlich mit den Augen hin und her wackelte. Von irgendwo zog Zigarettenrauch rein. Im Büro hinter den Schaltern lachten zwei Polizistinnen sehr laut. Francesca zeigte mit einer Kreiserei ihrer Finger auf uns. Eine Gruppe waren wir, genau. Alle nach Marokko, richtig.

«With Lexy Barker», bestätigte Francesca. Unsere neue schwimmende Heimat, ahoi. Wenn wir bloß schon das ganze Gedöns hinter uns hätten. Wenn wir jetzt schon als vermisst gemeldet waren? Wenn unsere Nummern im Pass bei denen im Computer rot aufleuchteten?

Die Pizza auf der Pizzauhr schaute hin und her. Die holländischen Polizistinnen lachten und lachten. Francesca dehnte ihren Nacken. Yvette knackte mit den Fingern. Ich knibbelte an meinen Fingernägeln. Freigunda mit Pokerface, aber durchgedrückten Beinen. Gott sei Dank war Antonia nicht hier. Die wäre auf der Stelle gehopst. Wir reisten immerhin aus. Das war hier die Grenze. Danach mussten wir nur noch aufs Hafengelände und dann aufs Schiff. Zwei Hürden noch. In ungefähr einer Stunde wären wir an Bord.

«Have a good trip!» Und hopp, hatten wir die erste Hürde genommen.

Als ich im Auto war, neben der schwarzen Tasche mit Antonia oder Mimiko, klopfte ich dreimal drauf. Es klopfte dreimal zurück.

Nachdem Francesca ihr Auto auf einem Langzeit-Parkplatz abgestellt und sich beim Anschnallen im Taxi den Finger eingeklemmt hatte, konnte es losgehen. Zum Schiff. Lexy Barker. Immer noch unglaublich, das alles.

Das Hafengelände zog sich oder kringelte und ringelte sich, es nahm jedenfalls kein Ende. Francesca saß neben mir und lächelte mich immer wieder an, also lächelte ich immer wieder zurück.

Ich war froh, dass Mimiko in der Tasche war und nicht

irgendwelches Wissen loswerden musste. Antonia, die immer weiter gefragt hätte, war auch in der Tasche. Also war Ruhe. Yvette, Freigunda und ich waren zufrieden damit, einfach rauszusehen. Überall Container, wie eine leere Stadt ohne Fenster, bis zu acht Etagen hoch und mit wechselnden Farbmischungen. Ein braun-blau-ockerfarbenes Haus mit nur blau-braunockerfarbenen Quadern. Dann ein weiß-hellblaues Haus mit nur weiß-hellblauen Quadern. Eine Ungegend, noch nicht richtig Hafen, aber keine Stadt mehr, keine Landschaft, kein Mensch. Ein Ort der Gegenstände. Riesige Kästen für Dinge. Was könnte in dieser Masse von Containern drin sein? Hühnerherzen, Schweineherzen, Plüschherzen, Jeanshosen, Cordhosen, Tweethosen, Saatgut für Blumen, Batterien, Akkus, Ladegeräte, Keramik, Porzellan, Glas, Salz, Zucker, Pfeffer, Tischbeine, Stuhlbeine, Prothesen, Federn, Perlen, Bänder, Garn, Seile, Kordeln, Sand, Kiesel, Kies, Fischkonserven, Artischocken, saure Gurken, Milchpulver, Schießpulver, Lacke, Öle, Terpentin, Benzin, Diesel, Esel, Dusel, Fusel …

Dann waren wir an Hürde zwei. Die Hafenbehörde. Trommelwirbel, bamm, bamm, bamm. *Werden sie es schaffen?* Da war wieder dieser fiese Offsprecher aus der letzten Nacht.

Bevor ich ausstieg, klopfte ich dreimal auf die Tasche. Es klopfte dreimal zurück.

Die Hafenbehörde war in einem umgebauten Container.

Wir zuckelten hinter Francesca her, die hinter Mister Zenginer herzuckelte. Wir hielten unsere Pässe griffbereit. Kein Grund, hier nervös zu sein. Hier würde alles easy laufen. Die sahen die fetten Taschen gar nicht. Wie sollten sie auf die Idee kommen, dass wir jemanden an Bord schmuggeln wollen?

Sie führte wieder Selbstgespräche, um sich zu beruhigen, sagte der Offsprecher. Wie wurde man innere Stimmen wieder los? Vielleicht könnte ich einen fiesen Ohrwurm dagegensetzen.

Ich sang im Kopf: «Die Räder von dem Bus, die rolln dahin,

rolln dahin, rolln dahin. Die Räder von dem Bus, die rolln dahin, stundenlang.»

Um sich zu beruhigen, sang Charlotte Nowak: Die Räder von dem Bus, die rolln dahin, rolln dahin, rolln dahin. Die Räder von dem Bus, die rolln dahin, Stundenlang.

Und dann löste sich der Offsprecher in dem Lied auf. Allerdings hatte ich dann einen Ohrwurm.

Die Hafenbehörde war schlicht und praktisch. Zwei türkise Klappsitze, eine Glasfront, dahinter Mister Rotterdam, oder was war das?

Auf seinem Schild stand Thore Uhlan. Na dann, Thore Uhlan, bitte lass uns einreisen. Während er unsere Pässe ansah, spannten sich seine Muskeln unnötig an, als ob kleine Schildkröten unter seinem zu engen Shirt herumliefen.

Dann gab uns Thore Uhlan die Pässe zurück. «Good trip!», er tippte sich an eine unsichtbare Mütze, und wir waren über Hürde zwei. An der Tür rief er uns noch mal zurück. «Moment» und «Hello!». Wir drehten uns in Zeitlupe um. Ob wir Warnwesten hätten, wollte er wissen, sonst könnten wir hier welche kaufen. Wir, also Yvette, kauften vier Stück. Thore Uhlan nickte uns zufrieden zu, und damit war Hürde zwei wirklich geschafft.

Der Taxifahrer fuhr uns ein bisschen auf dem Hafengelände herum, Hafengelände rum, Hafengelände rum, minutenlang, scheiß Ohrwurm, bis zu einer Stelle, an der zwei riesige Schiffe lagen. An dem Kai sei unser Schiff, sagte er. Das hintere.

Wir waren sehr schnell damit, unsere wichtigen großen Taschen auszuladen, sodass Mister Zenginer nicht auf die Idee kam, uns zu helfen. Bei den Rucksäcken half er uns dann gleich auch nicht. Konsequent.

Yvette gab ihm trotzdem Trinkgeld. Mister Zenginer, da fuhr er hin.

Jetzt war ein guter Moment, endlich durchzuatmen. Egal, was jetzt noch kam, das war schon mal geschafft.

Jetzt mussten wir nur noch auf unser Schiff. Wir zogen die Warnwesten drüber und gingen los. Die ganze Umgebung war nichts für Fußgänger, für Touristen oder einfach für uns. Das war also ein Kai. Sehr schmal. Auf der einen Seite Wasser, auf der andere Seite ein Metallzaun, an dem ein Schild hing. «Bezoekers & leveranciers schepen, Visitors & suppliers vessels». Irgendwas davon waren wir. Darunter ein rotes Schild «Warning» wegen irgendwas.

Freigunda pfiff, Yvette hustete. Sofort rappelte es in der einen Tasche. Strecken und Beulen.

«Können wir bald raus?» Ach stimmt, so klang Antonias Stimme, ganz hoch, ganz fein.

«Beweg dich nicht so dolle», schnauzte Yvette. «Hier sind LKW-Fahrer und Kranführer, und sone wackelnde Tasche kommt nicht alle Tage vorbei.»

In der anderen Tasche war es still.

«Mimiko? Alles gut?»

«Hm.»

«Das macht ihr ganz, ganz toll.» Weil Francesca Kinder hatte, wusste sie, dass jetzt eine Runde loben angesagt war. «Ihr alle, aber ihr beiden ganz besonders.»

«Können wir jetzt aufs Schiff?», fragte die ungeduldigere Tasche.

Wir gingen hintereinander an dem Metallzaun entlang, hinter dem ein Kran auf Schienen hin und her fuhr und das vordere Schiff belud.

Auf dem vorderen Schiff stand «Fortuna», jeder Buchstabe so hoch wie ein Seemann. Ein Metallgerüst war an das Schiff gelehnt, eine Stiege mit Geländer, die über dem «a» von Fortuna auf das Deck führte. Das war die Gangway. Bestimmt hatte diese Stiege aber noch andere tolle Bezeichnungen, Anlandungshilfe, Landgangsbrücke, mobiler Steg oder so was lustiges Altes wie Matrosenleiter, Kapitänsrutsche. Mir war sofort danach, ahoi zu rufen, wenn jemand dieses Ding runterkäme. Auch wegen des Riesenpollers, an dem die Fortuna festgemacht war. Mit einem Riesenseil. Echt, ahoi! Das war so dermaßen ahoi. Das dunkle Wasser roch auch ahoimäßig. Brackig, ölig, nach Algen und Möwenkacke.

Der Schiffsrumpf der Fortuna war wenige Minuten Fußweg lang. Oft werden ja Längen in Fußballfeldern angegeben. Das konnte ich nicht schätzen. Ein Fußballfeld? Der Rumpf der Fortuna war bis knapp über der Wasseroberfläche schwarz, oben grün, dazwischen grau. Der graue Abschnitt bestand aus jeder Menge praktischer Sachen: ein Gang neben der Containerladung, Klappen, Leitern, Drehdinger und Hebeldinger. Außengitter blau, Leitern gelb, Ösen im Metall grau, Rollen für Seile gelb. Ich kam mir vor wie ein Baby, das etwas betrachtet, ohne zu wissen, was es ist. Farbe, Form und Muster, Material, alles ist fremd und hat keine Bezeichnung. Das Rumsen beim Beladen war so groß wie das Schiff, ein Fußballfeld laut. Die Container wurden auf andere gehoben, und jedes Mal zuckte meine Tasche zusammen. Logisch, meine Tasche sah ja nichts. Ich sah alles und wusste ungefähr, wann es knallen würde, und erschrak nicht, aber dafür schwebten die Container direkt über unsere Köpfe, und das zu sehen, war auch nicht unbedingt das schönste Gefühl. Ich gewöhnte mich auch nicht dran, auch beim vierten Container über mir zog ich die Schultern hoch. Zwei Kräne arbeiteten pro Schiff. Sie fuhren vor und zurück, fuhren ihre Kranarme ein und aus. Das Absetzen der Ladung, das Rums, wenn der Container aufkam, der metallische Nachhall. Ein Signalton piepte. Das Schleppen einer dicken schwarzen Leitung, die der Kran über den Beton nachzog. Das Ausatmen von hydraulischen Pumpen beim Absenken. Noch dazu die Geräusche der LKWs, die beladen ranfuhren und entladen weg. Ich sagte zu meiner Tasche, dass alles in Ordnung sei und wir jetzt gleich an unserem Schiff wären.

Und da war sie. Die Lexy Barker! Aus dem Off wieder die blöde Stimme. *Charlotte war aufgeregt. So ein schönes Schiff hatte sie noch nie gesehen.*

Ach komm, halt die Fresse!

Sie war das schönste Schiff auf der ganzen Welt, versuchte die Stimme zu behaupten.

Ja, nein, vielleicht. Sie war vor allem erst mal groß. Und praktisch sah sie aus. Alles dran, aber nicht zu viel. Eine Art Gebäude ragte fünf Stockwerke hoch, pro Stockwerk vier Fenster. Und obendrauf die Kommandozentrale. Die Brücke. Da, wo der Kapitän sein Steuerrad hat. Die Offstimme hätte nicht übertrieben, wenn sie jetzt übertrieben hätte. Charlotte Nowak war ergriffen, nein, beeindruckt, nein, hingerissen, aber die Offstimme sagte nichts mehr. Mein Herz arbeitete auf Hochtouren, wie die gesamte Umgebung, heben, transportieren. Mein Hirn voller Kräne, die Gedanken hin und her hoben.

«Da ist es!», sagte ich, als hätte ich ein Kind bekommen.

«Komm jetzt», schimpfte Yvette, «ich muss ja fast alleine ziehen.» Wir zogen die Mimikotasche weiter. «Boah!», schnaufte Yvette. «Alter! Findest du das nicht auch?», fragte sie Freigunda, die Antonia alleine zog. Sie hatte die Hilfe von Francesca abgelehnt.

«Ob ich boah und Alter finde?» Freigunda schüttelte den Kopf.

«Der Taxifahrer war so eine Nulpe», meckerte Yvette weiter. «Ich werd den schlecht bewerten.»

«Wenn's dir hilft», sagte ich.

«Eine was?», fragte unser Koffer.

«Ruhe!», zischte Freigunda.

Ein Mann war am Anfang des Kais und kam in unsere Richtung marschiert, sehr aufrecht und auf irgendwas stolz. Er trug eine kleine, schwarze Wollmütze, die leicht schräg auf seinem Kopf saß, außerdem einen schwarzen Adidas-Anzug, als wärs eine Uniform und die Streifen an Beinen und Armen Auszeichnungen, ein Held zur See, zu Land und zu Luft.

«Was ist denn jetzt …?», kam es aus unserem Koffer, und ich trat einfach dagegen und sagte übertrieben laut: «Ach, schaut mal, da kommt ja ein Mannschaftsmitglied.»

Als er bei uns war, musterte er uns, tippte sich an die schräge Mütze und beschloss, dass es ausreichte, wenn er mit Francesca sprach.

«Spartak Antipenko», stellte er sich vor. Dann sagte er schnell «Kapitän», als hätte er es vergessen. Er sah aus, als trüge er eine Gummimaske, und darunter wäre ein anderes Gesicht. «Very warm welcome!», wünschte er und sah gleichzeitig ruhig und unruhig aus. Ungefähr wie ein gespannter Bogen, aber ohne Pfeil. Er komme gerade aus dem Urlaub. Warum auch immer er uns das erzählte. Das sei schön gewesen. Aber es sei natürlich auch schön, wieder Kapitän zu sein. Sein Gesicht dellte sich, als ob das Gesicht darunter eine andere Mimik hatte als dieses flotte Grinsen. Er sah gebräunt aus und recht erholt. Seine Augen kniff er zusammen und blickte auf das Hafenbecken.

«Daris!», rief er plötzlich.

Unsere Tasche zitterte. Diese Stimme reichte aus, um zu wissen, dass Kapitän Spartak Antipenko zackig drauf war. Diesem Mann vertrauten wir uns an. Er war nun unser König auf seinem Schiffsreich. Er würde über uns richten, wenn wir gegen seine Gesetze verstießen, und das taten wir jetzt schon.

Oben auf dem Schiff öffnete sich eine Eisentür, und ein junger Typ mit Brille kam raus, kastenförmiger Kopf, abstehende Haare, grauer Wollpulli, graue Latzhose. Er kam diese Hühnerleiter herunter, die wie bei der Fortuna auf das erste Deck führte. Das Metallgestell vibrierte unter seinen Arbeitsschutzschuhen. Links und rechts von der Hühnerleiter waren Metallstäbe und zwischen denen ein Netz. Ob das eine schwere Tasche aushielt, wenn die aus Versehen zur Seite kippte, weil in der Tasche jemand Panik bekam? Der Kapitän informierte uns, dass Daris unser Gepäck raufbringen sollte. Dabei wollten wir das gar nicht. Und in der Anmeldung hatte doch gestanden, dass man das selber machen soll. Aber wenn ich diese klapprige Stiege sah, war es vielleicht besser, wenn wir Hilfe bekamen. Dieser Daris musste bestimmt oft die Koffer und Taschen der Gäste raufziehen. Der konnte das schon. Sonst wären Mimiko und Antonia im Hafenbecken, und zwar in einer verschlossenen Tasche, und dann tot. Und zwar innerhalb von wenigen Minuten, und zwar auf eine ziemlich schlimme Art. Wir könnten nicht mal hinterherspringen und sie retten. Wie sollte man in dem trüben Wasser eine schwarze Tasche finden und dann den Reißverschluss öffnen? Das musste doch total tief sein hier, sonst könnten die Schiffe nicht hier anlegen.

Komm schon, Yvette, lass dir was einfallen. Ich sah sie an. Ich sah Freigunda an. Ich sah Francesca an. Die war nervös und schob sich die Brille hoch, rutschte mit dem Finger ab und titschte sich auf das Brillenglas.

Daris grüßte den Kapitän stramm, aber dann klopften die beiden sich auf die Schulter und sahen sich auf eine gute Art in die Augen. Vielleicht sagte Daris so was wie: «Gut, dass Sie wieder da sind.» Ich wusste nicht, was das für eine Sprache war. Dann zeigte unser Kapitän, den Namen hatte ich schon wieder vergessen, dass er vorhabe, an uns vorbeizugehen.

Wir machten uns so schmal, wie es ging, und er sich so breit, wie es ging. Er stolzierte wie ein Hahn die Hühnerleiter hoch, um seinen Stall wieder in Besitz zu nehmen nach dem Urlaub.

Seine Abwesenheit war noch stärker zu spüren als seine Anwesenheit. Wir hatten innerlich strammgestanden. Als er weg war, atmeten alle aus.

Der junge Mann, von dem wir noch nichts wussten, außer dass er Daris hieß, stellte sich als Zweiter Offizier vor, Daris

Golubev. Ich hatte nicht wirklich erwartet, dass sie fesche Mützchen trugen und goldene Schulterstücke, aber der Zweite Offizier trug eine Latzhose und der Kapitän einen Trainingsanzug. Das war hier einfach keine Show-Seefahrt, kein Bilderbuch, kein Bastelbogen.

Daris hob eine der Taschen an, kratzte sich an einem Haarwirbel an der Stirn. Er hatte überall auf dem Kopf Wirbel, wie ein Rosettenmeerschweinchen. Dann putzte er sich die Brille und zeigte mit seiner geputzten Brille zu einem kleineren Hebekran auf dem oberen Deck, wenn das das obere Deck war, jedenfalls war darunter noch das Deck, auf das die Hühnerleiter führte. War jetzt aber grad scheißegal, wo der Kran stand, mit dem er offensichtlich die schweren Taschen auf das Schiff heben wollte. Vielleicht war das sogar sicherer, als die Taschen die Hühnerleiter raufzuziehen. Selbst wenn es sicherer war, könnten die beiden Panik bekommen. Wir mussten es ihnen vorher auf jeden Fall mitteilen.

«Freigunda», ich drehte mich zu ihr um, «er will die Taschen mit dem Hebekran aufs Deck heben.»

Freigunda nickte nur.

«Ja», Francesca mit zu hoher Stimme, «dann fliegen sie durch die Luft.» Und dann noch mal lauter, aber mit noch höherer Stimme, «das ist ja eine tolle Idee. Die schweren Taschen mit einem Hebekran.»

Ich klopfte auf meine zitternde Tasche. «Das machen die bestimmt immer so.»

Yvette stellte sich direkt vor Daris und behauptete, dass vorne am Kai noch eine Tasche sei, sehr, sehr schwer, ob er die holen könnte? Lächel, zwinker.

Klar, könnte er, nicht lächel, nicht zwinker, aber dafür lief er sofort los, unter den schwebenden Containern durch, zwischen den Schiffen und dem Zaun in die Richtung, wo die sehr schwere, aber ausgedachte Tasche nicht stehen würde.

«Was jetzt?», Francesca wieder mit hoher Stimme. Hatte sie Kreide gefressen wie der böse Wolf bei den sieben Geißlein?

Freigunda sah sich um. Dann öffnete sie den Reißverschluss ihrer Tasche. «Schnell. Aufs Schiff.» Mimiko kam herausgehüpft wie das Rotkäppchen aus dem Bauch vom bösen Wolf. Schon wieder der böse Wolf, aber völlig anderes Märchen. Mimiko hatte sofort die Orientierung und lief schnell die Hühnerleiter hoch, und wenn das hier ein Märchen war, egal nun welches, dann lief sie geschwind oder flugs, auf jeden Fall behände.

Antonia dagegen machte voll die Großmutter, als ich den Wolfsbauch öffnete: «Was ist los?», und Augenreiben, und dann bewegte sie sich, als wären ihr die Beine eingeschlafen.

«Geh jetzt sofort auf das Schiff», Freigunda schob sie vor sich her zur Hühnerleiter. «Versteck dich irgendwo.» Fehlte bloß noch «im Uhrenkasten», also wieder sieben Geißlein, auch wenn wir nur sechs waren. Und wer war der böse Wolf? Hatte uns jemand gesehen? Es gab zwei Kräne immerhin, der eine, der unser Schiff mit Fracht belud, aber ganz vorne, während wir hinten das Schiff mit blinden Passagieren beladen hatten.

Der andere Kran belud das Schiff vor unserem, aber die Blickrichtung des Kranführers müsste von uns weggehen, zumindest wenn er sich auf seine Arbeit konzentrierte. Ich nahm an, dass es besser war, sich auf schwere Container an Drahtseilen zu konzentrieren, noch dazu, wenn Menschen darunter durchgingen, denn jetzt kam schon Daris zurück. Er sah unzufrieden aus, weil er die schwere Tasche nicht gefunden hatte.

Wir stopften unsere Rucksäcke in die schwarzen Taschen, damit sie nicht so leer waren, wie sie vorher gar nicht gewesen waren. Keine Sekunde zu früh ratschten wir die Reißverschlüsse zu.

Daris entschuldigte sich, dass er die Tasche nicht gefunden hatte. Er würde sich darum kümmern. Das klang so kompetent, dass ich mir sicher war, er würde so lange nach der ausgedachten Tasche suchen, bis sie wahr wurde.

Yvette zeterte herum, dass in der Tasche das Equipment war. Sie hatte sich nicht nur eine Tasche ausgedacht, sondern auch noch den Inhalt. «Ich hab noch gesagt, lass uns das Zeug vorschicken, aber nein, ihr wolltet unbedingt auch an Bord schon drehen.»

Wenn eine Tasche, die nie existiert hatte, weg war, dann musste trotzdem jemand angemault werden, einfach weil es Spaß macht.

Na gut, wenn wir schon mal vom Film waren, dann hieß es jetzt schauspielern, obwohl ich mir sicher war, dass ich nur die Kamerafrau spielte. Freigunda war der Ton. Dann war Francesca die Moderatorin oder Schauspielerin. Gerade sie. Sie sofort mit der unnatürlichsten Stimme der Welt: «Oh Gott! Dann müssen wir in Marokko neues Equipment anmieten.»

Viel fiel mir aber auch nicht ein: «Dann können wir jetzt nicht drehen.» Ich wollte entsetzt klingen, klang aber total erleichtert, aber wer weiß, vielleicht hasste ich ja meine Arbeit und war froh, nicht drehen zu können, die schwere Kamera, die fiese Regisseurin, Yvette natürlich. Und so viel Verantwortung als Kamerafrau, die wichtigen Sachen nicht zu verpassen, sondern immer draufzuhalten.

Daris, unser einziger Zuschauer, interessierte sich überhaupt nicht für unser kleines Stück. Er verstand ja auch kein Wort, es musste nur überzeugend klingen. Er ging aufs Schiff, richtete den Kran aus, kam wieder runter, hängte die Taschen an, kratzte sich an einem Wirbel links am Kopf. Er bat uns, an Bord zu gehen und auf dem Main Deck zu warten. Das Deck, auf das die Hühnerleiter führte, war also das Main Deck. Daris war auch so jemand, der kein Wort zu viel verlor. Hauptsatz. Schluss. Kein Gag. Keine Füllwörter. Konnte ich mit umgehen. Kannte ich schon von Freigunda.

Wir gingen also an Bord, drei Geißlein, und oben sahen wir unsere zwei weiteren Geißlein nicht. Sie hatten sich gut versteckt. Es war ein Märchen.

Und wenn sie nicht gestorben sind, dann waren wir jetzt alle an Bord der Lexy Barker.

Unsere Schritte klangen so bedeutungsvoll auf dem Metallboden. Die Klarheit des Decks, die Ordnung. Alles war glänzend lackiert, Boden grün, Wände und Reling weiß, Rohre gelb, alles Wichtige rot. Diese Farben in der Sonne, dahinter der klare Herbsthimmel, das Hafenbecken, die anderen Schiffe, die Container. Eine Möwe rief einer anderen etwas zu.

«Ihr müsst noch drinbleiben!» Nein, das rief die Möwe nicht. Das rief Yvette. Es war niemand außer uns in der Nähe, der das hören konnte. Außer hoffentlich Antonia und Mimiko. Das Stapeln der Container knallte laut. Trotzdem schaute Freigunda Yvette an und riet dazu, eher keine Botschaften an Mimiko und Antonia herumzurufen.

«Wieso? Der Strubbelkopp ist beschäftigt.» Yvette schaute über die Reling (wenn das die Reling war) zu Daris, der auf dem Kai mit unseren plötzlich nicht mehr so schweren Taschen beschäftigt war. «Außerdem interessiert der sich einen Scheiß für irgendwas. Kannste dir die Zähne ausbeißen an dem. Der lächelt nicht.»

«Er erledigt seine Aufgaben», widersprach Freigunda, und das war ein großes Lob von ihr.

«Bist ja ganz verliebt. Heyhey!» Darauf bekam Yvette keine Reaktion. Freigunda war es auch nicht peinlich, weiter Daris zu beobachten: Da saß jeder Handgriff, alles tausendmal gemacht, Seil hier rum, da rum, Karabiner eingehakt, Hühnerleiter hoch zu uns, um uns drum herum, als wären wir auch nur so gelb lackierte Rohre. Dann schwebten unsere Taschen über uns auf das Deck.

Daris kam zurück und sagte in einfachem Englisch, dass er

uns jetzt das Schiff zeigen müsse. Er sagte aber nicht Ship oder Boat, sondern Vessel. Er würde uns die Sicherheitsvorschriften für den Aufenthalt auf dem Vessel zeigen. Ungefähr zwanzig Minuten. Was für ein Glück, dass Antonia und Mimiko nicht mehr in den Taschen waren und zwanzig Minuten auf dem oberen Deck herumliegen mussten.

Daris' Einweisung war eine super Darstellung von «Das nervt mich», denn ein hart arbeitender Seemann war kein fucking Reiseveranstalter. Vermutlich musste er diese Einweisung öfter machen, zumindest hörte es sich so an. Das also sei das Main Deck, sagte er und lief gleich weiter. Na, wenn das so lief, waren wir ja schnell fertig. Er zeigte auf eine Tür, die in das Innere des Schiffs führte. Er zeigte, als ob er etwas wegwarf. War ihm egal, ob wir wussten, wo der Maschinenraum ist, aber das war der Maschinenraum, und ich fand's aufregend. Die anderen auch. Der Maschinenraum. Das war doch irre. Daris interessierte es nicht, ob uns das interessierte. Konnte er sich nicht erinnern, wie spannend das alles für ihn am Anfang war? Wie alt mochte er sein? Fünfundzwanzig? Wir hielten unsere Köpfe in die offene Tür vom Maschinenraum und schnupperten die Maschinenraumluft. Hitze kam hochgestiegen. Neben der Wendeltreppe hingen ölige Jacken, wie Heizer im Schlaf.

Daris war schon weitergegangen. Wir tippelten hinterher, auf die andere Seite des Main Decks, die fast so aussah wie die Seite, auf der wir das Schiff betreten hatten, außer dass hier grüne Seile mit fetten Knoten lagen und braune Taue, die in Schnecken lagen. Außerdem gab es eine große weiße Kiste, in der wer weiß was drin war, vielleicht Mimiko oder Antonia.

Ob das Backbord oder Steuerbord sei, wollte Francesca wissen. Sie sprach sehr laut, obwohl wir uns trotz der Container, die auf die anderen draufgeknallt wurden, gut verstanden, aber Mimiko und Antonia sollten hören, dass wir in der Nähe waren.

Das sei Backbord, sagte Daris monoton. Er wirkte, als hätte

er seinen Körper verlassen und wollte einfach die Einführung abspulen. Blöde Fragen waren nicht erwünscht. Ich beäugte die Kiste. Daneben lagen Seile und darüber eine Plane. Wenn ich hier über das Deck gehuscht wäre auf der Suche nach einem Versteck, dann hätte ich das genommen. Falls da jemand drunterlag, sollten wir uns schleunigst etwas anderes woanders auf dem Schiff zeigen lassen. Irgendwas, wo kein Mädchen reinpasst. Jetzt fand ich Daris' Tempo plötzlich gut. Er sollte ruhig so uninteressiert bleiben und keine Planen hochheben oder Kisten öffnen. Er war auch schon wieder weitergelaufen. Zu einer Tür. Er zerrte einen großen Hebel auf. Beim Öffnen hörte man das ganze Gewicht der Metalltür. Und rein ins Schiff. Das sei der Tower, sagte Daris. Das klang bei ihm wie Brot oder Stuhl.

«Toll. Wir sind jetzt im Tower», rief Francesca. Der Warnruf der Glucke an die versteckten Küken. Das alles war so aufregend, Weihnachten nix dagegen. Was für ein Geschenk und diese Anspannung, dass irgendwo ein Weihnachtsmanndarsteller kommt und fragt, ob man brav war oder vielleicht zwei Mädchen auf ein Schiff geschmuggelt hat.

Das sei das Büro, leierte Daris herunter. Die Tür vom Büro war zu. Auf einem messingfarbenen Schild stand Office. Daris zeigte auf eine aufgeschlagene A4-Kladde, die auf einem Brett neben der Tür lag. Wir müssten uns im Bordbuch eintragen.

Als ob es nichts Geileres gab, als sich in ein Bordbuch einzutragen, hechtete Yvette los, um die Erste zu sein. Danach sah sie zufrieden aus. Ja prima, das nimmt dir keiner mehr, dachte ich. Sie war schon ein Knalli. Wir anderen trugen uns ebenfalls ein, machten Striche unter dem bereits eingetragenen Datum, schauten auf die Uhr für die exakte Uhrzeit und krakelten den vollen Namen hin. Ich schaute mir die Unterschriften an. Das vor Yvette musste unser Kapitän sein. Er war vor uns an Bord gekommen. Den Namen hatte ich echt vergessen, irgendwas

Schmissiges, was wie ein Kämpfer klang. Und hinten was mit Peng. Man konnte es nicht lesen. Ein selbstbewusster Riesenkrakel. Über ihm eine gut lesbare Unterschrift, Christian Dörr oder Christiane. Da war noch ein e. Vor einer halben Stunde an Bord gekommen. Weiter oben auf der Seite tauchte ihr Name nicht noch mal auf, obwohl die anderen Namen sich ständig wiederholten. Eine Frau? Interessant.

Als auch Freigunda unterschrieben hatte, ging unsere Einführung weiter. Neben dem Büro war der Krankenraum. An der Wand zwischen beiden Räumen ein kleines Bullauge. Ich sah kurz durch und konnte unsere Ladung sehen und so eine Art Nische außen auf dem Deck. Krankenraum, sagte Daris gerade und zeigte auf eine weitere geschlossene Tür.

Ich bin mir sicher, Francesca hätte sich gern alles genauer zeigen lassen, aber jede Tür, die zu war, blieb im Moment besser auch zu. Das war wie Ostern, aber ohne aus Versehen die Eier finden zu wollen. Wie lange dauerte denn dieser Rundgang noch? Vor Anspannung klebte mir die Hose am Hintern. Ohne unsere blinden Passagiere hätte ich alles echt toll gefunden. Oder wenn Mimiko und Antonia wenigstens in der Kabine wären.

Ich sah mich im Gang um. Es hingen einige Bilder an den Wänden. Eines zeigte einen Querschnitt der Lexy Barker, zwei weitere alte Darstellungen von Seeungeheuern.

«Es gibt sogar einen Krankenraum. Ich bin begeistert», jubelte Francesca. Daris sah wie durch sie durch und fragte, ob sie den Krankenraum sehen wolle. Francesca erklärte, dass sie sich nur ab und an ein wenig ungeschickt anstellen würde. Trompetenlachen. Da sei es doch gut, dass ein Krankenraum da wäre.

Daris seufzte und machte die Tür auf, nett von ihm, obwohl wir alle sagten, dass das nicht nötig sei. Eine Pritsche, ein Schrank mit Kreuz drauf, kein verstecktes Mädchen.

Daris zeigte uns einen weiteren Ausgang auf das Main Deck.

Er öffnete eine schwere Eisentür mit Riegel, belehrte uns, dass sie bei Fahrten stets zu schließen sei, und zeigte uns dann, dass in diesem Gang wie in allen Gängen ein Feuerlöscher und ein Telefon waren. Das Telefon war durchfallbraun, und daneben hingen alle Nummern: Brücke, Kabinen, Büro, Messe. Bei Notfällen sollten wir – das verstand ich nicht. Was sollten wir? Wie der Feuerlöscher funktionierte, verstand ich auch nicht.

Wir gingen eine Etage runter aufs Lower Deck. Das stand auf einem Messingschild. Der Gang sah aus wie der Gang oben, zwei Räume, die links abgingen, hinten zwei Türen, die rechts abgingen, ganz hinten im Gang noch ein weiterer Raum, den man nicht ganz einsehen konnte. Ich hörte leise Stimmen.

«Das ist also das Lower Deck», sagte Francesca laut. Sie strahlte uns an wie jemand, der für die Gruppe und die Stimmung in der Gruppe zuständig ist. Ich war plötzlich froh, dass sie mit war. Sie war eine komische Erwachsene, aber sie war eine.

Daris zeigte gerade Rettungswesten. Welche Schnalle sollten wir zuerst zumachen und trillern oder nicht trillern und erst aufblasen, wenn man im Wasser war, oder vorher? Francesca fragte nach, aber es blieb dabei: hierdadort, reinraus, Schnalle, Trillerpfeife, irgendwas. Was?

«Ich mach dann einfach, was ihr macht, wenn wir sinken.» Yvette lachte.

«Ertrinken?», fragte ich und lachte auch.

Daris zeigte uns den ersten Raum, der links vom Gang abging. Das sei die Mannschaftsmesse. Hier würde die Mannschaft essen und sich auch ab und an außerhalb der Mahlzeiten aufhalten. Von hier waren die Stimmen gekommen, und hier hoben sich jetzt die Köpfe und nickten uns zu. Drei Männer, einer alt, einer mittelalt, einer jung, saßen um einen Tisch, gegenüber von einem Fernseher, in dem ein Mann ohne Ton redete. Alles in dem Raum, Tische, Bänke, ein Schrank, sah robust und festgeschraubt aus, die Männer auch, als ob sie zur

Ausstattung gehörten. Außerdem war da noch eine Frau mit im Raum. Das war vermutlich Christiane Dörr.

Daris ging weiter zur Küche und stellte uns unseren Schiffskoch vor. Er legte seine Hand auf die Schulter des Mannes. Das sei der Jimmy-Junior. Er präsentierte ihn, als wäre Jimmy-Junior das Schiffsmaskottchen. Die anderen Männer hatte er uns nicht mit Namen vorgestellt. Jimmy-Junior hieß uns willkommen an Bord der Lexy Barker. Er breitete die Arme aus, als würde er alle umarmen, aber er trug eine fleckige Schürze, und das wäre jetzt doch zu weit gegangen. Er sah ein bisschen aus wie ein junger Elvis, der viel gegessen hatte.

Ich stand so, dass ich weiter in die Mannschaftsmesse sehen konnte. Das war interessanter als die kleine Küche, die vor allem aus Metallschränken bestand, aber in der Mannschaftsmesse saß diese Frau, und die gehörte nicht zur Mannschaft. Vor ihr auf dem Tisch lagen Zeitschriften und Karten. Die Frau hörte den Männern aufmerksam zu und sprach dann ebenfalls sehr ruhig. Ich konnte leider nichts verstehen. Jimmy-Junior machte außerdem gerade einen Scherz über Vegetarier, und alle lachten laut. Sogar Daris lachte. Als Nächstes bekamen wir die zwei kleinen Räume gegenüber der Küche gezeigt. Im Wäscheraum hingen drei orange Overalls an Haken, darüber drei gelbe Helme. Hinten lief eine von zwei Waschmaschinen. Daneben war der Vorratsraum, in dem Metallkäfige an den Wänden standen, die bis unter die Decke reichten. In den Käfigen Pappkartons, Toastbrot, Würste, Tee, Mehl, Karotten, Kartoffeln, Lauch. Außerdem gab es zwei große Kühltruhen.

Der letzte Raum am Ende des Ganges ging noch ein Stück um die Ecke herum, weshalb ich sofort dachte, dass er gut zum Verstecken wäre. Auf dem Messingschild stand «Captain's Messroom», und das hatte ich mir echt spektakulärer vorgestellt. Es war wohl eher doch kein gutes Versteck. Die Kapitänsmesse. Ich konnte mich erinnern, dass in den Infoblättern zu der Reise gestanden hatte, dass wir in der Kapitänsmesse essen, und ich konnte mich erinnern, welche Bilder ich dazu im Kopf hatte. Der tatsächliche Raum war «bescheiden», sagte Yvette. Er war kleiner als die Mannschaftsmesse, zwei Tische, Bänke, eine abwischbare Tischdecke mit Blumen, zwei festgeschraubte Körbe mit verschiedenen Soßen. Es war eng. Hier wurde offensichtlich nicht rumgestanden. Hier fädelte man sich nacheinander auf die Eckbank und nahm zügig sein Essen ein. Ich überlegte, ob ein Mädchen unter eine dieser Bänke passte. Daris zeigte uns die Teeecke, die auf dem kleinen Kühlschrank stand: Wasserkocher, Tee, Zucker, flüssige Zitrone. Daris öffnete einen Haken am Kühlschrank, zeigte uns, dass im Kühlschrank Joghurt sei, und bat uns, den Haken immer zu schließen, damit der Joghurt nicht aus dem Kühlschrank flog. Richtig, das war ja gar kein Hotel. Das war ein Schiff. Das würde in wenigen Stunden fahren und schaukeln. Francesca sah mich an und zog wie ein kleines Mädchen die Schultern hoch und grinste aufgeregt. Ich dachte die ganze Zeit nur daran, unter die Bank zu sehen.

Daris zeigte auf einen Plan an der Wand, auf dem die zwei Tische abgebildet waren mit der Beschriftung, wer wo saß. Wir waren «Passengers». Nicht dass wir aus Versehen dort saßen, wo der Kapitän und der Erste und Zweite Offizier ihr Essen einnahmen.

«Strenge Regeln», fand Francesca.

Yvette sah aus, als würde sie sich bei der ersten Gelegenheit dahin setzen, wo sonst der Kapitän saß, dessen Name mir immer noch nicht wieder eingefallen war. Ich wusste aber noch, dass der Koch Jimmy-Junior hieß. Das war wichtiger. Und Daris war Daris, Zweiter Offizier mit vielen Wirbeln auf dem Kopf und keinen Wirbeln in der unbeweglichen Mimik. Er ermahnte uns gerade, die Essenszeiten einzuhalten. Sie würden auch in unserer Kabine neben der Tür hängen.

«Gut, weil das ging mir jetzt schon wieder zu schnell, wie

er das runterrasselt.» Yvette hatte sich auf den Rand der Eck-bank am Kapitänstisch gesetzt. Freigunda starrte Yvette an, bis die wieder aufstand. Wir waren sowieso hier fertig und Daris schon aus dem Raum. Ich rannte ihm und den anderen nicht sofort nach, sondern hockte mich hin, um unter die Bänke zu sehen. Sicherheitswesten, schon wieder. «Hallo?», flüsterte ich. Es raschelte unter der Kapitänsbank, und ein halbes Mimiko-gesicht kam hervor. Sie sah ängstlich aus. Sie flüsterte: «Wir müssen hier weg. Irgendwas ist hier nicht in Ordnung. Schiff verlassen. Verstehst du?»

Francesca rief nach mir, weil alle an der Treppe auf mich warteten.

«Ja!», rief ich Francesca zu und beantwortete Mimikos Frage nicht. Da hätte ich auf keinen Fall ja gesagt, sondern nein. Das hatte ich nicht verstanden. Schiff verlassen. Das war doch Quatsch. Ich konnte doch jetzt nicht den anderen sagen, dass wir das Schiff verlassen sollten, weil Mimiko unter der Bank sagte, dass wir das sollten, weil etwas nicht stimmte. Klar stimmte was nicht. Es gab zwei blinde Passagiere, und wenn wir alle das Schiff verließen, dann stimmte alles wieder, aber wie kämen wir dann zu Bea? Vielleicht stimmte mit ihr was nicht. Sie hatte Schiss, so wie im Sommer schon, als sie abgehauen war.

Wir gingen hinter Daris das enge Treppenhaus hoch, Main Deck, Middle Deck, Upper Deck. Da wären die Mannschafts-kabinen. Ich grübelte, ob ich jemandem sagen sollte, was Mimiko gesagt hatte. Meine Hände begannen zu jucken. Och nö. Nicht schon wieder. Das Deck darüber hieß Officers' Deck. Dort sei unsere Kabine, die würde er uns am Ende zeigen. Daris stieg weiter die Treppen hoch. Jetzt würden wir erst mal auf die Brücke gehen, dann zum Rettungsboot, zur Rettungskapsel, dann Schluss. Das klang so furztrocken. Besser, man hustete nicht während seiner Einführung, sonst hatte man die ganze Fresse voller Staub.

Hatte Mimiko gemeint, dass mit Daris was nicht stimmte? Er war ein Roboter. Das könnte sein. Verdammt, meine Hände. Ich würde es den Mädchen sagen, wenn wir in der Kabine waren, schon allein damit dieser Juckreiz wegging. Dann könnten wir zusammen entscheiden, wie wir mit Mimikos Warnung umgehen würden.

Das nächste Deck hieß Captain's Deck. Hinter der Tür war kein weiterer Gang wie in den Etagen darunter, sondern eine kleine Ebene mit einer Tür. Auf dem Schild stand «Captain's Cabin». Daris sagte, dass wir hier immer leise sein müssten. Rechts neben der Tür war eine zweite Tür, auf der stand «Wheelhouse». Hinter der Tür ging eine Holztreppe hoch, die direkt auf die Brücke führte. So hatte ich mir eine Brücke vorgestellt, aber es war noch schöner. Es riss uns hin, «Ah!» und «Schön!» zu jubeln. Karten, Geräte, Lampen. Die ganze Front vorne Fenster, die Container weit unten, der Kran von hier oben gar nicht mehr so hoch. Und dann diese langgestreckte Armatur aus Holz und die ganzen Geräte. Zwei festgeschraubte Sitze davor, mit drehbarer Sitzfläche. Knöpfe über den Köpfen, Knöpfe an der Rückwand, eckige, runde. Funk oder Navigation oder Seefahrtzauberei. Wir waren hin und weg, während Daris dastand, mit seinen ausgeknipsten Augen, als wäre er im immer selben Tag gefangen und hätte aufgegeben, den besten aller Tage daraus zu machen, um aus der Zeitschleife zu entkommen. Wir waren irgendwelche Menschen mit atmungsaktiven Jacken, die immer wieder hierherkamen. Wir stellten dieselben Fragen, wir fotografierten dieselben Sachen.

Gegenüber dieser Riesenbedienoberfläche voller Knöpfe und Bildschirme war eine langgezogene Wand, die voller Zettel und Pläne hing: Angaben über kommende Häfen, Liegezeiten, Details zum Schiff und Aufbaupläne. Außerdem die Brückendienste:

Kapitän: 8–12 und 20–24
1. Offizier: 4–8 und 16–20
2. Offizier: 0–4 und 12–16

Daris sagte, dass wir jederzeit hier hochkommen dürften, aber nicht mit dem Kapitän sprechen sollten, vor allem nicht bei der Hafenausfahrt oder -einfahrt. Wir sollten uns still an den kleinen Tisch setzen, neben dem ein Regal mit Teeecke war, ähnlich wie in der Messe. Hier könnten wir Kaffee und Tee trinken. Über den bereitstehenden Tassen ein Schild.

OUR WIVES OR MOTHERS
ARE NOT ON BOARD
TO DO THE WASHING UP
PLEASE CLEAN
CUPS AND TEASPOONS
AFTER EACH USE

Wir könnten auch auf das Seitendeck raus, und Daris ging schon mal los. Er zeigte uns links draußen eine kleine Plattform, die wir wieder mit «Oh» und «Toll» kommentierten, während Daris uns schon einen schmaleren Gang hinter der Brücke entlangführte, zu einer Außentreppe, und schon ging er die Außentreppe runter, und wir sollten folgen. Das fühlte sich an, als habe er ein Seil an uns gebunden und würde uns einfach hinterherschleifen, einmal übers ganze Schiff, dabei war es überall so interessant, auch auf der Außentreppe. Wir waren fünf Stockwerke hoch auf einer Treppe, deren Stufen aus Metallgittern bestand. Unsere Blicke und der Dreck von unseren Schuhen fielen tief. Wir liefen hintereinander und hielten uns am Geländer fest. Drei Etagen tiefer zeigte uns Daris den Sammelpunkt. Dann noch ein Rettungsboot auf der anderen Seite des Main Decks, aber das sei kein Rettungsboot für uns, erklärte er, sondern für die Seenotrettung. Verstand ich jetzt nicht. Francesca fragte nach, aber es blieb dabei, das Rettungsboot war nicht für uns. Für die Mannschaft gab es ein anderes. Er zeigte uns, wo wir das Boot losmachen sollten, hä, wie? Und wie wir das Boot dann über Bord bekamen, aha, was? Schieben, aber nur bis hier? Und vorher sollten wir auf keinen Fall irgendwas auslösen. Das verstand ich noch weniger, aber das Boot war ja sowieso nicht für uns.

«Gut, retten wir eben einfach unterwegs niemanden.» Yvette hatte es also auch nicht verstanden.

Wir zuckten die Achseln und liefen Daris hinterher, der uns jetzt das Rettungsboot zeigte, das für uns war und Freifallboot hieß. Es sah aus, als hätten ein Schuh und ein Bügeleisen ein Kind bekommen. Der Bügeleisenschuh stand auf einer Rampe. Bei Alarm sei Treffpunkt hier. Jetzt hatte Daris wirklich keinen Bock mehr.

Er holte aus einem Plastikschrank mit noch mehr Sicherheitswesten ein Klemmbrett mit vorgedruckten Formularen und ließ uns unterschreiben, dass wir eine Sicherheitsbelehrung bekommen hatten. Dann brachte er uns zu unseren Kabinen.

An unserer Kabine stand «Owner's Cabin». Es war gleich der erste Raum im Gang. Francescas Kabine war daneben. Daris zeigte uns eine Ablage neben der Tür für die Schuhe.

Schuhe aus, und dann konnten wir endlich rein, Francesca in ihre und wir in unsere Kabine. Als Erstes sah ich unsere Taschen. Sie lagen auf einem wunderschönen dunkelblauen Teppich. Irgendwer hatte sie hochgetragen. Gut, dass Antonia und Mimiko da nicht mehr drin waren. Bis hierher hatten wir alles richtig gemacht. Ich war ein bisschen stolz, okay, ganz schön doll. Wir waren schon ziemlich coole Bräute! Jetzt mussten wir nur noch unsere versteckten Freundinnen finden und eine davon überzeugen, dass wir nicht vom Schiff mussten, weil angeblich irgendwas nicht stimmte. Mit der Kabine stimmte jedenfalls alles.

Ich mochte das viele dunkle Holz und die Uhr mit Thermometer und Luftdruckmesser. Am besten gefiel mir das Bild über dem Schreibtisch neben der Tür. Es zeigte die Lexy Barker vollbeladen bei hohem Seegang. Ich hätte für die Einrichtung der Kabine fünf von fünf Sternen gegeben. Eigentlich waren es sogar zwei Kabinen mit einer Tür dazwischen. Im Zimmer nebenan ein großes Bett, daneben ein winziges Bad mit enger Dusche, ein Duschvorhang mit Delfinen. Die Fenster waren alle nach vorne raus. Wir konnten auf das ganze Schiff vor uns sehen. Derselbe Ausblick, den der Kapitän weiter oben hatte. Ein Container schwebte gerade direkt vor dem Fenster runter. Piepen der Kräne, Knallen der Container. Als wir «Wow!» riefen und Francesca in die Hände klatschte, sagte Daris, dass er jetzt gehen würde. Er stand immer noch an der Tür, vermutlich weil er keine Lust hatte, die Schuhe auszuziehen, um reinzukommen. Ob wir noch Fragen hätten.

Wie es mit Internet aussieht, wollte Yvette wissen.

In Landnähe ja, sagte Daris, sonst nein.

Was das genau hieße, wollte Yvette wissen.

Dass es kein Internet gäbe. Dann ging er. Yvette nölte rum. Sie zog sich die Jacke aus und warf sie auf die karierte Eckbank, denn wir hatten auch eine von diesen seetauglichen Eckbänken, aber viel größer, sodass zwei Leute darauf schlafen konnten.

«Die Kabine ist ganz nett, aber kein Internet geht gar nicht. Sag nichts, Freigunda. Früher gab's auch kein Internet, schon klar. Können die mir doch nicht erzählen, dass die hier kein Netz haben. Wir dürfen das bloß nicht benutzen. Ich hasse das.»

«Und ich hasse Unordnung», Freigunda warf Yvette die Jacke zurück. «Sie ist der Beginn davon, die Kontrolle zu verlieren.»

«Es soll also schön unpersönlich hier aussehen, und ich soll die Jacke fein an den Haken hängen?»

«Du sollst sie anziehen. Wir müssen die anderen suchen.» Freigunda hatte schon die Tür aufgemacht, sich den Schlüssel eingesteckt, mir den zweiten in die Hand gedrückt und war dabei, sich die Schuhe anzuziehen.

«Ich weiß, wo eine ist», sagte ich leise.

«Wo?», fragte Freigunda.

«Kapitänsmesse.»

«M. oder A.?»

«M.»

«Gut, dann suchen wir draußen A. Yvette und ich bleiben zusammen, weil wir nur zwei Schlüssel haben. Wer auch immer A. findet, muss mit ihr in die Kabine können. Du holst M.»

Ich holte erst mal Luft. Freigunda und Yvette konnten also schön zusammen losgehen, während ich alleine in die Kapitänsmesse musste, vermutlich an Jimmy-Junior vorbei und vielleicht auch an den drei Männern und Christiane Dörr, von der ich immer noch nicht wusste, was die an Bord zu suchen hatte. Dann musste ich Mimiko aus den Rettungswesten buddeln und in die Kabine bringen, vermutlich an Jimmy-Junior und den anderen vorbei. Ich beneidete Yvette, dass sie mit Freigunda gehen konnte, die immer ruhig blieb und nie unüberlegt handelte. Und ich beneidete auch Freigunda, dass sie mit Yvette losging, denn Yvette fiel immer etwas ein, und auch wenn sie nervte: Sie hatte immer Lust, zu reden, und darum war man nie allein mit ihr. Und ich? Ich musste mit mir gehen, mit Charlotte, die nicht ruhig blieb und der nichts einfiel und die überhaupt nicht geeignet war, allein loszugehen. Das war gemein, dass die Leute ständig vergaßen, dass ich das nicht konnte. Wenn man schüchtern ist, dann kann man auch nicht sagen: «Hallo, ich bin schüchtern! Nimm mal ein bisschen Rücksicht, ja?» Dafür ist man zu schüchtern. Das war wie in einer Falle zu sitzen, in der nur ich saß, weil ich drinsaß. Und niemand nahm diese Falle ernst, weil andere noch nie in dieser Falle gesessen hatten.

Manchmal wollte ich brüllen, war aber dafür zu schüchtern, oder einfach losheulen, war aber zu schüchtern. Ich hatte das auch noch nie jemandem gesagt, weil zu schüchtern.

Bevor ich das Schiff nur mit meinem Schweißausbruch zum Sinken bringen konnte, kam Francesca aus ihrer Kabine, die «zauberschön» sei, sagte sie, aber jetzt müssten wir erst mal …, aber bevor sie weiterplappern konnte, hustete Freigunda so laut, dass Yvette zusammenzuckte und genervt schrie, dass Freigunda ihre Bazillen woanders abhusten solle. Ich weiß nicht, in welchem Moment die hintere Tür im Gang aufging, ob Freigunda gehustet hatte, weil die Tür schon aufging, oder ob sie aufging, weil Freigunda hustete, aber ich denke eher, dass Freigunda so doll über Francescas Geplapper gehustet hatte, weil die Tür aufging. Jedenfalls ging die Tür am Ende des Ganges auf, und eine Gestalt erschien im Türspalt, bei der ich erst dachte, dass es Gott sei Dank nicht unser Kapitän war, den wir geweckt hatten, aber dann dachte, dass ich lieber unseren Kapitän geweckt hätte.

Ein großer, dünner Mann stand wie ein schiefer Galgen in der Tür und reckte sein Kinn ganz hoch.

Er hatte ein fast weißes Gesicht, fast weiße Haare, auf denen er wie eine Krone eine hochgeschobene, schwarze Schlafbrille trug. Die Bekleidung schockte mich am meisten. Ein silberner Anzug, der bei jeder Bewegung anders reflektierte. Ein Pyjama, aber was für einer. Der Mann sah darin aus wie ein Sternenfahrer, der aus der Schlafkapsel trat. Hinter ihm hätte Rauch aus der Kabine kommen müssen.

Okay, es war nicht der Glitzeranzug, der mich am meisten an dem Mann schockte, sondern dass er überhaupt keine Miene verzog. Sein Gesicht glänzte auch. Er sah fast unecht aus. Der war so beherrscht, der musste nie niesen. Oder gähnen. Oder lachen. Weinen sowieso nicht.

Als er die Tür wieder schloss, sah ich, was mich wirklich, jetzt aber wirklich am meisten schockte. Er hatte bandagierte Hände.

Als er die Tür zumachte, wirkte das, als ob die Mumie von innen ihren Sarg wieder zuklappt.

«Süßes oder Saures?», flüsterte Yvette, und ich musste schnell weg hier, um nicht loszubrüllen vor Lachen. Wir schoben uns eilig zum Treppenhaus, und da feixten wir los. Also nur ich und Yvette. Francesca wollte wissen, was so lustig wäre, und Freigunda sagte, dass nicht die richtige Zeit wäre, um albern zu sein. Freigunda mochte zwar diejenige von uns sein, der Chuck Norris die Hand geben würde, aber Yvette kannte die besten Sprüche über ihn.

Als wir in der nächsten Etage ausgekichert hatten, sagte Yvette, dass nicht Freigunda auf dieser Reise entschied, wann es Zeit wäre zu lachen, denn dann sei ja nie Zeit zu lachen.

«Jetzt jedenfalls ist es nicht angebracht», fand Freigunda.

«Es ist immer angebracht», hielt Yvette dagegen.

Ich erzählte Francesca, dass ich Mimiko gesehen hatte, und sie schnaufte erleichtert aus. Obwohl auf dem Deck C nur Mannschaftskabinen waren, könnte Antonia natürlich trotzdem hier irgendwo sein, fanden wir. Freigunda öffnete die Tür zum Gang und pfiff einmal. Wir hatten keinen geheimen Pfiff vereinbart, also steckte ich auch meinen Kopf in den Gang und flüsterte ein Hallo. Nur der Geruch von Männerfüßen antwortete, und zwar, dass hier nur Schuhe waren und keine Fenster.

Im nächsten Gang dasselbe. Pfiff. Hallo? Fußgeruch. Schuhe. Ruhe.

Eine Etage weiter unten trennten wir uns. Freigunda und Yvette gingen raus auf das Main Deck. Ich musste nun doch nicht allein suchen, sondern ging mit Francesca runter zum Lower Deck, direkt zur Kapitänsmesse. In der Mannschaftsmesse war niemand mehr. Wir pfiffen einmal rein und flüsterten ein Hallo. Es kam nur aus der Küche ein Hallo zurück.

«Hello, Jimmy-Junior!», Francesca sagte, dass wir uns nur einen Tee machen wollten.

Natürlich, jederzeit, sagte er und setzte sich auf die silberne Küchenzeile, um eine der Zeitschriften zu lesen, die vorhin in der Mannschaftsmesse auf dem Tisch gelegen hatten.

«Wie sollen wir sie an ihm vorbeibringen?», flüsterte ich.

«Red mal in normaler Lautstärke», sagte Francesca in normaler Lautstärke. «Er versteht kein Deutsch, hat er mir vorhin gesagt.»

Francesca blieb an der Tür stehen, um aufzupassen, dass niemand kam, während ich erst mal den Wasserkocher anschaltete, weil wir uns ja Tee machen wollten. Bis hierhin lief es super, bis auf die Kleinigkeit, dass keine Mimiko unter der Bank war. Auch unter der anderen Bank nicht. Nur Sicherheitswesten. Da es in wenigen Minuten Essen für die Mannschaft geben würde, war es vielleicht gar nicht so schlecht, dass Mimiko nicht mehr unter der Bank lag.

«Da kommt jemand», sagte Francesca und versuchte, nicht panisch zu klingen. Gab ja auch keinen Grund. Wir kochten nur Wasser. Dann gossen wir das Wasser nur in die Tassen, nur Beutel rein und nur Zucker dazu. Und schon waren wir auch fast weg.

Im Gang stand der Kapitän, der Jimmy-Junior begrüßte. Der hob seine Hände zum Himmel und sagte auf Englisch so was wie «unser geliebter Kapitän Spartak Antipenko». Ich versuchte mir den Namen zu merken. Spartak, Spartak, Spartak und Antipenko, Antipenko, Antipenko. Jimmy-Junior sagte gerade, dass alle sehr, sehr froh wären, dass der Kapitän wieder da sei. Er umschloss die Hand des Kapitäns mit beiden Händen. Der Kapitän schien sich auch sehr, sehr zu freuen, bis die Tür vom Treppenhaus aufgerissen wurde und der Mann aufploppte, der auch vorhin so plötzlich in der Tür gestanden hatte. Er hatte eine Art aufzutauchen, als würde ein Sargdeckel aufspringen. Er trug nicht mehr den silbernen Pyjama, sondern weiße Schuhe, weiße Hosen und einen hellblauen Rollkragenpullover.

Sein Gesicht war kantig, wie aus einem Eisblock gehackt. Für sein Gesicht konnte er nichts. Aber für seinen Gesichtsausdruck konnte er schon was. Er lächelte oder so was Ähnliches. Seine Zähne waren ganz kurz, als hätte er sie beim Steineessen runtergemahlen. Aber es war nicht, wie er aussah. Es war alles andere.

Der Kapitän entzog dem Koch seine Hand. Der hörte auf zu lächeln und verschwand in der Küche.

Der Mann starrte uns an, als müssten wir irgendwas machen, aber ich hatte keine Ahnung, was. Salutieren? Einen Knicks?

Der Kapitän räusperte sich und stellte uns den Mann als Artem Kusmyn vor, Erster Offizier. Die Männer begrüßten sich mit einem längeren Blick und nickten dann beide knapp. Danach machte der Erste Offizier einen schnellen Schritt auf uns zu, und Francesca und ich gingen sofort zur Seite.

Kaum waren wir aus dem Weg, rauschte er an uns vorbei, und ich war fast überrascht, dass hinter ihm nicht alles vereiste. Ich sah kurz auf seine Hände. Bandagen weg, aber Handschuhe. Weiß.

Hinter ihm kam Daris in den Gang, der schon wieder ein Klemmbrett dabeihatte und es uns hinhielt. Alle müssten noch für den Zoll eintragen, wie viele Zigaretten jeder bei sich hätte. Er bat darum, das Klemmbrett später ins Büro zu bringen. Wenn das Büro zu wäre, könnten wir es auf das Bordbuch legen. Damit wechselte das Klemmbrett zu Francesca und Francescas Tasse zu mir. Wir wünschten einen guten Appetit und entfernten uns, da wir, während die Mannschaft aß, nichts hier zu suchen hatten. Auch nicht, wenn wir wirklich etwas zu suchen hatten. Wenn jetzt alle ihr Abendbrot einnahmen, war das perfekt, um das ganze Schiff nach Mimiko abzusuchen.

«Wir gehen erst mal zur Kabine, oder?» Francesca hielt das Klemmbrett hoch. «Es müssen ja alle das hier ausfüllen.»

Auch wenn wir Mimiko noch nicht gefunden hatten, gab es eine gute Nachricht: Antonia war da. Und sie war ziemlich aufgekratzt. Wir gingen alle in die Nebenkabine und zogen extra die Vorhänge zu, damit nicht ein Kranführer fünf Menschen sah, wo nur vier zugelassen waren. Wir schlossen auch die Zwischentür, damit nicht auf dem Gang fünf Stimmen zu hören wären, wo nur vier Stimmen angemeldet waren.

Antonia ließ sich nicht lang bitten zu erzählen, was sie erlebt hatte, seit wir sie aus der Tasche gelassen hatten. Und dann und dann und dann, erzählte sie.

Sie und Mimiko seien dieses schmale Brett hochgelaufen, und oben auf dem Deck hätten sie eine Truhe aufgemacht, aber da war schon was drin, und dann seien sie um eine Ecke herum, und da sei diese Plane gewesen, und da sei Antonia druntergekrabbelt. Das alles habe gefühlt eine Sekunde gedauert. Höchstens drei. Antonia wackelte im Sitzen hin und her, weil alles so krass gewesen war. «Und dann hab ich ewig dagelegen und gefroren.» Das habe nun wiederum gefühlt Stunden gedauert.

Mimiko und Antonia hatten in der Tasche keine Jacken angehabt. Das war dann natürlich kalt, wenn man unter einer Plane liegt und sowieso sehr aufgeregt ist. Ich dachte an Mimiko und hoffte, dass sie nicht gerade irgendwo dolle fror.

«Ich hatte solche Angst, dass mich jemand findet.» Antonia redete total laut und wackelte immer noch die ganze Zeit rum. «Ich habe Versteckspielen schon immer gehasst. Man sitzt die ganze Zeit irgendwo und hat dabei die ganze Zeit Angst, dass man gefunden wird. Wenn meine Eltern gestritten haben, bin ich immer weggelaufen und hab mich versteckt.»

«Leiser», mahnte Freigunda.

«Das hast du gut gemacht», Francesca legte eine der rot bezogenen Zudecken um Antonia. «Willst du meinen Tee?»

Draußen knallte ein Container auf den anderen. Durch den Vorhang leuchtete das Flutlicht der Kräne.

Francesca schlug vor, die Zeit zu nutzen, in der die Mannschaft beim Essen war. In zwanzig Minuten begann unsere Abendbrotzeit, und bis dahin sollten wir Mimiko gefunden haben. Wir würden uns dann in der Kapitänsmesse zum Essen treffen, und wer Mimiko gefunden hat, bräuchte nur nicken. Dann wüssten wir Bescheid.

Wir wuselten alle los, aber noch bevor ich richtig loswuseln konnte, sah ich das Klemmbrett auf dem Tisch in der Hauptkabine. Das hatten Francesca und ich bei der ganzen Aufregung vergessen. Ich nahm das Klemmbrett mit und wuselte dann auch los. Wir suchten diesmal nicht in Zweierteams, sondern jeder einzeln und überall.

Ich lief hoch und runter, und immer wenn ich jemanden von uns traf, ließ ich sie gleich die Liste unterschreiben. So lernt man das Schiff auch kennen. Von oben mussten wir aussehen wie ein orientierungsloser, sehr kleiner Bienenschwarm. Mal war ich die Außentreppenbiene, dann die Upper Deckbiene. Das Upper Deck strahlte mit seinem Lackweiß wie frisch gewaschen und frisch gebügelt. Die tiefe Abendsonne glänzte alles noch mehr hoch – diese Hafenfarben, die alle Mischfarben blass aussehen ließen, nur Grundfarben, wie ein Bild in einem Kinderbuch. Der Herbsthimmel, die Geräusche des Be- und Entladens, das Tuten und Sirren der Stahlwinden an den Kränen. Die Möwen in ewigem Streit über irgendetwas. Ich kroch in jede Ecke, ich schaute in jedes Loch und aus jedem Loch raus. Bestimmt gab es für alles lauter tolle Wörter, die ich alle nicht wusste und mir darum ausdachte. Mimiko lag nicht in der Tauung und nicht im Lochspier. Kein Mädchen auf der Mitteltreppung, und auch im Waterluck war niemand. Ich klapperte die Treppung bis oben, vorbei an der Landemannhucke und dem Rettungsbilg.

Dort traf ich Freigunda, die nur den Kopf schüttelte. Ich schüttelte auch den Kopf. Freigundas Unterschrift war die letzte, die auf der Liste gefehlt hatte.

Ich ging runter ins Main Deck, um das Klemmbrett ins Büro zu bringen, bevor es Abendbrot gab und eine von uns nicken würde. Dann wäre Mimiko da, und wir könnten in Ruhe essen, in Ruhe ablegen, in Ruhe zu Bea fahren und dort dann irgendwas machen, aber darüber würden wir später nachdenken. Ich ging den Gang bis nach hinten. Das Büro war auf. Gut. Ich legte das Klemmbrett hin und schaute noch mal drauf. Dann holte ich mein Handy raus und machte ein Foto von der Liste. Jetzt hatte ich alle Namen der Mannschaftsmitglieder.

Hinter den Namen stand, wie viel Zigaretten oder Alkohol sie dabeihatten. Niemand hatte Alkohol.

Hinter den ersten fünf Namen oben stand «ukr». Ich nahm an, dass stand für Ukraine. Hinter allen anderen Namen stand «phil», vermutlich die Abkürzung für Philippinen. Einer hieß Romeo und hatte denselben Nachnamen wie ein Darwin: Diaz. Vielleicht waren sie Brüder. Oder Diaz war auf den Philippinen so ein Name wie bei uns Müller.

Ich packte das Handy weg, weil ich sah, dass es schon halb sechs war. Ich wollte ja nicht mein Rührei verpassen. Als ich an diesem kleinen Bullauge zwischen Büro und Krankenraum vorbeikam, sah ich, dass der kleine Vorhang zugezogen war. Ich ging darauf zu, als ob er mich riefe. Ich fasste ihn an, als wollte er angefasst werden. Ein guter Stoff. Und kleine Bilder draufgestickt. Eine Darstellung von einer Umarmung, einer Kussszene und ein komisches Tier wie ein Saurier. Das passte überhaupt nicht hierher. Der Stoff sah so edel aus. Der Vorhang könnte in einem Museum hängen oder einem Märchen oder einem Museum über Märchen.

Ich zog den Vorhang auf und ging ganz nah an dieses kleine Bullauge, um in diese Nische zu sehen, die draußen vor dem Bullauge war. Da stand Mimiko und umarmte die Frau, die vorhin in der Mannschaftsmesse gewesen war. Christiane Dörr.

Wer auch immer sie war und was auch immer sie hier tat. Jetzt gerade umarmte sie jedenfalls Mimiko. Es sah aus wie trösten.

Bevor sie mich sahen, zog ich den Vorhang schnell wieder zu, und als ich ihn wieder aufzog, um an die Scheibe zu klopfen, weil ich ja immerhin Mimiko gefunden hatte und ihr ein Zeichen geben wollte, um sie in die Kabine zu bringen, deshalb hatten wir doch das gesamte Schiff abgesucht ... da waren beide weg.

Ich zog den Vorhang noch einmal zu und noch einmal auf, aber sie blieben weg.

Dann stand ich noch ein bisschen da und schaute auf die gestickten Darstellungen auf dem Vorhang. Eine Kussszene, ein Saurier, eine Umarmung und jemand mit einem Baby auf dem Arm. Sollte ich mich kneifen?

Dann wurde mir klar, dass ich hier unnötig herumstand und eigentlich so schnell wie möglich zu Mimiko musste. Sie konnte ja noch nicht weit weg sein. Und das schoss mir in den Kopf und von da in die Beine, und dann schoss ich selber los. Ich rannte am Büro vorbei zu der Tür, die nach draußen führte, und als ich den schweren Hebel aufbekommen hatte, rannte ich raus, an der Plane vorbei, von der ich jetzt wusste, dass sich dort Antonia versteckt hatte. Um die Ecke vom Tower. Da war ein schmaler Gang vornerum, wie ein langer Balkon mit Blick auf die Container. In der Mitte vom Tower beulte sich der Gang nach außen, und das Geländer machte auch eine Beule. Wirklich wie ein kleiner Balkon. Gegenüber war die Nische, eine Höhle im Towerleib. In der Mitte war ein großes Metallding mit einem Loch. Was auch immer das war. Sonst war nichts da. Keine umarmenden Personen in Sicht. Ich flitzte den Gang weiter entlang, kam auf der anderen Seite des Towers an, einmal von steuerbord nach backbord geflitzt oder andersrum. Hier war eine Leiter runter zu den Containern. Sonst nichts und vor allem niemand. Um die Ecke herum sah ich schon die Hühnerstiege runter vom Schiff.

«Hey!», sagte jemand hinter mir, und ich erschrak, so unerwartet angeheyt. War aber nur Yvette. «Und, nickst du?»

«Hä, was?» Ich schüttelte den Kopf.

«Ob du sie gesehen hast?»

Ich nickte.

«Echt? Super!» Yvette boxte mir gegen den Oberarm. «Sehr gut! Komm, wir gehen essen. Das müssen wir den anderen sagen. Ich hab so einen Hunger. Du auch?»

«Nee, ich hab nicht …»

«Du hast keinen Hunger? Echt, ich sterbe gleich.» Yvette hatte schon die schwere Tür zum Gang geöffnet. Ich lief ihr hinterher und versuchte, ihr zu sagen, dass ich Mimiko nicht gefunden hatte, wie sie dachte, dass ich Mimiko gefunden hatte. Ich hatte sie zwar gefunden, aber nicht in die Kabine gebracht.

Yvette plapperte die ganze Zeit, dass sie gedacht hätte, Mimiko hätte sich verdrückt, wie im Sommer. «Hätte ich ihr zugetraut. Irgendwie wirkte sie auf mich so zögerlich, weißt du?»

«Yvette, Mimiko ist nicht …», fing ich wieder an.

«Ja, das sehe ich jetzt auch so. Sie ist doch nicht feige. Das ist gut. Wir hätten sie nicht gebrauchen können, wenn sie feige wäre.»

«Yvette, hör doch mal zu», sagte ich.

Dann waren wir schon im Gang vom Lower Deck und dann schon in der Messe, wo Freigunda und Francesca saßen, und bevor ich noch etwas sagen konnte, nickte Yvette ganz deutlich und zeigte auf mich. Francesca klatschte, und Freigunda freute sich auch.

«Ich hab nicht …», fing ich wieder an, als Jimmy-Junior reinkam und unser Essen brachte, zwei Teller mit Rührei und Würstchen. Dann ging er wieder raus, und ich versuchte wieder zu sagen, was ich nicht hatte, nämlich Mimiko gefunden.

Freigunda fand, dass wir nicht «über derlei reden sollten,

außerhalb der Kabine». Und Jimmy-Junior brachte die nächsten zwei Teller. Auf allen war Frischhaltefolie, auf der mit Edding «Passenger» geschrieben stand. Freigunda informierte unseren Koch, dass sie das Essen immer nur hier holen, aber in der Kabine essen würde. Und Charlotte würde heute auch gern in der Kabine essen, sagte Freigunda. Ich staunte nicht schlecht, dass ich in der Kabine essen wollte, nickte aber. Das war unserem Koch egal. Jimmy-Junior lächelte und wischte sich seine Hände an der Schürze ab. Wir sollten nur die Teller zurückbringen.

Nachdem ich Yvette hinterhergelaufen war, musste ich nun Freigunda hinterherlaufen. Ich nahm an, dass wir unser Essen teilen sollten mit Antonia und Mimiko, von der die anderen dachten, dass sie in der Kabine sei, was aber nicht so war und was ich Freigunda auch gleich sagte, die im Zuhören besser war als Yvette.

«Wieso hast du dann genickt?»

«Ich hab gar nicht genickt. Yvette hat genickt, und ich hab die ganze Zeit versucht, ihr zu sagen, dass ich Mimiko ...»

«Das sollten wir besser in der Kabine besprechen», fand Freigunda.

Wir aßen zusammen mit Antonia und ließen ein bisschen Rührei für Mimiko übrig. Ich erzählte ganz genau von den beiden Malen, die ich Mimiko gesehen hatte. Ich erzählte von der Frau, Christiane Dörr, die ich in der Mannschaftsmesse gesehen hatte, die aber nicht auf der Mannschaftsliste stand. Ich erzählte, dass sie und Mimiko sich umarmt hatten. Das fanden wir alle drei rätselhaft. Ich erzählte auch, dass Mimiko gesagt hatte, dass wir vom Schiff sollten, weil irgendwas komisch sei. Wir überlegten, was sie gemeint haben könnte, aber uns fiel nichts ein. Was könnte sie in dieser halben Stunde gesehen oder gehört haben, dass sie so eine Panik bekommen hatte? Hatte ihr diese geheimnisvolle Frau irgendwas erzählt?

Ich tippte Christiane Dörr in mein Handy, tippte noch Rotterdam in die Suchmaschine. Sie war: Schiffsdiakonin. Ja, das ergab Sinn. So jemand darf natürlich Leute umarmen. Eine Diakonin. Konnte man bei der auch beichten? Hatte Mimiko was gebeichtet? Hatte Christiane Dörr als Schiffsdiakonin Schweigepflicht? So viele Fragen. Keine Ahnung. Keine von uns.

«Ich denke, Mimiko ist von Bord gegangen.» Freigunda nahm das Besteck wieder vom Tisch und teilte den Rest Rührei in drei gleich große Teile auf.

«Und deshalb willst du jetzt ihr Rührei essen?» Antonia schob den Teller von sich. «Ich glaub nicht, dass sie einfach abgehauen ist. Glaub ich nicht. Glaubst du das, Charlotte?»

Ich wusste nicht so richtig. Ein bisschen ja, ein bisschen nein, ein bisschen weiß nicht, drei gleich große Teile. Ich aß das Rührei jedenfalls nicht.

«Wenn sie solche Angst hatte und wollte, dass wir alle von Bord gehen, dann ist sie auf jeden Fall weg. Sie hat mit der Schiffsdiakonin geredet, und die hat ihr geraten, von Bord zu gehen.»

Antonia fand das gemein von Freigunda, aber die sagte nur, dass sie nichts dafür könnte, dass wir jetzt die Reise ohne Mimiko machen.

«Das weißt du doch gar nicht.» Antonia war sauer und ging in die Nebenkabine. Irgendwie war schon entschieden, dass sie mit Yvette im großen Bett schlief und ich mit Freigunda auf der Eckbank. Die legte sich auch gleich auf einen Teil der Eckbank und sagte, das sie jetzt schlafen würde, damit sie nachher nicht müde wäre, wenn wir aus dem Hafen ausfahren. Sonst ginge sie immer sehr früh schlafen. Wir sollten sie nicht wecken, sie würde ihren inneren Wecker stellen. Ich ging zu Antonia rüber, die gerade Sachen aus ihrem Affenrucksack auspackte.

«Ich glaub das nicht, dass sie einfach abhaut», sagte sie.

Ich legte mich aufs Bett. Draußen knallte in dem Moment ein Container auf einen anderen.

«Wie lange beladen die denn noch?» Antonia legte sich neben mich. «Ich würde so gern zusehen. Ich verpasse ja alles. Ich kann das Schiff nicht ansehen, niemand von der Mannschaft kennenlernen, und wenn Mimiko wirklich weg ist, bin ich die ganze Zeit allein in der Kabine.» Sie starrte an die Decke, als wollte sie sich an diesen Anblick gleich mal gewöhnen.

«Wenn wir unterwegs sind, dann können wir den Vorhang schon aufmachen, finde ich.»

«Aber das Beladen sehe ich nie.»

Ich ging zum Fenster und schob den Vorhang zurück. «Na ja, sie beladen halt.»

«Oh, jetzt kann ich es mir gleich richtig toll vorstellen. Sie beladen halt. Ach so.»

«Okay. Ähm, da sind Kräne und Container.»

Antonia lachte. «Ja, jetzt sehe ich es echt vor mir. Du bist ein echtes Erzähltalent. Hammer!»

«Gut, okay, ich geb mir mehr Mühe.» Ich dachte an meine Mutter. Die konnte so was ja. Zumindest früher. Vielleicht konnte ich das auch. Hatte es geerbt. Zumindest könnte ich es gern. Ich fand es nur schwierig, mich zu trauen. Aber es war nur Antonia. Das müsste doch gehen.

«Sie beladen immer noch», fing ich an und sah auf diese technische Welt da draußen. «Es gibt jede Menge zu sehen», sagte ich. Ich müsste das anders anfangen. Wie ein Bild. Also malte ich erst mal die Umrisse: «Vor uns im Dunkeln liegt der Hafen von Rotterdam. Das Wasser ist schwarz, und auf der anderen Seite des Wassers liegen auch Schiffe. Jedes dieser Schiffe ist beleuchtet von Hunderten von Lichtern, die am Schiff sind und an den Kränen und am Kai. Jedes Schiff ist sein eigener Weihnachtsbaum.»

«Oh, schön», jubelte Antonia.

Okay, also weiter. «Durch das helle Licht wirken die starken Farben der Container, als ob sie selber leuchten. Das Orange ist sehr orange. Das Gelb ist sehr gelb. Die Kräne sind dunkelblau, und das Dunkelblau sieht sehr dunkelblau aus. Magisch.» Was redete ich für eine Scheiße zusammen? Jetzt müsste ich beschreiben, dass der Schiffsrumpf geöffnet war und die Container weit unter uns in das Innere des Schiffes geladen wurden. Das wurde kompliziert.

«Weit unter unserem Fenster ist das Schiff, und der Schiffsrumpf ist geöffnet. Das Innere des Schiffes ist grün, und durch das helle Flutlicht leuchtet das Grün, na ja, sehr grün.» Ich fing an zu schwitzen.

«Der Bauch, ich sag jetzt mal Bauch, also der Bauch vom Schiff ist in drei Abschnitte unterteilt. Das Schiff hat also drei Mägen. Zwischen den Mägen stehen riesige Metallwände hoch. Die werden bestimmt nachher runtergeklappt.»

«Das kann ich mir nicht vorstellen», kam es vom Bett.

«Das sind riesige Klappen. Die stehen hoch, und wenn die nachher zugeklappt werden, können bestimmt noch Container oben draufgestellt werden. Kannst du es dir vorstellen?»

«Ich stell es mir jetzt einfach irgendwie vor. Mach weiter. Du machst das super.»

Ich dachte wieder an meine Mutter, die ihre Geschichten immer ganz flüssig erzählt hatte. Aber die war sich dabei wahrscheinlich nicht blöd vorgekommen, also nahm ich mir vor, mir auch nicht blöd vorzukommen.

«Da ist jemand», rief ich aufgeregt. «Ein Mann in einem orangen Overall. Und mit einem Helm. Er geht an der Seite an dieser riesigen Trennwand vorbei und weiter auf so einem Steg, zwischen so einem Seitengang und der Ladefläche. Der Seitengang ist nicht so tief, aber die Ladefläche schon. Da geht es richtig weit in das Schiff rein. Echt tief. Er hat einfach einen Schritt über die Kante gemacht, einfach über diesen Abgrund.

Wenn er da runterfällt. Jetzt sagt er was in ein Walkie-Talkie, das an seinem Overall hängt. Jetzt gibt er ein Zeichen nach oben zum Kran. Jetzt schaut er in unsere Richtung. Ein ganz junger Typ.»

«Wie sieht er aus?», fragte Antonia.

«Der sieht, ähm, gut aus. Nett. Jetzt sagt er wieder was in das Walkie-Talkie. Jetzt kommt der Kran wieder. An dem Kranarm hängt so ein großer, grauer Kasten, und an dem hängt unten noch ein Kasten, da sitzt jemand drin. Das Teil ist unten verglast. Und von unten kommt ein superhelles weißes Licht. An dem großen grauen Kasten hängen Drahtseile und an denen eine gelbe Greifvorrichtung, fast so groß wie ein Container. Diese Greifvorrichtung hat an jeder Ecke so Haken, und die klammern sich an dem Container fest. Jetzt hat er einen Container. Er kommt angeschwebt und wird in der Luft über seinem Landeplatz ausgerichtet. Die Seile am Kranarm werden länger, die Greifvorrichtung senkt sich mit dem Container ab. Gelandet. Soll ich nicht doch einfach filmen?»

«Nee, so ist es schöner. Mach weiter.»

«Jetzt kommt hier vorne der nächste Container angeschwebt. Das ist irgendwie ein anderer Container. Der ist gelb und hat Türen und vergitterte Fenster. Hä? Jetzt ist der Overallmann weg. Er muss eine von diesen Leitern runter sein. Da ist er wieder.»

Ich presste mein Gesicht an die Scheibe, weil der Overallmann immer näher zum Tower gelaufen kam, immer auf diesem schmalen Steg entlang und fast aus meinem Sichtfeld raus.

«Er geht zu diesem Container, der gerade gelandet ist. Der mit den Türen und Fenstern. Da geht er rein. Er wirft was aus dem Fenster von diesem gelben Container. Das sind so faustgroße Metallteile. Die knallen einfach alle auf einen Container darunter, eine Etage tiefer. Verstehst du?»

«Ja, ungefähr.»

Ich sah kurz zu Antonia, die mit geschlossenen Augen auf dem Bett lag und hinter ihren Augenlidern mit Hilfe meiner Worte ein Schiff belud.

«Okay. Jetzt kommt er aus diesem Sondercontainer und hat noch mal zwei von diesen Metallteilen in der Hand. Er läuft auf den Containern herum und steckt an zwei Ecken von einem Container so ein Metallteil. Dann dreht er sie, und dann sind sie wohl fest. Ich verstehe, so halten die Container alle aufeinander. Das sind so Verbindungsteile. Jetzt schaut er wieder her. Er ist wirklich sehr hübsch.»

Antonia murmelte vom Bett: «Bestimmt sieht er in meinen Gedanken ganz anders aus, als er aussieht.»

Ich überlegte, ob das Romeo Diaz war.

«Jetzt steckt Romeo die letzten vier Verbinderlis in die vier Ecken von einem Container.»

«Wieso Romeo?», kam es vom Bett.

«Es gibt einen Romeo in der Mannschaft. Vielleicht ist er das ja.»

Antonia lachte. «Ja, das passt zu ihm. So wie ich ihn mir vorgestellt habe.»

«Es ist aber ein Romeo von den Philippinen.»

«Ich passe ihn an.» Antonia kniff fest die Augen zusammen. «Gut, jetzt ist es ein philippinischer Romeo.»

«Jetzt geht es gerade total schnell draußen. Wir werden jetzt von drei Kränen gleichzeitig beladen. Das ist wie Ballett. Die Kräne tanzen auf ihren Schienen hin und her. Ihre Kranarme fahren vor und zurück. Die riesigen Räder an den Kränen drehen sich. Und da kommen auch schon die nächsten LKWs mit neuen Containern angetanzt. Die Hebedinger fahren gleichzeitig runter. Was für eine Choreographie.»

Es machte Spaß, aber es war mir immer noch ein bisschen unangenehm, so frei zu erzählen. Als ob ich Antonia in meinen Kopf schauen ließ.

Ich steckte meinen Kopf durch den Vorhang: «Gefällt's dir?»

«Ja, sehr!»

Also machte ich weiter.

«Die Musik zu diesem Tanz ist sehr modern. Hörst du ja. Ein besonderes Orchester: an der Tütütüt wechselnde LKW-Solisten, an der Pieppieppiepe die Kräne beim Hin-und-her-Fahren. An der Lalülalüle die Greifer, bevor sie die Container greifen, und an der Pauke natürlich die Container. Gleich ist es wieder so weit. Drei, zwei, RUMS! Der sitzt.»

Ich hatte ein bisschen wie ein Boxmoderator gesprochen, und Antonia klatschte. Das feuerte mich noch mehr an.

«Und da kommen auch schon die neuen Container geflogen, schwerelos. Es sind zwei weiße, einer hier vorne und einer hinten. Der hier vorne hat so einen Kasten an sich dran. Was ist das? Ist das etwa ein Kühlaggregat? In der Tat, das ist ein Kühlaggregat. Das hat sich ja sogar gereimt. Was wird da wohl drin sein? Ein zerlegtes Schwein, ein Eisbein, ein guter Wein ...»

«Hühnerklein», rief Antonia.

Jetzt war ich richtig warmgelaufen. Jetzt machte es richtig Spaß. Ich drehte voll auf. «Und jetzt geht das Kranballett richtig ab. Nicht der Schwanenkönig, sondern der Krankönig. Der schlenkert die Container, als wär's nichts, als wären nicht siebzigtausend Jeans da drin oder neuntausend Steckdosen oder Millionen Dübel. Und alle Jeans fliegen hoch. Und die Seile schaukeln. Und alle Dübel fliegen hoch.»

«HOCH!», rief Antonia mit mir zusammen, und wir lachten. Eine Weile war alles einfach richtig gut. Rundum richtig. Wir lagen auf dem Bett rum und machten gar nichts weiter.

Dann ein Signalton vom Handy. Ein Video von Bea. Endlich wieder ein Lebenszeichen von ihr. Ich ging in die Hauptkabine, aber Freigundas innerer Wecker hatte noch nicht geklingelt, also ließ ich sie schlafen. Die anderen waren auf der

Brücke und wollten da auch bleiben. Ich leitete die Videos an sie weiter. Dass sie immer noch nicht wussten, dass Mimiko nicht in der Kabine war, vergaß ich bei der Aufregung wegen des neuen Videos von Bea.

Video 13

Pim. Dicke Augenbraue immer noch, aber besser. Ein Arm auf dem Lenkrad, der andere Arm draußen. Er raucht.

Beas Stimme: «Darf ich dich was …»

Er, lachend und zu laut: «Ach, was fragen will sie mal wieder. Neugierig wie Schmidts Katze.» Blick zu Bea, an der Kamera vorbei. «Miau. Und das Ding läuft schon wieder. Du hast mir zwar erklärt, warum du ständig Filmchen machst, aber verstanden hab ich's trotzdem nicht. Okay, meinen Segen hast du, hab ja nichts zu verbergen, sagte der Papst und rannte aus dem Puff.» Er räusperte sich, spuckte aus dem Fenster, grinste zu Bea, Zahnlücke unten. «Damit aber eins klar ist, du fragst mich nichts wegen den Männern. Das geht dich null Komma null an.»

Beas Stimme: «Okay.»

«Kannst hier nicht auftauchen wie son Kaninchen aus dem Hut und deine Riecherei überall reinstecken. Schlimm genug, dass du überhaupt da bist. Also schön genug. Wir haben uns ja nicht wirklich viel gesehen in den letzten Jahren.» Einmal an der Zigarette ziehen, Rauch gegen Abendlicht, Arm wieder aus dem Fenster.

Beas Stimme: «Warum warst du eigentlich so wenig da? Hättest du nicht häufiger …»

Dann seine Stimme: «Warum ich …? Jetze kann man doch nix mehr daran ändern. Du willst das Kalb in die Kuh stopfen. Ich bin doch jetzt da. Jetzt sind wir doch zusammen, Hase. Ach, ich soll ja nicht Hase sagen.»

Er drückte den selbstgedrehten Stummel im Ascher am Armaturenbrett aus.

Beas Stimme, eine Unmutsäußerung. Das klang nicht nach einem Hasen. Das klang nach Drache oder Wolf.

«Aber ich hab früher immer Hase gesagt. Weißt du, warum?»

«Ich hab dich zuerst was gefragt.»

«Ja, klar. Warum ich nicht da war. Aber wann genau? Im Alter von null bis drei. Im Alter von drei bis sieben, im Alter von sieben bis zwölf oder im Alter von neun bis jetze? Als ich deine Mutter kennengelernt habe, war ich schon LKW-Fahrer. Und hatte meine Maschine. Sie hat mich genauso kennengelernt. Das versteh ich nicht an ihr. Hab ich nie verstanden. Ich war immer genauso, wie ich jetzt bin. Und erst wollte sie immer mit Motorrad fahren und dann gar nicht mehr. Und dann sollte ich nicht mehr fahren. Weil es zu gefährlich ist. Weil du unterwegs warst. Ich hab die Maschine dann verkauft.»

Nichts zu hören. Ein Schwenk der Kamera. Beas Gesicht von unten. Vielleicht traurig.

Stimme von ihrem Vater, ganz langsam: «Das war eine Indian.»

Knacken, weil Finger zu nah am Mikrophon. Finger sucht Knopf. Ausgeschaltet.

«Hast du ihr eigentlich schon geschrieben, dass wir zu ihr unterwegs sind?», fragte Antonia.

«Nein. Sind wir ja noch nicht.»

«Doch, schreib ihr das mal oder ruf an.»

Komischerweise war ich auf die Idee noch gar nicht gekommen. Warum anrufen, wenn man auch Nachrichten schreiben kann? Ich rief an. Sie drückte mich weg. Vielleicht hatte ich sie deshalb noch nicht angerufen. Damit sie mich nicht wegdrückt.

«Schreib ihr irgendwas.»

«Was denn?»

Ich brauchte sie zumindest nicht mehr zu fragen, ob sie Hilfe brauchte. Wir waren jetzt ja schon fast unterwegs. Wenn sie *nein* schreiben würde, sollten wir wieder aussteigen? Noch wäre Zeit. Und Mimiko hatte auch gesagt, dass wir aussteigen sollten. Ach, verdammt, Mimiko. Die anderen wussten immer noch nicht, dass sie gar nicht in der Kabine war.

Antonia war fertig mit Nachdenken. «Okay. Frag sie, ob sie ihren Pass jetzt hat.»

Hast du deinen Pass wieder?, tippte ich. Senden. Empfangen. Antwort wird geschrieben. Sie schickte noch ein Video.

Video 14

Beas Stimme: «Kannst du mir vielleicht jetzt erzählen …»

Die Stimme von Beas Vater unterbricht sie. «Ich kann dir jede Menge erzählen, klar. Ich hab einen aufregenden Beruf. Wie ich bei Grenoble Stahl gefahren habe oder in Valencia Äpfel.»

Die Perspektive wie die letzten Male. Der fahrende Vater von der Seite, Basecap auf dem Kopf, eine Hand am Lenker, anderer Arm aus dem offenen Fenster.

«Oder von dem ersten LKW, den ich unterm Arsch hatte? Das war ein Klapperteil. Chefchen hat mich selber eingefahren 'ne Woche lang. Das Heißeste war, dass die Halterung vom Feuerlöscher abbrach, als Chefchen nachts pinkeln musste. Der hatte 'ne schwache Blase. Zweimal in der Nacht ist der raus. Beim Runterkrabbeln hat er den Feuerlöscher abgetreten, und das Ding hat er erst mal nich reparieren lassen, sondern im Fußraum mit dem Fuß festgehalten bei der Fahrt. In einer Kurve in Hannover rutschte ihm der Zwölf-Kilo-Feuerlöscher weg und knallte gegen die Seitentür. Sofort staubte das komplette Führerhaus voll. War 'n Trockenlöscher. Dann ist mir später auf der Raststätte noch ein Franzose reingeknallt und hat mir die hintere Schiene am Verdeck verbogen. Dann ist der erst mal

161

sofort in den Shop gerannt und hat dort vor meinen Augen eine kleine Cognacflasche runtergeext. Als dann die Polizei zum Alkoholtest kam, hatte er natürlich drei achte im Turm. Der hatte natürlich schon vorher gesoffen. Wir haben uns dann geeinigt, und er fuhr mich zu einer Werkstatt, wo ein paar Algerier das Ding wieder halbwegs gerichtet haben. Bei Franzosen wär's teurer geworden. Ich konnte jedenfalls am Wochenende nicht nach Hause, und deine Mutter hat getobt. Hat die nicht interessiert, dass ich da nichts für kann.»

Bea filmte jetzt wieder aus dem Fenster, Himmel, Geröll, Ziegen, Mülltüten. «Ich meinte, ob du mir erzählen kannst...»

«Ich kann dir auch erzählen, dass ich bei demselben LKW mal vor einer Unterführung Luft aus der Luftfederung der Zugmaschine gelassen hab, dann hab ich unter der Brücke bei Aachen durchgepasst und hab mir dreizehn Kilometer gespart. Konnte dann noch nach Hause fahren, statt im LKW zu pennen. Um bei euch zu sein. Siehste mal. Aber sonst hab ich keinen Quatsch gemacht. Steh nicht so gern mit dem Gesetz quer. Is LKW-Fahrer eigentlich dann der falsche Beruf. In Marokko halt ich mich sowieso an die Gesetze. Besser. Merken wir ja jetzt.»

«Was meinst du damit?»

Pim schnauft. «Ach, hör doch auf. Ich sag's dir nicht. Merkst du doch. Einfach blöd gelaufen. Ich kann nicht zur Polizei. Und zum Auswärtigen Amt auch nicht, weil ich noch nicht mit deiner Mutter geredet habe. Könnte passieren, dass ich dich bis zur Volljährigkeit nicht sehen darf. Schlimmstenfalls.»

«Wir haben uns doch sowieso nicht gesehen.»

Pim: «Weil ich nicht konnte, nicht weil ich nicht wollte. Du, ist alles nicht so einfach, Hase.»

Beas Stimme, Kotzgeräusch.

«Ach ja, ich soll nicht Hase sagen.»

Laber, laber, so viel Gelaber und kein Gelaber darüber, was da los war. Seine verwüstete Wohnung. Der Pass. Kein Wort dazu. Nervig.

«Frag sie lieber nichts, sonst kommt noch ein Video, wo er alles Mögliche erzählt, nur um nichts zu sagen.» Antonia lachte. «Eigentlich macht Bea gerade genau dasselbe. Du fragst was, und sie schickt immer nur ein Video, aber antwortet nicht.»

Ich nickte. Ja, stimmte schon. Irgendwie konnten und wollten beide nicht anders.

«Hast du jetzt den anderen schon Bescheid gesagt, dass Mimiko nicht hier ist?», fragte Antonia.

«Mann! Verdammt!» Ich schrieb sofort an Yvette und Francesca. *Mimiko ist nicht in der Kabine. Ich habe sie vorhin gesehen, aber dann war sie weg.* Gesendet. Empfangen. Keine Antwort.

Ich lugte durch den Vorhang, um zu sehen, wie es mit dem Beladen vorwärtsging. Die riesigen Klappen standen nicht mehr hoch. Die gesamte Ladefläche war mit Containern bedeckt, und die nächste Etage wurde begonnen. Wie hoch würden sie stapeln? Würden wir noch raussehen können, oder bekämen wir Container vor das Fenster gestellt? Overallmann, vielleicht Romeo, lief herum und steckte die Verbinder in die Löcher. Ich überlegte, ob ich Antonia beschreiben sollte, was draußen los war, da knallte die Kabinentür auf.

Ich zuckte zusammen und lief zur Zwischentür. Das Licht war an, und Freigunda stand kampfbereit im Raum. Sie war wohl aus dem Schlaf gerissen worden und hatte sich sofort zur Verteidigung aufgebaut. Yvette sah richtig sauer aus. Und zwar auf mich. Francesca fragte sofort, wo denn Mimiko sei. Sie hätten die ganze Zeit gedacht, sie wäre hier, nun war sie das doch nicht.

Yvette kam auf mich zu und viel zu nah ran. Warum ich vorhin gesagt hätte, dass Mimiko in der Kabine sei?

Draußen rumpelten die Container aufeinander und drinnen die Worte.

«Du bist mir ständig ins Wort gefallen, als ich erklären wollte ...», versuchte ich.

«Quatsch!», sagte Yvette. Ich hätte ja wohl in der Zwischenzeit längst mal sagen können, dass alles ein Missverständnis war. Dass ich es Freigunda und Antonia gesagt hatte, heißt doch nicht, dass ich es nicht auch ihr und Francesca hätte sagen müssen.

Ich erzählte lieber gleich noch davon, was Mimiko zu mir gesagt hatte. Und von der Schiffsdiakonin Christiane Dörr.

Wir waren uns ziemlich sicher, dass Mimiko einfach Schiss bekommen hatte und abgehauen war. Nur Antonia wollte das nicht glauben. Der erste Verlust noch vor dem Ablegen zog uns alle runter. Ich fühlte mich wie eine der billigen rosa Fleecedecken, die wir im flachen Schrank in der Hauptkabine gefunden hatten. Zum Wärmen waren sie unbrauchbar. Wir mummelten uns trotzdem in die Decken und überlegten, wie es nun weiterging.

Was waren wir für ein blödes Rettungsteam, dass da zu Bea aufbrach?

Aggro-Yvette, die nur sagte: Das ist doch Scheiße. Was soll die Scheiße?

Und Achterbahn-Francesca (Mimiko wird schon wieder auftauchen, oder sollten wir wirklich auch besser von Bord?).

Und Sorgen-mach-Antonia (War Mimiko ins Wasser gefallen, erwischt worden, abgeführt, zerquetscht, irgendwo runtergefallen, eingeschlossen?).

Und als Letzte im Superhelden-Team: ich.

Wir hatten alle nur Fragen, und Yvette war die Einzige mit Antworten, aber es war immer dieselbe Antwort: Scheiße. Sollten wir weitersuchen? Das war doch Scheiße. Sollten wir jemandem von der Mannschaft Bescheid sagen? Sollten wir abbrechen? Scheiße, nein. Wenn wir jetzt wieder ausstiegen, weil es zu gefährlich wurde, dann könnte es sein, dass Mimiko auf dem Schiff war und ohne uns fuhr.

Wir riefen ein paarmal bei Mimiko an, aber es ging nur die Mailbox ran.

Dann war irgendwas komisch. Irgendetwas war anders, aber ich kam nicht drauf. Schon eine ganze Weile rumste es draußen nicht mehr. Es piepte auch nicht oder summte. Ich öffnete den Vorhang. Die Kräne arbeiteten nicht mehr, und der Schiffsrumpf begann zu vibrieren. Geräusche sprangen nacheinander an. Ein tiefes Brummen. Dumpfes, gleichmäßiges Schlagen. Die Tassen auf dem Tisch zitterten. Die Schranktüren bibberten. Der Boden bebte.

«Wir legen ab», flüsterte ich.

«Wir legen ab», schrie Antonia. Wir warfen die rosa Decken weg und klebten uns an das Seitenfenster. Antonia sah nicht raus und legte sich auf die Eckbank, schloss die Augen und stellte es sich vor.

Das Dröhnen im Schiffsrumpf war gigantisch. Hier arbeitete etwas Großes in etwas Großem, und mein Herz warf auch gleich einen Extramotor an und war bereit abzulegen.

JETZT! GING! ES! Und zwar LOS!

Unten liefen zwei Overallmänner herum. Einer am Kai, der machte das Seil los, einer oben, der zog das Seil hoch. Das hintere Seil wurde auch gerade entfernt. Dann lief ein Overallmann die Hühnerleiter hoch und holte sie ein. Das Schiff bewegte sich. Seitlich. Der Abstand von Kai und Schiff wurde größer. Dieses riesige Ding fuhr. Alles, was vibrieren konnte, vibrierte. War das jetzt nur beim Ablegen so, oder blieb das so? Was für ein riesiges Riesenschiff. Dass der Mensch sich getraut hatte, solche Teile zu bauen und dann übers Meer zu fahren, so viel Metall. Schiff und Kai waren einen Katzensprung einer mutigen Katze voneinander entfernt. Dann einen Hundesprung, einen Kängurusprung, einen Gepardensprung mit Anlauf und dann unspringbar.

Durch mich schoss das Blut mit Lichtgeschwindigkeit. Ich

dachte ganz schnell ganz viel. Abenteuer, Weltmeere, Heldinnen und so weiter. Im Bauch das Dreschen, Dengeln und Bol-
zen vom Rhythmus des Antriebs.

Letztes Jahr hatte ich meiner Oma geholfen, aus alten, mürben
Betttüchern Putzlappen zu reißen. Sie hatte den Stoff mit einer
Nagelschere ein kleines Stück angeschnitten und dann durch-
gerissen, schnurgerade. «Das folgt dem Fadenlauf», hatte sie
gesagt. Wir folgten jetzt dem Fadenlauf.

Die Lexy Barker hatte einen Kurs, und dieser Kurs war jetzt
unser Kurs. Die Karten galten jetzt auch für uns. Die Navigation galt jetzt für uns. Die Winde trieben uns voran oder
stemmten sich uns entgegen, denn alles, was mit dem Schiff
geschah, geschah jetzt uns.

«Ihr müsst auf die Brücke. Los!», sagte Antonia, unser kleiner blinder Passagier. «Also, ich würde auf jeden Fall an eurer
Stelle.»

Durch das brummende Schiff zu laufen war etwas ganz anderes. Der Nachmittag, als alles noch nicht gebrummt hatte, kam
mir sehr lange her vor.

Auf der Brücke oben war es vergleichsweise ruhig. Wir
schlichen die Treppe hoch, um den Kapitän nicht zu stören.
Schon von der Treppe aus war Daris zu sehen, der hinter einer
zurückgesetzten Steuerarmatur an der Seite stand.

Und dann der komplette Blick auf die Brücke, die beeindru-
ckende Kommandozentrale eines Raumschiffs, das durch das
Weltall der Nacht fuhr. Wir quetschten uns in die Minikaffee-
ecke und hielten die Backen. Wir sollten ja nicht stören. Den
Kapitän nicht und auch nicht den Ersten Offizier, der hinter
dem Kapitän stand und offensichtlich gar nichts tat, außer dort
zu stehen.

Die Lexy Barker glitt andächtig durch die Dunkelheit, wie
eine schwimmende Kirche mit einem Wassergott. Diese ganzen

Geräte und Anzeigen. Die Tiefe und Weite und Höhe, Fahrrinne, Ufernähe, andere Schiffe, Gefahrgut am Ufer, Nordnordwest, fünf Grad Ost, sieben Grad Lufttemperatur, Windstärke halt die Mütze fest. Die Armaturen waren so vielfältig, als ob nicht das große Schiff, sondern das große Draußen gesteuert wurde. Alles wurde hier entschieden. Der Kapitän, hinter den Knöpfen und Reglern, er knöpfte und regelte alles. Er hatte das Sonnenlicht runtergeregelt und den Mond hochgezogen. Ob er manchmal Allmachtsphantasien bekam hinter seinem Steuer? Wie konnte es sein, dass der Kapitän mal ein Säugling gewesen war und jetzt so einen komplizierten Schwimmmetallkasten mit Tonnenlast fuhr? Wie musste man innen drin sein, dass man als Kind dachte, das will ich machen? Wie konnte man als Jugendlicher an diesem Wahnsinn festhalten? Ich will Containerschiffskapitän werden. Ich will Verantwortung für Menschenleben und Tonnen von Zeugs. Alle sollen auf mein Kommando hören. Ich zögere nie. Ich weiß immer, was ich will, was ich glaube, was ich sehe, was ich denke. Ich kann in Sekundenschnelle die richtige Entscheidung treffen.

Ernsthaft, WER – in Gottes Namen – WILL – ich meine ernsthaft – DENN – wieso bloß? So ein Stress! – CONTAINERSCHIFFSKAPITÄN – so ein Riesenschiff! – WERDEN?

Musste man da größenwahnsinnig sein? Oder waren Kapitäne und Piloten und Präsidenten einfach nur coole, fähige Typen? Einfach nur stabil. Und sie taten das nicht nur für das viele Geld und die Anerkennung und die Macht, sondern weil sie ... ja, warum sonst? Warum ackerte man sich bis ganz nach oben?

Ich starrte auf den Hinterkopf von unserem Kapitän. Ein Kopf, der aussah wie zum Immer-nach-vorne-Sehen, immer nach vorne auf das schwarze Wasser, links und rechts Lichter, Schiffe, Kräne, Laternen, Gebäude, die Ufer wie zwei Schmuckbänder. Links wurde ein anderes Schiff beladen. Ganz hinten blinkte eine riesige Fabrik in Festtagsbeleuchtung. Rechts voraus in einem Nebenarm wurde an einem Schiff geschweißt. Mit weißen Schweißflammen schoss Mensch gegen Metall, Metall verlor, wurde geschmolzen und erstarrte als Naht, als Pflaster auf einem Leck.

Der Erste Offizier stand immer noch rum, obwohl er nichts zu tun hatte, und starrte auch auf den Hinterkopf vom Kapitän. Na toll, jetzt dachte ich darüber nach, ob er auch darüber nachdachte, was der Kapitän dachte. Er stand nicht hinter ihm, wie man hinter jemandem stand. Sondern er stand hinter ihm, als ob er ihn lenkte, während er lenkte. Von seinen Händen in den weißen Handschuhen ging etwas aus wie von einem Marionettenspieler. Dann kratzte er sich am Handgelenk.

«Denkst du das Gleiche wie ich?», flüsterte Francesca neben mir.

Ich schüttelte den Kopf. Warum sollte ich das Gleiche wie sie denken?

«Wo könnte Mimiko sein?», flüsterte sie.

Ich zuckte die Schultern und hatte vergessen, was ich gerade eigentlich gedacht hatte.

Das Hafengelände zog sich ewig. Riesige Silos tauchten auf, dreißig Stück mindestens, hausgroß, rot beleuchtet.

Ich war erst zweimal in meinem Leben an einem Hafen gewesen, und es hatte immer gleich gekribbelt im Nacken. Häfen waren die Orte, wo der Mensch das Wasser mit Schiffen betritt. Nackenkribbelorte. Am Ende des Wassers lag jeder Kontinent. Von jedem Hafen gab es einen Weg nach Indien, Japan, Grönland. Das Wasser hier war dasselbe Wasser wie überall. Das Meer war das größte zusammenhängende Ding, das mit einem Wort zusammengefasst wurde. Meer, vier Buchstaben für dieses riesige Ding. Aber All hatte sogar nur drei.

Eine ähnlich große Erkenntnis hatte ich mit ungefähr sechs Jahren, als mir auffiel, dass man Schiffe nicht immer genau auf die Horizontlinie malen musste. Ich konnte sie auch irgendwo auf das Meer malen. Weil der Horizont kein Strich ist, sondern alles dreidimensional und hinter dem Horizont ein anderer Horizont. Eine ewige Horizontverschiebung, wenn man sich bewegte, und Horizonte in alle Richtungen und dahinter immer weitere Horizonte.

Das war damals das erste Mal, dass ich dachte, dass ich gerade dachte.

Nachdem wir noch eine Weile draußen auf dem Deck neben der Brücke gestanden hatten, Fotos und Videos gemacht hatten, darüber geredet hatten, wo Mimiko wohl sei und wie es nun weiterging, gingen wir erst mal schlafen.

Ein Knall. Wieso schaukelte das so? Ich konnte nichts sehen. Ich versuchte mich aufzusetzen, aber das Schaukeln schmiss mich gegen die Wand. Ich lehnte mich dagegen. Wenn ich die Knie aufstellte, konnte ich mich gut abstützen. Wieder ein Knall. Etwas rollte im Schrank hin und her. Ich wurde in einem fort hin und her geworfen und versuchte, mich noch stabiler hinzusetzen. Aber gleich das nächste Schaukeln schmiss mich um. Sofort wieder hinsetzen. Wieder ein Knall. Das Rollen im Schrank. Was war das? Dann kotzte jemand. Das war im Zimmer, also Freigunda. Die Zimmertür wurde aufgerissen und krachte sofort gegen die Wand. Licht und Yvette kamen reingeflogen.

«Boah, macht euren Schrank zu!» Mit dem Schaukeln des Schiffs flog Yvette mit der Tür fast wieder zurück in das andere Zimmer. Sie stemmte sich dagegen, aber mit dem nächsten Schwung wurde sie wieder ins Zimmer geschmissen. Sie schloss die Tür und knallte dagegen. «FUCK!»

Es war wieder dunkel. Ich hörte Yvettes Körper auf der Suche nach etwas gegen die Wände klatschen und wieder ins Zimmer trampeln. Dann hatte sie den Lichtschalter gefunden.

Volle Beleuchtung von oben. Freigunda mit einer Tüte vorm Gesicht. Sie versuchte, sich anzulehnen, wurde aber hin und her geworfen. Es kam eine so heftige Bewegung des Schiffes, dass ich mich lieber hinlegte, aber im Liegen wurde mir komisch, und mit der nächsten Bewegung rappelte ich mich wieder hoch, das Schiff warf mich ins Aufrechte. Ein weiterer Knall. Jetzt sah ich es. Die Schranktür flog auf und zu.

«Mach den Schrank jetzt zu. Zuschließen.» Yvette mit breiten Beinen gegen die Wand gestemmt. Die nächste Bewegung riss sie halb um, sie hielt sich an meiner Jacke fest. Ein Ratschen, und sie flog mit der Jacke ins Zimmer.

Das Rollen im kleinen Schrank. Knall. Schranktür zu, gleich wieder auf. Zeitgleich taumelte Yvette wieder zurück. Sie lief einen Schritt auf die Tür zwischen den zwei Kabinen zu und rannte dann wie geschubst. «Ich geh wieder rüber.» Aber Gehen war das nicht. Sie bewegte sich, als würde sie auf einem rennenden Kamel stehen.

Würgen von Freigunda. Kabinentür auf, Kabinentür zu, bumm, Rumpeln von drüben. «Fuuuuck!»

Mein Körper hatte die ganze Zeit das Gefühl, es müsste gleich aufhören. Die Welle noch und die und die und die und die, aber es hörte nicht auf. Noch eine. Das Rollen im Schrank, die Schranktür auf und zu. Ich versuchte, an der Wand entlangzukommen. Es war stärker als ich. Ich ging auf alle viere und landete fast unterm Schreibtisch. Ich krabbelte zur offenen Schranktür, wartete auf den kurzen Moment zwischen hin und her ab und schloss sie, Schlüssel rumdrehen. Das war erledigt. Drüben klirrte was. Im Bad klapperte was. Das Schiff knarrte, als wollte es zerbrechen. Und weil wir schon mal bei Brechen waren, wurde mir jetzt vom Rumlaufen schlecht. Der Geruch von Freigundas Erbrochenem half nicht gerade. Ich saß auf dem Boden und wusste nicht, wie ich hier wieder wegkommen sollte. Das Dröhnen und Rauschen draußen. Riesige

Wellen, die gegen die Container klatschten. Es spritzte an unser Fenster.

«Jetzt ist alles raus», sagte Freigunda.

«Ich räum die Tüte weg», sagte ich.

Lustig. Wie? Ich müsste zu ihr. Lustig. Wie? Ich müsste die Tüte in etwas reinmachen. Lustig. In was? Eine andere Tüte. Woher sollte ich die nehmen? In meinem Rucksack war eine. Lustig. Wie sollte ich denn da hinkommen? Ein wirklich, wirklich großes Schaukeln drückte mich gegen den Schrank und dann vom Schrank weg. Obwohl ich breitbeinig dasaß, drückte es mich weg. Ich hatte fast den Oberkörper auf dem Boden und rutschte über den Boden. In einem Schrank fiel was runter. Wieder eine Riesenwelle, die diesmal ans Seitenfenster klatschte. Das Rollen im Schrank. Das Vibrieren von einer Tür, das Rütteln irgendwo wie vom gesamten Schiff. Ein Ächzen im gesamten Material. Gut, dass Yvette das Licht bei uns angemacht hatte, sonst hätte ich jede Orientierung verloren. Ich krauchte zu meinem Rucksack, stemmte mich abwechselnd nach hinten oder vorne gegen die Kraft, die mich und das Schiff und alles herumwarf. Ich versuchte, mit den Bewegungen zu arbeiten, aber wenn ich in die Richtung wollte, in die es drückte, drückte es mich zu weit. Ich flog. Wenn ich mich dagegenstemmte, kam ich sowieso nicht vorwärts. Es gab nur einen kleinen Moment genau dazwischen. Die Bewegung war auch nicht regelmäßig. Ich versuchte, mich auf diesen irren Tanzpartner einzulassen. Okay, Schiff, du führst. Unser Lied, das Rollen und Vibrieren, das Pfeifen des Windes, das Rauschen, wohl Regen, das Klatschen des Wassers, das Donnern der geladenen Massen, das Wummern im Inneren, das Stöhnen des Holzes. Ich war am Rucksack, lehnte mich gegen die Wand, verbeugte mich bei der nächsten Bewegung. Ja, das war eine Verbeugung wert, denn das hatte ich toll gemacht. Irgendwo klingelte etwas gläsern. Das Schiff stampfte sich voran, volle Kraft gegen volle Kraft.

Ich hatte die Tüte, ich rutschte, buckelte und krauchte zu Freigunda, nahm ihr ihre Tüte ab. Sie ließ die Arme sinken und drehte den Kopf weg. Sie atmete aus, ließ die Lippen flattern beim Ausatmen. Wie gegen die Wand geschraubt saß sie.

Ich verknotete den vollen Beutel und packte ihn in den leeren. Ich krauchte zum Mülleimer, ein festgeschraubter mit einem festen Deckel, und da ließ ich die Tüte verschwinden.

Alles an mir konnte nicht fassen, wie ununterbrochen es weiterging. Alles sehnte sich nach Pause, nach Schluss. Der Boden sollte wieder ein zuverlässiger Boden sein, keine Schräge, keine Wippe, keine Rutsche. Es kam eine noch heftigere Schräglage. Mein Schal hing schräg ins Zimmer wie eine Fahne, kurz gehisst, ein Moment Stillstand wie ein Foto, bei dem man weiß, dass es gleich kippt, und dann ging es wieder zurück. Und wie. Das Schiff zerbrach doch. Etwas schlug mit einem Riesenhammer gegen uns. Ein Wellenhammer, mit Sturmfaust geführt, und uns bearbeitete er auf einem Amboss aus Wasserwand. Konnte Wasser so hart sein, so hoch, so stark?

Hoffentlich ging es Mimiko gut. Wenn sie doch noch auf dem Schiff war? Irgendwo eingesperrt? Oder eingeklemmt? Verletzt und unfähig, um Hilfe zu rufen?

Und das alles nur für Bea! Oder anders: Das alles für Bea! Ohne nur. Dafür waren wir weggelaufen, hatten Mimiko und Antonia aufs Schiff geschmuggelt und hielten diesen Sturm aus. Für Bea. Nach Bea würde mal ein Stern benannt werden. So eine war das. Auch wenn ich gerade von meiner schaukelnden Eckbank die Sterne nicht sehen konnte, waren sie trotzdem da. Und so ging es mir mit Bea. Ich konnte mich an ihr orientieren.

Mit ihr ergab alles mehr Sinn, und ich fragte mich, ob wir auch deshalb alle zu ihr wollten, weil nur mit ihr alles Sinn ergab.

Obwohl ich dachte, das ginge nicht, begann das Schiff noch stärker zu schaukeln. Freigunda stöhnte.

Boah, das sollte aufhören. Ich wollte nicht mehr. Es konnte doch nicht noch ewig so weitergehen, stundenlang oder tagelang.

Es ging stundenlang so weiter, jedes Geräusch, jede Kraft, das Harte, das Nasse, das Rhythmische. Die Zeit hing fest in der immer gleichen Sekunde.

Ein Sonnenstrahl fiel auf mich, zwischen mir und der Sonne war ein gelber, warmer Strich gezogen, der mich und die Sonne verband. Dieses bewegliche Zimmer, das braungemütliche Holz in dem Licht, das Knarren und Schaukeln, aber alles ganz ruhig. Als hätte es das Toben in der Nacht nicht gegeben. Meine Jacke lag auf dem Boden. Sie musste Schlaf nachholen. Ich war komischerweise total ausgeschlafen. Freigunda lag da, und im Schlaf hatte sie etwas Sanftes. Und einen Kotzefleck auf dem Leinenhemd.

Es war kurz vor sieben, und ich würde nicht mehr einschlafen können. Manchmal wurde ich wach und wusste sofort, dass irgendwas nicht gut war. Dann musste ich nachdenken, was das war. An diesem Morgen fiel mir sofort ein, was gar nicht gut war: Wir wussten nicht, wo Mimiko war.

Ich ging zum Fenster und griff über Freigunda, um den Vorhang aufzuziehen. Unsere Fracht glänzte in der gelben Morgensonne, alle Farben leicht gelblich, blaugelb, weißgelb, grüngelb, alles gelb, sogar das Meer war gelb. Mein Gehirn öffnete die Arme. Das Wiegen des Schiffes ließ mich keine Sekunde vergessen, dass ich jetzt woanders war und wer anders war, Charlotte zur See. Die getrockneten Tropfen auf der Scheibe als runde Vergrößerungsspiegel für Lichtbrechungen.

Freigunda wurde wach, und alles Sanfte, was sie im Schlaf gehabt hatte, wich sofort einem eckigen Grimm. Sie sah gleich wieder aus wie Hühnerfüttern-Brotbacken-Holzhacken-Zaunflicken. Also wie immer. Freigunda lag, nur mit ihrem Ziegenlederhemd und einer absurden Unterhose bekleidet, auf dem Rücken. Obwohl ich ihre Beine schon kannte, war es immer ein Ereignis, sie zu sehen. Sie waren einfach nur fest. Ein Bildhauer hatte sie aus Stein geschlagen und dabei echt übertrieben.

«Das war ein Sturm, oder?», sagte ich.

Sie sah mich an, als wäre ich als falscher Schokoladenriegel aus einem Automaten gefallen: «Ja, das war ein Sturm.»

«Ich meine, was für einer ...», versuchte ich der richtige Schokoladenriegel zu werden.

«Ein starker.»

Ich war nicht nur der falsche Riegel, sie hatte nicht mal Geld in den Automaten gesteckt. Ich war einfach so herausgefallen. Wahrscheinlich hatte sie in echt noch nie eine Münze in einen Süßigkeitenautomaten gesteckt.

«Geht's dir denn besser?»

«Danke der Nachfrage.»

Ich hatte eigentlich die ganze Zeit gehofft, sie mal allein sprechen zu können, um meinen Wissensdurst zu stillen. Wenn man bei Freigunda seinen Wissensdurst stillen wollte, dann ohne Strohhalm und Schirmchen, einfach ansetzen und trinken.

«Ich wollte dich was fragen. Also, ich habe eine Frage.»

«Himmlische Heerscharen», Freigunda setzte sich hin und begann ihren seekranken Bauch zu massieren, indem sie ihren Zeigefinger mal hier, mal da tief hineinbohrte. «So frag doch.»

«Du hast Francesca um eine Adresse von einem Arzt gebeten.»

«Ja.»

«Und die hat sie dir auch gegeben.»

«Ja.»

Das Schiff schaukelte, und die Sonne schwapperte über den Teppich, hin und her.

«Das waren deine Fragen?» Sie drückte noch mal in ihren Bauch, und dann kam ein gewaltiger Furz.

«Ich wollte wissen, ob du mir was darüber erzählst, also was für ein Arzt und warum du die Adresse brauchst ... Wenn das ein Geheimnis ist, dann ...»

«Dann kann ich es dir trotzdem verraten», sagte sie, «denn es ist mein Geheimnis, und niemand hat mich gebeten, es für mich zu behalten. Geheimnisse sind bei mir sicher, aber über meine eigenen verfüge ich, gottlob.»

«Gottlob!», bestätigte ich.

Freigunda setzte sich hin und musterte mich kurz. Dann erzählte sie. «Ich brauchte einen Arzt, der meine Eltern nicht kennt und den meine Eltern nicht kennen. Mein Leben ist durchwirkt von meinen Eltern. Wo ich bin, sind sie auch. Wo man mich kennt, kennt man sie auch. Wo ich geh und steh, da sind sie schon gegangen und gestanden. Mit euch war ich das erste Mal nur ich. Es handelt sich um einen Frauenarzt, der bereit ist, mir eine Spirale einzusetzen, und das ist nun doch ein Geheimnis, weil er das ohne Einwilligung meiner Eltern nicht darf und ich ebenso nicht. Francesca hat mich gefragt, was ich verlange, und ich habe das verlangt. Und wenn du dich nun fragst, wozu ich eine Spirale in meiner Gebärmutter benötige, dann …»

Dann ging leider nicht der Satz weiter, sondern die Zwischentür zur Nachbarkabine auf.

Antonia. «Ihr seid ja wach.»

«Ja, wir sind wach», bestätigte ich, «und du bist auch wach.» Ich dachte: Und jetzt werde ich nie erfahren, warum, verdammt noch eins, unsere Freigunda, warum die eine Spirale braucht.

«Yvette schläft noch.»

«Das ist schön», sagte ich, «für sie und für uns. Und warum schläfst du nicht mehr?»

«Ich bin aufgewacht.» Antonia setzte sich zu mir und lehnte ihren Kopf gegen meine Schulter. Sie war ein Goldhamsterchen. Man musste sie liebhaben. «Ich mache mir Sorgen um Mimiko. Ihr auch?»

«Ich nicht», Freigunda schüttelte den Kopf. «Sie wird irgendwo sein, und dann ist das ihre Entscheidung.»

«Aber wenn sie irgendwo gefangen gehalten wird, dann ist das gar nicht ihre Entscheidung.»

«Dann ist das aber so und auch nicht zu ändern. Ob du dir nun Sorgen machst oder nicht.»

Das war wieder so typisch Freigunda, weise, aber unsensibel. «Ich wollte gerade Charlotte erzählen, warum ich eine Spirale brauche. Möchtest du das auch wissen?»

«Ja, na klar», strahlte Antonia. «Warum denn? Hast du einen Freund?»

«Weil ich meinen Kindern diese Welt nicht zumuten möchte. Und weil es wirklich genug von meiner Familie gibt.»

Dann ging die Sirene an. Der Ton klang nach Leben oder Tod. Das war ein Ton, der nicht dem oder dem galt, sondern allen. Weg hier! Alarm!

Gefühlt rannten auf einmal hundert Mädchen hin und her und zogen hundert Hosen an und zogen hundert Pullover an und fragten hundertmal: «Was ist los?»

Der Ton war schmerzhaft und anhaltend. Panik. Ein Schiff kann sinken. Ein Schiff kann brennen. Ein Schiff kann brennen und dann sinken. Eine Fracht kann Feuer fangen. Eine Fracht kann Feuer fangen und dann explodieren.

Jetzt waren es gefühlt schon zweihundert Mädchen in unserer Kabine. Antonia überall gleichzeitig und so hoch wie der Ton: «Alarm. Das ist Alarm!»

Francescas Stimme hinter der Tür. «Alle raus!» Sie brüllte mit der Sirene um die Wette. Das Schrillen schepperte inzwischen. Yvette hielt Antonia fest. Wenn Antonia jetzt rausrannte, wussten alle, dass wir jemanden reingeschmuggelt hatten. Das würde jede Menge Ärger geben, jede Menge Geld kosten. Diese Sirene! Die presste meine Gedanken zusammen.

Yvette nahm Antonias Gesicht in die Hände und schrie: «Du musst mir jetzt vertrauen.» So ein Scheißsatz! Und diese Scheißsirene!

Im Treppenhaus des Towers Schritte. Jemand riss die Tür zu unserem Flur auf. Yvette drängte Antonia in die Nachbarkabine.

Dann war die Tür zu unserer Kabine plötzlich offen. Ein Mann in Rettungsweste stand davor, forderte uns auf mitzukommen, zeigte uns, wo Rettungswesten sind. Er war ganz ruhig. Er kannte das. Ich dachte und hoffte, ahnte und war mir plötzlich sicher: Das war eine Übung.

«Ist das eine Übung?», fragte ich Yvette.

Sie nickte ganz leicht.

Francesca rief: «Los jetzt!» und: «Was ist mit Antonia?». Ich versuchte, Francesca wegzuschieben. Ich hoffte, dass der Mann in der Rettungsweste dann auch weggehen würde. Ich musste Antonia sagen, dass es nur eine Übung war, aber besser, wenn der Mann endlich weg war. Freigunda war schon weg, Yvette und Francesca rannten jetzt los, der Mann mit der Rettungsweste auch. Ich rief durch die Tür: «Das ist nur eine Übung», aber diese Sirene war so laut. «EINE ÜBUNG!»

Ich drehte mich um und rannte gegen den Ersten Offizier, der wieder wie aus dem Nichts vor mir stand, wieder mit weißen Handschuhen. Er zog die Augenbrauen hoch. Mann, wieso fand ich den so schlimm? Eigentlich erschrak ich bloß jedes Mal, aber sonst war doch gar nichts.

Er zeigte mit dem Kopf, dass ich endlich auch aus der Kabine kommen sollte. Als ich an ihm vorbeiging, stieß er mich mit seinem Ellenbogen vor sich her. Das konnte ich gar nicht glauben. Das ist nicht passiert, dachte ich. Aus Versehen. Oder ich sollte mich beeilen. Ja, klar. Tat ich ja auch. Diese Sirene zerschrillte mich, zerdepperte, zerschepperte mich. Ich rannte die Treppe hoch. Er verfolgte mich mit großen Schritten. Dann sah ich schon das Schild für die Sammelstelle. Als ich nach der Türklinke griff, stieß er mich noch mal, und ich knallte mit der Wange gegen die Metalltür. Das war auf jeden Fall passiert. Und nicht aus Versehen. Und auch nicht, damit ich mich beeilte. Ich hätte die Tür ja schon lange aufgemacht, wenn er mich nicht gestoßen hätte. Ich wusste also nicht, warum er das getan hatte, nur dass er es getan hatte. Mich gestoßen. Ich hörte schon die anderen draußen, Schritte, Schutzwesten anziehen. Es war nur eine Tür zwischen diesem Stoß und der Sicherheit der Gemeinschaft. Ich traute mich nicht, ihn anzusehen. Könnte sein, dass er auch noch grinste. Dann hätte ich gar nicht mehr daran glauben können, dass er mir nur mitteilen wollte, dass diese Tür die richtige war und ich mich beeilen soll.

Ich öffnete die Tür, und die Sirene jaulte aus.

Eine so krasse Stille. Das Meer. Das Pfeifen im Kopf vom Dauerton. Der Wind. Alles sackte in sich zusammen. Der Schiffsmotor lief nicht. Das hatte ich bei dem Geplärre der Sirene und in der Hektik gar nicht mitbekommen. Es war so krass still. In meinem Kopf blieb das Pfeifen vom Nachhall der Sirene. In meinem Rücken blieb der Nachhall des Stoßes.

Alle anderen waren schon da. Ich stellte mich neben Francesca, ein Stück näher ran, als ich es ohne Stoß getan hätte. Sie legte ihren Arm um mich. Das war jetzt genau das Richtige.

Es wurde abgezählt, dann eine Belehrung.

Der Kapitän war nicht zufrieden mit der Zeit. Sein Blick wischte über alle drüber. Zwei Sekunden über der erforderlichen Evakuierungszeit. Das müsste besser werden.

«Er hat mich geschubst», wollte ich schreien. Das waren genau die zwei Sekunden. Er war schuld. Hätte er mich nicht geschubst, dann …

Natürlich hätte ich nie etwas gesagt, aber erst recht nicht vor diesen ganzen Männern. Es waren zwölf Männer, so viele Männer, wie das Jahr Monate hat. Wer war wer? Wer Frühling, wer Herbst? Wie sie dastanden, mit allem, was man nicht sah, mit ihren Geschichten und Witzen. Mit ihren Erinnerungen und Wünschen. Mit ihren Schmerzen und Familien. Mit ihren traurigen und fröhlichen Liedern. Mir war es zu viel, jeden Einzelnen wahrzunehmen. Um so ein riesiges Schiff zu bewegen, waren das wenige Personen, aber für diesen Moment, um sie zu beobachten und zu unterscheiden, waren es zu viele.

Ich hatte das Gefühl, dass etwas Zusätzliches da war. Die zwölf Männer und irgendwas. Ich wusste, dass es Verknüpfungen zwischen ihnen geben musste, ein Gewebe aus Beziehungen, ein Netz, die dicken und die dünnen Fäden, die Knoten und die Fransen, die Knebel und die Fesseln. Aber nichts davon sah man.

Der Kapitän sagte, dass eine regelmäßige Sicherheitsbelehrung vorgeschrieben sei. Nach diesem Sturm fanden er und «Officer Artem Kusmyn» das eine gute Idee. Er zeigte auf den Ersten Offizier. Artem Kusmyn. Diesmal wollte ich mir den Namen merken. Artem Kusmyn. Der erste Mensch, der mich geschubst hatte. Ich war so schüchtern, schon immer, dass ich noch nie jemandem im Weg gestanden hatte. Ich hatte mich immer unsichtbar gemacht. Es gab keinen Grund, mich zu schubsen oder zu stoßen.

Außerdem wüsste er, so der Kapitän, dass «Mister Daris Golubev» oft nicht so ausführlich bei der ersten Sicherheitseinweisung beim ersten Rundgang sei.

Hätte er ihn nicht auch «Officer» nennen müssen? Er klopfte Daris zweimal auf die Schulter, griff richtig fest zu und schüttelte den Zweiten Offizier. Artem Kusmyn nickte wie ein Weinkenner. Hmmm, so ein feines, kleines bisschen Gewalt unter Männern, vorzüglich.

Die anderen Männer schauten nicht weg, aber auf gar keinen Fall hin.

Daris tat wie ein Gegenstand. Als der Kapitän ihn losließ, knackte Daris mit den Halswirbeln und nickte seinem Kapitän zu.

Okay, das waren vielleicht erwachsene Männer mit Dienstgrad und Verantwortung, aber sie hätten sich auch noch am

Hinterteil beschnuppern können oder auf die Brust trommeln. Ich sah die Mädels an, aber sie verzogen auch keine Miene. Das war alles ein bisschen des Kaisers neue Kleider. Ich könnte das Kind sein und rufen: «Ihr seid gemein!», und: «Artem Kusmyn hat mich geschubst.» Ich sagte ja wirklich sehr gern nichts, aber nur wenn es nichts zu sagen gab.

Daris leierte die nächste Sicherheitsunterweisung herunter. Er zeigte nach links und nach rechts und hinter sich, denn da sei der Treffpunkt, da das Freifallboot und da die Rettungsinsel. Wenn er schon so anfing, würde es vermutlich wieder nicht sehr ausführlich sein. Ich sollte besser zuhören, denn das war meine Chance, doch noch etwas mehr als am Vortag zu verstehen.

Daris führte vor, wie die Rettungswesten funktionieren. Wir mussten sie wieder ausziehen, um sie wieder anzuziehen. Die Männer nicht. Nur wir. Klickverschluss, dann Klettverschluss, Gurt verlängern, um den Körper, Verschluss zu, Gurt straff. Daris blies kurz in die Signalpfeife. Dann zeigte er uns die Nachtrettungsleuchte, die bei Wasserkontakt aktiviert wurde.

Ich versuchte, mir einen Ernstfall vorzustellen. Wie sechzehn orange Rettungswesten auf den hohen Wellen des Ozeans hüpften, nur schnell weg von dem riesigen Sog, den das sinkende Schiff erzeugte. Bei einer Trockenübung dachte jeder an den nassen Ernstfall, aber beim nassen Ernstfall dachte niemand an die Trockenübung.

Bei allem sei das Wichtigste, keine Panik zu haben, sagte Daris mehrmals, als müssten wir uns nur das merken. Aber wie sollte das gehen? Kein Mensch hat keine Panik im Ernstfall. Menschen hängen an ihrem Leben. Keine Panik haben nur Gegenstände.

Die Männer standen rum. Unser Koch Jimmy-Junior. Ein Älterer lächelte immerzu. Einer war sehr muskulös. Der eine war der sehr Hübsche, den ich am Vortag beim Beladen gesehen hatte. Er sah auf das Meer. Neben ihm einer, der ihm ähnlich sah, zumindest wenn man sich einbilden wollte, dass sie Brüder waren. Die Diaz-Brüder, wenn sie Brüder waren. Ich hätte gern gewusst, ob einer von ihnen schon einmal eine Rettungsweste zur Rettung angezogen hatte? Und dann mit der Trillerpfeife getrillert? Und die Nachtrettungsleuchte war angegangen?

Aber manchmal musste schon etwas passiert sein, sonst gäbe es dieses Freifallboot nicht. Das war dieses Ding, das aussah wie das Kind von einem Bügeleisen und einem Schuh. Das Teil war komplett geschlossen, wie ein U-Boot, hinten war eine kleine Einstiegsluke. Wir durften kurz reinsehen und bekamen gezeigt, wie wir uns anzuschnallen hätten. Aber das würden wir nicht brauchen, dachte ich mir. Das war wie der Tanz der Stewardessen bei Flugreisen. Das musste einfach gesagt werden, aber wir würden diese Kapsel nicht brauchen. Schon allein weil wir mehr als sechzehn Menschen an Bord waren. Beschloss ich. War ich mir sicher. Hoffte ich. Fünfzehn Personen passten dort hinein, mit Notsitz sechzehn. Genau die sechzehn, die gerade hier standen. Es gab keinen weiteren Notsitz für Antonia, und es hätte keinen weiteren Notsitz für Mimiko gegeben. Jeder Sitz hatte eine Nummer. Daris sagte uns, was unsere Nummern waren. Ich würde auf der vierzehn sitzen. Es gab einen Grund dafür, warum sie nur vier Passagiere mitnahmen. Sechzehn Sitze. Hätten wir das wissen können? Müssen? Verdammt!

Daris sagte, dass wir jetzt zur Rettungsinsel gehen würden, und wir tappelten ihm alle wieder hinterher. Wenn etwas Schlimmes passieren würde, wäre noch die Rettungsinsel da, die sich selbst aufblies, wenn man sie von hier oben ins Meer schmiss. Die Rettungsinsel war ebenfalls orange. Alles, was orange war, rettete also.

Daris zählte auf, was in der Rettungsinsel alles verstaut war: Navigationshilfen, ein Spiegel, um Blinksignale zu geben,

Taschenlampen, Wasser, Zwieback, Ruder, Thermodecken. Zeigen konnte er uns das nicht, denn es war ein kompaktes Paket, dass sich erst auspacken würde, wenn man an einem Auslöser zog. Das sollte unbedingt erst im Wasser geschehen, sonst könnte die schon aufgeblasene Rettungsinsel falsch rum auf dem Wasser landen, und alles wäre umsonst gewesen. Ich fragte mich, wie man das hinbekommen sollte, wenn das Schiff brennt und die ersten Dinge im Rumpf explodieren, an all das zu denken und die Rettungsinsel nicht vor lauter Panik auszulösen. Ach ja, keine Panik, klar, das war der Trick. Und wenn Piraten kämen? Es gab doch noch Piraterie, das hatte mir leider meine Mutter gesagt, als Argument gegen diese Schifffahrt. Francesca henkelte sich bei mir ein. Ich war ihr sehr dankbar in dem Moment.

Weil die Sicherheitsübung vorbei war, verschwanden alle Männer, als ob das Schiff sie magnetisch an ihre zugewiesenen Positionen saugte.

Der Schiffsmotor wurde wieder angelassen, und wir fuhren weiter.

Unsere Frühstückszeit war fast vorbei, und wir beeilten uns, in die Messe zu kommen. Ich würde einen Ziegelstein essen, nur damit meine Magenwände aufhörten, sich gegenseitig anzuknurren. Das war ein ganz schön krasser Morgen nach einer krassen Nacht. Die nächsten sieben Nächte und Morgen auf der Lexy Barker würden hoffentlich ruhiger verlaufen.

«Ich wunder mich ein bisschen über Mimiko», sagte Francesca, als wir im Treppenhaus waren. «Dass sie sich so lange nicht meldet … Ich habe sie ja nun ein bisschen kennengelernt. Das passt gar nicht zu ihr. Sie hätte sich zumindest bei jemandem gemeldet.»

«Wir sollten nur in der Kabine darüber sprechen», ermahnte Freigunda wieder.

In der Kapitänsmesse roch es nach Toastbrot. Jimmy-Junior kam mit der Kaffeekanne rein und stellte sie auf den Tisch. Er nahm einen gelben Lappen, der am zugebundenen Bändchen seiner völlig verküchten Leinenschürze hing, und wischte dort über die beschichtete Tischdecke, wo nichts stand, um die Marmelade, die Butter, unsere Teller und den Krug mit Wasser und Zitronenscheibe herum. Der Lappen schlenkerte über den Tischrand, berührte fast Yvette, die fast starb, worüber ich fast lachte. Man wollte wirklich nicht wissen, wo der Lappen vorher herumgekurvt war. Jimmy-Junior verzog kein Gesicht. Er machte hier nur seinen Job, egal, gewischt war gewischt, Schürze war Schürze, mit Mikroskop würde schon keiner kommen. Er fragte uns, wie es uns mit dem Sturm ergangen war, der war ja doch sehr stark gewesen. Niemand von uns wollte uncool sein, aber natürlich war das ein irres Erlebnis für uns, und das ließ sich schwer leugnen. Jimmy-Junior steckte seine Lappenpistole in das Halfter an seiner fragwürdigen Schürze. Er schien schon stolz darauf zu sein, dass das für ihn alles normal war und für uns nicht, aber nein, so einen Sturm gäbe es nicht oft, nur manchmal, sagte er. Immer im Herbst. Francesca fragte, wie lange er schon zur See fuhr. Er sah nach oben an die flache Decke der Messe. Als er nachgerechnet hatte, sagte er: «Eight years.»

Und war er immer auf diesem Schiff gefahren, wollte Francesca wissen.

«No», antwortete Jimmy-Junior endlich, er war vorher auf drei anderen Schiffen gewesen, aber die waren nicht so gut. Aber egal, es gäbe immer was, was gut sei, und was, was nicht so gut sei.

Jimmy-Junior wünschte einen guten Appetit und verschwand in der Küche.

Yvette warf ihr Messer auf den Teller. «Ich kann hier nichts essen, was mit diesem Lappen in Berührung gekommen sein könnte.»

Francesca drängelte sich aus der schmalen Bucht zwischen festgeschraubtem Tisch und festgeschraubter Bank durch und dann noch zwischen unserem festgeschraubten Tisch für Passagiere und dem festgeschraubten Tisch für den Kapitän und die Offiziere.

Was dann kam, wird Sie überraschen. Lesen Sie HIER weiter. Sie werden nie erraten, was Punkt vier ist. Punkt eins: Francesca nahm eine eingeschweißte, bunte Packung vom Kühlschrank. Punkt zwei: Sie nahm eine kleine Honigpackung vom Kühlschrank. Punkt drei: Sie legte beides vor Yvette auf den Tisch. Punkt vier: Sie sagte «Das hatte keinen Kontakt zu dem Lappen. Und wenn du dich auch vor der Verpackung ekelst, dann packe ich für dich aus, wasche mir noch mal die Hände und schmiere dir dann das Knäckebrot.»

DAS WAR SO GROSS! War das Hammer? Das war doch Hammer, oder?

Und was tat Yvette? Was tat dieses an der vergoldeten Nabelschnur geborene Mädchen, das Wort nein nur kennend aus Wörtern wie Familieneinkommen und Inneneinrichtung? Sie nickte, nahm Knäckebrot und Honig, schmierte sich selbst ein Brot und aß.

Ich ließ mir ein Marmeladenbrot schmecken. Könnte Erdbeere sein oder Himbeere, Kirsche oder rote Farbe mit Zucker. Es schmeckte alles gut, weil ich es auf einem Schiff aß. Ich sah aus dem Bullauge in den Himmel. Da gab es nichts zu sehen als Himmel.

Freigunda steckte Brote und Joghurt in ihr Hemd, das könnte sie nachher wie eine Jahrmarktsgauklerin für Antonia aus dem Ärmel zaubern.

Wir redeten über den Sturm, erzählten alle unsere nächtlichen Erfahrungen. Wir lachten laut, weil wir so heldenhaft überlebt hatten. Wir erzählten aufgekratzt die krassesten Tanzmoves nach und erwähnten die lustigsten Tanzpartner, Schrank, Tür, Wand. Am lautesten lachte Francesca. Sie war zwar immer noch die Hauptfigur in einem Slapstick-Film, aber sie lachte selber, und das veränderte alles. Keine Ahnung, warum ich die ganze Zeit nicht wusste, ob ich sie mochte. Eigentlich war sie doch nett, also angenehm.

Ein Mann kam rein, groß, breitschultrig, braune Locken, grüne Ölfleckenlatzhose. Es war sofort klar, dass er niemand war, wegen dem man jetzt aufhören musste zu lachen. Er grinste und stand in der Tür, als hätten wir ihn hergelacht.

Er gab jeder von uns die Hand. «Oleksiy, Oleksiy, Oleksiy», und bei Yvette sagte er, dass sie sich ja schon kennen würden vom Rauchen.

Oleksiy war der Erste Maschinist. Ich – sagte er – kenne diese Riesenmaschine. Ich bringe euch sicher an Land, denn ich bin der beste Maschinist. Das Schiff und ich, wir sind verbunden. Ich fühle im Schlaf, ob der Motor gut läuft. Als Kind habe er den Schiffen nachgesehen, und nun war er in einem, dem andere von Land aus nachsehen. Als er zeigte, wie die Sehnsuchtsschiffe vom Ufer aus aussahen, legte er die Hand an die Stirn, um die Entfernung und die Sonne zu zeigen. Er winkte irgendeinem unsichtbaren Schiff und lachte dabei. Nichts würde ihn mehr mit Stolz erfüllen – er griff sich an die Brust –, als uns den Maschinenraum zu zeigen. Wenn ihr wollt.

Ob wir wollten? Es brach fast Begeisterungsmassenpanik aus. Oleksiy beugte sich vor und zurück, so sehr lachte er. Er schlug sich auf die Knie und schüttelte den Kopf.

Ein scharfer Ton von der Tür beendete alles. Der Erste Offizier stand da. Ich hatte mir den Namen merken wollen, aber es hatte nicht geklappt. Wir hatten auch ihn hergelacht, aber nicht weil er gern mitlachen wollte wie Oleksiy.

Oleksiy sprang auf und ging. Der Erste Offizier sah uns kurz an und ging auch.

In der Luft hing das Versprechen auf eine Begehung des Maschinenraumes. In der Küche fiel eine Blechschüssel runter.

«Vielleicht ist im Maschinenraum etwas, dass er uns unbedingt zeigen will», überlegte Francesca. «Beziehungsweise jemand. Vielleicht ist Mimiko dort.»

Yvette lachte. «Neeee. Warum sollte er so was tun? Dann verliert er seinen Job. Also er ist sehr nett und alles, aber das wäre zu nett. Er hat mir gestern verraten, dass es heute einen Probealarm geben wird. Aber das hat er nur gemacht, weil die Touristen beim letzten Probealarm so einen Schiss bekommen haben, dass sie das Rettungsboot über Bord geworfen haben.»

«Aber das ist doch gar nicht für uns», wunderte ich mich.

«Ja, das sagt Daris vermutlich seitdem immer extra.» Yvette lachte. «So! Ich weiß ja nicht, was ihr macht, ich gehe jetzt zu Oleksiy in den Maschinenraum.»

Das Wort Maschinenraum machte alle wieder ganz aufgeregt.

Ich bot an, erst mal Essen in die Kabine zu bringen.

Auch über Antonia sollte nur noch in der Kabine geredet werden, sagte Freigunda.

«Na? Hi!» Antonia breitete die Arme aus.

«Freust du dich über mich oder über das Essen?»

«Über dich.»

«Na, dann kann ich es ja essen.»

«Okay. Und über das Essen.»

Während Antonia aß, erzählte ich von dem Probealarm, von der Sicherheitsbelehrung, aber von den sechzehn Plätzen erzählte ich nichts. Was ich von der Mannschaft erzählte, interessierte Antonia besonders. Mir fiel die Liste ein, und ich zeigte sie Antonia. Wir hängten unsere Köpfe drüber.

Artipenko, Spartak	Master	-	-	ukr
Kusmyn, Artem	Ch. Officer	160	-	ukr
Golubev, Daris	2nd Officer	140	-	ukr
Petruk, Oleksiy	Ch. Eng	-	-	ukr
Danylenko, Mykyta	2nd Eng	180	-	ukr
de la Cruz, Joriz	A. B.	200	-	phi
Capuyan, Rolando	A. B.	-	-	phi
Bautista, Jocar	A. B.	-	-	phi
Diaz, Romeo	O. S.	180	-	phi
Diaz, Darwin	O. S.	200	-	phi
De Rosario, Arnel	Oiler	-	-	phi
Escarda, Jimmy-Junior	Cook	200	-	phi

Komisch, dass es nur Ukrainer und Philippinos waren. Jetzt war es echt schade, dass Mimiko nicht da war. Die wusste bestimmt, warum das so war.

Antonia wollte noch mehr wissen, also begann ich Sachen über Oleksiy zu erzählen, die ich gar nicht wusste. Einfach weil es Spaß machte. Vielleicht so sehr, wie es meiner Mutter immer Spaß gemacht hatte, sich etwas auszudenken. Es zog mich wie in einen Fluss, den ich unterschätzt hatte, der vom Ufer aus ganz ruhig aussah, aber dessen Sog mich sofort erfasste. Antonia zog es mit hinein, aber sie hatte ein Floß, denke ich. Ich musste schwimmen, aber irgendwie konnte ich das. Ich erzählte und schwamm. Oleksiy komme aus einer schönen ukrainischen Landschaft, wo ukrainische Bäume nur so wachsen und ukrainische Tiere frei und glücklich leben. Das ukrainische Wetter ist sehr ukrainisch in dem Dorf, aus dem Oleksiy kommt. Er ist so fröhlich, weil er aus einer Familie stammt, die Ziegen hält, und die Ziegen haben seine kleinen Fußsohlen abgeleckt. Oleksiy hat schon als Baby so viel gelacht wie kein anderes Baby. Dieses ansteigende weiche, hohe Kullern, wie hopsende Töne. Einmal hat er die Dorfschildkröte vergraben, die bei Großmama im Kühlschrank überwinterte. Die Dorfschildkröte war die sechste Dorfschildkröte, denn von seiner Gründung an habe es immer eine Schildkröte in dem Dorf gegeben, das sich neben einem Berg befand, der selbst aussah wie eine Schildkröte. Oleksiy wusste nicht, dass sie Winterschlaf hält. Er fand sie. Sie rührte sich nicht. So beerdigte er sie und beweinte sie. Als alles herauskam, weinte Oleksiy noch mehr. Aber sonst hatte er immer nur gelacht.

Ich kam kilometerweit von der Wahrheit entfernt auf der anderen Seite des Erzählflusses an. Zufrieden, erschöpft.

Antonia hatte alles aufgegessen und strahlte. «Das war schön und traurig. Ich mag Schildkröten so gern. Sie sind so toll.»

Wir studierten noch ein bisschen die Namen auf der Liste. Spartak Antipenko hatte ich jetzt drauf. Daris Golubev auch, aber da reichte irgendwie der Vorname. Das Gleiche bei Oleksiy. Außerdem hatten sie sich selbst nur mit dem Vornamen vorgestellt. Ich versuchte, mir eine Eselsbrücke zu bauen, um mir endlich den Namen vom Ersten Offizier zu merken. Artem Kusmyn. Antonia schlug vor, da ich diesen Artem Kusmyn so gruselig fände, könnte ich doch an die Dementoren von Harry Potter denken, die einem mit dem Kuss des Todes den Atem nehmen konnten. Artem wie Atem und Kusmyn wie Kuss.

Und nur weil ich das Handy in der Hand hatte, als wir uns das Foto der Mannschaftsliste ansahen, bemerkte ich die kleine Benachrichtigung oben am Bildschirm, dass ich gerade eine SMS bekommen hatte.

Von Yvette. Aber als ich das Postfach öffnete, war da noch eine Nachricht. Von gestern Abend. Von Mimiko. Meine Gedanken so: Häh? Meine Gefühle so: Oh!

Ich setzte mich in die Hauptkabine rüber. «Wart mal» oder so was sagte ich zu Antonia. Worauf sollte sie denn warten?

Hallo, Charlotte! Ich habe mich wieder nicht getraut und bin jetzt auf dem Heimweg. Es tut mir leid, aber ...

Wenn das von gestern war, dann war das scheiße. Mir lief der Schweiß wie angeschaltet.

Die volle Nachricht lautete: *Hallo, Charlotte! Ich habe mich wieder nicht getraut und bin jetzt auf dem Heimweg. Es tut mir leid, aber ihr müsst ohne mich fahren. Ich werde aber trotzdem helfen, wo ich kann. Bitte sag den anderen Bescheid, dass ich auf dem Heimweg bin. Ich melde mich. Deine Mimiko.*

Meine Hände begannen zu jucken. Ich musste sofort zu den anderen.

Wieso meine Mimiko? Ich wollte sie gar nicht haben. Wieso schickten immer alle mir Nachrichten? Erst Bea, jetzt Mimiko.

Was hatte denn Yvette eigentlich geschrieben? *Komm zum Maschinenraum.*

Für einen kurzen Moment dachte ich, dass sie Mimiko gefunden hatten, dass Oleksiy sie wirklich im Maschinenraum versteckt hatte.

Ich schrieb: *Will nicht. Ihr müsst in die Kabine kommen. Wichtig.*

Yvette: *Wir warten auf dich. Los.*

Ich schrieb: *Komme.* Ich zog die Jacke an. Und dann noch Handschuhe. Es juckte. Noch sah man nichts. Nicht kratzen!

Vor dem Maschinenraum standen sie alle und warteten auf mich.

«Führung.» Yvette drückte eine Zigarette in eine Dose, die ihr Oleksiy hinhielt.

Francesca drückte ihre Zigarette in ihrem eigenen kleinen Aschenbecher aus. Das alles direkt neben einem Schild mit einem durchgestrichenen Streichholz, unter dem stand: No naked lights.

«Er macht nur einmal eine Führung», erklärte Francesca, «und da dachten wir, du solltest dabei sein.»

Ich zuckte die Schultern. Das zögerte meine Mimikobeichte noch ein bisschen raus. Obwohl ich es lieber gleich loswerden wollte. «Darüber reden wir besser in der Kabine», hörte ich Freigunda schon sagen. Meine Hände machten mich wahnsinnig. Ich würde es ihnen sofort danach sagen. Wie sauer wären sie auf einer Sauerskala von eins bis hundert? Siebzig?

Oleksiy gab uns allen Lärmschutzkopfhörer. Ich setzte sie über meiner Mütze auf.

Es wäre warm unten, sagte Oleksiy und zeigte auf meine Handschuhe.

Mir wäre oft kalt. Nein, kalt sei es unten nicht, lachte er, wie er als Kind schon gelacht hatte, wenn die Ziegen ihm die Füße ableckten. Ach, das hatte ich mir ja nur ausgedacht.

Wir gingen hintereinander und schoben uns eine nach der anderen durch die Öffnung in den Schiffsrumpf. Der Boden war grün lackiert, die Treppe grau, am Anfang der Treppe ein gelber Strich. Dahinter begann die Wärme. Wir zogen die Köpfe ein, bevor wir die schmale Metalltreppe runterstiegen. Über uns war ein Stück Schaumstoff mit schwarzem Gaffer Tape angeklebt. Durch die Kopfhörer und die Mütze gedämpft, vibrierte das metallische Hallen unserer Schritte auf der Treppe. Wir stiegen als Ritter ohne Waffen diesem lebendigen Ungeheuer ins Maul. Aus der Wärme wurde Hitze, aus dem Krach Lärm. Oleksiys Stimme durch alle Geräusche durch. Da lang sollten wir, nichts anfassen. Überall hingen sehr helle Lampen. Alles übersichtlich, steril, glatt. Ein grünes Maschinengedärm in Schlingen und Schlaufen. Mehrere Zylinder, so groß wie wir, alle verbunden und unter Kontrolle durch Ventile, Anzeigen und Räder, um irgendwas auf- und zuzudrehen, umzuleiten, abzulassen. Das sei Olga, sagte Oleksiy. So nennt er sie. Er ist Erster Maschinist. Er darf das. Er streichelte ein rundes Eisending. Wir liefen auf Metallgittern um diese erste Maschine drum herum, dann ging es noch tiefer, noch eine Maschine, auch grün, kleiner, ein weißes Geländer drum herum, ein Gang drum herum, damit man von allen Seiten kontrollieren und reparieren konnte. Eine kleine Treppe hoch über ein großes gelbes Rohr. Antrieb für die Schiffsschraube mit gelbem Schutzlack gegen Rost, bekamen wir erklärt.

Dann gingen wir in einen Kontrollraum, Tür auf, Tür zu, viel ruhiger, aber immer noch laut. Dort saß ein sehr großer Mann mit kurzen Stoppelhaaren und einem ebenso kurzen Stoppelbart. Natürlich hatte ich ihn bei dem Probealarm gesehen, aber dafür, dass er so groß war, konnte man ihn gut übersehen. Er hieß Mykyta Danylenko. Wie sollte ich mir das jetzt wieder merken? Vielleicht musste ich das gar nicht. Oleksiy zeigte uns die Computer, die Anzeigen, die zu den Maschinen gehören. Außerhalb dieses nur noch halbblauten Raumes hätte ich es vielleicht nicht mitbekommen, weil dort alles stampfte und rauschte – aber hier in diesem Raum fühlte ich jetzt, dass mein Handy vibrierte. So ein Signal fühlt man aus anderen Vibrationen heraus, wie wenn jemand deinen Namen flüstert. Darauf bist du dressiert.

Brav dressiert zog ich das Handy raus. Bea oder Mimiko. Eine der anderen wohl kaum. Die waren ja alle hier, aber aus den Augenwinkeln sah ich, dass Yvette auch nach ihrem Handy griff. Vielleicht wollte sie Fotos machen. Francesca hatte ihr Handy sowieso in der Hand, eben zum Fotosmachen, wahrscheinlich Journalistenangewohnheit. Freigunda zog nichts aus der Tasche. Entweder hatte sie das Handy wieder nicht mit, dass ihr Yvette gekauft hatte, oder sie war nicht auf das Vibrieren dressiert. Alle anderen schauten auf ihre Geräte. *Hallo noch mal an alle und Entschuldigung auch noch mal an alle. Wie ich Charlotte schon geschrieben habe, bin ich auf dem Heimweg. Ab morgen bin ich zu Hause. Ich werde aber meinen Eltern nichts sagen und auch sonst niemandem. Ich bin außerdem jederzeit für euch da. Es tut mir sehr leid. Ich hoffe, ihr verzeiht mir und ich kann es irgendwie wiedergutmachen. Eure Mimiko*

Francesca starrte mich schon an, als ich den Kopf hob. Yvette las noch. Dann war sie fertig. Sie beugte sich zu Freigunda, hob deren Ohrhörer ein Stück an und sagte ihr etwas. Dann starrten mich die beiden auch an.

An meinen Körpermaschinen wurde ein Rad gedreht, eine Leitung geöffnet, und aus allen Ventilen kam Schweiß. Ich würde gleich wegschwimmen, den Rostschutzlack durchrosten, das Schiff stoppen und versenken.

Oleksiy beendete seine Erläuterung der Rechner und Computer, öffnete die Tür des Kontrollraumes und winkte uns raus in den Lärm und die Hitze. Ich ging als Erste raus. Einfach weil ich direkt neben der Tür stand, nicht um mich zu verdrücken. Yvette war sofort hinter mir, und dann ging es los. Sie brüllte irgendwas.

«Was?»

«Das ist doch total …», krach, krack, krach, «… von dir.»

«Was? Ich versteh dich nicht.»

«Ich versteh dich auch nicht.»

Und Francesca direkt neben mir. «Ich verstehe auch nicht, warum du das gemacht hast.»

In meinen Organen war derselbe Krach wie in den Schiffsorganen. Ich lief auf volle Kraft, der Schweiß in Strömen an mir runter.

Jetzt brüllte sogar Freigunda: «Du hast uns angelogen.»

Oleksiy sah von einer zu anderen und lachte. «Hey, hey, hey!», rief er und lachte noch doller.

«Ich wollte es ja sagen», rief ich. «Wirklich, ich hab die Nachricht gerade erst gefunden. Ich wollte es sagen.»

Francesca schüttelte den Kopf. «Wir haben uns solche Sorgen gemacht. Hättest du einfach kurz eine Info …»

Oleksiy fragte, ob uns noch der untere Maschinenraum interessierte. Der interessierte aber nicht. Er lachte und ging vor, um uns wieder rauszubringen. Über die Metallgitter, aber man hörte unsere Schritte nicht, weil Yvette schrie: «Du bist echt …», krach, krack, krach, «… Charlotte!»

«Aber ich …», aber ich musste vor allem erst mal weitergehen, die Metalltreppe hoch, mir den Kopf nicht stoßen. Und oben war auf einmal das treibende Donnern und Tosen weg und einfach nur Sonnenlicht und das Meer.

Freigunda drückte Oleksiy den Lärmschutzkopfhörer in die Hand. Francesca schüttelte den Kopf, gab ebenfalls ihre Kopfhörer ab, bedankte sich bei Oleksiy, der aussah, als ob er gerade aus einer großartigen Show kam. Nichts zu danken. Er habe zu danken. Das war lustig gewesen.

Yvette gab auch ihre Kopfhörer ab, und dann gingen sie alle weg.

Von mir stieg Dampf auf. Ich war der Hölle entstiegen, aber in mir war immer noch die Hölle. Die nimmt man mit, wenn man einmal da war. Ich war heute also geschubst worden, dann angebrüllt und stehen gelassen.

Oleksiy stand immer noch neben mir, sagte, dass er ja nicht

wüsste, was los sei, aber bestimmt würde alles wieder gut werden, denn es wurde immer alles wieder gut. Aus welchem Gummi-bärchenhausen kam der denn? Es wurde immer alles gut? Aber jetzt war gerade gar nichts gut. Wo sollte ich denn jetzt hin? Wenn ich in die Kabine ging, dann hätten sie es Antonia schon erzählt, und die würde dann auch nicht mit mir reden.

Ich zuckte die Schultern. Oleksiy lachte, sagte: «Hey!»

Das sollte mich trösten. Das tröstete mich nicht. Ich war allein. Der alleinste Mensch auf der Welt. Ich wartete exakt ein, zwei, drei, vier Sekunden, bis Oleksiy weg war, dann setzte ich mich auf die Truhe neben dem Maschinenraum, unter eine rote Plastikrolle, auf der «Safety Plan» stand, und heulte. Der Wind wehte meine Tränen in meine Ohren, und es gluckerte, als wäre ich untergegangen.

Wenn ich nicht mehr zu den anderen gehörte, dann gehörte ich jetzt zum Schiff, aber das wollte ich nicht, weil ich die Män-ner gar nicht kannte. Also gehörte ich nun zum Meer. Und wenn ich zum Meer gehörte, dann könnte ich mich auch reinstürzen. Dann würde es mich umschließen, und ich würde sinken. Wir hatten in der Schule mal was über die Tiefsee gesehen, die so tief war, dass sie Sehrtiefesee heißen müsste. Erst kamen noch Fische, die aussahen wie Fische, aber dann kamen Fische, die nicht mehr aussahen wie Fische. Und dann kam nichts und dann Tiere, die nicht mal aussahen wie Tiere, sondern wie Aliens, die perfekt an die Dunkelheit angepasst waren. Und dann ging es noch tiefer, und dort hatten die Lebewesen keine Augen mehr, weil man sie nicht brauchte, und dann ging es noch tiefer, und dort hatte nichts mehr etwas, das an die Lebewesen über dem Wasser erinnerte. Das Leben ganz unten im Meer lebte nach anderen Regeln und war nicht mit uns Menschen verbunden. Dort gab es keinen Ort zum Besuchen. Kein Mensch machte Urlaub im Marianengraben. Es gab keine Postkarten von dort.

Alles dort unten hatte Ruhe. Wie auf dem Mond. Einmal war

an beiden Orten ein Mensch vorbeigekommen, hatte sich seltsam bewegt und war wieder verschwunden. Das war so lange her, dass die Tiefseefische es für eine Legende hielten. Jajaja, klar, irgendwo ist das Wasser zu Ende. Hatten andere Fische anderen Fischen erzählt, die es anderen Fischen erzählt hatten. Von oben nach unten hatten sie es weitergeblubbert. Nach dem Wasser käme Luft. Dort wäre eine Welt, vollkommen voll davon. Dort erstickt jeder Fisch. Und dort lebten Lebewesen, die diese Luft atmen könnten. Sie hätten keine Kiemen und manchmal dünne Haare an ihrem Körper. Einige der Tiefseefische glaubten daran. Andere nicht. Es war eine Glaubensfrage, ob der Mensch existierte.

Dann beschlossen die Tiefseefische, nicht mehr an die Menschen zu glauben, denn bestimmt waren die inzwischen ausgestorben. Vielleicht hatten sie sich selbst ausgerottet. Vielleicht war diese Luft, die sie atmeten, knapp geworden. Ich beschloss, wieder aufzutauchen und nachzusehen, ob wir schon ausgestorben waren. Hier war zumindest ich. Auf einem riesigen Schiff. Auch wenn ich es von der Truhe aus nicht sehen konnte, ging ich davon aus, dass jemand das Schiff steuerte, und darum gab es zumindest zwei Menschen. Bestimmt gab es alle anderen auch noch.

Ich wischte meine Tränen weg. Als ich dann aufhörte zu weinen, war ich aber auch wirklich fertig mit Weinen. Ich hatte alles beweint und konnte etwas anderes tun.

Es wurde kalt auf meiner Truhe, denn sie hatte kein Sitzkissen, und der Wind wollte nach alter Tradition aller Winde in alle Ecken kriechen, und so kroch er mir unter die Jacke und in den Kragen. Der Wind pfiff so lange in meine Ohren, dass ich lieber in die Messe ging und mir einen Tee machte, der in meinem Bauch ein bisschen warmes Gluckgluck verbreitete.

Ich müsste in die Kabine gehen. Eine Aussprache, eine Entschuldigung, mich erklären und so.

Vorher schrieb ich Mimiko. *Es gab riesigen Streit deinet-wegen.*

Musste es meinetwegen heißen? Deinetwegen und meinet-wegen? Unseretwegen?

Sie schrieb: *Das tut mir leid.*

Ich schrieb: *Okay.*

Wenn ich Robinson Crusoe wäre, dann könnte ich jetzt irgendwas umgraben, die besten Samen auswählen, die Beete anlegen. Ich könnte zwei Steine suchen, die als Mühlsteine geeignet sind, oder einen Ofen bauen. Dazu müsste ich nach Lehm graben. Ich könnte flechten – keine Weidenruten da, oder was backen – kein Mehl da, was malen wenigstens – kein Talent, oder was sammeln, aber was?

Oder ich könnte aufhören, mich selbst zu bemitleiden, und zum Beispiel Informationen sammeln. Und so allein war ich gar nicht. Da war ja immerhin Mimiko.

Ich schrieb: *Warum hast du gesagt, dass was auf dem Schiff nicht stimmt? Wie kommst du darauf?*

Echt, was sollte mit dem Schiff nicht stimmen? Ich sah mich auf dem Main Deck um. Hier hatte ich die Lexy Barker betreten. Gestern. Ewig lange her. Vor der hochgeklappten Hühnerleiter war ein weißes Metallgitter mit einem Seil festgemacht. Der Knoten sah wunderschön und leicht zu lösen aus. Daneben ein schwarzer großer Knopf, neben dem «Bell» stand. Dahinter das Meer, aber das war ja gerade in jede Richtung so. Das Main Deck sah tipptopp aus: Die großen grauen Poller, die mich an Milchkannen erinnerten, standen gerade und blank. Die großen blauen Kunststoffseile ordentlich auf Winden aufgekurbelt. Alle Klappen mit zugedrehten Verschlüssen. Ein Rettungsring, auf dem Lexy Barker stand. Die Spullen und Spanten und Speiklö-cher und Kanüsen geschruppt. Was sollte hier nicht stimmen?

Antwort von Mimiko. Eine lange Antwort.

Ich habe mich erst im Büro hinter der Tür versteckt. Das war kein gutes Versteck. Als ich wegwollte, kam jemand und hat im Büro telefoniert. Ich hab mir fast eingeschissen vor Angst. Der Typ klang richtig schlimm. Vielleicht auch nur, weil ich so Angst hatte. Ich hab versucht, das mit dem Handy aufzunehmen, habe aber nur das Ende. Das war Ukrainisch, sagt die Spracherkennungsapp, aber die Übersetzung ergibt nicht so viel Sinn. Entweder ging es um einen Affen oder um etwas Indonesisches, was er in Le Havre kaufen wollte. Aber das konnte ich erst später übersetzen. Ich hab gedacht, es geht um Mord oder so. Der Typ klang so schrecklich.

Dann bin ich die Treppen runter, und da haben mir schon die Beine so gezittert, dass ich kaum laufen konnte. Ich bin dann unter diese Bank. Dann habe ich ganz viele Stimmen gehört. Die Leute aus der Mannschaft haben mit einer Schiffsdiakonin geredet. Das war Englisch, und da ging es darum, dass irgendwelche Gelder nicht gezahlt worden waren und dass das Ärger geben wird. Aber die Frau hat davon abgeraten, etwas Unüberlegtes zu tun. Die Männer waren sehr wütend. Erst waren sie im Gang. Da habe ich alles gehört. Dann sind sie in einen anderen Raum. Da habe ich dann nichts mehr verstanden. Dann habe ich eure Stimmen gehört. Und dann hast du mich unter der Bank gesehen, und ich habe versucht, dich zu warnen. Ich hatte echt so Angst. Ich wollte die ganze Zeit nur heulen. Als ihr weg wart, habe ich noch gewartet, bis alles ruhig ist, und dann wollte ich zu euch, aber eigentlich nur, damit wir alle zusammen vom Schiff gehen. Dann bin ich der Schiffsdiakonin in die Arme gelaufen. Ich wollte mich noch verstecken, aber sie hat gesehen, dass ich weine, und hat gefragt, was los ist, und da habe ich ihr alles erzählt. Sie hat gesagt, dass ich nicht ohne Anmeldung auf dem Schiff mitfahren soll. Das ist viel zu gefährlich. Und dann war ich richtig erleichtert, als ich mit ihr von Bord gegangen bin. Ich denke, dass das richtig war, aber ich bin trotzdem traurig.

Ich las es mir noch mal durch. Okay, sie hatte Panik bekommen. Und dann hatte sie sich was zusammenphantasiert. Hätte ich das auch? Hätte, hätte, Ankerkette. Noch dazu, wenn

Christiane Dörr mir dann gesagt hätte, dass das viel zu gefährlich ist als blinder Passagier.

Ich schrieb Mimiko: *Bitte schicke deine letzte Nachricht auch an die anderen, damit sie auch alles wissen.*

Na bitte, dann musste ich nicht mit ihnen reden, und ich konnte hier auf meiner Truhe bleiben. Bis zum Mittagessen. Dann würde ich die anderen sowieso sehen.

Du glaubst, dass ich übertrieben reagiert habe, oder?, schrieb Mimiko.

Ein bisschen, tippte ich. Überlegte. Löschte. Tippte: *Nein.*

Hallo! Ich wäre doch auch weggelaufen. Und Mimiko hatte sich ja schon im Sommer sofort von ihren Eltern abholen lassen, noch in der ersten Nacht, als klar war, dass das Camp eine Katastrophe werden würde. Und hatte sie recht? Ja, es wurde eine Katastrophe. Aber dann sind wir abgehauen, und das war eigentlich auch eine Katastrophe, aber das Beste, das ich je erlebt hatte. Wenn ich auch in der ersten Nacht abgehauen wäre, hätte ich wie Mimiko alles verpasst und hätte mich für immer geärgert. Und jetzt verpasste sie wieder alles, und selbst wenn das viel klüger war, war es trotzdem dumm. Selbst wenn hier was nicht stimmte, musste uns das ja gar nichts angehen. Wir mussten ja nicht hier rumschnüffeln. Wenn wir nicht rumschnüffelten, schnüffelte auch niemand bei uns rum, und besser war das. Also ging mich das alles nichts an.

Der Mann, der im Büro telefoniert hat, heißt übrigens Artem Kusmyn, schrieb Mimiko.

Mann, gerade war's mir egal, und jetzt interessierte es mich schon wieder. Es sollte mir aber egal sein, also war's mir wieder egal. Mimiko hatte sich da was ausgedacht, und jetzt sollte ich daran glauben, aber der Unterschied war, dass sie nicht hier war und ich schon. Mit dem Schiff, mit dem sie nicht mitfuhr, stimmte vielleicht was nicht, aber mit dem Schiff, mit dem ich mitfuhr, stimmte alles. Und damit Ende.

Okay, schrieb ich zurück und starrte auf das Handy, das gleich nur ein stummer Kasten war, wenn Mimiko mir nichts mehr schrieb. Also fragte ich sie, was eine Schiffsdiakonin so machte.

Während Mimiko antwortete, stand ich von der Truhe auf, weil ich fror, und ging zur Reling, wo ein bisschen Sonne war. Ich sah zu, wie unter dem Schiff das aufgewirbelte Wasser herausschoss. Wasserwirbel in der Mitte der schiffsbreiten Schneise, am Rand Wasserberge, die ins Meer hinauswanderten, sich aber dort hinlegten und mit anderen Wasserbewegungen vermischten. Der Blick ging so weit, dass ich sehen konnte, wo das Meer die Schneise wieder löschte, als wäre kein Schiff da gewesen.

Mimiko hatte immer noch nicht geantwortet. Vielleicht schrieb sie wieder so eine lange Nachricht. Ich ging rein, weil mir echt zu kalt war inzwischen. Direkt nach dem Lesen der Nachricht würde ich zu den anderen gehen. Entschuldigung, Aussprache und so weiter.

Ich wachte auf und musste erst mal überlegen, wo ich war. Bücher, Sofa, ein Schaukeln, ein Schiff. Langsam rappelte ich mich hoch, und meine Gedanken kamen auch wieder in Gang. So war's: Ich war zum Lesen von Mimikos Nachricht in die Leseecke auf dem Officers' Deck gegangen. Ich hatte gelesen, was Mimiko über Christiane Dörr schrieb, und darüber, was eine Schiffsdiakonin so machte. Sie arbeitete für die Hafenseelsorge und machte eigentlich das, was eine Diakonin eben so machte, nur eben für Seemänner. Die Seemänner waren wirklich dankbar für diese Unterstützung. Sie hätten wirklich einen harten Job. Man nannte den Job auch Dollar für Heimweh, hatte Christiane Dörr gesagt. Sie besuchte die Männer auf den Schiffen, weil die Liegezeit der Schiffe oft nicht ausreichte, dass die Männer einen Landgang machen konnten. Sie brachte ihnen Zeitschriften und Telefonkarten und sprach mit ihnen über Probleme und so weiter. Ich wusste nicht mal, ob ich die Nachricht zu Ende gelesen hatte. Das Handy hatte ich noch in der Hand. Kurz nach zwölf. Zeit für das Mittagessen. Dann würde ich gleich die anderen treffen, Aussprache, Entschuldigung und so weiter. Aber die anderen waren nicht in der Messe, und ich musste allein essen. Ich überlegte, ob sie mir aus dem Weg gingen. Aber dafür würden sie doch nicht auf das Mittagessen verzichten? Ich müsste nach dem Essen zu ihnen gehen. Aussprache, Entschuldigung und so weiter.

Jimmy-Junior brachte mir sofort den Teller. Ein Stück Fleisch, Kartoffelbrei, Gummierbsen. Allein essen schmeckte wie ungewürzt, egal wie viel man würzte. Ich probierte die Soßen aus, die in dem Korb auf dem Tisch standen. Zu wem gehörte welche Soße? Es waren asiatische Soßen und ukrainische. Die meisten Soßen schmeckten ungewohnt. Ich müsste immer wieder davon kosten, um mich daran zu gewöhnen. Ob die sich gut verstanden, die Soßen? Wenn sie so zusammen in einem Korb standen. Oder gab es da manchmal Schwierigkeiten? Dann müssten sie einer Soßendiakonin davon erzählen. Ich seufzte, aber das klang ganz komisch, so allein herumzuseufzen. Wenn niemand mit dir redet, dann wirst du ganz leer, und die Zeit wird ein riesiger Klops.

Jimmy-Junior kam rein und wollte meinen Teller abräumen, aber ich hatte noch Kleckse dies und das drauf. Weil ich sowieso nicht wusste, was ich nach dem Essen tun sollte, hatte ich möglicherweise sehr langsam gegessen. Jimmy-Junior sah mich kurz an und fragte, ob es mich stören würde, wenn er sich mit seinem Essen dazusetzte. Nein, kein bisschen, sagte ich, und wir grinsten. Dann aßen wir zusammen, obwohl meine Mittagszeit schon vorbei war und seine noch nicht angefangen hatte, weil er sonst erst aß, wenn alle anderen gegessen hatten und er alles weggeräumt hatte. Jetzt trafen wir uns in einer Schleuse aus Ein-bisschen-verboten-für-mich und Ein-bisschen-verboten-für-ihn. Das war so schön, dass wir erst einmal nichts sagen konnten. Ich musste noch langsamer essen, damit meine Reste lag genug reichten, um ihm Gesellschaft zu leisten, während er mir Gesellschaft leistete. Manchmal grinsten wir. Ein erstes Date, das keins war, weil es eher so war, als würde ich einen Bruder nach langer Zeit wiedertreffen, aber wir hatten uns schon vorher alle Neuigkeiten am Telefon erzählt.

Ich sagte, dass es schmeckt. Er sagte, na ja, er sei kein guter Koch, zumindest nicht für diese Art Essen, die er für die Ukrainer und die Passagiere kochte. Für die Philippiner würde er ganz anders kochen. Willst du kosten? Wollte ich. Ich hustete. Scharf, sagte ich. Er lachte. Was? Das ist doch ganz mild. Manchmal würde er mit den anderen essen können, wenn er das Essen für die Passagiere schon fertig hätte. Außerdem müsste er sofort abräumen, wenn die Mannschaft fertig mit Essen war, die Tische wischen, die Essenreste wegwerfen, die Teller in die Spülmaschine und die Spülmaschine anstellen. Die Küche sei zu klein, um irgendetwas stehen zu lassen. Und Frühstück isst du auch alleine?, fragte ich. Frühstück auch. Und Abendessen? Abendessen auch. Manchmal setzte er sich einfach so dazu, aber zum Essen sei zu wenig Zeit. Aber dann kann er mit den anderen ein bisschen reden. Das sei wichtig. Er sei bei der Arbeit allein und in der Kabine allein und hier allein. Er klopfte auf sein Herz. Alle seien immer zusammen und trotzdem allein. Und es sind eben nicht die da, mit denen man zusammen sein will, nur die, die da sind. Ich nickte, als könnte ich mir das vorstellen, aber eigentlich konnte ich das nicht. Man gewöhnt sich daran, sagte Jimmy-Junior, aber dass man sich daran gewöhnt, sei auch nicht gut. Er hatte aufgegessen und bedankte sich bei mir. Ich bedankte mich bei ihm, und er räumte ab. Als ich an der Küche vorbeiging, hatte er schon alles weggeräumt und setzte frischen Kaffee auf.

«Da bist du ja», sagte Antonia.

«Wieso warst du nicht beim Essen?», wollte Yvette wissen. «Wir haben auf dich gewartet.»

Das Schiff begann zu schlingern, und ich eierte einen Schritt vor. «Ihr wart doch nicht beim Essen.»

«Du warst nicht da.» Yvette zeigte auf mich, als wäre ich Fräulein Naseweis und vier Jahre alt oder so. «Ich schreib mal Francesca, dass du da bist. Sie hat sich Sorgen gemacht.»

Francesca war erleichtert, dass nicht noch eines ihrer Schäfchen verloren gegangen war. Sie hatten alle gedacht, dass ich zum Mittagessen komme und wir dann reden könnten.

«Aber ich war doch beim Mittagessen. Ihr wart nicht da.» Ja, das hatte ich schon gesagt, aber es stimmte ja. Ich war da gewesen, und sie waren nicht da gewesen. Nicht andersherum.

Yvette setzte sich auf den Tisch. «Wann bist du denn zum Essen gegangen?»

«Kurz nach zwölf war ich beim Essen.»

«Bordzeit?», fragte Antonia.

Das Schiff schubste mich nach links und wieder nach rechts. Erst mal hinsetzen. Ich hatte nicht an die Bordzeit gedacht. Ich war um zwölf zum Essen gegangen, also eine Stunde zu spät.

«Ich dachte, ihr seid sauer und redet nicht mit mir.»

«Wie sollen wir denn mit dir reden, wenn du weg bist?» Freigunda machte eine Bewegung wie eine Zauberkünstlerin.

«Du bist ja auch nicht in die Kabine gekommen.» Antonia machte eine ähnliche Handbewegung.

Das Schiff hopste, und ich versuchte mich wieder ins Gleichgewicht zu bekommen. «Ihr wart gar nicht sauer?»

«Doch, klar. Natürlich. Voll.» Yvette schunkelte auf dem Tisch im Schiffsrhythmus. «Aber man muss sich ja dann irgendwie wieder vertragen. Bissi übertrieben, stundenlang nicht zurückzukommen. Kannst du nicht bringen, so eine Nummer. Also komm jetzt bitte klar, ja?»

Meine Gedanken rollerten von einer Seite zur anderen. Sie hatten gedacht, ich würde mich vor einem Gespräch drücken? Sie hatten gedacht, ich würde mich verstecken? Das war ihre Version von heute? Meine war ganz anders. Meine Gedanken flogen wieder auf die andere Seite. Yvette hatte mich richtig angemeckert, und dann hatten sie mich stehen lassen. Aber stimmt schon, schwappten die Gedanken wieder zurück. Ich war gar nicht mehr zu ihnen zurückgegangen. Ich hatte mir meine Version alleine ausgedacht. Ich versuchte meine Version von diesem Vormittag zu ändern, aber das klemmte noch. Ich war den ganzen Vormittag völlig umsonst einsam gewesen? Das Schiff wankte mich hin und her. Dieses Gefühl konnte mir ja keiner im Nachhinein wegreden. Ich hatte das nun mal gefühlt, und es ging ja nicht rückwärtszufühlen.

Die große Aussprache war dann eher eine kleine Aussprache. Yvette sagte, sie hätte mich im Maschinenraum nicht so anblaffen sollen. Aber sie war vor allem sauer, weil ich am Vortag ja schon so ein ähnliches Ding abgezogen hatte. Irgendwie würde ich das Maul nicht aufkriegen, wenn es um Informationen ginge. Ich solle nicht so ein Fisch sein. Francesca entschuldigte sich auch und umarmte mich sogar. Aber wirklich, ich müsste sagen, wenn ich was wüsste. Freigunda nickte. Antonia auch.

Ich versuchte zu erklären, warum ich nichts früher gesagt hatte. Einfach weil ich Mimikos Nachricht gar nicht gesehen hatte. Das Handy war ja immer noch recht neu für mich, und Mimiko hatte eine SMS geschickt und keine Whatsapp-Nachricht. Die hätte ich auf jeden Fall gesehen. Da gab es eine Benachrichtigung.

«Na, dann stell das jetzt mal ein. Nicht dass du noch mal eine Nachricht übersiehst», sagte Yvette. «Aber eins versteh ich nicht. Warum schicken immer alle dir Nachrichten? Ich meine, erst Bea, dann Mimiko. Ist doch lustig. Bea bittet dich, nichts zu sagen, und du zeigst uns die Videos alle. Und Mimiko bittet dich, uns Bescheid zu sagen, und da vergisst du es irgendwie. Wenn ich eine wichtige Nachricht hätte, würde ich sie nicht dir schicken. Du bist voll ungeeignet für so was. Aber alle lieben dich.»

«Sie schicken ihr die Nachrichten, weil sie loyal ist», sagte Freigunda. «Ich würde mich auch an sie wenden, wenn ich ein Problem hätte.»

«Ich auch», quakte Antonia.

«Ja, ich vermutlich auch», stimmte Yvette zu.

Unglaublich, dass ich am Vormittag gedacht hatte, dass ich einsam wäre.

Nach dem Abendbrot spielten wir Mau-Mau.

«Ich hab euch so gern», sagte Antonia.

«Das muss auch mal sein», fand Freigunda, und Yvette und ich lachten uns weg.

Yvette sagte: «Gernhaben. Das muss auch mal sein.» Als wär's eine Werbung für Gernhaben. «Haben sie es schon mal mit Gernhaben probiert?» Wir quiekten. «Gernhaben. Jetzt auch für unterwegs.»

Man konnte ganz gut Quatsch reden mit Yvette. Und Lachen? Das muss wie Gernhaben auch mal sein. Lachen. Probieren sie es unterwegs und zwischendurch. Aufs Brot oder zu Gernhaben.

Ich schlief wundervoll. Alles war so richtig gut.

Am nächsten Morgen wurde ich von Geräuschen wach. Regen plingelte gegen die Fenster, und ein größeres Rauschen herrschte draußen über dem Meer. Ein ruhiger, mittelstarker Regen. Windig schien es nicht. Das Schiff schaukelte nicht besonders. Was gab es Gemütlicheres, als bei Regen im Trockenen herumzuliegen? Ich schmatzte zufrieden und ruckelte meine Schultern tiefer in die Zudecke. Durch die offenen Vorhänge sah ich ein Stück Himmel, der mattgelb leuchtete.

Aber da waren noch andere Geräusche. Freigunda schlich herum. Ich lag mit dem Gesicht zum Raum und blinzelte ein bisschen. Eigentlich hatte ich nicht vorgehabt, sie zu beobachten, aber dann blieb ich trotzdem erst mal so liegen. Freigunda durchstöberte die Kabine wie ein Dieb. Sie schaute in die Schränke, sogar hinter das gerahmte Bild der Lexy Barker. Dann ging sie an unsere Jacken und raschelte die leise durch. Ich erwachte offiziell, weil ich einfach keinen Bock mehr auf Geheimnisse hatte. Ich wollte keins mehr haben, keins mehr behalten müssen, keins mehr zu spät den anderen sagen. Nee, nee, nee, zu allem davon nee. Ich war ja kein Fisch.

«Suchst du was?», fragte ich.

«Was zu tun. Hast du was? Kann ich deine Unterwäsche waschen?»

«Freigunda!» Ich lachte. «Was is'n das für ein Angebot?»

«Meine ist schon gewaschen. Und ich habe meine Jacke geflickt und den Bilderrahmen abgestaubt. Hast du dir schon überlegt, was du die nächsten Tage machen willst?» Sie lief hin und her. «Ich weiß es gar nicht. Ich hatte noch nie nichts zu tun. Wir können nicht tagelang Karten spielen.»

«Wir können lesen.» Ich setzte mich auf und räkelte alle Glieder durch. Der Regen war so gemütlich. Ich war wirklich kein bisschen wie Freigunda und sie nicht wie ich. Mir reichte gerade dasitzen und gähnen als Tätigkeit völlig. Und ich war mir sicher, dass ich tagelang lesen konnte.

Freigunda hühnerte wieder rum.

«Maaaann!», kam es aus der Nebenkabine. «Es ist erst sieben.» Yvette meckerte noch eine Weile und weckte damit Antonia, die sich Decke und Kissen schnappte und wie ein laufendes Bett in die Hauptkabine übersiedelte. «Regen!», sagte sie verschlafen und ließ sich neben mich plumpsen.

«Und Aufregen», ergänzte ich und zeigte mit dem Kopf Richtung Nebenkabine, in der sich Yvette weiter wachmeckerte, weil es so laut sei und, und, und.

«Du bist laut», rief ich.

Dann kam das zweite Bett zu uns und plumpste sich auf den Boden, breitete sich aus. «Was ist denn los?»

«Ich suche was zu tun.» Freigunda knetete ihre Hände, als ob sie was Kompliziertes herstellte. Sie machte Knoten in ihre Beine und fimmelte und fummelte an einem Fädchen am Polster der Eckbank herum. Dieses Fädchen musste mit einer Nadel in den Stoff gezogen werden, beschloss sie.

Nadel und Faden hatte sie in einer kleinen Tasche innen in ihrem Gürtel.

«Hat die Nadel auch einen Namen?,» fragte Yvette. «Gundanäh? Ernsthaft, Freigunda, was machst du da?»

«Erhalten», sagte sie. «Denn alles muss gepflegt werden, sonst vergeht es vor seiner Zeit.»

«Mach doch was mit dem Handy. Da sind Spiele drauf. Man kann Bilder ausmalen.»

«Das sind keine Bilder.» Freigunda fädelte einen Faden durch die Nadel. «Das ist kein Ausmalen.» Dann stach sie mit der Nadel in das Fädchen am Sitzpolster. «Es existiert nicht.» Dann ließ sie das Fädchen im Sitzpolster verschwinden. «Man kann es nicht anfassen. Es existiert nicht.»

«Ah, darum existiert dein Humor auch nicht. Man kann ihn nicht anfassen.» Yvettes Stänkereien fanden in Freigunda keine Abnehmerin. Die hatte keinen Bock, aus Langeweile zu streiten. Die hatte Bock, keine Langeweile zu haben.

«Du kannst ja Sport machen», schlug Antonia vor, aber auch zum Thema Sport hatte Freigunda etwas Freigundamäßiges zu sagen: Sport schaffe nichts, sagte sie, und dass sie deshalb Sport verabscheue. Als ob man Postboten ihre Tour laufen lässt, auch wenn es weder Briefe noch Karten noch Päckchen zu verteilen gab. Was könnten Langstreckenläufer alles transportieren in der Zeit, in der sie im Kreis laufen, sagte sie.

Ich überlegte, mir heute an irgendeiner scharfen Kante an Deck die Jacke aufzureißen, damit Freigunda sie nähen konnte. Im letzten Sommer, im Wald, hatte es immer genug zu tun gegeben.

Francesca klopfte uns pünktlich zum Frühstück (Bordzeit!) in einem gelben Jogginganzug aus der Kabine. Wir stiegen durch die Fußgeruchsetagen und wollten Ih! und Puh! rufen, aber das verbot uns Freigunda, weil die Arbeiter schon immer nicht nur arbeiteten, sondern dafür auch noch verachtet würden. Francesca lobte sie für die klugen Worte, und wenn sie einen Lutscher dabeigehabt hätte, dann hätte Freigunda den jetzt bekommen. Alles an ihr war so «Das hast du fein gemacht».

«Dass man im Kapitalismus aufsteigen kann, zeigen ja Leute, die aufgestiegen sind», sagte Yvette, während wir abwärtsstiegen.

«Die meisten Leute oben sind nicht aufgestiegen», widersprach Freigunda. «Ihre Eltern oder Großeltern sind aufgestiegen oder wurden hochgetragen. Braucht man sich nichts drauf einbilden. Mein Lohn ist nicht Geld. Mein Lohn ist erledigte Arbeit.»

Und schon gab's zum Frühstück nicht nur einen piepelkleinen Obstsalat und Toastbrot, sondern auch eine Diskussion zwischen den Vertreterinnen von oben und unten.

Yvette in Hochform: «Ich will kein Leben führen, in dem immerzu die billige Klopapierhalterung von der Wand fällt. Und wenn ich mich nach vorne beuge, um die Klopapierhalterung aufzuheben, dann geht der Riss in der Klobrille auf, die ist nämlich auch kaputt. Und dann beißt mich die Klobrille in meinen dürren Hintern. Weil ich so viel arbeite, habe ich keine Zeit, das zu reparieren, und ich habe auch kein Geld, mir eine neue Klobrille zu kaufen. Ich stelle mir mein Leben anders vor, und das ist kein Luxus. Das ist …»

Freigunda aß wie immer sehr zügig, schmierte danach für Antonia Brote und unterbrach dann Yvette: «Ich gehe erst zur Kabine, dann suche ich mir Arbeit. Vielleicht hat ja jemand anders Lust, mit dir zu reden.» Sie nickte Yvette zu. Dann verschwand sie und besprach, wie wir später erfuhren, mit Daris, was sie tun könnte. Sie durfte unsere Kabine, Francescas Kabine und die Leseecke putzen und bekam dafür Eimer, Lappen und so weiter. Geld durfte er ihr dafür nicht geben, denn dazu hätte man einen Arbeitsvertrag schließen müssen, und das durften Passagiere nicht. Die Putzmittel bekam sie von Arnel, der ihr noch dazu erlaubte, das Deck zu schrubben, obwohl es total sauber war. Das dauerte einen halben Tag, an dem wir aufs Meer glotzten, den Regen beobachteten, schliefen und Zeug redeten.

Beim Mittagessen waren wir ganz versessen darauf, etwas über Freigundas Vormittag zu hören. Sie hatte immerhin was erlebt, aber sie aß zügig und packte Essen für Antonia ein. «Ich muss jetzt in die Kabine.»

Also blieben wir allein mit dem langweiligsten Essen, das es bisher gegeben hatte. Der Reis schmeckte, als sei er chemisch bearbeitet, damit der Geschmack rausging. Das Frikassee war so dick, dass, wenn man eine Erbse rausgabelte, eine Erbsenkuhle in der Soße zurückblieb, die sich erst ganz langsam schloss. Als wir kurz darauf auch in die Kabine gingen, Francesca allerdings in ihre, rechnete ich damit, dass Freigunda schon wieder unterwegs war, aber sie saß mit geschlossenen Augen im Schneidersitz auf dem Boden. Antonia saß daneben und aß das Frikassee, das durch das Abkühlen noch fester geworden war.

«Du tust ja gar nichts.» Yvette lachte. «Erwischt! Freigunda tut nichts.»

Aber auch dieses Sitzen war kein Nichtstun, denn nach dem Vormittag musste man kurz ruhen, damit der Nachmittag beginnen und man wieder frisch an die Arbeit gehen konnte, erklärte Freigunda.

Ich setzte mich auf den Teil der Eckbank, auf dem ich schlief, und sah aus dem Seitenfenster den Seitenregen auf das Seitenmeer regnen. Yvette setzte sich auf den Tisch. Das war ihr Lieblingsplatz.

«Gut, meinetwegen musst du mit Sitzen den Vormittag offiziell beenden, aber würdest du trotzdem bitte erzählen, was du heute so erlebt hast?»

«Ja, bitte», bettelte Antonia. «Erzähl was.»

Freigunda stand auf und schüttelte die Beine aus. «Wie schon der Bericht von Arbeit alle zufrieden machen kann. Und wie zufrieden erst Arbeit selbst macht.»

Yvette verdrehte die Augen. «Jetzt erzähl doch mal.»

«Ich habe erst die oberen Flächen gemacht, dann den Boden. Arnel hat mir gezeigt, wo das Putzmittel steht und wo ich die benutzten Lappen hernach hinbringe.»

Antonia legte das Besteck auf den leeren Teller und setzte sich ganz gerade hin. Vielleicht hoffte sie auf so eine tolle Geschichte, wie ich sie über Oleksiy erzählt hatte. «Wie ist Arnel so? Ist das einer von den Philippinern?»

«Ein Mann halt. Ein Mensch.»

«Ist das der Alte?», fragte ich.

Freigunda sagte, dass es zwei ältere Männer gäbe. Arnel und Joriz.

«So ein dünner Großer?», fragte ich nach.

«Der mit dem Knetgesicht?», fragte jetzt Yvette. «Was denn?», fragte sie, weil Freigunda sie streng ansah. «Kann ich doch nichts dafür, wenn er so ein Gesicht hat. Und er hat einen total großen Kopf.»

«Ein Kopf halt.» Freigunda wollte wirklich niemand als Zeugin haben. Ein Mann halt. Mit einem Kopf halt. «Ist doch egal. Alles nur außen.» Sie würde wahrscheinlich die Aussage als Zeugin gleich ganz verweigern, weil das nur Äußerlichkeiten seien.

Nachmittags schraubte Freigunda mit ihrem Messer Gundastich die Verkleidung der Klimaanlage im Bad ab und schrubbte sie, bis das Waschbecken dreckig war. Dann schrubbte sie das Waschbecken, die Dusche, nahm den Duschvorhang ab und wusch ihn, hängte ihn wieder auf und schraubte die Verkleidung der Klimaanlage wieder an. Antonia wollte helfen, aber Freigunda gab nichts von ihrer wertvollen Arbeit ab.

Yvette war eine Weile weg und kehrte zufrieden wie ein Kater wieder, der eine Libelle erledigt hatte. Sie glotzte auf ihr Handy, und als wir sie fragten, ob sie etwa Empfang hätte, sagte sie «Nö» und ging in die Leseecke.

Ich schlich hinterher und versteckte mich um die Ecke. Yvette sah ein Video und kicherte. Gerade wollte ich sie fragen, ob sie nicht doch zufällig Empfang habe, als hinter mir die Kabinentür aufging. Und der Erste Offizier starrte mich an. Dann rauschte er davon, und Yvette stand plötzlich vor mir. «Was machst'n du hier?»

«Ich wollte ein Buch holen.»

«Na dann.» Sie streckte ihren Arm aus, als würde sie mich in ihre Leseecke einladen. Ich kniete mich vor das Buchregal und sah das eine Fach mit dem Aufkleber «German» durch, wo ich ein Buch über Magellan fand, eins über Seefahrermythen und eins über Seeungeheuer. Ich ging in die Kabine und las ein bisschen. Freigunda ackerte irgendwo rum. Der Nachmittag war schön. Das lag daran, dass Antonia und ich allein in der Kabine waren und ich nach dem Lesen mal wieder etwas für Antonia erzählte. Sie wollte gern eine Geschichte über jemanden aus der Mannschaft. Diesmal von dem Ersten Offizier Artem Kusmyn. Weil ich gar nichts über ihn wusste, musste ich mir ja sowieso was ausdenken. Die Seefahrermythen hatten mir so gut gefallen, dass ich versuchte, so etwas Ähnliches zu erzählen. «Er ist so blass, seit er gleich bei seiner ersten Fahrt als Schiffsjunge von Piraten überfallen wurde», fing ich an. Na, mal sehen, wo das wieder hinführte. «Danach wollte er nicht wieder zur See fahren, aber sein Vater gab ihm einen goldenen Kompass, der ihn beschützen sollte auf seinen weiteren Fahrten über die Weltmeere. Als Kusmyn Zweiter Offizier geworden war, erschien ihm eines Nachts bei Regen ein unsichtbarer Meergeist, den er nur sehen konnte, weil das Wasser an seiner unsichtbaren Gestalt herabfiel und seine Umrisse erkennen ließ. Weil Artem Kusmyn so blass ist, hielt der Meergeist Kusmyn für den Schiffsgeist, und er bat ihn, ihm zu helfen, denn der Meergeist wünschte sich einen Sohn. Dazu müsste aber ein Seemann ertrinken, denn aus den Seelen von Seemännern entstehen neue Meergeister. Kusmyn sollte also einen der Seemänner dazu bringen, über Bord zu gehen. Dafür würde er eine angemessene Belohnung erhalten. Er würde ihm seinen sehnlichsten Wunsch erfüllen. In der folgenden Nacht stieß Kusmyn den Schiffsjungen über Bord. Der aber versuchte noch, sich an Kusmyn festzuhalten, und riss dabei den goldenen Kompass mit sich in die Tiefe. Als der Meergeist erschien, forderte Kusmyn seine Belohnung, aber der Meergeist hatte inzwischen herausgefunden, dass Kusmyn gar kein Schiffsgeist war, und deshalb galt der Pakt für ihn nun nicht mehr. Kusmyn war wütend, denn nun sollte sein Wunsch nicht erfüllt werden. Noch dazu hatte er den Kompass

verloren, ohne den er sich nie wieder zu seinem Vater zurück-
wagen würde. Der Meergeist bot Kusmyn einen erneuten Pakt
an, aber Kusmyn sollte zustimmen, ohne den Pakt zu kennen.
‹Erfüllst du mir dann meinen Wunsch?›, fragte Kusmyn. ‹Das
werde ich›, versprach der Meergeist.»

Ich musste kurz überlegen, was der Meergeist jetzt von Kusmyn verlangen würde. Sein Leben oder seine Seele kam mir zu
hart vor. Antonia starrte mich an und hielt ihr Kissen fest im
Arm.

Ich hatte eine Idee. «Der Meergeist sagte: ‹Ich weiß, dass du
Kapitän werden willst, und du sollst schneller Kapitän werden,
als es sonst üblich ist, aber nicht sofort. Dafür sollst du niemals
ein Kind bekommen.› Das erschien dem jungen Offizier kein
hoher Preis, und er schloss den Pakt.»

«Und der Schiffsjunge?», fragte Antonia. «Und der Kompass?»

«Du, das weiß ich nicht», sagte ich und musste lachen, denn
ich wusste etwas nicht über etwas, das ich mir ausgedacht hatte,
aber es schien mir so, als wäre die Geschichte an dieser Stelle
eben zu Ende und ich könnte nichts mehr dazudenken.

Es hatte aufgehört zu regnen, und ich ging uns einen Tee
holen, mit Umweg über das Deck. Die Abendsonne ließ das
nasse Schiff glänzen, und weit entfernt hingen noch Wolken,
aus denen es weiterregnete.

Abends brachte uns Freigunda Rommé bei. Yvette gewann.
Sie schlug daraufhin vor, um Geld zu spielen. Dann verlor sie
nur noch. Francesca kam zu uns. Sie kannte das Spiel. Das hätten sie früher im Urlaub mit ihren Eltern gespielt. Früher habe
man immer zusammen gespielt abends.

«Das stimmt nicht», sagte Freigunda. «Früher hat man gearbeitet und abends den nächsten Tag vorbereitet, damit das
Werkzeug morgens sauber ist und bereitliegt.»

Der erste und letzte relativ normale Tag an Bord der Lexy
Barker ging zu Ende.

Am dritten Tag wurde ich davon wach, dass Freigunda schon wieder in der Kabine herumwurschtelte. Sie hängte Wäsche auf.

Ich dachte an zu Hause, wo wir zusammen die Wäsche machten. Papa sortierte vor und startete die Waschmaschine, ich hängte auf, Mama legte zusammen. In meinem Rumpf entstand ein riesiger Klops, ein fester Gegenstand, der aus Heimweh bestand. Ein Magnet, der mich nach Hause zog. Als ich noch dazu an Kajtek dachte, wurde es noch schlimmer. Ich musste was machen. Vielleicht ließ mich Freigunda bei der Wäsche helfen. Natürlich nicht. Ich ging duschen, aber auch nur als Tätigkeit. Wie hielten die Seemänner das bloß aus? Ich hatte am ersten Tag ein bisschen Einsamkeit verspürt und ordentlich gejammert. Gestern war es ein bisschen langweilig gewesen und heute dieser Heimwehmagnet, der so fest im Körper saß, dass ich mich drum herum bewegen musste. Ich fühlte es die ganze Zeit, seifte den Heimwehbauch ein, die Heimwehbrust, mein Heimwehgesicht und meine Heimwehbeine, die nur nach Hause rennen wollten.

Gott sei Dank würden wir nachmittags in Le Havre sein. Ein bisschen Abwechslung.

Auf dem Weg zum Frühstück sahen wir Arnel in der Mannschaftsmesse sitzen und lesen. Wenn er es war.

«Ist das Arnel?», fragte Yvette. Freigunda nickte. Er hatte wirklich ein Knetgesicht, wie Yvette gesagt hatte. Er war eine Sehenswürdigkeit, fand ich, und ich würde gern Führungen zu ihm leiten. Schauen sie hier, dieser Mann mit diesem Gesicht.

Beachten sie den feingearbeiteten Faltenwurf um seine Augen und wie alles in Bewegung kommt, wenn er lacht. Seine Augen strahlten eine Kraft wie ein Laser aus, na ja, klingt vielleicht kitschig, aber das war Güte, glaube ich. Als wäre seine Superheldenkraft Güte. Konnte man damit einen Kampf gewinnen? Da stünde also so ein richtiger Böser, Fieser, mit schlimmer Kindheit und Zahnschmerzen. «Hahaha, Arnel», würde der lachen, «jetzt zerquetsch ich dich. Komm her!» Und Arnel? Gütigkeitslaser an! Er war Gütigman, der immer alle Bösen laufenlässt und ihnen eine zweite Chance gibt. Ich schaute so nebenbei und gleichzeitig so doll in den Raum, wie es nur ging. Der Fernseher lief. Philippinische Kinder hopsten auf großen blauen und roten Hüpfbällen und schrien dabei. Eine aufgeregte Stimme kommentierte. Es wirkte wie eine sehr lustige Form von Stress, aber hatte etwas total Beruhigendes. Vielleicht weil es um nichts ging, nur um Punkte, oder weil ich nichts verstand, außer dass alle ihre Mannschaften anfeuerten und der Kommentator wie aufgezogen irgendetwas brabbelte, wenn mal die eine, mal die andere Mannschaft einen Punkt gewann oder verlor. Ich wunderte mich kurz, dass Arnel dabei lesen konnte. Dann dachte ich, weil man die Sprache nicht versteht. Dann stört es nicht beim Lesen. Quatsch. Arnel verstand die Sprache ja. Nur ich verstand sie nicht. Ich war extra langsam gelaufen, um so lange wie möglich meinen Blick in die Mannschaftsmesse zu werfen. Ich war gierig nach allem, was man sehen konnte, außer dem Meer. Das Meer war schön, aber es kuckte keine lustigen Spielshows. Das Meer hob nicht den Kopf, wenn ich vorbeiging, und das Meer hob nicht die Hand und grüßte.

Der Kommentator im Fernsehen schrie jetzt ganz laut. Es könnte heißen: «Und jeeeeeetzt hebt Arnel tatsächlich die Hand und grüßt dieses Mädchen. Ja, er grüßt sie. Und er lächelt dabei. Arnel schießt seinen Glückslaser ab uuuuuuund trifft. Ja, er trifft! Das gibt tausend Glückspunkte für das Mädchen.»

Nein, auf einem Schiff, wo dieser Mann arbeitete, könnte nichts Unrechtes geschehen. Er würde das Böse neutralisieren. Mimiko musste sich irren.

Nach dem Frühstück ging ich auf meine Truhe. Die Sonne warf ein hartes Licht. Alle Kanten waren kantig. Das Meer eine Fläche aus geputzten hellblauen Fliesen. Ich dachte darüber nach, was ich Arnel fragen könnte, wenn ich mich trauen würde. Was liest du? Lesen die anderen auch? Hast du eine Frau? Hast du Kinder? Haben sie dieselben festen Haare wie du? Ist das typisch für philippinisches Haar, oder hast nur du solche Haare? Hast du schon Enkel? Wie oft siehst du sie? Wie heißen sie? Was sind häufige Namen bei euch? An welchen Gott glaubst du? Wie lange hast du Urlaub? Bist du Weihnachten zu Hause? Wie lange fährst du schon zur See? Wolltest du Matrose werden? Was wärst du sonst geworden? Was ist deine Arbeit? Wie lange kannst du das noch arbeiten? Wann bist du zu alt? Was machst du dann? Magst du die anderen Mannschaftsmitglieder? Wie nah ist man sich, wenn man tagelang und wochenlang und monatelang zusammen ist? Wie viel Geld verdienst du? Wie viel Geld solltest du deiner Meinung nach verdienen? Ein paar Sachen könnte ich auch im Internet rausfinden. Ich wusste nichts über die Philippinen, außer dass es schön klang. Palmen, Strand, bunte Tiere. Verdammt, warum wusste ich so wenig? Sobald wir der Küste näher waren und ich Empfang hatte, wollte ich losrecherchieren, aber es kam, kaum hatte ich wieder Empfang, erst mal ein neues Video von Bea. Also ging ich zu den anderen.

Video 15

Laufwackeln, Schritte zu hören, zwei Menschen, vier Füße.
Stimme von Beas Vater, sag Pim: «Kleiner Ausflug mit Papa. Und wo geht es hin? Auf den Rummel?»

Wohngegend, wohlhabend, große Häuser, saubere Häuser, viele Farben, hohe Mauern, Schmiedegitter vor den Fenstern. Der Himmel übertrieben, alles ausgeleuchtet, als wäre für den Dreh in Marokko eine zweite Sonne hingehängt.

Pims Stimme: «Nein! Oder Schlittschuhlaufen?»

Ein gepflegter Kakteenvorgarten. Kugelkakteen und lange grüne mit langen Stacheln und runde gelbe mit kurzen Piekern, hinten an der abgeblätterten, rostroten Wand Palmen, dicke kleine wie das Oberteil einer riesigen Ananas. In mächtigen Tonkrügen mit Henkeln eine Pflanze mit langen Schwingen wie Peitschen im Standbild und oben feuerwehrrote Blüten, feste Sterne, die sich hier abgesetzt haben.

«Oder geht der Papa mit seiner Tochter ins Kino?»

Schöne Häuser, viel zu sehen, Satellitenschüsseln fangen die Welt.

Ein Haus mit schräger Front, oben hellblau gefliest, unten dunkelblau gestrichen, weiße Mauer. Am Tor Schmiedekunst, schwarzes Eisen vor zitroneneisgelber Metalltür. Nächstes Haus senfgelb, der Balkon algengrün, die Brüstung gehalten von einer Reihe von Säulen, fast wie dicke Vasen, eine neben der anderen, weiß. Fensterläden aus grauem verwittertem Holz, geschlossen, mit Schnitzkunstvierecken versehen. Die Muster unbekannte Formen, die hier vielleicht bekannt sind, Drachenecke, die Hand Myrthias, Tantradomeder, die Rosen der Ballischu.

Pims Stimme weiter die Spannung erhöhend: «Ich hab gedacht ...» Seine Hand, einen Halbkreis weisend, zeigt einmal durchs Bild, «... ich biete dir mal was für das Geld, das du nicht bezahlt hast. Und zu Hause bei mir ist ja gerade nicht so gemütlich, oder?»

Kamera sieht, was Pim gezeigt hat, im Halbkreis einmal um Bea herum: eine Satellitenschüssel auf einem verwilderten Rasenstück in einer Baulücke zwischen zwei Häusern. Das Grundstück dahinter, weißdreckige Mauer, Eisenspieße schützen Grundstück. Rosenhecken wie eine grüne Welle, die das Haus überrollt. Rosa Blüten, männerfaustgroß. Ein rotbraunes Huhn auf der Suche nach was.

Pims Stimme. «Wir besuchen meinen Kumpel Leif. Guter Typ. Der kann uns vielleicht helfen.»

Bäume wie nicht zu Ende gemalte Tannen, einfach kein Bock mehr, die ganzen Nadeln ranzumalen, ausgedünnte Zweige wie Gartenrechen.

Beas Stimme: «Wieso uns?»

Pims Stimme: «Hase! Weil du da mit drinhängst. Ohne dich hätte ich nicht so viel Scheiße am Hacken. Du hast alles noch schlimmer gemacht, weil du unbedingt beim Beladen nach vorne krabbeln musstest.»

Mauern um die Grundstücke, gegen Hunde, Hühner, Ziegen, Esel, Kühe, Menschen, nicht gegen die Katzen, die kommen über die Mauer, wenn sie wollen.

Pims Stimme: «So nobel wohnt der Leif.» Kamera folgt einem unsichtbaren Fingerzeig. Ein Wohnmobil, weiß, groß, eckig.

«Nich wundern, Leif hat Sabbelwasser getrunken und is immer in Eierkuchenstimmung. Mach das Ding aus.»

Ding aus.

«Der hat doch selber Sabbelwasser getrunken», lachte Yvette. «Der macht mich irre.»

Er machte uns alle irre, aber darum ging es jetzt nicht. In all seinem Gesabbel war diesmal wenigstens eine brauchbare Information gewesen. Sie waren zu einem Mann namens Leif gefahren, und hoffentlich würde in den nächsten Videos eine Info dabei sein, wo genau Leif wohnte.

Francesca fand es gut, dass Bea und ihr Vater jetzt Hilfe suchten. Bei was auch immer. Wegen des Jugendamtes? Wegen des Passes? Wegen der Männer, die die Wohnung verwüstet hatten? Hauptsache, sie bekämen Hilfe, aber irgendwie wäre es auch blöd, wenn Leif jetzt alles regelte und wir umsonst nach Marokko fuhren. Dann könnten wir ja auch in Le Havre aussteigen.

«Sie schickt doch immer noch ein Video, wenn du was fragst», überlegte Antonia. «Frag sie doch mal was.»

«Ja!» Yvette hampelte schon wieder völlig überdreht auf und ab. «Frag sie, ob ihr Pim auch so auf die Ketten geht.»

Ich schrieb: *Wer ist Leif?* Und: *Hilfe bei was?*

Gesendet. Empfangen. Warten. Antwort. Ein Video.

Video 16

Räuspern Bea, Lachen von zwei Männern, entfernt. Beas Hand, einen Moment Zögern, dann schiebt sie einen Vorhang aus Perlen auf. Dahinter ein langer Raum, ein marokkanischer Läufer, Sofa, grau, rechts Küche, hinten eine Tür, nächster Raum, Podest aus Holz, Bettwäsche, Kissen, grau. Leise Schritte weiter in den Raum hinein, Lachen von den Männern, einer nur kurz, einer anhaltend. Eine Tür, ein arabisch/französisches Kloschild. Bea schiebt die Tür auf. Klobrille Holz, Miniteppich grau, Minifenster, angeklappt. Bea setzt sich auf geschlossene Klobrille. Wahrscheinlich die Stimme von Leif: «Das war ein Möbelkoffer, nackt und ohne Isolierung. Hab den Mercedes damals für 10 000 gekauft, für 10 000 weiterverkauft, und die stecken komplett hier im Innenausbau. Ja, Kurzhauber sind schöne Teile, aber ich war ja nur noch am Schrauben. Bin ich zu alt für. Erstens kein Stress, zweitens kein Stress, dann kommt erst mal gar nichts und dann kein Stress. Aber jetzt sagst du mir mal, warum du so zermatscht aussiehst. Ärger? Sorgen wegen der Tochter?»

Dann eine Weile nichts.

Pim draußen, plötzlich laut, «Bea?», plötzlich besorgt, ein Vater,

der seine Tochter ruft, «Bea!», eine Mutter, die ihr Kind ruft, ein
Tier, das den Nachwuchs sucht, «BEA!», Beunruhigung klingt
immer so: «BEA! BEA! Wo bist du?»

Bea, drinnen: «Hier! Toilette!»

Pim, ruhiger: «Okay», als wäre nichts gewesen.

Wir wunderten uns alle, dass Beas Vater so durchdrehte, als er
kurz nicht wusste, wo Bea war. Das hieß, dass es immer noch
irgendeine Bedrohung gab. Eine, die bis dorthin gefolgt sein
könnte, wo Bea und Pim jetzt waren, wo auch immer sie waren.
Außerdem hatte er nicht geantwortet, warum sein Gesicht so
zermatscht aussah, wie Leif es nannte. Das wollten wir nämlich
auch echt mal wissen. Also, jemand hatte es ihm zermatscht.
Klar. Aber warum?

Antonia schlug vor, dass ich noch mal fragte, wo sie sei. Vielleicht würde sie noch ein Video schicken. Ich schrieb: *Wo bist
du?*

Die Nachricht wurde gesendet, aber ich konnte sehen, dass
Bea sie nicht öffnete. Wo war sie? Wir waren jedenfalls eine
Stunde vor Le Havre, und es gab erst einmal Mittagessen.
Danach stand nichts an. Wir hatten weiterhin stabilen Empfang, und es blieb eine halbe Stunde Zeit, das zu tun, was ich
vorhin schon tun wollte. Ein bisschen was über die Philippinen
lesen. Die anderen bereiteten sich auf diese und jene Art auf
den Ausflug vor, Yvette mit Schminken, Francesca wollte noch
Yoga machen, und Freigunda setzte sich mit geschlossenen
Augen im Schneidersitz auf die Eckbank, damit der Nachmittag anfangen konnte.

Ich zog meine Jacke an und ging ans Main Deck auf meine
Truhe. Der Himmel war bedeckt. Ein bisschen ungemütliches
Wetter, also ab auf die Philippinen.

Erst mal Fotos ansehen. Wow. Schön. Das Wasser blau und
grün. Der Sand weiß. Da will ich barfuß sein. Hängematten

aus irgendeiner Naturfaser. Da will ich schlafen. Sonnenschirme aus einer anderen Naturfaser. Dunkler. Mit Fransen. Das raschelt bestimmt, wenn ein Wind aufkommt. Felsen im Wasser. Auf den Felsen Pflanzen. Lange, weiße Boote mit Dach. Hütten aus Holz, Dach aus Fasern, Geländer an der kleinen Treppe aus Bambus. Ich gebe ein: «Tierwelt Philippinen». Ein riesiges Rind mit riesigen Hörnern. Carabao. Gebe Carabao ein. Ein riesiges Tier mit zwei lachenden Kindern auf dem Rücken. Seil durch die Nase. Am Seil wird gezogen. Langgestreckter Hals. Ein Mann hält das Seil. Oberkörper frei. Alle lachen. Das Carabao nicht. Zurück zur Suchanfrage «Tierwelt Philippinen». Ein kleiner Affe. Mit winzigen Ohren, riesigen Augen und Saugnapfhänden wie in die Bäume geklebt. Koboldmaki. Kann man denn so große Augen haben? Philippinenadler. Riesige Schildkröte. Großer Frosch. Krokodil. Weiß ich jetzt mehr über das Land? Nur vom Ansehen nicht. Okay, noch mal Tierwelt Philippinen, Suche im Web. Vielfältig. Tamarau, Tarsier, Binturong, Palawan, Schuppentier, Mammutschnecke. Aber auch überall Straßenhunde. Ich dachte an Kajtek, der auch mal ein Straßenhund war. Wie der gerettet wurde von den Frauen aus dem Verein «Problemfelle». Wie er mein Hund wurde, den ich vom Streicheln und Ansehen auswendig kenne, von dem ich weiß, wo welche Färbung des Fells in die andere übergeht. Wo die schwarzen Spitzen über die braunen ragen, wie sein Kragen fällt und sich bewegt, wenn er läuft. Wie viel das kostet, dass die Tierärztin zu uns nach Hause kommt. Als wäre er ein völlig anderes Lebewesen als die Hunde auf den philippinischen Straßen, nur weil er geliebt wird. Und wir Geld haben. Ich seufzte. Kajtek wusste gar nicht, wo ich bin. Meine Eltern auch nicht. Das Heimweh übernahm mich komplett. Weiterlesen. Mich ablenken. Die Philippinen gehören zu den Megadiversitätsländern. Darum gibt es da auch «anspruchsvolle Umweltgesetze. Strenger als in vielen anderen Ländern. Das Land ist vom Meer geprägt, lese ich, denn kein Ort ist weiter als 200 Kilometer vom Meer entfernt, weil die Philippinen aus 7641 Inseln bestehen.

Ich sah wieder auf das Meer und sah was. Land. Da war Land.

Wir näherten uns Le Havre. Eine Küstenlinie malte den Horizont immer dicker. Land in Sicht. Konnte man das eigentlich auch anders sagen, als es zu rufen? LAND IN SICHT!

Die Küste sah aus wie eine große Abbruchstelle, an der jede Menge Land ins Meer gefallen war.

Auf dem Schiff erwachte das Leben wie nach einem Dornröschenschlaf, wenn der Koch aus seiner Starre erlöst wird und dem Küchenjungen eine schallert. Passend dazu wurde auch unser Koch Jimmy-Junior sehr wach. Er war sowieso das einzige Mannschaftsmitglied, das fast ständig arbeitete, aber immer im Schiffsinneren. Jetzt lief er auf dem Deck herum und stellte mehrere Kisten und eine Angel an die Reling. Heute gäbe es Fisch, sagte er grinsend.

Danach kam Arnel, grüßte mich, obwohl er mich an dem Tag schon zweimal gegrüßt hatte. Ich grüßte zum dritten Mal zurück. Dann ging er in den Maschinenraum, dafür kam ein anderes Mannschaftsmitglied heraus, als hätte Arnel sich verwandelt in den anderen älteren Philippino. Der, der nicht Arnel war, hatte eine Brille, war sehr schlank und lang und gähnte, ohne die Hand vorzuhalten. Nichtarnel nickte mir zu. Er sah so müde aus, als würde er gleich wie ein Brett umfallen. Er erwachte jedenfalls nicht aus einem Dornröschenschlaf. Wahrscheinlich würde Nichtarnel sich jetzt schlafen legen. Seine Schicht war zu Ende, und seine Pause fiel in die Liegezeit im Hafen, wo die lautstarke Be- und Entladung bevorstand. Ob die Männer wohl mit Ohrstöpseln schliefen, oder hörten sie das metallische Rumsen der Container schon gar nicht mehr?

Dann kamen die zwei jungen Philippinos in den orangen

Arbeitsanzügen mit Helm auf dem Kopf. Der wirklich schöne Mann, vielleicht Romeo, und der, der ihm ähnlich sah, vielleicht Darwin. Sie bogen nach rechts Richtung Ladefläche ab. Ich machte einen Giraffenhals und hielt meinen Kopf um die Ecke, von wo mir ein kräftiger Wind entgegenschlug. Die beiden hatten mich nicht gesehen. Wenn sie mich jetzt sahen, dann nur meinen neugierigen, körperlosen Kopf, der um die Ecke gaffte, dem der Wind stramm die Haare aus dem Gesicht zischte. In meinen Ohren knatterte der Luftzug. Die Stimmen der beiden kamen wie hinter einem Duschvorhang zu mir. Sie alberten herum, während sie aus einer Metallkiste große Karabinerhaken herausholten. Mit Schmackes warf der eine dem anderen einen dieser Metallkarabiner zu und gleich noch einen. Der andere fing beide und drehte sie um den Finger, bewegte sich so auf den Angreifer zu. Die Metallteile drehten sich und fingen das Sonnenlicht und warfen es wieder fort. Dann schnellte eines der Drehgeschosse vom Finger und auf den anderen zu. Der Angegriffene warf ebenfalls einen blitzenden Karabinerhaken. Ihre Beine in Bewegung, immer bereit zu reagieren, vor und zurück, halbe Schritte. Zwei Männer, die sich wie ein versetztes Spiegelbild bewegten. Dann änderte sich der Rhythmus. Einer der Männer bewegte die Karabiner hinter seinem Kopf entlang, vor seiner Brust, hinter seinem Rücken. Dann hatte der andere zwei Lederhandschuhe in der Hand, und mit denen wirbelte er ebenfalls um seinen Körper und versuchte den Körper des anderen zu erreichen. Karabinerhaken und Handschuhe schienen ein Eigenleben zu haben, aber die Hände der Männer dirigierten die Zauberei. Ich hörte durch das Rauschen des Windes das leise Klicken und Klatschen von Metall und Leder. Dann zog der eine die Handschuhe an, und der andere klackte die Karabinerhaken an seinen Gürtel. Sie stiegen die Treppe zur Ladefläche hinunter, und ich blieb zurück mit der Frage, was ich da gesehen hatte.

Dann kam Daris mit einer Kiste mit Deckel und trug sie dorthin, wo Jimmy-Junior schon seine Kisten hingestellt hatte. Er schob die Kiste mit dem Fuß noch ein Stück, sodass sie über den Metallboden schurrte. Eine Sekunde blieb er mit dem Rücken zu mir stehen, dann ging er ins Schiff. Vielleicht atmete er noch einmal, so als müsste er etwas sagen. Aber was hätte das sein sollen? Das ist eine Kiste, nur eine Kiste. Die hab ich hier hingestellt. Neben die anderen Kisten. Die Kisten vom Koch waren flach und aus Plastikgeflecht. Für Lebensmittel wahrscheinlich. Klar, ein Koch stellt Kisten für Lebensmittel hin, aber was für eine Kiste stellt ein Zweiter Offizier hin? Komm, schau nach, sagte die Kiste. Nicht wirklich. Schon klar, aber als Verteidigung, falls jemand käme und fragen würde, was ich hier schon wieder rumschnüffelte, dann könnte ich sagen, dass die Kiste mich dazu aufgefordert hatte. Ich überlegte mir, was ich gleich tun würde, wie am Schnürchen, flüssig und ganz normal. Aufstehen, hingehen, Deckel hoch, reinsehen, zurück zu meiner Truhe, raufsetzen, als wäre nichts, und dann wäre eben auch nichts. Alle Bewegungen liefen so ab, wie ich sie mir vorgenommen hatte. Paar Schritte, hinhocken, Arm lang, Hand an den Deckel, Deckel auf, eine Decke drin, nichts weiter, Deckel wieder zu. In den Deckel waren Löcher gebohrt.

Es machte mich wuschig, dass der Landstreifen näher kam, weil wir Le Havre näher kamen. Dort würde das Schiff acht Stunden vor Anker liegen, und das war genug Zeit für einen Landgang.

Yvette hatte mich am Vortag gefragt, welche Sprachen ich in der Schule lernte, und ich hatte gesagt: «Englisch und Französisch. Wieso?» Und dann hatte ich erfahren, wieso, und wollte mir meine Antwort im Nachhinein wieder zurück in den Mund stopfen. Ich hätte doch einfach behaupten können, dass ich Finnisch und Portugiesisch belegt hätte.

Freigunda konnte Spanisch, Yvette Englisch und Italienisch.

Francesca konnte Englisch und Dänisch ganz gut. Also war klar, dass ich in Le Havre für die Kommunikation zuständig wäre. Ich sah aus dem Fenster, wie die Küstenlinie näher kam.

Am liebsten hätte ich einfach gesagt, dass ich keinen Bock auf Landgang hatte, aber je älter ich wurde, umso peinlicher wurde es, dass ich mich ständig nicht traute. Keinen Bock sagte ich immer, und alle mussten mich für die bockloseste Jugendliche aller Zeiten halten. Wenn ich das jemandem erklärte, dann würde der Jemand sagen: Trau dich! Du musst nicht feige sein. Sei doch mutig. Als wäre ich mit Absicht so. Da könnte man auch sagen: Sei doch nicht so groß, sei doch nicht so dünn, sei doch nicht so charlottig, Charlotte. War ich aber, war ich aber, war ich aber!

Warum hatten wir nicht mich in dem Koffer aufs Schiff geschmuggelt? Ich würde im Bett liegen und lesen, weil ich ja nicht rauskönnte.

Ich ging zu Antonia rüber und fragte, ob sie sich freuen würde, wenn ich ihr beschreiben würde, was ich sah. Sie konnte ja in Hafennähe wieder nicht aus dem Fenster sehen.

«Na klar!», sagte sie und legte das Buch über Magellan weg.

Ich steckte meinen Kopf durch den zugezogenen Vorhang. «Es ist ein grauer Tag ...», hob ich an, «als sie in Le Havre ankommen.» Dann beschrieb ich den Strand, denn vor oder bei oder an Le Havre war ein Strand, fast weiß, einladend mit seinem Strandleben, Wassersportler, Drachengleiter, Boote. Als wäre der Sommer zurück.

Mein Beschreibeatem, zwischen Vorhang und Bullauge gefangen, beschlug die Scheibe. Ich wischte mir die Sicht frei auf diese Stadt, die mir auf den ersten Blick irgendwie eckiger vorkam als andere Städte, auch wenn das so typisch Stadt ist. Stadt, eckig, klar, aber diese war anders eckig. Als wäre die Mitte der Stadt markiert, ragte ein Turm auf, auch eckig. Das alles schob sich am Fenster vorbei, als sei es eine Bildergeschichte.

Es war einmal ein Strand, der lebte an einer Stadt, deren Eltern waren der Hafen und das Meer.

«Jetzt kommt der Hafen. Soll ich einfach beschreiben, was da ist, oder so rumspinnen?»

«Rumspinnen!», sagte Antonia entschlossen, und ich steckte meinen Kopf wieder hinter die Leinwand, um einen tollen Film für sie zu erzählen.

«Der Hafen ist auf dem Arm eines Riesenkraken gebaut. Der Riesenkrake ist älter als die Stadt und liegt schon immer da, sagen die Einwohner von Le Havre. Er hat schon immer die Schiffe aus dem Meer gezogen, weil er neugierig und verspielt ist. Also baute man eine Hafenstadt an die Stelle, wo der Riesenkrake liegt und die Schiffe ranangelt. Die Hafenstadt wurde schnell groß, denn Schiff um Schiff holte der Riesenkrake aus dem Meer und leitete es nach Le Havre. Auf einen Arm des Kraken wurde die Hafenanlage gebaut. Nach vielen Jahrhunderten sah der Hafen wie ein normaler Hafen aus, aber immer noch zieht der Riesenkrake unter dem Wasser mit seinen verborgenen Armen die Schiffe heran.»

Und als ob es stimmte, fuhr die riesige Lexy Barker ganz langsam zu der Stelle, an der sie anlegen sollte. Als ob sie unterirdisch gezogen werden würde. Der Schiffsrumpf stieß an die Kaimauer, und wir waren wieder mit dem Festland verbunden. Türen oder Luken wurden geöffnet, Wasser abgelassen, Seile geworfen, etwas nachjustiert oder festgezurrt. Gezogen. Gerufen. Andere Maschinen wurden gestartet. Schritte auf den Containern vorne. Hallendes Metall. Knallen.

Yvette kam rein. Sie hatte eine absurde Sonnenbrille oben auf dem Kopf, teuer, aber sonst nichts. «Kommst du?», aber eher wie: «Komm jetzt!» Dann noch: «Wird bestimmt lustig.»

Ich tastete mich und meine Taschen einmal durch, ob ich alles bei mir hatte. Handy war da. Portemonnaie war da. Einen Schlüssel brauchte ich nicht. «Na dann.»

Yvette nickte. Ihre Sonnenbrille kippte ihr nach vorne auf die Nase. «Na dann!»

«Nicht vergessen, mir Schokolade mitzubringen», rief Antonia. «Viel Spaß!»

Ich überlegte, wie man auf Französisch Schokolade kaufte. Das könnte ich hinbekommen. Oder ich könnte in einen Supermarkt gehen.

Yvette rannte schon die Treppe hoch. «Die holen uns mit einem Auto.»

Dieser Landgang bedeutete nicht, dass wir einfach an Land gingen, sondern wir wurden abgeholt, weil der Hafen ein wenig außerhalb lag und wir da nicht zu Fuß herumirren durften. Wir waren Unbefugte. Wir trugen uns alle im Bordbuch aus. Natürlich in Bordzeit. 13:02. Über uns standen schon fünf Namen: Spartak Antipenko, Arnel De Rosario, Joriz de la Cruz, Artem Kusmyn, Daris Golubev. Zwischen 12:52 und 12:58 ausgetragen.

Für den kurzen Weg zum Zubringer mussten wir einen Helm aufsetzen, den uns der eine von den beiden Philippinos gab, die mit den Karabinerhaken gekämpft hatten. Francesca setzte ihn falsch rum auf, nahm ihn wieder ab und riss sich dabei lauter Haare aus. Immerhin war er in ihrer Lieblingsfarbe: Gelb. Yvette machte ein Selfiegesicht, drehte sich aber so, dass sie den Mann mit fotografierte. Sie kontrollierte, ob ihr Foto so geworden war, wie sie es sich vorgestellt hatte. Sie zog das Gesicht des Mannes groß. Nun lächelte er auf ihrem Display. Er selbst war schon weggegangen.

«Alter, den finde ich heiß», Yvette zog das Gesicht des Mannes noch näher heran. «Der heißt Romeo.»

Francesca lachte.

«Echt!», sagte Yvette. «Der heißt wirklich Romeo.»

«Woher weißt du das?» Ich war neidisch, dass sie das irgendwie rausgefunden hatte.

«Ich hab ihn einfach gefragt.»

«Einfach gefragt», murmelte ich. «Weißt du, ob Darwin Diaz sein Bruder ist?»

«Ist er, aber der ist nicht so heiß», antwortete Yvette. Sie schaltete ihr Handy aus, und Romeos Gesicht verschwand.

Die Diaz-Brüder. Das klang toll. Sie könnten mit ihrer Karabinerhakennummer auftreten. In den Häfen würden die Plakate hängen. The Diaz Brothers. Today.

Wir setzten unsere Helme auf und gingen durch die schwere Eisentür aufs untere Deck in den grauen Tag, der sich Nebel angezogen hatte, was eine Hafenanlage nicht gerade gemütlicher aussehen lässt. Der Himmel hatte gar keine Meinung und darum auch keine Abstufungen. Alles stand still. Wir liefen über das Metall des Decks. Ohne diese Töne unter meinen Füßen hätte ich gedacht, dass wir in einem Schwarzweißfoto wären. Nur ein paar Schwarz-Weiß-Möwen kreischten über dem Schiff.

Wir gingen die wippende Hühnerleiter hinunter und betraten festen Boden. Ein bisschen war mir danach, den Boden zu küssen. Der Mensch war kein Fisch, und wenn der Mensch so gerne an Land war, dann war davon auszugehen, dass der Fisch genauso gern im Wasser war. Ich sah die Angel, die Jimmy-Junior an die Reling gelehnt hatte.

Wie im Hafen von Rotterdam piepte, sirrte, schnaufte und surrte es. Vor einer weißen Hütte standen Männer in Latzhosen und rauchten unter ihren weißen Helmen hervor. Von ihnen kam also der Nebel.

Die Lexy Barker was das einzige große Schiff, das im Hafenbecken lag, sonst nur zwei Schlepper. Rot-weiß. Und trotz Nebel colorierte sich jetzt das alte Schwarzweißvideo von alleine. Die Container, grün, blau, braun, die kleinen Zubringer gelb. Wie ausgemalte Flächen im Grau. Signalfarben, mit Absicht, damit man auch im Nebel alles sah. Es fuhren nur zwei Kräne seitlich der Ladefläche hin und her und nahmen die riesigen Containerbauklötze ab, um sie passgenau auf die LKWs zu setzen, die Schlange standen, um die Waren abzuholen. Diesdas zum Essen. Diesdas zum Anziehen. Diesdas, um ein Haus zu bauen. Ich musste an Beas Vater denken. Es war schon was anderes, wenn man eine Vorstellung davon hatte, wer in so einem LKW sitzen könnte. Jemand wie Pim.

«Du bummelst.» Yvette hinter mir. «Da vorne ist das Auto.»

Ein Großraumtaxi, in dem schon die vier Männer aus unserer Mannschaft saßen. Aber nur vier. Unser Kapitän nicht. Ich hatte doch gerade erst seinen Namen gelesen. Der müsste mir doch einfallen. Spartak. Ja. Und Antipenko. Genau.

Wir stiegen in das Auto ein. Begrüßen, Beine einziehen. So gütig Arnel auch lächelte, so eisig sah mich Kusmyn an. Yvette setzte sich neben Daris, weshalb ich mich neben den Mann setzen musste, den wir gestern «den anderen alten Philippino» genannt hatten. Er stellte sich als Joriz vor, und ich sagte auch meinen Namen. Er wiederholte ihn. Ich wiederholte seinen Namen, und schon waren wir Freunde. Na ja, nicht ganz. Aber wir lachten uns freundlich an. Ich hätte mich nie im Leben länger mit wem auch immer unterhalten, wenn Artem Kusmyn seinen Blick schweifen ließ, als ob er alles schockgefriert. Arnel lächelte und schaute raus. Daris, wie immer, als wäre er gar nicht da. Das Hafengelände zog sich, Containermauern bis in den Nebel hinein, aber so weitläufig wie Rotterdam war der Hafen nicht.

Es wurde kaum geredet. Alle wischten auf ihren Handys herum, also tat ich das auch. Eigentlich hatte ich keine Lust drauf, aber ich suchte trotzdem nach Nachrichten über uns. Nur mal kurz nachsehen und dann schnell wieder vergessen. Wir wurden vermisst. Ein paar Schlagzeilen. Die Wörter «schon wieder», «erneut» und «Mädchenmeute». Eine buntere Zeitung hatte ein Foto meiner Eltern, Arm in Arm vor dem Bücherregal.

Sie hätten keine Ahnung, wo ich sei. Mein Herz schwoll an, als hätte eine Wespe reingestochen. Kurz und kräftig der Stich, und danach brannte es ewig. Yvettes Vater mit einem Foto wie ein Pressebild, perfekte Haare, perfektes Licht, die Hand am Kinn, dass man die Uhr sah.

Wir fuhren nur ungefähr fünf Minuten. Immer noch Hafen. Zumindest Container und Lagerhallen. Daris und Kusmyn stiegen aus. «Nononono», sagte Arnel, als ich auch aussteigen wollte. Der Fahrer stieg aus, öffnete hinten den Laderaum, und Daris zog etwas heraus. Die Kiste. Also, DIE Kiste.

Artem Kusmyn und Daris standen mit der Kiste im Nichts des Hafengeländes. Zwei Männer mit zwei Helmen und einer Kiste. Der Fahrer stieg wieder ein. Wir fuhren weiter.

Wir fuhren noch mal zehn Minuten durch die Hafenanlage, die bekanntlich auf Krakenarmen erbaut war. Dann begann die Stadt. Der Fahrer setzte Arnel und Joriz an einem blau gemalerten Flachbau ab. Auf der Seitenwand war ein Graffiti wie eine Seemannstätowierung, Anker, Segelschiff, Herz. Arnel und Joriz verschwanden in der offenstehenden Tür.

Wir wurden noch ein Stück weiter Richtung Stadtmitte gebracht. Nachdem wir mit dem Fahrer, Gott sei Dank auf Englisch, verabredet hatten, dass er uns um 16:30 Uhr wieder aufsammeln würde, fuhr er davon, und wir hatten vier Stunden Zeit für was auch immer.

«Ich zähle jetzt bis drei, und jede sagt, was sie machen will», schlug Yvette vor und begann schon zu zählen. Eins, was wollte ich denn machen? Zwei, keine Ahnung, an den Strand? Drei.

Unsere Antwort klang ungefähr nach: «Shopp-Strand-ing-rum-Muse-laufen-um.»

«Gesundheit!», sagte Yvette und lachte.

Eigentlich konnten wir alles davon machen, denn wir hatten ja genug Zeit. Francesca fühlte sich zuständig, uns ein bisschen was über die Stadt zu erzählen, denn natürlich hatte sie sich vorbereitet. Die Stadt sei UNESCO-Weltkulturerbe. Die Architektur wäre einzigartig.

«Weil alles aus Beton ist», erklärte Francesca.

Das hier waren einfach Häuser. Nicht mal schöne. Klar war das Architektur. Sind Häuser immer. Und alles war auch aus Beton. Aber na und? Das trübe Wetter ließ alles aussehen wie nicht zu Ende gemalt. Mit einem Lineal entworfen, das noch gerader war als andere Lineale, und einem Winkel, der der genaueste rechte Winkel von allen war. Überall knallten die Blicke dagegen und fielen runter. Im Nebel wirkte es so, als ob diese Straßenschluchten bis in die Unendlichkeit weitergingen. Wir schauten hin und her und drehten uns einmal um. Na bitte, da war eine alte Kirche. Francesca erklärte, dass Le Havre von den Engländern stark bombardiert worden war, weil es im Krieg ein deutscher Marinestützpunkt gewesen war. Danach habe man einen mutigen Architekten «die Stadt der Zukunft bauen lassen».

Freigunda schüttelte den Kopf. Ich verstand sie. Es war so lustig, in dieser alten Stadt der Zukunft zu stehen. Ein bisschen wie alte Filme mit Raumschiffen, die inzwischen aussahen wie aus Klopapierrollen, Streichholzschachteln und Alufolie zusammengeklebt. Wie man sich die Zukunft vorgestellt hatte. Hauptsache, nicht eng und gemütlich.

Es begann zu nieseln, und das war das Einzige, was sich auf dieser Entwurfsskizze bewegte. Francesca hatte einen Regenschirm dabei, denn sie war ja vorbereitet, und nun sahen wir aus wie eine Reisegruppe, die eine Stadtführung gebucht hatte. Sie zeigte auf Teile der Häuser und behauptete, das wäre verspielt und schwerelos. Freigunda schüttelte den Kopf.

«Woll'n wir nicht in die Kirche reingehen?», fragte ich.

«Rein in die Kitschlaube!» Yvette lief los. Francesca machte noch Fotos von verspieltem Beton. Freigunda zog die Schultern hoch und sagte, dass sie nicht in Gotteshäuser ginge. Sie wartete am Eingang unter einem kleinen Vorsprung.

Drinnen gab es Touristenflyer in vielen Sprachen. Es stand so ungefähr das Übliche drauf. Fenster, Höhe, dies, das. Beim Bombenangriff nicht zerstört.

«Kann man ja fast an Gott glauben», sagte Yvette zu laut und ihr Hall noch mal und ihr Hall noch mal. «Gott glauben, Gott glauben, Gott glauben ...»

«Was? Wieso?», flüsterte ich. Meine Stimme klang in Kirchen automatisch so, als hätte sie die Mütze abgenommen.

«Weil die Kirche nicht zerstört wurde.» Und ihr Hall noch mal und ihr Hall noch mal: «Zerstört wurde, zerstört wurde...» Sie sprach viel zu laut. War aber eigentlich egal. Bis auf eine Frau, die mit auf dem Rücken verschränkten Armen rumstand, war niemand da.

Ich las ein bisschen aus dem Flyer vor. «Im August hatten die Deutschen die Evakuierung angeordnet, aber die Leute von Le Havre gehorchten nicht. Am 5. 9. warfen 348 Bomber 1820 Sprengbomben, 30000 Brandbomben. Am 6. 9. weitere 1458 Tonnen Sprengbomben, 12500 Brandbomben. 82 Prozent zerstört. Wenige Fassaden, ein Gebäude (Notre-Dame) und das Kriegsdenkmal blieben unbeschädigt.»

Das war doch echt zu bekloppt, dass nur die Kirche und das Kriegsdenkmal nicht zerstört worden waren. Ich wollte darüber mit Yvette reden, aber die fand es *boring*. Überhaupt fand sie alles *boring*. Sie gähnte und sagte, irgendwie würde sie sich lieber bewegen, als hier rumzuglotzen.

Dann stieß sie mich an, dass mir der Flyer aus der Hand flog. «Pst!» Sie zog mich hinter eine Säule. «Da! Unser Kapitän!»

Vorne bei den Kerzen stand Spartak Antipenko in seinem edlen, gepflegten Trainingsanzug, tiefschwarz, zwei weiße Streifen. Antipenko beugte sich gerade nach vorne und steckte eine Münze in einen Schlitz. Es klapperte, und eine der elektrischen Kerzen leuchtete auf. Antipenko blieb einen Moment lang mit geneigtem Kopf stehen. Dann ging er strammen Schrittes aus der Kirche.

«Hinterher!», sagte Yvette, als hätte sie nur darauf gewartet, dass es etwas zu jagen gibt.

Ich ließ mich mitziehen. Okay. Das war nicht *boring*. Vorbei an Francesca, die gerade die Orgel fotografierte: «Wo wollt ihr denn hin?» Und vorbei an Freigunda, die draußen stand wie ein angebundener Hund im Regen. Ganz nasses Fell. «Ich gehe jetzt alleine los», sagte sie. «Wollte nur noch Bescheid geben.»

Yvette schaute sich hektisch um, als hätten wir gerade was Wichtiges verloren. Die Chance auf Nichtlangeweile in dieser öden Eckigstadt. «Da isser.» Sie zeigte durch den Regen, zog wieder an mir. «Komm, den verfolgen wir jetzt. Besser als alte Kirche, oder?»

Ich machte mich los und rannte mit ihr über den leeren Platz, auf den der Regen fiel. Diese leere, weite Stadt war ja so schon komisch, aber wenn man durch den Regen rannte, hinter dem einzigen Menschen her, dann wurde es noch komischer. Alles wirkte, als hätte ich das schon mal geträumt. Ich hätte mich nicht gewundert, wenn die weiten Straßenzüge angefangen hätten, sich zu verschieben, weil wir durch ein Modell liefen und der Architekt doch noch mal umbaute.

Antipenko hatte eine breite Straße erreicht, auf der alle Häuser gleich aussahen. Unten hatten sie Säulengänge, also überdachte Bürgersteige. Hier waren auch andere Menschen. Antipenko huschte zwischen den Leuten hindurch.

«Der geht doch bestimmt zum Schiff zurück. Müssen wir so rennen?» Ich war schon ziemlich nass und bekam Seitenstechen. Rennen war noch nie meine Fortbewegungsart gewesen. Viel zu schnell.

«Das wäre da lang», behauptete Yvette.

Die Häuser hier sahen aus wie die Häuser da. Sie waren alle gleich hoch und hatten große Fenster. Die Straße reichte von unendlich auf der einen Seite bis zum Meer auf der anderen. Antipenko lief vom Meer weg Richtung unendlich. Wir hinterher. Gehuscht. Hinter den Säulen von den Säulengängen versteckt. Dann öffnete sich die Straße zu einer breiten Allee. In der Mitte der Straße ein breiter, korrekt gestutzter Rasen, darauf zwei Schienen und weit entfernt eine weiße Straßenbahn. Es schüttete jetzt, als hätte das Meer beschlossen, komplett auf das Land umzuziehen.

Wir mussten an der Ampel halten und japsten erst mal nach Luft. Antipenko bekam einen Vorsprung, aber wir sahen ihn noch. Kaum war die Ampel auf Grün gesprungen, spurteten wir los.

Yvette blieb auf der anderen Seite der Straße stehen und japste. Ich war auch ganz schön außer Puste, aber es machte auch ganz schön Spaß. Vielleicht hatte ich inzwischen Erscheinungen wegen Atemnot, aber direkt vor uns ragte ein komisches Gebäude auf, dass wie ein weißer Vulkan aussah. Der Regen schnippelte alles, was ich sah, in Streifen. Aber ich war mir ganz sicher, dass ich einen schwarzen Trainingsanzug sah, wie er neben dem weißen Vulkan durch eine Drehtür ging. «Er ist da rein», sagte ich, und das gab uns beiden die Kraft für einen Endspurt. Gleich würde ich meine Socken auswringen und mich fragen, was das für eine Kackaktion war, einem Mann bis in einen Vulkan zu folgen.

«Aquarium» stand über der Drehtür. Der Vulkan war ein echt seltsames Gebäude. Viel Metall. Wieder Beton. Und Glas. Wir hockten uns drinnen erst mal hinter einen Aufsteller für eine Sonderausstellung und schnauften durch. Zwei Familien standen an der Kasse an. Eine sah glücklich aus, eine unglücklich. Antipenko hatte gerade bezahlt. Dann ging er in den letzten Raum auf dem Rundgang, obwohl ihm ein Aufpasser zeigte, dass der Rundgang andersherum verlief. Antipenko winkte ab und verschwand in dem dunklen Raum, aus dem in dem Moment eine Kinderschar spritzte wie ein aufgeschreckter Fischschwarm.

«Wieso geht er so lang?», fragte Yvette japsend.

«Vielleicht will er nur in den letzten Raum», japste ich zurück. «Wollen wir auch rein?»

«Besser als Kirche.» Yvette konnte schon fast wieder normal atmen, sogar lachen. «Und vielleicht können wir ihn ja doch noch bei einem krassen Drogendeal erwischen.»

«Oder er hat eine Date mit einer Meerjungfrau. Okay, dann hinterher, oder?»

Wir gingen schnell zur Kasse. Unsere nassen Schuhe quietschten, und wir hinterließen eine Tropfspur. Die unglückliche Familie bezahlte, maulte sich an und schlurfte zum ersten Raum des Rundgangs. Dann bezahlte die glückliche Familie, und lachend verschwanden auch sie, aber Richtung Toiletten.

Die Frau hinter dem Sprechloch in der Plexiglasscheibe schaute mich an. Oh Gott, Französisch, fiel es mir ein, ich musste, weil Yvette nicht konnte. Ich sagte einfach irgendwas. Die Frau gab mir zwei Tickets. Yvette bezahlte, und als hätte ich nicht gerade in Lichtgeschwindigkeit die Schallmauer meines Charakters durchbrochen, sausten wir los, entgegen dem Rundgang in den letzten Raum. Antipenko hinterher.

Der Aufpasser fing uns ab und bestand darauf, dass wir uns an den Rundgang hielten. Für eine Diskussion auf Französisch fehlten mir wirklich die Vokabeln. Es stellte sich heraus, dass Yvette doch Französisch konnte, zumindest ein Schimpfwort, aber das war kein Schulwissen.

Wir lachten und rasten durch die abgedunkelten Räume voller beleuchteter Aquarien. Wir wussten genau, dass wir herausfinden wollten, was Antipenko hier zu tun hatte, aber das Licht der Aquarien zog uns in ein Zeitloch, und die folgenden Minuten dehnten sich aus. Es war auch ein relativ großes Aquarium, aber vor allem war es das Licht, dass uns so aus der Zeit katapultierte, hellstes Blau, schillerndes Grün, strahlendes Gelb, das auch auf den dunkel gekachelten Boden fiel und dorthin die Wasserbewegungen spiegelte, ein Wippen und Wiegen, ein Strudeln und funkelnde Halbmonde. Wenn man rannte und alles nicht genau sah, dann gab es kaum einen Unterschied zwischen vor und hinter der Scheibe. Die Stille des Aquariums und das hallende Lärmen von Kinderstimmen wie Unterwassergesang. Die bunten Schwärme staunender Fische begleiteten uns ein Stück, bis zu den Scheiben, an denen ihre Welt endete. Dann schwammen wir mit einem anderen Schwarm weiter. Wir waren Clownfische inmitten von wiegenden Unterwasserwäldern. Wir waren kleine silberne Fische, große gelbe, mittlere rote mit blauen Streifen und schwammen mit dem Strom durch den Rundgang, um an dessen Ende zu gelangen und dort Antipenko wiederzufinden, weil er bestimmt etwas total Spannendes machte oder auch nicht, war jetzt auch schon egal. Wir grüßten Garnelen, überholten Krebse und kamen zu einem runden Bassin voller Quallen. Yvette drum herum, ich drum herum, innen drin die Quallen, durch das runde Glas verzogen und vergrößert. Quallen, die wie ausgefranster Nachtisch im Wasser hingen, Quallen, die kompakt waren wie dicke Brillengläser und sich in eine Richtung zuckten. Licht, das von oben einfiel und durch alle Quallen streute.

«Komm!», sagte Yvette. «Weiter.»

Ein Oktopus erschrak, als wir so angeschossen kamen. Die Arme hoch und zur Seite, den Körper nach hinten gestoßen von uns weg, eine Drehung im Wasser, ein Wirbel, der entsteht und die Pflanzen winken lässt. Er machte sich groß, änderte die Farbe von weißlich rosa noppig zu dunkelrot pockig, dann zu rot-rosa, als ob Wolken über ihn ziehen, die Arme ganz aufgespannt. Dann folgte er uns mit kräftigen Bewegungen. Sein Auge direkt zu mir, in mich, durch die Zeit durch in meine Zukunft. Er wurde riesengroß und verschwand durch Farbänderung vor dem Felsen, wurde wie das Lichtgeflacker auf dem Stein, wurde zum Hintergrund und war weg. Oder war ich weg? Weil ich weitergerannt war, Yvettes quietschenden Turnschuhen hinterher. Wir ließen das Tier zurück, aber irgendwie nahm ich es auch mit. Wenn dich ein Oktopus ansieht, dann sieht er dich. Bei mir war's so.

Ich lief weiter hinter Yvette her. Mission klar: Antipenko suchen. Wir waren jetzt in einem Glastunnel, der unter einem Becken entlangführte. Als wären wir gesprungen, waren wir plötzlich im Wasser. Wir blieben stehen, beide die Köpfe nach oben. Taucher ohne Taucheranzug. Atmen unter Wasser. Wasserbewohner sein. Von meinen Haaren tropfte das Regenwasser auf mich. Überall Wasser. Über uns das langsame Segeln von purem Silber eines Fischschwarms. Eine Stimme vom Band. Was verstand ich? Soundso viel Prozent des Lebens im Meer gelten als unerforscht. Französische Zahlen sortieren. 99 Prozent. Hatte ich mich vertan? So viel? Yvette lief weiter, und ich folgte ihr, als wäre ich Teil eines kleinen Fischschwarms. Nicht aus den Glubschaugen verlieren. Mit wenigen Bewegungen glitten wir durch den Tunnel zu einem weiteren Raum. Hier war das Licht anders. Nur grün. Ich hörte auf zu rennen. Yvette auch. Eine leise Musik, eher einzelne Töne, als wäre die Hälfte der Melodie verloren gegangen und nur noch ein Pulsschlag. In dem Raum waren nur wenige Becken, trübes braunes Wasser, keine Fische, Metallteile. Fotos von Müllhalden auf dem Meeresgrund. Schiffsteile, Containerschiffe, ganze Container. 1679 Container fallen durchschnittlich jedes Jahr ins Meer, stand unter einem Foto. Was ist in diesen 1679 Containern drin? Wann kommt das raus? Wann kommt das hoch?

Ich hoffte, dass Yvette mich weiterzog, aber das tat sie nicht. Sie stand vor einem Foto von dreckigen Ölfässern in einem Korallenriff. Das Menschengelb neben den Wasserfarben. Der

Rost, der alles öffnen und alles ringsum belegen würde, als ob man eine schwarze Decke drüberzieht. Es gab ein Video von einem abgestorbenen Korallenriff. Grünstichige Reste. Kein Tier. Keine Bewegung. Nur die Luftbläschen des Tauchers, der durch diese Hölle schwebt. Als wäre Staub auf alles gefallen. Ledrige Reste von Lebewesen wie tote Organe, Raucherlunge, Lederlappen, ein ehemals bewohnter Mond. Es gab Fotos davon, wie ein gekippter See aussieht, auf dem eine letzte grüne, schleimige Lebensform alles überdeckt. Gase, die aufsteigen, Blasen, die platzen. Es gab Fotos von Flüssen, an deren Ufern die toten Fische wie Altmetall lagen. Das Wasser dahinter gar kein Wasser. Ein Band breit Tod. Luftaufnahmen. Flüsse, in denen sich etwas ausbreitet, sich auf das Wasser und alles Leben legt. Fische Bauch hoch. Krokodile Bauch hoch. Schildkröten Bauch hoch. Menschen, die auf einem Boot durchfuhren, mit einer Stange die Kadaver wegschoben. Wenn es Fischer waren, dann standen sie wie vor dem gekippten Supermarkt. Alles war schlecht geworden. Und weder der Fluss noch ein Gott würden mit einem großen LKW die nächste Ware bringen. Der Fluss war alle. Der Fluss war geschlossen.

Ich sah mich zu dem Glastunnel um und wollte wieder zurück. Aus dem Tunnel quollen Menschen, ihre «Ohs» und «Ahs» hallten noch im Tunnel unter der heilen Welt, als sie diesen Raum betraten und verstummten. Kein Geräusch mehr. Als wäre Staub auch auf uns gefallen. Und zu wem jetzt beten? Um was? Dass die Zeit sich rückwärtsbewegt. Dass wir den Rundgang in entgegengesetzter Richtung gehen können.

In einer helleren Ecke, neben der Ausgangstür stand eine Spendenbox in Form eines Delfins, dem die Besucher ihr Kleingeld ins lachende Maul warfen.

Es gab keinen weiteren Raum. Ende des Rundgangs, stand da. Vielleicht wollte Spartak Antipenko nur in diesen Raum, um Geld in den Spendendelfin zu werfen. Jetzt war er ein anderer Mann für mich. Besser. Und die Welt war eine andere für mich. Schlechter.

«Na klar, Antipenko ist weg», sagte Yvette. «Ist auch egal. Nach dem Raum jetzt, meine ich. Alles egal eigentlich. Ich hatte lange nicht mehr so schlechte Laune.»

Ich nickte. Wir waren ein Schwarm.

Wir schlurften am Spendendelfin vorbei zur Tür, und ich war schon bereit, der Betonstadt draußen entgegenzutreten, die man ans Meer gebaut hatte. Nach einem Krieg. Das war doch auch alles scheiße.

«Kuck mal!» Yvette stieß mich an. Ich kuckte mal. Hinter der Tür war nicht gleich der Eingangsbereich, wie ich angenommen hatte, sondern ein weiterer Raum. Dort war ein großes, flaches Becken. Kinder hockten da, die Hände im Wasser.

«Kann man bestimmt Fische streicheln da. Willste?», fragte ich schlaff. Ich hatte gerade irgendwie keinen Bock auf Fische streicheln.

«Nee. Da!» Yvette zeigte zu einer breiten Treppe. Und da kam gerade Spartak Antipenko heruntergeeilt.

Yvette zog mich zurück in den Raum. Wir drückten uns neben dem Spendendelfin an die Wand. Hätten wir die Münder geöffnet, hätten die nächsten Besucher Geld in unsere Rachen geworfen. Und hätte Antipenko sich einmal umgedreht, hätte er uns gesehen. Aber er hatte es beim Rausgehen aus dem Aquarium so eilig wie beim Reinkommen.

«Er ist weg.» Yvette ging in den Fischstreichelraum rüber und zeigte die Treppe hoch.

«Ja, ich denke auch, dass wir da mal hoch sollten», sagte ich. Ein Aufsteller an der Treppe wies auf die Sonderausstellung in den oberen Räumen hin.

«Er wollte also in die Sonderausstellung», freute ich mich. «Wir haben ihn erwischt.»

«Dann lass mal sehen, worum es da geht.»

Wir gingen die Treppe hoch. Über dem Eingang der Sonderausstellung stand «Monstres marins» in lila Buchstaben aus stilisierten Tintenfischbeinen.

«Monster der Meere. Oder Meeresmonster», versuchte ich zu übersetzen. «Wahrscheinlich einfach Seeungeheuer.»

«Oh Gott, wenn wir eine Sekunde früher um die Ecke gekommen wären und ich hätte gesehen, wie er aus diesem Raum kommt, direkt unter der Überschrift ‹Monster der Meere›, hätte ich so doll gelacht», grölte Yvette.

Ich musste auch lachen.

«Vielleicht ist er ein Ausstellungsstück und muss, immer wenn er hier ist, ein bisschen in seiner Vitrine liegen. Kapitän Spartak Antipenko, ein Monster des Meeres.»

Yvette hielt sich vor Lachen an mir fest. «Ih, du bist so nass.»

«Ih, du auch!»

Wir gingen kichernd in den ersten Raum. Dort hingen jede Menge Bilder an den Wänden. Also Zeichnungen. Sie erinnerten mich an die Bilder, die auf der Lexy Barker hingen.

Es gab jede Menge Tafeln mit Geschichten von Seemännern, die Riesenkraken, Riesenkalmare oder Riesenschlangen gesehen hatten. Die Beschriftung war auf Französisch und Englisch. Yvette hatte sich in eine Nische gesetzt, in der vier Stühle standen und eine Dokumentation lief über angebliche Funde von Seeungeheuerkadavern, welche Globster genannt wurden.

Ich spielte an einer Weltkarte mit den eingetragenen Sichtungen von lebenden Seeungeheuern herum. Man konnte auf Knöpfe drücken, und ein Bild mit Text dazu erschien. Ein Fischer hatte eine Schlange gesehen. Eine Frau eine Schlange mit Pferdekopf. Mal hatte die Schlange noch Rückenbögen, mit Kamm darauf oder ohne. Viele der Ungeheuer sahen aus wie Drachen oder Saurier. Alles war ein wenig schaurig dargestellt. Spannend, geheimnisvoll, dunkles Lila oder schauriges Hellgrün. Ein Kind weinte und ging mit Mama raus. Ich glaube, sie sagte zu dem weinenden Kind, dass es keine Seeungeheuer gab, und ich stellte mir vor, wie sie das auch in dem Raum über die Verschmutzung der Meere gesagt hatte.

Yvette hatte aufgehört, den Film über Globster anzusehen. Sie fand die ganze Sonderausstellung albern. War sie ja auch. Kindergrusel. Unterwasser-Geisterbahn. «Ja, so ein Zufall, dass es kaum Fotos gibt. Kamerascheu, die Ungeheuer. Seit jeder ein Handy hat und fotografieren kann, haben komischerweise keine Ungeheuer mehr ihren Kopf übers Wasser gehalten.» Sie schüttelte den Kopf. «Bullshit, wenn du mich fragst. Was wollte der bloß hier? Wie heißt er noch mal?»

«Spartak Antipenko», sagte ich. Ja, was hatte der hier gewollt? Der fand Seeungeheuer toll. Weiter nichts. Gerannt war er, weil es geregnet hatte. Aber warum war er jetzt rausgerannt? Er hatte sich vor den Seeungeheuern erschreckt. Ich grinste.

«Ich geh mal aufs Klo. Hoffentlich haben die einen Trockner.» Yvette patschte weg mit ihren nassen Schuhen.

Ich sah mich noch ein bisschen um und fand doch ein paar Fotos von Seeungeheuern, aber im Erklärungstext stand, dass alles Fälschungen waren. Das berühmte Foto der berühmten Nessie auch. Schade eigentlich.

Dann gab es noch ein paar Beispiele von realen Tieren, die vielleicht für Monster gehalten worden waren. Ein enormer Fisch vom Meeresgrund, den kaum jemand je zu Gesicht bekam, Riesenkraken, mit meterlangen Tentakeln, die es früher vielleicht mal gegeben hatte. Aber am Ende waren es wohl alles nur ausgeschmückte Geschichten. Solche Seeungeheuer wie Nessie wurden auch in anderen Ländern gesehen. Sie sahen eigentlich aus wie Saurier. Auf der Tafel dazu wurde überlegt, ob es möglich sei, dass Wassersaurier überlebt hätten. Es gab Erzählungen aus einer Zeit, als Menschen noch nichts von Sauriern wussten. Vielleicht seien sie ausgerottet worden, weil sie oft erschossen worden waren, wenn sie sich mal zeigten. Mir brummte langsam der Kopf. Gab es sie nun oder nicht? Gab es sie früher und heute nicht mehr?

Ich strich meine nassen Haare nach hinten und beschloss, auch mal auf die Toilette zu gehen, um mich hoffentlich unter einem Handtrockner föhnen zu können. Als ich mich umdrehte, stand direkt hinter mir eine alte Frau.

Sie sah auch so aus, als stamme sie aus irgendwelchen Untiefen. Sie war ganz zierlich und klein, mit weißen, dünnen Locken, als wäre der Rest ihrer Haare von einem Sturm weggeweht worden. Die Brille ein kompliziert gebogenes, goldenes Kunstwerk mit einer ebenfalls goldenen Kette. Sie saugte mich mit ihren wachen Augen an, bis ich an ihrem Blick festklebte. Kleine, wichtige Augen, als würde sie mir gleich etwas eröffnen. Eine Verkündung. Mein Lebensweg. Mindestens. Bisschen unheimlich. Deshalb war sie auch so geheimnisvoll aufgetaucht, in einer sehr großen Strickjacke, die aussah, als wäre sie aus rosa Moos. Sie hatte einen großen, weißen Leinenbeutel bei sich, über den Unterarm gehängt. Sah schwer aus. Dann fragte sie mich etwas. Hatte sie Antipenko gesagt? Die Betonung war so wie eine Frage. Ob ich? Ob ich was? Kennen würde. Boah, Französisch war echt noch mal viel französischer als gedacht. Ich hätte gerade eben den Namen Spartak Antipenko gesagt. Das hatte sie gehört. Ich wiederholte den Namen. Antipenko? Sie nickte und griff nach meinem Handgelenk. Und genauso wie ihr Blick saugte mich das an. Ich hätte nie weggesehen und nie meine Hand zurückgezogen. Eindringlich sagte sie etwas zu mir. Aber was? Geben. Etwas geben. Sie wollte ihm etwas geben. Er sei weg. Ja, er ist weg, sagte ich auf Französisch. Ich sagte noch mal seinen Namen. Antipenko. Ich sagte sogar seinen Vornamen. Spartak. Sie sagte ja, ja, und nickte. Sie wollte ihm etwas geben, aber er sei weg. Sie führte mich an meinem Handgelenk zu der Wand mit der Weltkarte, wo die Sichtungen der Seeungeheuer eingetragen waren. Wir standen vor der Welt, und sie zeigte auf einen Teil dieser Welt. England. Gegenüber von Frankreich. La Mansch, sagte sie oder so. Manche. Und zeigte auf die enge Stelle zwischen Frankreich und England. Dann verstand ich wieder etwas. Und bald würde sie sterben. Nein, sagte ich.

Die alte Frau redete jetzt sehr eindringlich, aber ich verstand nicht alles. Wissenschaftlerin. Meeresbiologin. Hatte sie das gesagt? Nehmen. Geben. Aber wer wem? Und was? Sie schaute mir in die Augen, als ob dahinter noch jemand wäre. Die, die ich mal sein würde. Nämlich die Person, die jetzt etwas bekam, ein Geheimnis, einen Auftrag. Sie nahm ihre Hand von mir und nahm den Leinenbeutel von ihrem Arm, um ihn mir mit beiden Händen zu geben. Ich sollte etwas tun. Antipenko. Nicht Antipenko. Ich fragte nach, aber ich verstand wieder ungefähr dasselbe. Er sollte es nehmen? Nicht nehmen? Wollte es haben? Nicht haben? Ihm geben? Oder nicht? Ich glaube, er wollte nicht. Aber sie wollte. Dann drückte sie es gegen meine Brust. Wie ein Reflex schlossen sich meine Arme darum. Dann nahm sie ihren Blick von mir und ging. Im Grunde genommen verschwand sie. Ich hatte keine Ahnung, wie viel Zeit vergangen war. Das nächste Jahrtausend brach an.

«Was'n das?» Yvette kam auf mich zu, mit trockenen Haaren. Es hatte also so lange gedauert, wie ein Mensch braucht, sich unter einem Trockner die Haare zu föhnen.

Weiß ich nicht, sagte ich auf Französisch.

«Was?»

«Weiß ich nicht», sagte ich noch mal. «Ist ziemlich schwer.»

«Aha!» Yvette griff nach dem Beutel. «Es ist also schwer. Du hast dir einen Stein gekauft in der Zwischenzeit. Du dachtest: «Hmmmm, was nehm ich als kleines Andenken mit aus Le Havre? Ein kleines Dies oder ein winziges Das? Oder ach, ich weiß, einen großen Stein.» Sie klopfte gegen den Beutel. «Tatsächlich! Ein Stein! Oder, ahhhh, verstehe, ein Betonklumpen, weil das so gut zu Le Havre passt. Klar. Ein Stück Beton. Die Leichtigkeit, nein Schwerelosigkeit der modernen Architektur. Zeig doch mal!» Sie zuppelte an dem Beutel.

Bis dahin stand ich neben mir, weil das unmöglich mir passiert sein konnte, aber jetzt trat ich von der Seite wieder in mich, schüttelte mich, und alles funktionierte wieder. «Lass!» Ich drückte den Beutel fest an meine Brust. Hart war das. «Ich will nicht, dass es kaputtgeht.»

«Aber was denn? Was soll nicht kaputtgehen?» Yvette lachte.

«Ich weiß es wirklich nicht. Eine alte Frau hat es mir gegeben und gesagt ...» Ich überlegte, was sie gesagt hatte und ob sie es nicht vor allem mir gesagt hatte. Es war doch klar, dass sie es mir gegeben hatte und niemand anderem und dass sie mich für vertrauenswürdig hielt. «Ich habe sie nicht verstanden.» Ich lachte. «Ich habe keine Ahnung, was sie gesagt hat.» Ein bisschen stimmte das. Ein bisschen nicht. Mehr nicht. Na und? Sie hatte es mir gegeben. Es war meins.

«Aha.» Yvette nickte. «Glaub ich nicht. Zeig her!» Sie zippelte wieder an dem Beutel.

«Okay. Okay.» Ich lachte immer noch. «Es ist ... Es ist ein ...» Ich sah mich um, sah kurz zu den Bildern in der Ausstellung, zu einem Bild, wo so ein Seeungeheuer drauf war, das wie Nessie aussah. «Es ist ein Ei von einem Seeungeheuer. Jetzt weißt du's.»

Wir lachten.

«Es ist eine Nachbildung. Gibt es da im Laden.» Ich zeigte ungenau irgendwohin.

«Es gibt einen Laden? Hui!» Yvette war sofort abgelenkt. «Shopping!» Während sie schon mal zum Ausgang der Sonderausstellung lief und links und rechts nach etwas zu kaufen schnupperte wie ein Shoppingspürhund, steckte ich das Ei in meinen Rucksack. Jetzt dachte ich schon selbst, dass es ein Ei war, obwohl ich das nur gesagt hatte, weil es so bekloppt klang. Ein Ei von einem Seeungeheuer. Na klar! Das Ding war auf jeden Fall so schwer, dass ich fast nach hinten überkippte, als ich Richtung Ausgang der Sonderausstellung ging. Als wollte es mich nicht aus dem Raum lassen. Als ob es hierhergehörte. Aber es war jetzt meins. Die alte Frau hatte es mir gegeben. Ich beugte mich nach vorne und lief gegen den Sog an. Hau ruck, war ich draußen. Unter dem Schild «Monstres marins» durch. Geschafft. Wir gingen die Treppe runter, und dann hatte Yvette tatsächlich einen Laden erschnuppert. Nicht zu fassen, aber sie hatten lauter Plastikzeug da. Plastikhaie, Plastikrochen, Plastikkorallen. Was für ein verfickter Dreck! Nachbildungen von Seemonstereiern hatten sie nicht in dem Laden, aber das fiel Yvette nicht auf. Sie schnüffelte und wühlte überall herum. Sie tatschte alles an, drehte es um und legte es wieder hin. Wie Fließbandarbeit. Alles musste in kürzestmöglicher Zeit angefasst werden. Ich hatte sie noch nie einkaufen sehen. Gleich würde es peng machen, und Konfetti käme aus ihrem Kopf. Dann hatte sie sich für etwas entschieden und wurde ruhiger. Sie kaufte sich ein Basecap mit einem Gummikraken vorne drauf, dessen Arme wackelnd in alle Richtungen abstanden. Und damit jetzt von Yvettes Kopf. Es sah nicht aus wie ein Basecap, sondern als ob sie einen Kraken auf dem Kopf hätte.

«Kaffee?», fragte sie.

«Ja, also Tee.»

«Hier?»

«Nee, ich will hier langsam weg.»

«Ich auch. War ganz lustig, aber jetzt reicht's auch. Ohne den Typ wären wir gar nicht hierhergekommen. Wie heißt der noch mal? Antipenko?»

Ich nickte. Ja, Antipenko und der Name kamen mir jetzt genauso schwer vor wie der Brocken auf meinem Rücken.

Beim Verlassen des Aquariums zog der Brocken auf meinem Rücken wieder gewaltig gegen meinen Kurs. Aber die alte Frau hätte ihn mir nicht gegeben, wenn sie gewollt hätte, dass er an diesem Ort ist. Also stemmte ich mich wieder gegen diese Magnetkraft und riss die Verbindung ab.

Es hatte aufgehört zu regnen. Die obere Hälfte der Betonfassaden war dunkel vom Regen, unten triefte es strähnig herab. Nasser Beton war so mutlos, weil er durchs Wässern nicht wuchs. Was der Architekt sich ausgedacht hatte, war zerstört, die Muster vom Regen aufgelöst, keine Eleganz oder Vision, einfach nasse Platte.

«Da ist ein Café!» Yvette zeigte. Ich konnte nur auf den Kraken kucken. Alle, denen wir begegneten, konnten nur auf den Kraken kucken. Yvette winkte den Leuten. Eigentlich hätte ich es peinlich gefunden, aber ich war nass, mir war kalt, ich trug einen Brocken auf dem Rücken, einen Brocken im Bauch, einen Brocken im Kopf und war in einer knallharten Stadt, so gemütlich wie ein Schredder. Aber das Café sah ganz nett aus. Unter einer triefenden Wand, die aus immer denselben Schmuckelementen bestand. Eine flache Pyramide neben der anderen. Die ganze Fassade voll.

An den Häusern daneben waren andere Muster. Waffeln, Karos, Waben. Das war also das Verspielte.

«Ja, hier ist gut.» Ich schaute mir alle freien Tische an. Vielleicht würde mich der Brocken in meinem Rucksack irgendwohin ziehen. Er wollte gleich zum ersten Tisch. Vorsichtig setzte ich den Rucksack ab, schob ihn mit dem Fuß unter den Stuhl. Kein Bock, dass Yvette wieder anfing, an dem Leinenbeutel zu zerren. Ich wollte das Ding allein auspacken. Zur Sicherheit wickelte ich einen Fuß um einen der Träger vom Rucksack. Auf Taschendiebe hatte ich heute noch weniger Lust als sonst. Aber die würden sich wundern, wenn sie sahen, was drin war. Ein Stein? Ein Brocken? Ein Klumpen? Vielleicht hatte die Frau mir Gold geschenkt. Das könnte ich gegen eine Kuh tauschen, die gegen ein Pferd, das gegen einen Schleifstein und den gegen eine Triangel. Ping, könnte ich dann machen, immer wenn etwas besonders schön war. Die Sonne kam raus. Ping, machte ich mit meiner ausgedachten Glückstriangel.

Ich bestellte Tee und Kaffee, wurde auch gleich verstanden und hörte ansonsten Yvette zu, ließ mich von oben bis unten vollreden, damit ihr bloß nicht mein Rucksack einfiel. Yvette redete am Faden, Bababababa ging ihr Mund. Wenn man den Ton abstellen würde, sähe sie aus, als ob sie Luft aß. Sie redete über Kraken. Darüber, dass sie klug wären. Aber auf ihre Art. Darüber, dass ihre Körperteile einzeln klug wären. Nicht so mit Gehirn. Sie hätten kluge Arme. Die wüssten, was sie taten. Darüber, dass Kraken unverstanden wären. Darüber, dass sie verschiedene Taktiken hätten, zu jagen und nicht gejagt zu werden. Und darum könnten sie die Zukunft voraussehen. Ob ich das gewusst hätte?

«Ich kann auch in die Zukunft sehen», sagte ich. «Ich hab gewusst, dass du mich fragst, ob ich das weiß.»

«Erzähl keinen Bullshit!»

«Ich hab gewusst, dass du das sagst.»

«Ach, halt die Klappe.»

«Ich hab gewusst…», aber Yvette sah jetzt so verärgert aus, dass ich lieber wieder zuhörte. Wieder fraß sie Luft, bababa, wie angeschaltet und auf volle Pulle gedreht. Weiter über Kraken, klar. Über die könne man so viel wissen. Das merkte ich gerade. Darüber, dass sie ihre Form ändern könnten. Darüber, dass sie schön wären. Weil sie eine Discobeleuchtung wären, ein Funkeln, alles, was sie wollen. Vielleicht seien sie Außerirdische. Sei das nicht irre?

Ich zuckte die Schultern. Keine Ahnung, was da gerade abging, aber so wie Yvette sich anhörte, wollte sie zur Hauptvertretung für Kraken an Land gewählt werden.

«Würdest du gern eine Krake sein?»

«Vielleicht bin ich eine.» Sie wackelte mit dem Kopf. Die Gummiarme an ihrem Basecap winkten.

«Ich hab gewusst, dass du das sagen würdest.»

«Boah, Charlotte, du bist nervig.»

«Ich?» Ich lachte. «Siehst du, haben wir doch was gemeinsam.»

Sie ruckelte an meinem Arm, begeistert und aggressiv gleichzeitig. Dann trank sie ihren Kaffee in einem Rutsch und bestellte noch einen.

«Ich kann wirklich in die Zukunft sehen. Warte kurz...» Ich schloss die Augen und legte meine Hand an die Stirn. «Gleich werde ich aufstehen, meinen Rucksack nehmen und auf die Toilette gehen. Ich muss mich auch mal trocken föhnen.»

Erst mal abschließen, den Klodeckel zumachen, mich draufsetzen, den Rucksack auf den Schoß nehmen, Rucksack öffnen, Leinenbeutel rausnehmen und das, was im Leinenbeutel war. Es war noch mal ein Tuch drumgewickelt, eigentlich eine Tischdecke, Fransen am Rand. Ich konnte mir das Haus vorstellen, in dem der Tisch stand, auf dem die Tischdecke gelegen hatte. Ein gedrechseltes Tischbein, die Löcher vom Holzwurm mit Kitt verspachtelt, eine Katze am Fenster, blau lackierte Rahmen, draußen Blick auf einen Steinstrand, Tausende Steine, die Abrieb und Wasser gemurmelt und geeiert hatten. Die Tischdecke war schwatzhaft, alles wollte sie erzählen, von jedem Tisch, auf dem sie gelegen hatte, von den Tauffesten und den Trauertagen. Tischdecke, jetzt halt die Klappe, echt! Ich packte sie gröber an, und sie schwieg. Ich wickelte eine Schicht auf und noch eine. In Geschenkverpackung könnte immer etwas sein, das kaputtgeht, wenn es auf den Fliesenboden einer Toilette knallt. Ich hatte keine Übung darin, ein schweres Was-auch-immer aus einer Tischdecke zu bergen, die dazu neigte, beim Berühren Visionen auszulösen. Die letzte Schicht. Die Fransen beiseitegewischt. Wie das Stirnhaar lagen die Fransen auf dem Ding.

Das war ein Ding! Und irgendwie auch nicht, weil es so lebendig wirkte. Als würde es das Wichtigste in sich tragen, aber weiter konnte ich nicht vordringen. An der Oberfläche war Schluss, obwohl ich spürte, dass noch etwas drin war. Ich strich noch eine Weile darüber, aber ich hatte keine Idee, was es sein könnte, außer ein sehr perfekter Stein, der einem Ei ähnelte, oder ein Ei, das zu Stein geworden war. Natürlich könnte das auch ein Mensch aus einem Stein angefertigt haben, aber ich glaubte das nicht, weil ich an etwas anderes glauben wollte. Auf der Oberfläche der einen Seite waren nicht Rillen, sondern das Gegenteil davon, ganz dünne Erhebungen, ein Faltengeflecht. Ich strich darüber. Das war ganz unregelmäßig, aber insgesamt wie Strahlen angeordnet. Das sah aus, als hätte ein riesiges Tier das Teil aus sich herausgepresst. Ich überlegte, ob ich solche Furchen schon auf anderen Eiern gesehen hatte. Mir war so, als ob. Oder ich wurde irre. Ich meine, ich saß auf einem französischen Klo. Eine Irre hatte mir einen Stein geschenkt. Total bekloppt. Ich warf die eine Ecke der Tischdecke drüber, wickelte und drehte ein Bündel und hob es in den Rucksack auf dem Boden. Klonk, machte es. Lass es doch einfach hier stehen, dachte ich. Wie Hans im Glück hast du es doch leichter, wenn du es nicht schleppst. Was, verdammte Scheiße, willst du damit?

Als ich rauskam, waren Francesca und Freigunda da. Sieh an, man kann Kaffee auch ohne mich bestellen. Und Francesca konnte auf jeden Fall ganz geübt ihren Kaffee verkleckern. «Kein Problem», lachte sie und nahm Taschentücher aus ihrer Handtasche. Wer viel kleckert, der hat auch immer Taschentücher dabei.

«Was hast du so lange gemacht? Ein Ei gelegt?» Yvette schaute von ihrem Handy auf. Sie und der Krake auf ihrer Mütze schauten mich kurz an. Dann hatte sie ihre Frage schon wieder vergessen. «Freigundas Lover is in der Zeitung.» Sie hielt mir das Handy unter die Nase. «Manuel, 21. Er weiß auch nicht, wo Freigunda ist. Aber verlobt sind sie. Er macht sich keine Sorgen, weil Freigunda immer weiß, was sie tut.»

Jedes andere Mädchen hätte Yvette das Handy weggerissen und «Maaann!» gemeckert oder «Lass das, gib her, was soll das?». Aber Freigunda wusste wirklich immer, was sie tat, und sie tat nichts. Keine Ahnung, warum ich immer das Gefühl hatte, man müsste auf alles reagieren. Freigunda hatte das Gefühl jedenfalls nicht. Vor ihr stand ein leeres Wasserglas. So war sie. Hatte sie Durst, bestellte sie Wasser. War es da, trank sie es aus.

«Ist das echt dein Verlobter?», fragte ich und schaute nur kurz auf dieses kantige Gesicht. Kantig oder sehr dünn. Konnte ich so schnell nicht sehen, aber Hilfe, ein richtiger Mann. Mit Vollbart. Lange Haare. Ein Dutt. Ich war sehr froh, dass es ein so spannendes Thema gab anstatt zum Beispiel versteinerte Eier in Rucksäcken.

«Das ist Manuel, mein Verlobter. So wie es da steht.»

«Freigunda!», schrie Yvette. «Heiraten?»

«Das ist sicherer.»

«Klar, Freigunda. Das ist sicherer.» Yvette setzte schon an, uns etwas ausführlicher ihre Meinung zum Heiraten zu sagen, aber dann schüttelte sie den Kopf, winkte ab, alle ihre Hände, alle ihre Arme, auch die Krakenarme.

Francesca machte Fotos von allen von uns mit dem Kraken-Basecap. Sogar Freigunda setzte das Ding auf, verlor dabei null ihre Würde. Sie sah in jedem Moment und mit jeder Kopfbedeckung aus, als wäre sie gerade kampfbereit aus dem Gebüsch gesprungen. Wie würde sie in einem Hochzeitskleid aussehen? Genauso!

«Was hast du eigentlich die ganze Zeit gemacht?», fragte ich Freigunda.

«Ich habe gearbeitet.»

Yvette konnte es nicht glauben und fragte immer wieder, aber Freigunda hatte gearbeitet. Konnte Yvette fragen, so oft wie sie wollte. Freigunda hatte gearbeitet. Sie hatte den Strand vom Schiff aus gesehen und sich dort einen Job gesucht. Ein Junge hatte ihr einen Teil seines Lohns dafür gegeben, dass sie die zurückgebrachten Surfbretter reinigte.

«Aber du kannst doch kein Französisch.» Ich versuchte mir vorzustellen, ich hätte die Surfbretter entgegennehmen müssen, und ich konnte ja sogar halbwegs Französisch. Ich wäre gestorben dabei. Die Leute, die was fragen und so weiter. Was hieß denn Surfbrett? Na gut, das hätte ich vermutlich an diesem Tag gelernt.

«Wenn es regnet, leiht fast niemand ein Surfbrett.»

«Und woher hast du gewusst, dass es regnen würde?», fragte ich.

«Das rieche ich.»

Yvette lachte. Francesca sagte, das sei nicht nett, jemanden auszulachen.

«Hat's geregnet oder nicht?», fragte Freigunda.

Na ja, da hatte sie recht. Sie konnte also riechen, dass es regnen würde. Ich wunderte mich bei ihr über nichts mehr.

«Antonia hat für mich nachgesehen.» Jetzt lachte Freigunda. «Und von dem Geld, das ich verdient habe, habe ich Schokolade für sie gekauft.»

Yvette erzählte, dass wir unseren Kapitän – wie heißt der noch mal? – verfolgt hatten bis in ein Aquarium, wo er in der Sonderausstellung über Seeungeheuer war. Yvette baute es zu einer lustigen Geschichte aus, und vielleicht war es das ja auch. Eine lustige Geschichte über unseren Kapitän – wie heißt der noch mal?

«Spartak Antipenko» sagte Francesca, aber diesmal kam keine alte Frau und drückte derjenigen, die den Namen gesagt hatte, irgendwas Schweres, Rätselhaftes in die Hand. Ich wusste, dass ich den Mädchen davon erzählen würde, aber ich hatte keine Lust.

Francesca hatte in der Zeit eine richtige Stadtführung mitgemacht und wusste jetzt alles über die «große Vision», die der Architekt gehabt hatte. Die Vision war, dass alle Menschen in gleich schönen Wohnungen leben konnten. Francesca hatte bei der Führung eine Musterwohnung besichtigt. Das wären gut geschnittene Wohnungen mit vielen Fenstern und Schiebetüren, um die Räume zu vergrößern oder zu verkleinern. Eine moderne Welt ohne Arm und Reich. Leider habe sie sich an einer dieser Schiebetüren die Hand eingeklemmt, aber halb so schlimm.

Yvette fand, der Architekt sei ein Spinner. Ohne Arm und Reich sei nicht vorgesehen. So ist der Mensch nicht.

«Du nicht!», sagte Freigunda. «Aber ich bin lieber arm.»

«Ja, wissen wir schon. Siehst du, ich bin lieber reich, und du bist lieber arm. Also wollen wir nicht die gleiche Wohnung. Also habe ich recht.»

Freigunda stieg darauf nicht ein. «Nur so viel ist klar: Wir müssen zum Treffpunkt, und die Getränke müssen bezahlt werden.» Freigunda übernahm die Rechnung, damit auch der Rest Geld wieder weg sei, den sie verdient hatte, denn Geld sei dazu da, dass es wieder wegkomme. Wer es anhäuft, der hätte einen Ballast.

Ich tippte mit dem Fuß leicht gegen meinen Rucksack unterm Tisch. Einen Ballast.

Der Fahrer wartete schon auf uns. Er fragte nicht, was wir gemacht hatten und wie wir es fanden. Es war ihm schnurz, was wir von seiner Betonheimatstadt hielten.

Ich wollte gar nicht wieder aufs Schiff. Ich wollte nach Hause, einen Kakao trinken und Kajtek streicheln, Hausaufgaben machen, ein Gedicht auswendig lernen oder einfach auf dem Bett liegen, sorglos und nutzlos und mit einer warmen Decke. So doll tat ich mir leid, dass ich mein Kinn in den Jackenkragen steckte und meine Nasenlöcher aufblähte. Eine Protestaktion, die nur in meinem Gesicht stattfand.

Wir hielten an dem Flachbau mit dem großen Anker an der Seite. Der Fahrer stellte den Wagen ab, stieg aus und steckte sich eine Zigarette an. Wir warteten. Es kamen andere Männer aus dem Haus und stiegen in andere Autos. Joriz und Arnel kamen nicht. Wir fragten den Fahrer, ob er meine, dass wir auch in das Haus gehen dürften. Der Fahrer nickte, und wir gingen rein. Drinnen sah es sehr praktisch aus, wie ein Warteraum, aber jemand hatte versucht, es halbwegs gemütlich zu machen. Das war so halbwegs gelungen. Hinter einem Tresen stand eine junge Frau, die gerade aus einem absurd großen Glas trank. Ihr Lippenpiercing klapperte gegen den Glasrand. Der Tresen war verkleidet mit einer Schilfrohrmatte. Wie die kleine Schwester einer Strandbar. Es stand sogar ein Sonnenschirm mit Fransen neben dem Tresen. Plastikfransen, aber Fransen waren Fransen, und alles war so nett gemeint. Im Nebenraum saßen Männer und schauten auf ihre Handys. Joriz und Arnel waren nicht dabei. Was wir wollen? Wir suchen jemanden. Auf Französisch. Aber als sie merkte, dass sie uns alle nicht gut verstanden, nicht mal ich, wechselte sie zu Englisch. Die junge Frau sagte, dass sie die Namen der Männer nicht alle wüsste. Aber hinten im Raum wären einige an den Rechnern. Da könnten wir ja mal nachsehen.

«Ja, macht mal.» Yvette setzte sich auf ein freies Sofa und nahm ihren Kraken ab.

Francesca ließ mir an der Tür zum nächsten Raum den Vortritt, und Freigunda lief hinterher. Im zweiten Raum spielten drei Männer Billard. Klar, das können Seemänner an Bord eines Schiffes nicht. Der Seegang würde mitspielen und immer gewinnen. Im letzten Raum standen lange Tische an den Wänden, einmal ringsrum. Überall, wo Wand war, war Tisch davor. Auf den Tischen waren aufgeklappte Laptops, dazwischen immer eine weiße Trennwand. Wie offene Schachteln, in die Männerrücken einsortiert worden waren. Pro Schachtel ein Mann mit Kopfhörer. Unter den Tischen Kabel und Verteilerdosen. Summen von den Geräten. Stimmen aus den Männern. Gesichter auf den Bildschirmen. Frauen, Kinder, Männer.

«Da sind sie.» Francesca hatte sie gesehen. Ich auch. Schon längst. Aber was sollte man jetzt tun? Wir konnten sie doch nicht stören. Sie sprachen mit ihren Familien, Brüdern, Schwestern, Frauen, Kindern, Müttern, Vätern. Veränderungen auf dem Hof und in der Wohnung wurden gezeigt, neugeborene Haustiere und das Baby der Nachbarin. Alles, was in ihrer Welt geschah, geschah in diesem Raum. Das Netzwerk ihrer Bindungen. Der Schmerz ihrer Entfernung. Als kleiner Trost die Abbildung der Gesichter, die ihren eigenen Gesichtern ähnlich sahen. Eine Schaltstelle der Sehnsucht. Mir wurde die Außenhaut hart, weil ich hier nichts zu suchen hatte, aber innen wurde alles weich, weil ich auch Heimweh hatte und mein Heimweh so klein war im Vergleich zu ihrem.

Das hier war schön. Und traurig.

«Arnel», flüsterte Francesca sehr laut. «ArnEL!» Sie sah mich an und zuckte die Schultern. Dann ging sie die drei Schritte zu ihm, einmal durch den Raum, hinter den Rücken der anderen Männer. Überall lief sie durch die Bilder, die zu den Männern nach Hause gesendet wurden. Sie war gleichzeitig in neun verschiedenen Ländern als eine durchs Bild laufende Frau in einer gelben Jacke. Im Zuhause von Arnel tauchte sie von vorn auf. Ein Gesicht schob sich neben seins. Er wendete sich ihr lächelnd zu. Sie zeigte auf die Uhr. Er berührte sie am Arm und nickte. Dasselbe tat sie bei Joriz, auf dessen Bildschirm eine weinende Frau zu sehen war. Francesca zeigte auf die Uhr. Joriz nickte. Dann ging Francesca wieder zurück durch alle Länder, stolperte im Durchgang und ging in den Nebenraum. Wie ein Brett lehnte ich am Türrahmen, wollte nicht hierhin, nicht dahin und blieb im Durchgang. Ein Blick auf Arnels Gegenüber. Frau, Mädchen, Mädchen, Junge, alle strahlend. Ein Blick auf Joriz' Gegenüber, die weinende Frau vor einer Hütte, deren eine Hälfte fehlte. Wie ein grauer Zahnstumpf stand ein Rest Außenwand. Was eine Wand war, war nach innen gefallen, was eine Gardine war, hing aus, was mal ein Fenster war. Ich versuchte das Problem mit Atmen zu lösen, zumindest meins damit, was ich da gesehen hatte. Dass man weiß, dass es zusammengefallene Hütten gibt, heißt nicht, dass man es nicht verdrängen kann. Es sind niemandes Hütten, wenn sie in den Nachrichten sind. Aber das war Joriz' Hütte. Oder die seiner Schwester, seiner Mutter, seiner Schwägerin. Alles Atmen half nichts. Das Haus stellte sich nicht wieder hin. Die Gardine hängte sich nicht wieder auf. Das Fenster verglaste nicht wieder, und ich konnte bis ins Innere des Verlustes sehen. Wo ein Bett zerquetscht war, ein Schrank zerbrochen, ein Tisch nur noch zwei Beine hatte und alles von ihm gerutscht war. Ein starker Wind riss der Frau ihre Haare vor das Gesicht. Die Gardine stand nach rechts wie eine Sturmwarnung, die zu spät kam. Es gab keinen Schutz vor diesem Elend, das ich nur mitfühlte. Und nun musste ich plötzlich ganz schnell weg von diesem Durchgang. Das hätte ich nicht sehen sollen, nicht wissen sollen, nicht dürfen, nicht wollen. Weg! Vergessen! Ich kann doch nicht helfen. Ich bin kein Sturm, der alles rückwärts wieder hinstellt.

In dem Moment drehte sich Arnel zu mir herum und winkte mich zu sich. Obwohl ich wegwollte, ging ich hin. Sein großes Lächeln zog mich an. Und dass alle auf seinem Bildschirm lächelten. Ich ging in den Raum, in all die Hintergründe der Seemänner, durch all ihre Länder. Mitten im Raum war ich mittendrin in allem, und ich konnte sowieso nicht so tun, als hätte es nichts mit mir zu tun. Diese Männer waren auch meinetwegen unterwegs, ein bisschen. Sie versorgten auch mein Leben mit meinen Lebensmitteln und fuhren durch die Welt, in der ich auch lebte, und zwar sehr gut. Arnel nahm seine Kopfhörer ab und setzte sie mir auf. Sie waren warm von seinem Kopf. Ich brauchte nur ein bisschen zu winken. Wo kommst du her? Aus Deutschland. Aus Berlin. Eine schöne Reise noch! Es ist schön, dich zu sehen. Es ist schön, euch zu sehen. Arnel zeigte mir, wer wer war. Es waren keine Töchter. Es waren Enkelinnen. Sie waren bei seiner Frau, weil sein Sohn arbeitete. Auch auf einem Schiff. Ich winkte noch einmal und zeigte dann wie Francesca auf mein Handgelenk, wo keine Uhr war, aber er verstand schon. Er nickte. Er käme gleich. Er sagte etwas zu Joriz. Ja, er käme auch gleich.

Dann ging ich zu den anderen zurück, die am Tresen saßen und Cola tranken. Ich bestellte auch eine.

«Kommen sie?», fragte Yvette.

Ich nickte. Was ich gesehen hatte, wollte ich nicht erzählen. Vor allem konnte ich nicht darüber reden, weil ein Bild nicht das gleiche war wie Worte. Als die beiden Männer kamen, mussten sie noch am Tresen ein Bändchen von ihrem Handgelenk abgeben. Es wurde ausgelesen, alles zusammengerechnet und bezahlt. Joriz bekam von der jungen Frau mit dem Lippenpiercing Zettel. Wenn ich es richtig verstand, ging es um eine Sofortüberweisung, um die sich die Frau erst am nächsten Tag kümmern konnte. Damit war Joriz nicht zufrieden, aber besser als nichts. Arnel ließ seinen Arm dauerhaft auf der Schulter von Joriz. Seine winkende Familie hatte ihm Kraft gegeben, die weinende Familie von Joriz hatte ihm Kraft genommen, und Arnel teilte seine Kraft auf beide auf.

Francesca zeigte wieder auf ihre Uhr. Yvette übernahm die Rechnung für unsere Getränke. Freigunda sagte, dass das ihre erste und letzte Cola war. Ich schleppte meinen Ballast nach draußen.

Vor dem Fahrer auf dem Boden lagen drei Zigaretten. Er warf eine vierte dazu und trat sie aus.

Dann waren da wieder diese ganzen Hafendinge: Metalltreppen, Container, improvisierte Gebäude, praktische Brücken, Schienen, die am Kai endeten. Das alles kam mir inzwischen vertraut vor. Jetzt war ich doch froh, aufs Schiff zu kommen. Immerhin war das Schiff nicht ganz fremd. Es fuhr von fremd zu fremd, aber blieb dabei das Schiff. Ob das den Männern auch so ging? War das Schiff ein bisschen zu Hause? Ein bisschen zu Hause war trotzdem zu wenig. Fotos von Kindern sind keine Kinder. Arnel lächelte und ließ seine Hand auf Joriz' Schulter, sogar auf dem schmalen Weg zum Schiff. Joriz lief ganz nah am Wasser, gebeugt und in seinen Kummer versunken. Über uns schwebte ein gelber Container. Absetzen, Bollern beim Aufsetzen, Quietschen von Metall. Es war beruhigend, an einem Ort zu sein, an dem es einen so großen, funktionierenden Plan gab.

«Ich sortiere jetzt Bilder aus.» Francesca hielt ihre Kamera ein Stück hoch.

Ich hätte auch gern Bilder aussortiert, aber sie waren alle in meinem Kopf.

«Ich hau mich hin.» Yvette wackelte mit dem Kopf. Der Krake winkte schlapp mit den Armen. «Bin k. o.» Das wunderte mich nicht, so aufgedreht, wie sie die ganze Zeit gewesen war.

Freigunda informierte uns nicht, was sie jetzt tun würde. Bestimmt arbeiten. Ein Wunder, dass Freigunda überhaupt manchmal zur Ruhe kam.

Ich ging erst zum zweiten Mal die Hühnerleiter hoch, und es kam mir vor wie zum dritten oder vierten Mal. Zum wievielten Mal gingen Arnel und Joriz diese Stiege hoch und trugen sich wieder in das Bordbuch ein?

Auf dem unteren Deck stand Jimmy-Junior und fütterte Möwen mit kleinen Fischen. Es sah eher aus wie ein Angriff als wie eine Fütterung. Es waren große Möwen, die ein mächtiges Geschrei veranstalteten. Ich stellte mich zu dem Spektakel, während die anderen alle im Schiff verschwanden. Jimmy-Junior hielt mir einen Minifisch hin, der ausgeglotzt hatte. Ob ich auch füttern wollte. Klar wollte ich. Ich stellte meinen Rucksack ab. Bums, machte das Gewicht. Die Möwen kreisten und wetteiferten um die beste Position, etwas zu fangen. Ihre Schnäbel gingen auf und zu, fiepten, kreischten und jammerten. Ich hielt den Fisch an seinem leblosen Kopf, warf ihn in die Luft, und ein sehr lebhafter Kopf fing ihn. Das war ein vorzügliches Zuspiel und eine wunderbare Zusammenarbeit. Treffer, versenkt. Ich griff den nächsten Fisch aus dem Eimer und warf ihn diesmal weiter. Die Tiefflieger stiegen hoch, die Hochflieger stiegen herab, als ob sie sich fallen ließen, alle auf den Fisch zu. Ich versuchte, den Möwen etwas zukommen zu lassen, die sich ungeschickt anstellten, aber sie stellten sich eben ungeschickt an. Mehr, mehr, schrien alle. Warte, warte, sagte Jimmy-Junior, nicht alle Fische, die größeren gibt's morgen zum Frühstück. Zum Frühstück, fragte ich. Ja, mit Reis. Nicht für euch, lachte er. Auch nicht für die Ukrainer. Ich schlug vor, die Fischköpfe zu verfüttern. Die sind doch das Beste, sagte er. Er scheuchte die Möwen weg, aber sie wollten nicht verstehen. Sie flogen weiter Angriffe. Ein bisschen bedrohlich sah das aus. Ich dachte kurz an die Bomber, die Le Havre zerstört hatten. Jimmy-Junior fragte, wie es in der Stadt war. Ich erzählte, dass die Stadt nicht schön ist. Er lachte. Ob er schon mal in der Stadt war. Nein, er gehe fast nie in die Städte. Will er nicht auch mal skypen mit der Familie? In seinem Dorf sei kein Empfang, und er habe kein Girl, sagte er. War das nun besser für ihn als Seemann, weil er weniger Sehnsucht hatte? Das konnte ich nicht fragen. Warum er kein Girl hat, fragte ich. Er sagte, dass er hässlich sei. No, protestierte ich. Yes, sagte er und lachte. Ob er Heimweh hat. Ja, hat er. Er vermisst die Wärme. Und etwas zu feiern. Und Hahnenkampf. Wenn er Urlaub hat, verwettet er sein Geld. Weil er kein Girl hat, kann niemand mit ihm schimpfen deshalb. Manchmal gewinnt er. Weil er sich auskennt. Sein Vater hat Hähne trainiert. Wenn ich will, kann er mir mehr davon erzählen. Ich nickte erst einmal. Ich hatte das erste Mal den Gedanken, dass es gar nicht so wichtig ist, ob ich gerne mit anderen Menschen rede, sondern dass es vielleicht auch wichtig für die anderen Menschen war zu reden, und ob ich das nicht einfach ihnen zuliebe tun könnte. Da ich nichts von mir erzählen wollte, könnten sie mir etwas erzählen. Vielleicht gab es gar nicht so oft Menschen, die lieber zuhörten, als selber zu reden. Und genau das, das konnte ich. Also stelle ich noch eine Frage. Ob die Hähne Namen haben oder nicht? Natürlich hätten sie. Killdeath, hieß ein Hahn seines Vaters. Er zählt an seinen Fingern ab, eins, Battling Mendez, zwei, King Game Cock, drei. Der vierte Hahn hieß Mike Tyson, und sein Daumen, der fünfte Hahn, war nach dem Vater des Vaters benannt, Romel. Das war ein guter Hahn gewesen.

Ich glaube, er freute sich genauso wie ich, dass wir jemanden gefunden hatten, der sich gern ein wenig unterhielt. Das machte die endlose Weite von Meer, Himmel und Tagen interessanter. Als ob ein Fisch kurz aus dem Wasser sprang, ein Vogel über den Himmel flog, ein Gespräch über den Nachmittag hüpfte.

Als Jimmy-Junior mit den Fischen reinging, blieb ich noch ein bisschen draußen und setzte mich auf meine Truhe, den Rucksack neben mir. Meine Klamotten klebten immer noch ein bisschen regenklamm, aber waren immerhin warm von meiner Wärme. Das würde bald vorbei sein, wenn ich hier länger saß und zusah, wie der Tag Licht verlor, als würde es aus einem Loch auslaufen. Ich hatte gar keine, null, null Lust, an irgendetwas zu denken, was an diesem Tag passiert war. Wenn ich in die Kabine ginge, müsste ich aber Antonia alles erzählen, einfach weil bei ihr den ganzen Tag nichts los gewesen war. Ich wollte nicht wissen, was sie dazu sagte mit ihrem klaren moralischen Kompass. Das wäre schlimm, und das wäre traurig, und das wäre schön. Das wollte ich nicht wissen, welche Bewertungen sie auf meine Erlebnisse klebte. Ich wollte sie allein bekleben. Und weil ich auch keine Lust hatte, Antonia schon wieder irgendwas Ausgedachtes zu erzählen, blieb ich auf der Truhe, bis es Abendbrot gab.

Nach dem Abendbrot blieb ich noch eine Weile mit Francesca in der Kapitänsmesse sitzen.

Sie zeigte mir auf dem Display ihrer Kamera Fotos, die sie in Le Havre gemacht hatte. Auf ihren Bildern sah die Stadt richtig interessant aus. Sogar wie der Regen diese Wabenmuster runterlief, sah toll aus.

«Die Kunst ist, den richtigen Ausschnitt zu wählen.» Francesca zeigte mir, wie die Bilder ausgesehen hatten, bevor sie den Ausschnitt gewählt hatte. «Du musst das zeigen, was am meisten Sinn ergibt. Verstehst du? Die Stelle, bei der das Auge zufrieden ist, nicht zu satt und nicht zu hungrig, einfach zufrieden. Das gilt für jede Kunst. Das Ohr kann zufrieden sein. Das Herz kann zufrieden sein. Das Gehirn. Du musst nur auswählen, damit es nicht zu viel wird. Zu viel ist zu viel. Das merkst du dann. Und wenn du etwas weglässt, ist es kein Lügen. Es ist einfach nur der Fokus. Wenn der Teil, den du zeigst, wahr ist, ist alles wahr. Verstehst du?»

Keine Ahnung, ob ich das verstand, aber ich könnte es ja auch später verstehen.

Der Tag war fast vorbei. Das reimt sich auf Ei.

Antonia ließ sich von Yvette unser Antipenko-Abenteuer erzählen, und ich musste nichts erzählen, keinen Ausschnitt auswählen und den Rest weglassen, keine Viertelwahrheit, keine halbe.

Meine Hände juckten nicht. Das hieß, dass ich nicht unbedingt von dem Ei erzählen müsste. Wir spielten Mau-Mau und versuchten, die Karten passend zum Knallen der Container draußen abzulegen.

Kurz vor neun kamen zwei neue Videos von Bea. Eins nur vierzig Sekunden, eins fünf Minuten. Ich schrieb Francesca eine Nachricht, aber die antwortete, dass sie Yoga machen wollte und es kein Problem wäre, wenn wir das Video allein sahen.

Antonia teilte ihre Schokolade mit uns, und wir zogen uns die zwei Videos rein.

Video 17

Bea, ein gefilmtes Selfie, Grinsen, aber im Wind zusammengekniffene Augen, Haare, die nach links winken. Kameraperspektive ändert sich. Bea filmt an sich hinunter. Sie steht auf dem Dach von einem Wohnmobil.

Stimme von unten: «Siehst du's?» Das war nicht Pim. Also war es dieser Leif.

«Hinter dem roten Haus, also zwischen dem roten und dem hellbraunen.»

Viele Häuser, mit Dachterrassen. Auf den Dachterrassen Palmenschönheiten. Kamera zum roten Haus, zwischen rotem und hellbraunem, da ist ein Dreieck hellblau. Ein Dreieck mit bewegter Oberfläche. Wellen. Das Meer.

Beaschrei: «Ja, da!»

Lachen unten. «Gut! Wollen wir hin?»

Kamera nach unten. Ein Mann steht unten, Bart weht nach links, freundliches Gesicht. «Komm, wir gehen zum Meer. Und ich zeig dir Essaouira.»

Pimstimme: «Komm runter jetzt. Sofort!»

Video 18

Eine hellrote Stadtmauer, fast rosa, ein Hautton von vielen,
Zinnen oben. Der Schatten der Palme wie frisch gestochenes
Tattoo auf diesem Hautton von vielen.

Auf der Hauttonmauer außerdem zwei Schatten, die mitlaufen,
sich bewegende Tätowierungen. Ein großer Mann, ein Bart im
Wind und eine schlanke, kleinere Person.

Eine von oben bis unten korallenrot verschleierte Frau läuft einmal durch das Bild. Das Korallenrot bewegt sich auf ihrem Körper, die Faltenbögen, die sich verlängern, verkürzen, schlen-
kern, schaukeln, ihren Körper verhüllen und sichtbar machen.

Die Schatten biegen ab, rutschen von der Stadtmauer, gleiten
auf den Boden, biegen in einen Innenhof ein, springen dort auf
eine weiße Wand, schrammelig weiß, gebröckelt, hellblaue
Türen, hellblaue Fenster. Überall Teppiche. Der Innenhof aus-
gelegt, die Wände hoch mit Gestängen, Gestellen, Metallgittern. In einem Korb Tücher, auf den Tüchern Katze. Der Himmel
ist hellblau, dieses Überall-Hellblau, was hier überall ist, wie
vom Himmel auf die Fensterläden gefallen. Bea dreht sich, filmt
rundum, Teppiche. Kräftige Farben. Teppiche mit Streifen, in
den Streifen weitere Streifen oder Muster. Andere Teppiche
gefaltet, wie eine Versammlung verschleierter, hockender
Personen, eine bunte Teppichperson neben der anderen, dazwischen ein junger Mann auf einer Fußbank, schaut auf sein
Handy, schaut dann in die Kamera von Beas Handy, Mund formt
etwas Scharfes.

Eine Hand ins Bild, eine Stimme ins Bild, schiebt Handy runter.
«Nicht filmen, mögen sie nicht.» Leifs Stimme. «Halt das so
runter», sagt er. Bea hält das so runter. Das Bild ist schief. Ein
kurzes französisches Gespräch. Leif lacht wie jemand, der nie
Probleme hatte, der immer überall frei war, ein Mann in diesem
Land und in jedem anderen. «Ich gehe jeden Tag hier lang, und

trotzdem fragt er mich, wann ich einen Teppich bei ihm kaufe.»
Ich sage nein, er sagt morgen, ich sage, ich bin ein Teppich, er
sagt, ich verkauf dich. Ich sage, ich kaufe bei Isi vorne, wenn
schon, er sagt, Isis Teppiche können nicht fliegen.»

Leif lacht, laut und anhaltend, das fliegt bis zur Stadtmauer, das
fliegt über die Stadtmauer, das fliegt übers Meer, sein Lachen
kann überallhin. Bea lacht auch, aber nicht so weit.

Schief die Kamera, die Perspektive, der Blick auf alles.

Ihre Schatten laufen über angebotene Teppiche, beulen hoch,
beulen runter, knicken ein, wo die Mauer einen Vorsprung hat,
schrumpfen bei einer Schräge.

«Das sind andere Teppiche, siehst du? Anderer Stil.» Eine Hand
kommt ins schiefe Bild. «Die Farben sind gedeckter, aber trotzdem keine Mischfarben, siehst du? Ich sag immer, in Marokko ist
die Mischpalette nicht erfunden worden. Alle Farben, die hier
nicht klar sind, die hat die Sonne ausgebleicht, glaub ich. Das
sind hier ganz andere Preise. Wenn die den großen verkaufen,
dann haben die ausgesorgt dieses Jahr. Das ist eine neue Etage
vom Haus. Das ist ein gebrauchtes Motorrad.» Zeigt auf einen
weißen mit schwarzen Strichen, Linien, die Drachentrapeze ergeben. «Das ist der Klassiker. Den wollen alle. Ein Berbertep-
pich, siehst du?» Die Kamera filmt die Teppiche hoch und runter,
fester, dicker, weniger bunt, gar nicht bunt, Weiß als Grund-
farbe. «Diese Muster, das sind Wege. So haben sich die Berber
Wege gemerkt. Die sind nicht gewebt, die sind geknüpft, siehst
du?» Die Kamera sieht zu, wie die Finger von Leif in die Dicke
des Teppichs kriechen, das Muster auseinanderschieben, aber
nur so lange, bis der Händler kommt. Französisches Gespräch,
Lachen. Der Händler lacht auch, lässt sich sogar filmen. Das ist
das erste Gesicht von nahem. Das Land hat jetzt dieses Gesicht.
Er hätte auch aus Ägypten sein können, ist er ja vielleicht, aus
Israel, ist er ja vielleicht, oder aus Afghanistan, ist er ja vielleicht
wirklich. Er hat ganz lange Wimpern. «Hello!», sagt er und winkt.

«Um Ulm und um Ulm herum», sagt er. Sein Bruder würde in Deutschland leben. Leif lacht, drängt sich ins Bild, klopft auf die fremden Schultern. Arm in Arm lassen sie sich filmen. Vielleicht glauben sie, dass es ein Foto wird und sie so stehen bleiben müssen, bis sie das Signal bekommen, dass der Moment festgehalten wurde und vorbei ist, aber das Signal kommt nicht, und der Moment dauert an. Alles fällt aus der Zeit, wie einem Baum beim Wachsen zusehen, beim Umfallen und Zerfallen, Ins-Erdreich-Sinken und Kohlewerden. Zwei Männer stehen ganz still, Arm in Arm, und lachen. Aber ihre Haare bewegen sich und der Wind, ihr Zwinkern. Wenn sie jetzt für immer so stehen? Video Ende.

Wir suchten sofort im Netz, wo Essaouira liegt. Ein ganzes Stück weg von Tanger.

«Schreib ihr, dass sie dableiben soll.» Antonia steckte das letzte Stück Schokolade in den Mund.

«Das entscheidet ihr Vater, ob sie dortbleiben.» Freigunda holte das Bettzeug aus dem Bettkasten der Eckbank. Sie ging meistens früher schlafen als wir. Sie stand ja auch früher auf.

Ich schrieb: *Wie lange bleibt ihr in Essaouira?*

Yvette gähnte und steckte uns alle an. Wir rissen gemeinschaftlich die Münder auf. Das war ein langer Tag gewesen. So wie der Vortag und der Vortag und der Vortag. Hoffentlich würde der Tag morgen wieder ein bisschen langweiliger werden.

Danach gingen wir schlafen. Zähne putzen, eine Seite in dem Buch über Seeungeheuer, nur bis zu der Stelle, wo in der Einleitung erklärt wurde, dass es vermutlich welche gibt, auf jeden Fall gab. Dann fielen mir die Augen zu.

Nachts wurde ich wach. Wir fuhren wieder. Das Schiff schaukelte gleichmäßig. Die riesige Maschine arbeitete. Ich setzte mich hin und zog den Vorhang auf meiner Seite auf. Himmel und Meer waren schwarz. Direkt voraus stand der fast runde Mond, als wäre er unser Ziel. Er warf einen langen, fahlen Strahl auf das Meer, eine Landebahn für niemand, ein Weg, auf dem keiner gehen konnte. Ich fühlte mich von allem so weit weg, als könnte ich nie zurück und nie ankommen. Ich rollte mich ein und wollte schlafen, aber der Mond sah aus wie ein Ei, und ich hatte Sehnsucht danach, das Ei zu berühren. Es lag unter der Klappe in meiner Eckbank, genau unter mir, immer noch im Rucksack, immer noch im Tischtuch. Nachdem ich überprüft hatte, ob Freigunda fest schlief, holte ich meinen neuen Besitz hervor. Wenn das eine Geschichte wäre, dann würde das Ei nun einen Riss haben, und in wenigen Tagen würde etwas schlüpfen, etwas, das weltweit berühmt werden würde. Es und ich. Es hatte keinen Riss. Wenn das eine Geschichte wäre, dann würde das Ei leuchten, sobald das Mondlicht darauffiel. Ich könnte in das Innere sehen, aber nur nachts. Dort würde ein Tier wachsen. Eingerollt, unklarer Umriss. Kleine, gezackte Flügel. Wenn diese Geschichte für Kinder wäre, dann würde im Mond auch ein Umriss sein. Die Drachenmutter, oder warum nicht mal der Vater? Große, gezackte Flügel. Ich hielt das Ei ans Fenster. Aber nichts leuchtete. Gott sei Dank. Das hätte ich mir selbst nicht geglaubt. Und niemand anders hätte es geglaubt. Und wenn das Ei nie wieder geleuchtet hätte, dann müsste ich mein restliches Leben annehmen, dass ich handfeste Halluzinationen hätte. Ich war mir so schon nicht mehr sicher, was hier los war. Ich wickelte das Ei ganz aus. Die Tischdecke sah schwarz-weiß aus, und ohne ihre Farben löste sie nichts aus bei mir. Ich legte sie über meine Beine. Das Ei lag in meinem Schoß. Wenn das hier ein Musical wäre, könnte ich jetzt singen. Wer bist du? Und das Ei ansehen und drehen. Woher kommst du? Wohin willst du? Und wenn ich das Ei am Ende des Liedes gerade wieder in das Tuch eingeschlagen hätte, um es wegzulegen, ratlos und traurig, weil es sein Geheimnis nicht preisgab, genau dann würde es leise knacken, aber ich würde es nicht hören. Ich würde es zurück in den Bettkasten der Eckbank legen. Und ich würde mit diesen komisch schwerelosen Bewegungen von Animationsfiguren weggehen, wo man merkt, dass sie kein Gewicht haben, dass keine Organe in ihnen nach unten drücken. Die letzten Töne des Liedes noch einmal wiederholt, und ich würde schlafen, so gut wie Animationsfiguren schlafen, sehr gut also. Die schwitzen nicht und haben keine Verdauungsprobleme, weil keine Verdauung. Unter mir, im Bettkasten, würde etwas schlüpfen, mit blanken Augen und einem runden Kopf, großen Nasenlöchern, und es würde sich in dem Tuch verheddern, die Fransen würden ihm über die Augen hängen. Es würde ratlos gurren, einen Purzelbaum machen, versuchen, die Fransen wegzupusten, aber dabei mit einer ganz kleinen Flamme die Tischdecke anzünden.

Ich schlief wieder ein. Das Schiff wiegte mich. Nichts schlüpfte unter mir.

Zum Frühstück gab es das Übliche. Es wurde zu einem uninteressanten Brei in meinem Mund. Vor dem Bullauge der immer gleiche Brei. Die Gespräche waren auch ein Brei. Brei reimte sich auf Ei. Ich wollte nicht an das Ei denken, aber es dachte sich selbst in mich, als wäre es in mich gelegt. Meine Hände juckten. Na klar.

«Was?», fragte ich. Francesca hatte mich etwas gefragt. Ob ich wieder mit Karten spielen wollte.

Karten spielen ohne Hände ging nicht, also wollte ich nicht, obwohl ich wollte. Es würde ein so sterbenslangweiliger Tag werden, wie ich ihn mir gestern gewünscht hatte. Tag vier auf See, juchhe oder oh nee. Wann war das alles vorbei? Das reimte sich auf Ei.

Ich stand auf und bestand darauf, genau jetzt rauszumüssen. Francesca drängelte sich aus der Bank, damit ich mich durchfädeln konnte. Das alles mit Händen in den Taschen.

«Nimmst du Antonias Frühstück schon mal mit?» Freigunda zeigte auf eine Tasse Tee und einen kleinen Brotkorb, den sie vorbereitet hatte. Brötchen und ein Ei.

Ich schnappte mir den Brotkorb. Eine Sekunde waren meine Hände nur zu sehen. Rumdrehen, weggehen. Was sah man in einer Sekunde? War überhaupt schon wieder was zu sehen? Es dauerte ja immer, bis die Linien auftauchten. Das Schaukeln vom Schiff ausgleichend, ging ich durch den Flur, die Treppe hoch. Vor der Kabine stellte ich den Korb mit den Brötchen auf den Boden, um meine Hände anzuschauen. Da war noch nichts zu sehen. Und wenn ich nicht dran kratzte ... da kratzte ich schon.

«Na? Hunger?», fragte ich Antonia.

«Geht so. Ich hab die Schokolade von Freigunda aufgegessen. Wolltest du nicht auch welche mitbringen?»

«Vergessen. Tut mir leid. Es ist so viel passiert gestern.»

«Was denn?» Hungrig war sie nicht. Sie knabberte an dem Marmeladenbrötchen, aber sie hatte riesigen Hunger nach etwas Spannendem, und das gab ich ihr. Eine Geschichte mit Marmelade. Ein lecker Ei. Es kam auf den Ausschnitt aus der Wahrheit an, hatte Francesca gesagt. Also schnitt ich ein Stück aus meinem gestrigen Tag aus und servierte ihn Antonia, die immer langsamer kauend zuhörte. «Warte, warte, warte», sagte sie und versuchte erst einmal zu schlucken. «Eine alte Frau hat dich im Aquarium angesprochen. Und vorher hatte sie mit unserem Kapitän geredet, Spartak …»

«Antipenko.»

«Antipenko», wiederholte Antonia und trank einen Schluck Tee. «Und dem hatte sie ein Foto gezeigt. Und das hat sie dir auch gezeigt. Und auf dem Foto war…»

Mir war so schnell nichts anderes eingefallen, wahrscheinlich weil ich an Francesca gedacht hatte und ihre Ausschnitte von den Fotos aus Le Havre.

«Auf dem Foto war ein Ei», sagte ich so ruhig, wie es ging. «Ein großes Ei. Daneben lag ein Zollstock zum Größenvergleich. Und das Ei war bestimmt …» Ich zeigte die Größe von meinem Ei, von dem Ei, es war ja gar nicht meins.

«Antonia schüttelte den Kopf. «Und sie behauptet, dass dieses Ei ein Ei von einem …»

«Von einem Seeungeheur ist. Ja.» Ich nickte und seufzte, als ob mir die verrückte alte Frau leidtat. Arme Irre! Und ich meinte mich. Warum hatte ich mir dieses Ei überhaupt geben lassen? Jetzt war ich die Irre. Warum zeigte ich es nicht einfach Antonia, und wir lachten darüber? Warum warf ich es nicht ins Meer? Wirklich, arme Irre!

«Und wenn es stimmt?» Antonia hatte ganz große Augen. Ich machte meine Augen auch ganz groß. Wir starrten uns mit Eulenaugen an. Glaubte sie mir etwa? Glaubte sie, dass ich der Frau glaubte? Ich glaubte, das alles nur wie ein Spiel war. Antonia wollte mitspielen. Es war nichts anderes los. Langeweile so dick zum in Scheiben schneiden. Dieses endlose Meer. Vier Gesichter, die du kennst, und dein eigenes, das du auch kennst. Und jetzt ein Ei, wie ein Zauberei, in dem drin sein konnte, was wir wollten.

Wir überlegten, was alles drin sein könnte, aber vermuteten bei allem, dass es versteinert war. Eine Seeschlange, versteinert. Ein ausgestorbener Fisch, versteinert. Ein Wassersaurier, versteinert. Eigentlich ging es bei unseren Überlegungen darum, ob Leben drin war oder nicht, also um Leben und Tod.

«Es wäre so cool, wenn wirklich ein Seeungeheuer drin wäre», flüsterte Antonia. Selbst wenn das Ei versteinert ist. Vielleicht kann die Wissenschaft das dann klonen. Dann…»

Und wir überlegten uns, was dann. Aber wir kamen nicht daran vorbei, dass das Tier niemals in Freiheit leben würde. Antonia machte die Augen wieder klein. Plötzlich war es wieder langweilig. Das war, als wäre einfach das Licht ausgemacht worden.

«Was würdest du tun, wenn du das Ei hättest?», fragte ich. Licht wieder an. Es leuchtete noch heller als vorher.

Antonia wollte sich etwas Tolles ausdenken, aber ins Meer werfen war blöd, der Wissenschaft geben auch irgendwie. «Ich würde es einfach behalten», sagte sie. «Einfach so. Für immer. Und niemandem davon erzählen. Und du?»

«Weiß nicht», sagte ich.

Ich könnte das Ei behalten. Klar. Als Erinnerung. Als Geheimnis. Eigentlich müsste ich es Antipenko geben. Ich glaube, das war, was die alte Frau von mir wollte. Aber warum sollte er es haben? Vielleicht könnte ich das rausfinden.

«Hast du das Buch über Seeungeheuer bei dir drüben?»

Das hatte ich. Und holte es für Antonia und wusste dann nicht, was jetzt. Duschen? Einfach mal zufällig auf die Brücke gehen und sehen, ob Antipenko da war? Und irgendwie geschickt nachfragen? So was konnte ich nicht. Aber mir fiel jemand ein, der das vielleicht konnte.

Zwei Minuten später klopfte ich bei Francesca. Sie riss die Tür auf und knallte sie sich gegen den eigenen Fuß. «Kein Problem.» Sie nahm den Fuß hoch und blieb auf einem Bein stehen. Charly Chaplin und alle Flamingos waren neidisch.

Die Kabine war ganz ähnlich wie unsere, aber viel schmaler. So ungefähr mussten die Kabinen der Mannschaft aussehen. Nicht sehr groß, dafür, dass sie so viel Zeit darin verbrachten. Das Bett war hüfthoch und sah aus wie ein umgelegter Schrank. Die Front bestand aus Schublade an Schublade. Einen anderen Schrank gab es nicht. Die Mannschaft hatte also alle ihre Sachen in den Schubladen unter ihrem Bett. An der Wand gegenüber vom Bett war ein Tisch, A4-breit, aber ziemlich lang. Unter der Tischplatte wieder überall Schubkästen. Davor ein Drehstuhl, der am Boden festgeschraubt war.

«Bitte, setz dich. Möchtest du einen Tee?»

Ich setzte mich auf den Drehstuhl und nickte.

Francesca schlängelte an mir vorbei. «Ich hole dir einen.»

«Nein, dann lass. Ich dachte, du hast welchen hier.»

«Macht doch nichts. Ich hol dir einen. Ich möchte auch einen.»

Dann war ich allein. Ich drehte mich auf dem Drehstuhl. Wirklich nicht viel Platz in der Kabine. Francesca war nur wenige Tage so untergebracht, die Männer fast ihr ganzes Leben. Francesca hatte Fotos über das Bett geklebt. Ihre zwei Kinder. Eines davon war noch sehr klein. Auf einem Bild trug es einen grünen Schneeanzug, der aussah, als wäre er gerade dabei, das

Kind zu verschlucken. Ich konnte mir vorstellen, wie es raschelte, wenn das Kind lief. Das andere Kind war schon richtig groß. Ein Junge. Auf einem Bild bockig, auf einem albern. Auf einem Foto stand Francesca neben ihm und schaute ihn an, als könnte er jeden Moment den nächsten Wachstumsschub bekommen und über sie hinauswachsen. Er sah ihr sehr ähnlich. In seinem Gesicht sah ich überhaupt erst, wie Francesca eigentlich aussah. Sein Gesicht war wie der Rohentwurf für ihr Gesicht.

Es klopfte. Wieso klopfte sie an ihre eigene Tür? «Heiß, heiß, heiß», sagte sie und düste an mir vorbei, kaum hatte ich aufgemacht. Sie stellte die Tassen ab und pustete auf ihre Finger. «Zucker? Dann muss ich noch mal los.»

«Nein. Ist nicht wichtig. Ist doch egal.»

Aber sie sauste wieder los, weil sie selber Zucker haben wollte. Ich ließ mich wieder auf den Drehstuhl plumpsen. Drehen, drehen, drehen. Notizbücher auf dem Schreibtisch, Kinderfotos über dem Bett, Bücher auf dem Schreibtisch neben den Notizbüchern. «Das pubertierende Mädchen» und «Ratgeber für die spannenden Jahre zwischen Kind und Frau». Das hatte sie ja wohl nicht wegen ihres Sohnes. Die hatte die Bücher wegen uns. Eines hieß «Wer sind die neuen Feministinnen?». Ich schloss die Augen und drehte mich weiter auf dem Drehstuhl. Augen wieder auf. Ich ließ den Stuhl langsam ausdrehen. Als wäre das hier Flaschen drehen, und ich war die Flasche. Auf was zeigte ich? Tisch. Notizbücher. Auf einem Etikett stand «Mädchenmeute». Nein, ich würde da nicht reinsehen. Das wäre ein übler Vertrauensbruch. Andererseits fand ich es auch nicht gut, dass sie alles Mögliche über uns aufschrieb. Nahm sie uns etwas damit weg? Sie nahm uns weg, dass die Momente vergehen, wenn sie sie festhielt. Dass die Zeit alles verschwinden lässt. Aber nicht wenn sie alles aufschrieb. Jeden Streit, alle dummen Worte.

Die Tür wurde aufgerissen. «Zucker!»

Wir süßten unseren Tee, und ich erzählte, warum ich zu ihr

gekommen war. Ich umschiffte ein paar schwierige Klippen in meiner Bitte. Ich wollte zwar etwas über die alte Frau wissen, aber ich hatte natürlich kein Ei. Ich sagte den Namen der Sonderausstellung, dass die alte Frau eigentlich Spartak Antipenko sprechen wollte, dass sie ihm etwas geben wollte, aber natürlich kein Ei. Einfach ein Etwas, und vielleicht war das Ei auch gar kein Ei, sondern eher ein Etwas.

Dass ich um ihre Hilfe bat, gefiel ihr. So sehr, dass es mir fast unangenehm war. Sie nahm ihre große Brille ab und wuschelte sich durch ihre aufgeregte Frisur. «Du hättest also gern Informationen über die alte Frau?», fragte sie. «Ja, in so was bin ich echt gut. Auf jeden Fall wollte sie ihm etwas geben. Das wissen wir, oder?»

«Ich bin mir nicht sicher ...», begann ich den Satz ganz langsam, weil ich nachdenken musste, worüber ich mir nicht ganz sicher war, «... ob ich sie richtig verstanden habe. Mein Französisch ...» Ich hob die Schultern hoch.

«Ich habe verstanden ...», wieder der Trick, den Satz langsam zu beginnen, «... dass es etwas mit der Sonderausstellung zu tun hatte.»

Vorsichtig tasteten meine Worte, um die Wahrheit zu umzingeln, aber nicht zu treffen. Das war anstrengend. Ich schwitzte ein bisschen. Ich log nicht, sagte ich mir. Das war zwar alles kein richtiges Lügen, aber wie eine kleine Einstiegsleiter am Fenster der Lüge. «Die Sonderausstellung war jedenfalls über Seeungeheuer.»

«Okay», sagte Francesca, als wäre sie ein Gerät, das alles nur zur Kenntnis nimmt. Darum fand sie es auch okay, dass die alte Frau dem Kapitän etwas geben wollte und dass ich das erst im Nachhinein verstanden habe. Jetzt wo ich das angeblich verstanden hatte, wollte ich sie erreichen, aber ich wusste nicht, wie. Ich meinte mich zu erinnern, dass sie eine Tiefseeforscherin war. Ja, so etwas hatte sie wohl gesagt.

«Okay», sagte Francesca wieder, aber diesmal eher, als hätte das Zur-Kenntnisnahme-Gerät den Eingabemodus beendet und würde nun den Auftrag bestätigen. «Du bittest die Richtige um Hilfe. Das ist genau mein Beruf als Journalistin. Das Problem ist, dass die Leute auf das Wort Journalistin immer so komisch reagieren. Bei dem Wort», sie stupste mich an, «da wächst allen der Schnabel zu.» Sie zeigte mit Zeigefinger und Daumen der rechten Hand einen Schnabel vor ihrem Mund. Dann, wie der zuwuchs. Dann schnappte der Schnabel auf und zu und auf mich zu. Er schnappte mich in die Nase, als wäre ich ein Kleinkind. Mich hatte Ewigkeiten niemand in die Nase gezwickt.

«Wie bekommt man also diesen Schnabel auf?», fragte sich Francesca selbst. «Man sagt, dass man Schriftstellerin ist. Vor Schriftstellerinnen hat keiner Angst, weil die sich alles ausdenken. Bei denen befürchtet keiner, dass sie etwas aufdecken wollen.» Francesca wirkte ein bisschen wie der Wolf im Schafspelz, die Journalistin im Schriftstellerinnenpelz. «Jaaaa, Journalistinnen, die sind schlimm. Sie sind wie Maulwürfe und buddeln so lange um jeden Baum herum, bis er umfällt. Wir sind Nager und Nagerinnen.» Sie hatte nun die Oberlippe hochgezogen und zeigte, wie sie in der Gegend herumnagte. Ich sah zu, dass ich meine Nase außer Nageweite behielt. «Das weiß Antipenko natürlich. Er kommt aus der Ukraine. Journalistinnen sind sehr gefährlich. Aber das wusstest du schon, oder? Du bist auch immer ganz vorsichtig.» Sie stupste mich. «Ich sage, dass ich Schriftstellerin bin und dass ich Informationen über Seeungeheuer brauche für eine Geschichte. Alle lieben Schriftstellerinnen. Eigentlich wollte ich auch Schriftstellerin werden, aber ich kann mir leider nichts ausdenken.»

Ich hatte ein komisches Gefühl, als ob ihre Worte mich anfassten und irgendwohin führten. Ich wusste gar nicht, ob ich dahin wollte. Ich konnte mir Sachen ausdenken, dachte ich, sogar ziemlich gut. Wie meine Mutter. Allerdings konnte ich auch putzen. Wie meine Mutter. Aber beides musste nichts für meine Zukunft bedeuten.

«Ich knack den schon.» Francesca setzte ihre Brille wieder auf. «Ich knacke alle.»

Ich beschloss, mich nicht von ihr knacken zu lassen. Vielleicht hatte ich deshalb immer ein komisches Gefühl bei ihr gehabt.

Ich wackelte auf dem Drehstuhl hin und her, hoffte, dass es so aussah, als wäre ich ganz entspannt, eine Bewegung, wie wenn man ein Melodiechen pfeift, was ist schon dabei?

«Könntest du mich vielleicht nicht erwähnen dabei?»

«Klar. Ich war allein in der Ausstellung.» Francesca trank mit einem großen Schluck ihren Tee aus und hielt mir ihre Tasse hin. Mit Tassenübergabe war der Deal perfekt.

Francesca machte sich auf zum Kapitän, während ich die zwei Tassen in die Messe zurückbrachte. Na, lief doch alles gut. Ich würde weder Putzfrau noch Schriftstellerin werden, sondern Detektivin.

Ich würde meine Leute schicken, im Hintergrund die Strippen ziehen. Jetzt bräuchte ich noch einen Mantelkragen zum Hochschlagen und vielleicht nicht unbedingt eine Zigarette, aber etwas anderes, um etwas zu tun zu haben, während ich abwartete, dass ich die Informationen bekam, die ich dann folgerichtig kombinierte, ohne mir die Finger schmutzig zu machen. Ich könnte ja mal Mimiko fragen, ob sie etwas über Beas Vater herausfinden könnte. Ich könnte mich vor Aufträgen gar nicht retten. Ich könnte sogar noch einen dritten Fall annehmen. So übermütig, wie ich gerade war, hopste ich die Treppen bis ganz nach unten. Eine zu weit. Lustig.

Da war dieses Fenster mit dem Vorhang. Mit diesen Figuren drauf. Und ich war schon hingelaufen, hatte mich gebückt und die Tassen abgestellt. Meine Hand an diesem dicken Stoff, diese Abbildungen darauf, eine Umarmung, ein Kuss, ein Tier, jemand mit einem Baby. Das Reiben der Vorhangaufhängung auf der Stange, Metall auf Metall. So normal, dass es kein Traum sein konnte, aber trotzdem musste es einer sein.

Ich drehte mich sofort um, keine Ahnung, wie schnell, wie ein Zusatzgelenk im Fuß. Das Erschreckgelenk, funktioniert nur bei einem Schreck. Darauf reimt sich weg. Also lief ich den Flur entlang, öffnete die Tür zum Treppenhaus und ging die Stufen hoch.

Stufe eins: Ich hatte Daris gesehen. Nur von hinten. Er stand mit dem Rücken zum Fenster.

Stufe zwei: Daris hatte was auf dem Arm.

Stufe drei: ein Tier.

Stufe vier: einen Affen.

Stufe fünf: ein Affenbaby.

Stufe sechs: einen Schimpansen.

Treppenabsatz. Ich blieb stehen. Ich hatte die Tassen dort stehen lassen. Sollte ich noch mal zurück?

Nur weil das Schiff schwankte, war ich mir sicher, dass die Zeit nicht stillstand. Ich stand aber still. Dann ging ich noch einen Schritt. Bis zur Wand, wo das Schiff endete und draußen das Deck und das Meer war. Ich lehnte meine Stirn gegen die Wand. Die war kühl. Ich schloss meine Augen und kühlte meine Gedanken runter. Da war Daris' Rücken gewesen. Sein blauer Rollkragenpullover. Das Affenbaby auf seinem Arm. Es hatte ein ganz aufgeräumtes Gesicht, ganz sauber Gesicht und Haare voneinander abgegrenzt. Das Gesicht wie draufgesetzt, große Wülste über den Augen. Braune Augen. Ganz ordentlich ein Mittelscheitel auf dem Köpfchen. Ganz sauber, wie die Ohren aus dem Fell kommen. Ich hatte schon Schimpansen in Filmen gesehen, und vielleicht hatte ich es da auch gewusst, aber jetzt wusste ich es auf einmal richtig: Sie waren perfekt.

Dieses Tier war so schön, dass es weh tat. Perfekt war nicht das richtige Wort. Der Affe berührte mich, als wäre er ein Teil von mir. Er hatte in meine Richtung gesehen, aber durch mich durch. Er sah aus, wie ich aussehe, wenn ich traurig bin. Ich wusste gar nichts von Affenbabys. Vielleicht sehen sie so aus, wenn sie müde sind, aber das konnte ich mir nicht einreden. Nein, er war traurig, über jedes erzählbare Maß hinaus. Wo war seine Mutter? Das war nicht in Ordnung. Gar nicht.

Hatte ich den Vorhang zugemacht? Jetzt war meine Stirn ganz kalt. Logisch musste ich die Tassen holen und vor allem noch mal durch das Fenster sehen. Ich konnte doch nicht wegrennen, wenn was Spannendes passierte. Was wäre ich für eine Detektivin?

Der Vorhang war zu, die Tassen weg. Hatte ich den Vorhang zugemacht oder nicht? Eigentlich hätte ich gerne über alles länger nachgedacht. Ich vermutete aber, dass ich bei längerem Nachdenken auf dasselbe Ergebnis gekommen wäre. Ich musste noch einmal aus diesem Fenster sehen. Ich schob den Stoff nur ein ganz klein wenig zur Seite, nur einen Spalt für ein Auge.

Daris stand immer noch mit dem Rücken zu mir. Der Vorhang hatte sich kaum bewegt, aber so ein Tier sieht jede Bewegung. Der Affe war aber nicht neugierig oder aufgeregt, sondern ganz schlapp. Er schaute genau zu dem Spalt, hinter dem ein Auge erschienen war, aber seine Augen reagierten nicht. Ich wollte ihn auf den Arm nehmen, streicheln, wiegen und etwas summen. Mein Herz gehörte ihm sofort. Vielleicht war er krank und sollte zu einem Arzt gebracht werden. Ein Spezialist in Vigo. Ein Zoo. Zu seiner Mutter, die schon dort war.

Dann konnte ich zwei Arme sehen, die sich nach dem Affenbaby ausstreckten, und ich erkannte die Ärmel von Freigundas Waldjacke. Ich presste mein Gesicht an die Wand neben dem Bullauge, um den Ausschnitt zu verändern, den ich sah. Freigunda redete mit Daris und dann mit dem Affen. Ihr Mund veränderte sich dabei, und ich konnte mir vorstellen, dass sie weiche, leise Töne für ihn machte. Der Affe ließ sich wie eine Puppe rüberreichen, weil beide zwar lieb zu ihm sein mochten, aber nicht seine Mutter waren. Ich wollte ihn auch halten, auch wenn ich genauso wenig seine Mutter war, aber er sah so aus, dass ich nichts anderes wollte, als ihn zu halten. Seine Ärmchen lösten sich von dem einen Hals und schlangen sich um den anderen, weil sein Instinkt ihm sagte, dass er sich festhalten musste, denn seine Mutter könnte gleich nach der Geburt mit ihm einen Baum hochklettern. Weil Freigundas Instinkt sagte, dass man ein Baby festhält, hielt sie ihn fest und kletterte auf keinen Baum. Sie hielt ihn mit einem Arm, mit einer Hand. Mit der anderen Hand versuchte sie ihm Milch aus einem Fläsch- chen zu geben. Sie drückte den weichen Sauger gegen seinen weichen Mund, stupste ihn damit, drückte ein paar Tropfen aus dem Sauger und verteilte sie auf seinen Lippen. Er nahm die Milch nicht. Er drehte nicht mal den Kopf weg. Sein Blick blieb ausgeknipst. Ich wollte ihn so gern halten, auf die richtige Art warm sein oder das Richtige sagen, ihn seine Mutter vergessen lassen. Dieses Gefühl hatte eine solche Wucht, dass es fast durch die Fensterscheibe schlug. Freigunda schloss ihre Jacke um das Affenkind. Nur noch der Kopf war zu sehen, dieser schwarze, artige Mittelscheitel, die großen Ohren. Freigunda schaute zu ihm hinunter, und sie sah dabei ganz anders aus als sonst, aber sie schien dem Gefühl nicht so ausgeliefert zu sein wie ich. Sie hatte bestimmt schon Katzen, Hunden, Ziegen, Pferden Milch aus einem Fläschchen gegeben. Ich nie. Ich niemandem. Nur weil ich es so doll wollte, hieß das ja nicht, dass ich das konnte. Und würde der Affe das nicht merken? Es war gut, dass er bei Freigunda war. Aber er nahm die Flasche nicht. Freigunda ließ das Fläschchen sinken. Ich wollte sie anfeuern. Gib nicht auf! Probier es noch mal, aber bestimmt wusste sie besser, wann sie ihn kurz in Ruhe ließ und wann sie es weiter versuchte. Daris und sie bewegten sich vom Fenster weg, auf ihrer Seite, und für mich war es wohl besser, wenn ich mich auch vom Fenster weg-bewegte, auf meiner Seite.

Die schwere Tür zum unteren Deck dröhnte, als ich den fet-ten Riegel aufschob. Ich legte mein Ohr an die Tür und hörte, wie im hohlen Inneren das Geräusch des dicken Metalls nach-schwang. Aus wie vielen Geräuschen so ein Schiff bestand. Wie viele Töne so eine Reise machte. Ich zerrte die Tür auf wie beim Ausstieg aus einem Bunker. Ein klarer Himmel, reinblau, das Meer genauso. Ich ging zur Reling und sah zu, wie der weiße Schaum unter dem Schiff hervorschoss, in zwei Bahnen, links und rechts vom Antrieb. Ich sah zu, wie sich die zwei Bahnen in einem fort bildeten und wieder auflösten und sich wieder in die Oberfläche des Meeres legten.

Ich musste mit Freigunda reden. Ich würde sie einfach fra-gen: Ist zufällig ein kleines Tier an Bord? Vielleicht ein Affe? Es war fast elf, perfekte Zeit. Freigunda arbeitete den ganzen Vormittag auf dem Schiff, kam dann vor dem Mittagessen in die Kabine, um ihre paar Minuten mit geschlossenen Augen dazuhocken. Die Chancen standen gut, sie sitzend in der Kabine zu finden. Dasselbe Indianergesitze wie nach dem Mittagessen und vor und nach dem Abendbrot. Ihre Schleuse zwischen den Tagesabschnitten. Man müsste den Vormittag beenden, damit der Mittag beginnen kann, die Mittagszeit beenden, damit der Nachmittag beginnen kann, und so weiter. Nur zwischen Abend und Nacht gab es diese Schleuse nicht. Die Nacht selbst war dann die große Schleuse zum nächsten Tag. Ich war mir aller-dings nicht sicher, was passierte, wenn ich sie dabei störte. Dann würde immerhin der Vormittag nicht aufhören und die Mittags-zeit nicht beginnen, und alles käme durcheinander, weltweit.

Als ich vor der Kabinentür stand, kam Francesca gerade von der Brücke zurück. «Auftrag erfüllt», sagte sie. «Kommst du mit in meine Kabine? Dann kann ich dir alles erzählen?» In dem Moment ging auch die Tür direkt vor mir auf, und Yvette stand mir gegenüber. «Bea hat ein neues Video geschickt. Sie hat es erst dir geschickt, aber du hast es wohl nicht bekommen.» Hinter Yvette saß Freigunda mit geschlossenen Augen auf dem Sofa und beendete den Vormittag.

Ich schaute auf mein Handy. «Wie auch? Ist doch gar kein Empfang.»

«Kommst du?», fragte Francesca.

«Komm rein!» Yvette grabschte nach meinem Arm, aber ich zog ihn wieder weg. Es ärgerte mich, dass Bea das Video an Yvette geschickt hatte. Weil ich keinen Empfang hatte. Warum hatte Yvette welchen? «Kohoooomm!» Sie versuchte wieder, an meinem Arm zu ziehen. Ich schüttelte den Kopf und sagte, dass ich erst zu Francesca müsste. Freigunda hatte auch immer noch die Augen zu. Es war noch nicht der richtige Moment, sie nach dem Affen zu fragen.

In Francescas Kabine setzte ich mich gleich wieder auf den Drehstuhl wie vor einer Stunde, aber es war so überhaupt nicht wie vor einer Stunde. Sie hatte also Infos. Ich hatte auch Infos. Yvette hatte ein neues Video von Bea, ein Affenbaby war an Bord, und ich konnte nicht behaupten, dass hier die versprochene Langeweile eintrat, die zu einer Schiffsreise eigentlich dazugehörte.

Francesca setzte sich auf ihre Hände. Sie erzählte, dass sie beim Kapitän war und nur nach dem Namen von der Frau gefragt hat, aber er sagte, dass er nicht wüsste, von wem sie redete. Er wäre noch nie in dieser Ausstellung gewesen. «Ich hatte aber gar nichts von einer Ausstellung gesagt.» Francesca zog die Augenbrauen hoch. «Nur von Aquarium.»

Er hatte sich also verraten irgendwie. Aber was genau hatte er verraten? Dass er in der Ausstellung war? Das wussten wir ja schon.

Francesca nickte. «Ich habe gesagt, dass diese Frau ihn aber kenne und dass sie ihm etwas geben wollte, und entweder hat er das nicht verstanden, obwohl er wirklich gut genug Englisch spricht, oder ...» Jetzt ließ sie ihre Hände frei. «Er wurde jedenfalls sehr abweisend.» Ihre Hände zeigten, wie abweisend er wurde, ein Schutzpanzer vor der Brust. «Er sah fast so aus, als hätte ich ihn etwas Unanständiges gefragt.»

Francesca hatte Antipenko die Frau beschrieben, wie ich sie ihr beschrieben hatte. «Die Frau habe mich gebeten, ihm etwas auszurichten, habe ich gesagt. Genug ist genug, hat er gesagt. Er war richtig ärgerlich. Ein Pokerface war das nicht.»

Sie sah mich an. Hatte sie ein Pokerface? Hatte ich ein Pokerface? Sie wusste, dass da noch mehr war, und ich befürchtete, schlafende Hunde geweckt zu haben. «Na ja, das war ja nicht so erfolgreich», sagte ich und wollte gern aufstehen, drehte ein bisschen mit dem Drehstuhl, hörte damit wieder auf. «Also, danke trotzdem.»

Ich stand ein bisschen im Flur herum und überlegte. Das war eine Sackgasse gewesen, aber wo wollte ich denn überhaupt hin? Wollte ich denn Kontakt zu der alten Frau? Vielleicht wollte ich gar nicht mehr über das Ei wissen. Das war doch alles Unfug irgendwie.

Aber ganz für nichts war es doch nicht gewesen. Alles führte zu irgendwas. Dass ich genau in dem Moment vor unserer Kabinentür im Flur stand, genau in diesem Moment, führte zum Beispiel dazu, dass gerade der blasse Artem Kusmyn vom Essen zurückkam und eine komische und fatale Kettenreaktion auslöste.

Als wäre nicht schon genug los, war plötzlich noch mehr los. Sehr viel mehr.

Artem Kusmyn hatte die Tür vom Treppenhaus aufgerissen, die laut gegen die Wand schlug. Er hatte so ein Tempo drauf, dass er gegen meine Schulter rannte. Dann lief er einfach weiter, als wäre nicht ein Mensch gerade gegen einen Menschen gedonnert. Ich taumelte gegen die Kabinentür, und in dem Moment knallte die Tür vom Treppenhaus zu. Gleichzeitig öffnete Yvette die Tür von unserer Kabine, und ich fiel auf Yvette drauf, einfach weil ich mich an die Tür gelehnt hatte, und als die Tür aufging, fiel ich um. «EY!», rief Yvette, als wir beide umfielen und dann auf dem Boden lagen. Etwas knackte bei Yvette. Sie boxte nach mir. Freigunda war sofort bei uns. Yvette brüllte, dass ich ihr Handy kaputtgemacht hätte.

Antonia kam angelaufen, um zu sehen, was los war.

Kusmyn war zurückgekommen und stand in unserer Tür und schaute auf uns herab.

Eins, zwei, drei, vier Augenpaare glotzten vom Boden hoch. Eins zu viel.

Scheiße! Konnte man das bitte alles zurückspulen? Das war echt scheiße. Zurückspulen ging nicht. Aber Standbild.

Nach dem Standbild kam die Zeitlupe. Antonia krabbelte von der Tür weg. Freigunda stellte sich gerade hin. Ich setzte mich. Yvette rappelte sich auf.

Kusmyn grinste. Die Augen wie Bohrungen, die er seltsamerweise nur auf Freigunda richtete. Er sagte etwas auf Englisch, und ungefähr hieß es: «Damit wäre das ja klar. Dein Affe für meinen Affen.» Er grinste noch breiter und ging dann in seine Kabine. Nicht annähernd in dem Tempo wie vorhin. Jetzt latschte er zufrieden. Also war er vorher wahrscheinlich unzufrieden gewesen. Deshalb war er so gerannt und hatte die Tür so geknallt. Darüber konnte ich jetzt echt nicht nachdenken.

«Monkey?», fragte Yvette und sah Freigunda an. «Was meint der?»

Francesca kam aus ihrer Kabine, schloss ab, steckte ihren Kopf zu unserer immer noch offenen Tür herein: «Mittagessen! Was ist denn mit euch los?»

«Wir haben noch was zu klären», sagte Freigunda. «Ohne dich!»

Dieses «Ohne dich» klang hart. Als wäre es ein «Ohne dich» nicht nur für den Moment, sondern ein allgemeines «Ohne dich».

«Gut, dann gehe ich einfach schon mal», sagte Francesca und ließ sich nicht anmerken, ob sie verletzt war.

Freigunda erzählte relativ knapp, wie so eine Zusammenfassung auf einem Buchrücken. Daris hatte sie angesprochen, dass er Hilfe bei etwas brauche, aber sie dürfe es niemandem sagen. Ein kleiner Affe war an Bord, und der verweigerte die Nahrung. Daris hatte die Idee, dass er vielleicht von jemand anderem Nahrung annahm. Von einer weiblichen Person. Und so hatte Freigunda an diesem Morgen begonnen, sich um das Affenbaby zu kümmern. «Genau genommen ein Schimpansenjunges.»

«Ein Schimpanse?», fragte Yvette. «Ein SCHIMPANSE?»

Freigunda erzählte einfach weiter. Der Affe war in Le Havre in der Nähe vom Hafen gekauft worden. Warum, wusste Daris nicht, aber wie es aussah, gehörte der Affe Kusmyn. Der schaute auch regelmäßig nach dem Tier und drohte Daris, ihn zu feuern, sollte der Kleine nicht durchkommen.

Antonia hatte die ganze Zeit ihre Hände vor den Mund gepresst, vermutlich um nicht ständig zu fragen: «Ein Affe?», oder: «Ein Schimpanse?» Als sie die Hand kurz wegnahm, kam dann auch sofort: «Das darf er doch gar nicht.»

«Das darf er nicht, ja», stimmte Freigunda zu. «Er darf Daris nicht deswegen feuern. Aber er darf auch keinen kleinen Affen kaufen und hat es trotzdem getan. Von Leuten, die den Affen nicht hätten verkaufen dürfen. Es ist alles falsch daran.» Freigunda sagte falsch ganz scharf, so falsch war es.

Jetzt unterbrach Yvette: «Ja, aber was heißt dein Affe gegen meinen Affen?»

Freigunda erzählte weiter. Mittags habe der Affe immer noch nichts getrunken, und Kusmyn habe befohlen, ihm etwas zu spritzen, damit er durchkommt. Daris habe Freigunda als Hilfe dazugeholt, aber die hatte sich geweigert, den Affen festzuhalten, weil er so kein Vertrauen aufbauen könnte. Sie würde es lieber weiter mit Milch probieren oder Wasser, aber Daris wollte den Befehl von Kusmyn ausführen. Als sie aus Daris' Kabine kam, stand Kusmyn vor der Tür, der nun also wusste, dass Freigunda von dem Affen wusste. Kusmyn hatte Daris angeschrien.

Antonia nahm wieder ihre Hände vom Mund, und sofort kam alles heraus, was sie dachte, vielleicht auch was Yvette dachte, sicherlich was ich dachte: «Aber was ist mit dem Affen? Du musst ihm doch helfen. Wenn er stirbt!»

Freigunda knackte mit ihrem Nacken, Hals nach rechts, Hals nach links. Die Sonne kam durch das vordere Fenster herein und fiel als schräges Viereck auf den Teppich. Das wirkte alles falsch. Sonne bei so einem Gespräch.

«Freigunda!», sagte Antonia schrill. «Was ist mit dem Affen? Wie kannst du nur ...»

Aber Freigunda unterbrach sie und erklärte sehr ruhig: «Sein Vater hat ihn nicht beschützen können. Seine Mutter hat es nicht geschafft, ihn wegzutragen. Irgendwelche Menschen haben die Mutter sicherlich getötet und ihn eingefangen, ihn in eine Kiste gesteckt und verhökert. Artem Kusmyn hat ihn gekauft und hier auf das Schiff gebracht und nicht dafür gesorgt, dass er gut versorgt wird. Aber ich bin schuld?» Sie schüttelte den Kopf. «Ich bin bestimmt nicht schuld, wenn er stirbt.» Sie zog ihre Beine auf die Eckbank hoch und setzte sich in den Schneidersitz. «Aber du weißt wie immer, was richtig und was falsch ist. Das freut mich für dich.»

Ich kam mir vor, als würde ich schwimmen. Kein Rettungsboot, kein Strohhalm. Kein Land in Sicht, nur schwimmen. Das Schiff löste sich auf, denn Kusmyn würde uns rausschmeißen. Wir hatten jemanden auf das Schiff geschmuggelt, und er wusste es. Wir wussten von dem Affen, und er wusste auch das. Wir lagen in seiner Hand. Und er hatte eiskalte Hände. Ich schwamm und schwamm. Unsere Mission soff ab und mit ihr ich. Ich schnappte nach Luft, während Freigunda und Antonia über Richtig und Falsch stritten. Einen Affen retten oder Bea? Oder beides? Oder gar nichts?

Yvette lief auf und ab und brabbelte irgendwas, als ob sie etwas zusammenrechnete. Freigunda schloss die Augen. Ich raufte mir die Haare.

Antonia sah aus, als ob sie gleich weinen würde.

Yvette war stehen geblieben und hatte aufgehört zu brabbeln. «Okay», sagte sie, als hätte sie das schwere Rätsel gelöst. «Unser Affe gegen seinen Affen. Er verpfeift uns nicht und wir ihn nicht. Okay.» Dann lief sie wieder auf und ab. «Das sollte klappen.» Sie ging zu Freigunda und rüttelte an ihren gekreuzten Beinen. «Ey, Buddha! EY!» Freigunda brummte. «Du musst dich weiter um diesen Affen kümmern. Das geht nicht, dass der stirbt. Hast du gehört?» Aber Freigunda reagierte nicht. «Ob du gehört hast? Du gehst jetzt zu Daris und machst alles, um diesen Affen zu retten. Klar?»

Freigunda öffnete die Augen, und sie waren vielleicht noch heller als sonst. Kalthell, als wäre sie selbst ein bisschen wie Kusmyn, als hätte er sie angesteckt. «Wie ich schon gesagt habe, werde ich mich da nicht weiter einbringen. Es ist Kusmyns Affe. Stirbt er, hat er es besser, als wenn er überlebt und Kusmyns Affe ist. Glaubst du, er hat ein schönes Leben vor sich?»

Antonia sprang auf, und obwohl sie aussah, als ob sie heulte, heulte sie nicht. «Das darfst du nicht entscheiden, ob man jemanden nicht rettet, weil, weil, weil ...», sie stampfte, «... weil er danach vielleicht nicht glücklich ist. Das darfst du nicht entscheiden. Jedes Leben wird gerettet. JEDES!»

Freigunda saß immer noch da wie Buddha, dem man irgendwelche Blumen hinstellen muss, wenn man was von ihm will. Ich bekam Lust, sie von ihrem Eckbankthron zu zerren. Selbst wenn sie recht hätte, dann hasste ich es, dass man das so ruhig sehen konnte. Ich hasste sie, nein, alles, nein, sie, nein, Kusmyn.

«Freigunda», sagte ich leise. «Kannst du es nicht noch einmal versuchen?»

Sie atmete tief ein und kam aus ihrem Schneidersitz, endlich, jetzt würde sie zu Daris gehen, und alles würde gut werden. Aber sie schüttelte nur ihre Beine aus. «Ich habe dem Affen in die Augen gesehen, und ich habe nichts anderes gesehen, als dass er nicht mehr will. Er gehört in den Wald, aber da ist er nicht mehr, und dahin wird er nicht zurückkehren können. Für was soll ich ihn retten? Dass er Kunststücke lernt? Dass er Kleidung anziehen soll? Es ist in dem Moment entschieden worden, als man seine Mutter getötet hat. Das ist schon so entschieden, und es wird nicht hier entschieden, nicht von mir und nicht jetzt und nicht von euch. Es ist schon so. Manchmal muss man das nur akzeptieren.»

Wir entschieden jetzt also zu entscheiden oder nicht zu entscheiden. Das war zu groß für uns.

Wer entschied so was denn sonst? Wo war derjenige?

Freigunda legte den Kopf in den Nacken. Glücklich sah sie auch nicht aus. «Dann macht ihr es doch. Mir ist beigebracht worden, das Leben und den Tod machen zu lassen. Ich kann nicht.» Ganz kurz verstand ich, dass sich auch Freigunda nicht sicher war und sich auch nur an etwas klammerte. Sie glaubte etwas, und Antonia glaubte etwas anderes. Antonia ging zu unseren Jacken und nahm Freigundas Waldjacke vom Haken. Beim Anziehen schob sie Freigundas Mütze mit dem Arm aus dem Ärmel und setzte sie auf. Sie sah nicht aus wie eine Superheldin in Freigundas zu großer Jacke, mit dieser Strickmütze mit Ohrklappen, aber, verdammt noch mal, sie war eine Superheldin. Wie sie da stand! Diese großartige Person! «Wenn ihr es nicht macht …» Sie zog sich die Mütze tief ins Gesicht. Gut, dass Freigunda so auffällige Klamotten hatte, aber schlecht, dass Antonia viel kleiner war.

«Ich geh mit.» Yvette zog auch ihre Jacke an. «Du kennst dich auf dem Schiff nicht aus.»

«Dann geh ich auch mit.» Ich zog meine Jacke an, und nur noch Antonias Jacke hing da. «Ich kann irgendwen ablenken. Wenn jemand kommt.»

Das war doch bekloppt mit der zu großen Jacke. Ich zog Freigundas Jacke an und setzte ihre Mütze auf. Antonia zog meine Jacke an und setzte meine Mütze auf. Geraschel von Stoff, Mützen ab, Mützen auf, elektrisch geladene Haare. Ich bekam einen Schlag von Antonia bei der Mützenübergabe.

Wir überlegten, ob egal sei, wer wessen Jacke trug. Wie oft traf man schon irgendwen auf dem Flur oder im Treppenhaus? Wir mussten nur aus unserer Tür, eine Treppe runter. Daris' Kabine war unter unserer.

«Ich hab seinen Schlüssel.» Freigunda drückte sich aus dem Sitzen hoch und fummelte in ihrer Waldhose.

«Nicht dein Ernst!», rief Yvette. «Du hast seinen Schlüssel. Freigunda!»

Freigunda warf mir den Schlüssel zu. «Wenn er Dienst hat, ist er nicht in der Kabine. Dann muss er den Affen allein lassen, aber der braucht Körperkontakt. Darum habe ich den Schlüssel.»

Jetzt machte Antonia richtig Lärm. «Da stirbt vielleicht gerade ein kleiner Affe. Der liegt alleine in der Kabine unter uns. Und wenn ihr nicht gesagt hättet, dass ihr mir helfen wollt, wäre ich schon lange bei ihm. Er ist da alleine! Und es ist mir total egal eigentlich, ob man mich sieht und ob ich dann Strafe bezahlen muss und ob wir dann Bea nicht helfen können. Da unten ist ein Baby! Und selbst wenn er stirbt, sollte er dabei nicht allein sein.» Und erst jetzt heulte sie.

Freigunda stand auf und nahm mir den Schlüssel aus der Hand. «Gut. Ich gehe. Nur Charlotte kommt mit.»

Vor unserer Tür standen Teller mit Mittagessen, drei Stück, die Plastikfolie wie immer drüber mit Jimmy-Juniors Schrift «Passenger».

Ich rief noch schnell in die Kabine, das Essen sei da, und dann lief ich Freigunda hinterher.

«Geh du auf die Brücke», schlug Freigunda vor. «Der Kapitän hat Dienst, und Daris muss bei ihm sein, weil er ihn nicht allein lassen darf. Gib ihm irgendein Zeichen.» Damit stürmte sie die Treppe runter und ich die Treppe rauf. Bis zur Tür mit dem goldenen Schild «Wheelhouse». Dann zögerte ich. Gut, diese Aufgabe war einfacher, als alleine zu dem Affen runterzugehen. Ich war wirklich erleichtert, dass Freigunda sich doch noch dazu entschieden hatte, Tod und Leben nicht einfach ungestört machen zu lassen. Gott sei Dank hatte Antonia die richtigen Worte gesagt. Und sie war so laut geworden dabei. Wann hatte Francesca eigentlich das Essen vor unsere Tür gestellt? Was hatte sie gehört? War sie ein bisschen stehen geblieben und hatte gelauscht? So wie ich jetzt vor der Tür stand, aber es gab nichts zu lauschen.

Was sollte ich denn Daris für ein Zeichen geben? Sollte ich wie ein Affe «Uhuhuh!» sagen? Ich öffnete die Tür zum Wheelhouse und ging die Holztreppe hoch. Das Licht fiel scharf getrennt in Schatten und Sonne auf die Treppe und schaukelte mit den Bewegungen des Schiffes hin und her. Dann konnte ich schon die Stelle für das leicht zurückgesetzte, zweite Steuerrad sehen. Da waren Daris' Schuhe, und dann sah ich schon seinen Kopf mit den Haaren in alle Richtungen.

Immer war es auf der Brücke, als wäre die Welt in Ordnung. Am schönsten war es, die letzten Stufen zu nehmen und dann den Kopf nach links zu drehen und über die halbhohe Absperrung zu schauen. Dann sah man die ganze Brücke. Der

Hammer. So wichtig und modern, aber dann dieses alte Steuerrad aus Holz und dann der Bug weit unten mit den Containern. Das Spritzen vom Wasser und unfassbar viel Himmel.

Auch jetzt war ich einfach glücklich, hier oben zu sein, aber dann fiel mir meine Mission ein, und ich blieb auf der obersten Stufe stehen, in der Hoffnung, dass Daris mich ansah.

Stattdessen drehte sich der Kapitän um. Er fragte, ob ich hier einen Tee genießen wollte. Es sei doch eine phantastische Aussicht, oder? Dann sagte er etwas zu Daris. Daris antwortete und kam auf mich zu. Spätestens jetzt musste ich die Treppe freimachen, denn wie es aussah, wollte er hier runter. Ja, na gut, so ging es auch, aber wenn er nun einfach in die Messe ging? Ich machte Platz und flüsterte Freigundas Namen, als er an mir vorbeiging. Das musste er auf jeden Fall gehört haben. Er hätte ruhig kurz nicken können. Egal. Er würde zu seiner Kabine gehen. Mehr wollte ich ja gar nicht. Er würde mit Freigunda zusammen versuchen, diesem Äffchen seinen Lebenswillen zurückzugeben.

Als mein Kräutertee fertig war, genoss ich einfach ein bisschen die Aussicht. Auf dem Wasser hüpfte das Glitzern. Ich merkte jetzt erst, wie erschöpft ich war von diesem Vormittag. Langsam kam ich zur Ruhe. Wenn ich Kapitän oder Offizier wäre, dann wäre ich gern hier oben allein. Warum wollte Antipenko nicht allein sein? Es stimmte, ich hatte Daris hier oben schon allein gesehen und Kusmyn auch, obwohl ich immer schnell abgezischt war, wenn Kusmyn Dienst hatte. Aber Antipenko hatte ich noch nie allein auf der Brücke gesehen.

Ich konnte mich erinnern, dass er einmal Daris zugenickt hatte, als ich mit Francesca auf die Brücke gekommen war. Daris war daraufhin verschwunden. Mein Gehirn stürzte sich auf diese Knobelaufgabe, als hätte es seit Tagen nichts zu denken gehabt, was wirklich Quatsch war. Ich fragte mich, ob alle Gehirne so geil darauf waren zu denken wie meins. Warum konnte es nicht mal einfach aus dem Fenster kucken und denken: «Schöööööön!» Aber nein, es erstellte eine Liste:

1. Der Kapitän war nie allein.
2. Er nickte dem anderen zu, wenn jemand auftauchte.
3. Die anderen waren sehr wohl manchmal allein.
4. Wenn die anderen nicht alleine waren, nickten sie nie dem anderen zu.

Ich kombinierte, dass es zumindest keine Schifffahrtsregel gab, die besagte, dass der zweite Brückendienstmann erst aufs Klo gehen konnte, wenn eine zweite Person auf der Brücke war. Antipenko wollte einfach nicht allein auf der Brücke sein.

Was könnte dahinterstecken? Ich erstellte eine weitere Liste im Kopf.

1. Er hatte eine seltsame Krankheit und schlief ein, wenn er allein war.
2. Er war einfach echt nicht gern allein.
3. Er hatte vor irgendetwas Angst, das passieren könnte, wenn er allein auf der Brücke war.
4. Er hatte Angst, keinen Zeugen zu haben, falls etwas passierte, wenn er allein auf der Brücke war.

Ich fragte mich, ob die anderen wussten, warum Spartak Antipenko das tat. Vielleicht ging es um eine Sicherheitsfrage. Aber warum betraf das die anderen nicht? Warum konnte Daris allein auf der Brücke sein? Das ergab doch alles keinen Sinn.

Hatte er mal einen Herzinfarkt gehabt? Einen Hirnschlag? Einen epileptischen Anfall? Der Kapitän von so einem Riesenschiff musste doch sicherlich topfit sein. Und bestimmt gab es so einen Notfallknopf, falls etwas passierte. Und ob ich hier saß oder nicht, scheißegal. Das half ihm doch nicht. Wovor könnte man noch Angst haben? Vor dem Klabautermann? Vor dem fliegenden Holländer? Dass Atlantis auftaucht? Piraten? Kollision mit einem Eisberg? Feuer! Bermudadreieck. Moment! Ich drehte mich um. Die Wand hinter der Teeecke war so wie die Wände fast überall auf dem Schiff halbhoch mit dunklem Holz verkleidet, und wie fast überall auf dem Schiff hing auch hier ein gerahmtes Bild, und wie fast überall auf dem Schiff war es eine blassblaue alte Zeichnung. Von einem Seeungeheuer. Monstres marins.

Ich saß, den Kopf verdreht und gereckt, und starrte das Bild an. Das war auch wieder eher ein Saurier, wie ich sie auch in der Ausstellung gesehen hatte. Ein Saurier, der seinen Kopf aus dem Wasser streckte. Ein Unterwassersaurier mit Überwasserkopf. Anstatt Beine Flossen. Ein freundliches, vegetarisches Gesicht. Nichts zum Angsthaben. Ausgestorben. Niedlich fast. Vielleicht haben die Eier gelegt, überlegte ich. Ich wollte das Bild abfotografieren. Die Sonne blendete auf dem Glas, und ich stellte mich hin. Das künstliche Fotoapparatgeräusch klickte. Das war jetzt nicht so super, aber schlimm auch nicht. Ich hatte nur ein Bild an der Wand fotografiert. Wahrscheinlich hatten das andere Touristen vor mir auch schon getan. Ich drehte den Kopf zum Kapitän. Spartak Antipenko schaute zu mir, auf mein Handy, das geklickt hatte, und ich stand in der Bewegung erstarrt, das Handy immer noch auf das Bild gerichtet.

Und drei, zwei, eins wurde ich rot. Das Ganze dauerte sehr gedehnte Sekunden. Etwas an ihm sah aus wie dieser Saurier, etwas in seinem Gesicht reckte sich aus dem tiefen Wasser und zeigte sich. Dahinter war noch mehr, der ganze Körper unter Wasser, aber es tauchte gleich wieder in seinem Gesicht ab. Er drehte sich weg und schlug leicht mit der Hand einen Takt auf das Steuerrad, als wär's ein Lenkrad im Auto, wir im Urlaub, und aus dem Autoradio kommt ein seichter Schlager. Oh du, schalala, das Seeungeheuer ist nah. Atemlos durch das Meer, lalalala, Saurier lange her.

Ich setzte mich wieder hin. Die Hitze verließ mein Gesicht, und die Zeit lief wieder normal.

Ich versuchte mich zu beruhigen. Du hast ein Bild fotografiert, und er weiß nicht, dass du ihn in der Ausstellung gesehen hast. Oder? Und er kann nicht wissen, dass du dieses Ei hast, das für ihn bestimmt war. Oder? Und er kann nicht wissen, dass du Francesca geschickt hast, damit sie sich nach der alten Frau erkundigt. Er hat komisch darauf reagiert, aber er wusste nicht, dass du dahintersteckst. Meine Hände juckten ein bisschen. War ja klar. Mit wem sollte ich darüber sprechen, damit das Jucken wegging? Eigentlich müsste ich mit ihm darüber sprechen, denn es war unser Geheimnis, nur dass er das nicht wusste. Nein, er wusste das nicht. Ich beruhigte mich langsam. Herzschlag und Puls runter. Ausblick genießen. Sonne, Wellen, das Schaukeln.

Wie es wohl dem Affen ging? Ich hoffte, dass sie es geschafft hatten, ihm Milch zu geben oder eine Spritze. Ich wartete darauf, dass Daris zurückkam. Wenn er nicht kam, konnte ich doch nicht ewig hier oben sitzen. Irgendwann wäre mein Tee ausgetrunken. Außerdem hatte ich Hunger, weil ich kein Mittag gegessen hatte. Das Schiff schaukelte sanft, und ich nickte kurz weg. Ich merkte im Halbschlaf, dass mein Kopf nach hinten kippte und mein Mund offen war. Ich holte meinen Kopf wieder nach vorne, aber er kippte wieder nach hinten. Dieses Geschaukel machte mich echt schwer wie ein Sack Schlafsand. Dann hörte ich jemanden reden, aber wusste nicht, wen und wo, und mein Mund stand schon wieder offen. Blabla. Ich verstand nichts. Schaukel, schaukel, Mund wieder zu. Wer redete denn da? Ich wusste, dass ich meine Augen öffnen kann, aber es gelang mir nicht. Das war eine Männerstimme, aber ich verstand nichts. Ich schmatzte und klapperte ein paarmal mit den

Augen. Sonne, Sonne aus, Sonne, Sonne aus, zwinker. Warm auf meinem Gesicht, sehr hell, geblendet. Ach ja, auf der Brücke. Spartak Antipenko redete, aber nicht auf Englisch. Ich verstand nichts. War Daris wieder da? Das konnte ich von der Tee-ecke aus nicht sehen. Mit mir konnte er ja nicht reden. Dann hätte er Englisch geredet. Mir fiel Mimiko ein, die das Telefonat von Kusmyn aufgenommen hatte und später mit einer Übersetzungsmaschine übersetzt. Das Handy war noch in meiner Hand, und ich schaltete unterm Tisch das Diktiergerät an. Gott sei Dank machte das kein Geräusch.

Antipenko redete nur noch kurz, dann war er fertig. Er drehte sich zu mir um und sah mir so genau ins Gesicht, als wollte er es mir wegkucken. Dann drehte er sich wieder weg.

Ich wollte nach Hause, aufs Sofa. Aber es war wie immer: Egal, wie sehr ich mir etwas wünschte, es passierte nicht. Was für eine Ungerechtigkeit, dass man da sein musste, wo man war, und dass immer war, wer man war, und die Gefühle hatte, die man hatte. Wenn mir doch nur einfach mal alles egal sein könnte. Aber nein, ich musste ja immerzu lauter anstrengende Sachen fühlen. Zum Beispiel jetzt. Warum war mir das nicht egal, wie mich irgendein Spartak Antipenko anglotzte? Konnte mir doch egal sein. Und jetzt würde ich aufstehen und in die Kabine gehen, egal ob der arme Kapitän allein bleiben musste. Was ging es mich an? Eine Tüte Nüscht. Ich steckte das Handy in die Jackentasche, schnappte meine dreckige Tasse und stand auf. Der Nebensteuerplatz war leer. Antipenko fragte mich, ob ich nicht noch einen Tee wollte oder Kekse oder Cracker. Er schaute dabei weiter auf das Meer, auf dem echt mal rein gar nichts zu sehen war und auch in den nächsten Stunden nicht zu sehen sein würde. Ich lehnte alles ab. Er sah mich dabei nicht noch einmal an, aber klar, machte auch Sinn, er hatte mich vorher so sehr angesehen, dass das jedes weitere Ansehen unnötig machte.

Bevor er mir noch Geld anbot, sagte ich, dass ich in die Kabine musste, aber er bot mir an, mir alle Fragen zu beantworten, die ich schon immer mal einem Kapitän stellen wollte. Er könnte mir so viel erzählen. «Storys», sagte er, «Storys!»

Ich hörte Schritte auf der Treppe, und Daris' Kopf erschien, seine Strubbelhaare und auch der Rest. Da waren Storys, Storys auf einmal vergessen. Während ich zur Treppe ging, nickte Daris mir zu und lächelte. Ich rannte die Treppe runter. Daris war doch nicht so ein Hornochse, dass er mich anlächelte, wenn der Affe tot war.

Es ging ihm besser. Das sagte mir Freigunda sofort an der Kabinentür. «Die Spritze hat ihm geholfen.»

Ich umarmte sie, und sie umarmte zurück. Yvette war nicht da, aber das war mir ganz recht. Ich stürzte mich auf mein Mittagessen. Gleich würde ich in einen Fressschlaf fallen und bis zum Abend durchratzen.

«Und hat er noch Vertrauen zu dir?», fragte ich.

Freigunda schüttelte den Kopf. «Nein. Ich kann ihn nicht mehr versorgen. Er lässt sich von mir nicht mehr auf den Arm nehmen, weil ich ihn festgehalten habe bei der Spritze. Dass Daris ihm die Spritze gegeben hat, hat er nicht mitbekommen.»

«Das tut mir leid.»

«Mir nicht.»

«Bist du nicht traurig?»

«Er hat danach geschrien und ist von mir weg, aber vorher hat er noch nie ein Geräusch gemacht und sich kaum bewegt. Ich denk, das ist gut.»

«Verstehe. Aber ich wäre traurig.»

«Spielt doch keine Rolle.»

«Als Daris auf die Brücke kam, hat er mir zugenickt und gelächelt. Da hab ich gewusst, dass alles gut ist.»

«Nichts ist gut.» Dann hatte sie irgendwie Mitleid mit mir, glaube ich. «Aber ein bisschen besser.»

«Und wer ist jetzt bei dem Affen? Daris ist oben und du …»

«Antonia.»

«Was?» Mir fiel fast das Besteck aus der Hand. «Ich denke, wir haben gesagt, sie soll trotzdem besser in der Kabine bleiben.»

«Ist sie auch.» Freigunda zeigte zu der angelehnten Tür zur Nebenkabine.

«Was?» Ich sprang auf. «Er ist hier?»

«Daris hat ihn hergebracht.»

So schnell es ging, ohne mich auf die Fresse zu legen, lief ich zur Tür, schob den Türspalt auf und konnte es nicht fassen.

Antonia saß im Bett, die Beine lang ausgestreckt, den Oberkörper an die Wand gelehnt, zugedeckt bis oben hin und die Arme um eine Beule auf ihrer Brust. Sie hatte den Kopf gesenkt und schaute von oben in die kleine Zudeckenbeule. Das sah so friedlich aus. Heilig. Oder war das übertrieben? Fand ich nicht. Fucking heilig. Echt. Wie der Kern von etwas. Und jede Schale war weg.

Antonia hob den Kopf und strahlte. Ich musste echt schlucken. Ich weiß gar nicht, warum. Ob das nun einfach zu krass war, zu niedlich, zu unverhofft, zu krass.

Ich fühlte mich, als hätte ich einen Blumenstrauß dabeihaben müssen.

«Kann ich reinkommen?», fragte ich leise.

Antonia nickte. Ich setzte mich ganz vorsichtig auf das Bett und schaute von oben in die Zudeckenbeule. Da war der Kopf mit den Ohren.

«Er schläft.»

«Er schläft», wiederholte ich.

«Und mein Bein ist auch eingeschlafen.» Antonia lachte und verzog das Gesicht. «Aber ich will mich nicht bewegen.»

«Verstehe.» Keine Ahnung, was ich sagen sollte. Ich wollte

immer nur «Oh Gott» schreien und ihn wecken. Ich wollte ihn gern richtig sehen und anfassen und mit ihm spielen, aber das wollte er ja vielleicht gar nicht. «Erzähl mal!», forderte ich sie auf, denn jetzt hatte sie was zu erzählen. Musste ich mir nichts ausdenken oder von der alten Frau erzählen.

Antonia redete ganz leise und sah dabei immer wieder zu dem Schlafpaket auf ihrer Brust. «Na ja, sie kamen wieder, Daris und Freigunda, und haben gesagt, dass er hierbleiben soll. Daris musste wieder auf die Brücke, und zu Freigunda wollte er nicht. Also nicht Daris, der Affe! Und dann haben sie ihn hier auf das Bett gesetzt.» Sie zeigte mit den Augen auf die Ecke, auf der ich jetzt saß. «Und da ist er direkt zu mir gekommen und hat sich so an mich drangehängt. Mit den Armen so ...», und sie griff in die Luft über sich wie nach einer riesigen Mutter. «Und er hält sich auch jetzt die ganze Zeit fest. Seine Hände sind hier und hier.» Sie zeigte von außen, wo – da und da – er sich festgeklammerte. «Er hält sich am T-Shirt fest. Die ganze Zeit. Obwohl er schläft.»

«Hat er denn was getrunken?»

«Nein. Die Milch ist da.» Sie zeigte zum Fensterbrett. Da stand eine kleine Milchflasche mit einem Schluck Milch drin, der im Rhythmus des Schiffes hin und her schwappte, ein kleiner Milchozean. Er würde schon noch trinken. Oder? Doch! Obwohl ich ja wusste, dass es nichts bringt, wenn ich etwas ganz doll will, strich ich alle anderen Wünsche und wollte nur noch das.

«Wenn er die nicht bald trinkt, muss man die wegschütten. Das ist eine Anrührmilch. Dann müssen wir ungefähr um sechs neue anrühren. Muss ja nicht so viel sein. Dann muss man nicht so viel wegschütten.»

«Oder gar nicht wegschütten. Vielleicht trinkt er ja nachher.»

Antonia sah mich dankbar an. «Meinst du?»

«Ja! Klar!» Dabei hatte ich doch gar keine Ahnung. Sie auch

nicht. Freigunda ja eigentlich auch nicht. Kusmyn bestimmt auch nicht. Daris sowieso nicht. Der, der am meisten Ahnung von Affen hatte, schlief gerade und sollte nicht unbedingt spüren, dass er der einzige Auskenner für sich selbst war. Das war nicht so gut, wenn man so klein war. Da sollten die anderen die Auskenner sein. Aber wenn wir uns Mühe gaben, würden wir ihn schon verstehen. Ich wusste gar nicht genau, welche Wünsche ich alle gestrichen hatte, aber ich gab sie wirklich alle für ihn. Das musste doch irgendwen beeindrucken. Das Universum, Gott. Das musste doch zu spüren sein, dass ich es so sehr wollte. Und Antonia auch. Und alle sicherlich. Unser großer Wunsch konnte doch nicht gar nichts bedeuten.

«Ich versuch mal, was über Schimpansen rauszufinden.»

«Kein Empfang.» Antonia nahm das Handy, das neben ihr auf dem Bett lag, und wischte darauf rum. «Nee, nichts!»

«Aber Yvette hatte doch vorhin Empfang. Sie hat doch eine Nachricht von Bea bekommen.»

«Ja, stimmt. Die wollte sie uns noch zeigen.»

«Wo ist sie denn?»

«Weiß nicht.» Antonia schaute zu dem Affenbaby auf ihrer Brust. Sie sah aus, als wüsste sie nicht gerade viel im Moment. «Ach so, doch, ich weiß, wo sie ist. Sie wollte zu Oleksiy. Ihr Handy ist kaputt. Sie hofft, dass Oleksiy ihr helfen kann. Das Handy hat was abbekommen, als du vorhin auf sie draufgefallen bist.» Ich erinnerte mich, dass es knack gemacht hatte, als ich auf Yvette draufgefallen war. Hoffentlich bekam Oleksiy das wieder hin, sonst würde Yvette eine sehr nölige Yvette sein. Ich seufzte.

Die Tür öffnete sich ganz leise. Freigunda. «Ich gehe arbeiten», sagte sie, tippte sich an ihre Mütze, um die moderne Rentierhüter sie beneidet hätten, und verschwand. Nachmittags half sie Jimmy-Junior. «Brauchst du was?» Zu Antonia. «Kümmerst du dich bitte, wenn Antonia was braucht?» Zu mir.

«Ich brauch grad nichts.» Antonia lächelte. «Ich würde gern schlafen.»

Ich legte ihr das Kissen hin und sah zu, wie sie sich langsam umlagerte. Der Kleine klammerte sich weiter fest. Antonia musste sich auf den Rücken legen. Ich sah diesen kleinen Kopf. Als wäre mein Kindheitstraum wahr geworden, dass der Plüschaffe zum Leben erwacht. Aber wir waren keine Kinder. Das war kein Plüschtier. Er sollte nicht hier ein. Wir sollten so viel Verantwortung eigentlich nicht haben. «Mehr als dreimal am Tag seufzen ist nicht gut», sagte meine Oma immer, und nun musste ich schon wieder seufzen und hatte nur noch einen Seufzer für heute übrig.

Ich zog die Tür ran und setzte mich in der Hauptkabine auf das schmale Fensterbrett an dem Fenster nach vorne raus, zwei Etagen unter der Brücke. Es war komisch, dass alles sich ständig veränderte auf dem Schiff und um das Schiff herum immer dieses riesige Wasser blieb. Der Himmel darüber auch. Die Wassermasse hatte ein Ende, der Himmel nicht. Wenn man in beides weit, weit, weit hineinreisen würde, würden beide Massen dunkel werden. Ich kam mir vor wie der Startpunkt nach egal wohin, auf jeden Fall ins Schwarze, als ob ich fiel und stieg gleichzeitig, als ob ich mich nach vorne und zurück bewegte. Ich meine, wir fuhren auf einer Kugel. Da ist man immer auf dem Rückweg eigentlich.

Ich hatte das Gefühl, dass alles, was in den letzten Tagen passiert war, an mir kleben blieb. Wie wenn man eine Kugel für einen Schneemann rollt. Schon wieder eine Kugel, und eine Kugel war fast ein Ei. Warum hatte ich das Ei genommen? Weil ich gar nicht gewusst hatte, dass es ein Ei ist. Warum hatte ich irgendetwas Schweres von einer Fremden genommen? Weil sie mich gebeten hatte. Weil ich einfach gar keine Übung darin hatte, was man in so einer Situation tut. Dazu hatte mir meine Mutter auch nie etwas gesagt. Nimm von alten Frauen keine schweren Dinge in Leinenbeuteln an. Nein, so hilfreiche Sachen hat mir meine Mutter nicht beigebracht. Sie hat mir nur ihre phantastischen Geschichten erzählt, sodass ich wahrscheinlich daher das Gefühl habe, dass hinter allem eine Geschichte steckt. Alles war voller seltsamer Geschichten. Jetzt war noch ein Affe bei uns. Das alles war gar nicht mehr zu überblicken. Klar, die Welt war ja auch eine Kugel, und die kann man nicht überblicken. Man sieht immer nur eine Seite. Ich fummelte am Handy rum. Kein Empfang. Ich hörte mir die Aufnahme von Antipenko an. Er wirkte sehr ernst. Ich könnte es von einer Übersetzungs-App übersetzen lassen, aber auch dafür brauchte ich, ja, was? Empfang. Ich schaute mir das Foto an, das ich von dem Bild in der Teeecke auf der Brücke gemacht hatte. Ein nessieartiges Tier. Ich hatte eine Idee.

Ich stromerte über das Schiff, um Seeungeheuer zu jagen. Ich stieg runter vom Officer's Deck zum Middle Deck. Dort waren zwei, sie hingen sich gegenüber, als starrten sie sich an. Ich fing sie ein, klick, klick, und zog weiter. Das Klickgeräusch störte mich nicht mehr. Es war ganz cool. Ein bisschen wie schießen. Alles war ganz cool. Wäre ich jünger, würde ich mich für diese Jagd an der Wand entlangdrücken. Aber nun war ich eben sechzehn und drückte mich nur gedanklich an der Wand entlang.

Ich stieg runter ins Main Deck, und da wimmelte es nur so vor Viechern. Klick, klick, klick, aus der Hüfte, aus der Schulter, aus dem Handgelenk. Ich erwischte noch zwei in der Kapitänsmesse und noch mal zwei in der Mannschaftsmesse.

Dann zum Lower Deck. Da hing auch eins, und eins war im Büro. Klick, zack, peng. Obwohl, peng war doof. Ich wollte sie nicht töten. Vielleicht ein Betäubungspeng, aber ging das denn bei Seeungeheuern? Wenn man die betäubte, sanken die, und dann waren sie weg.

Ich ruhte mich ein bisschen darauf aus, was ich geleistet hatte, und genoss, wie krass gut ich war.

Ich hatte ein zufriedenes Herz und ein aufgeblähtes Gehirn, in dem das Selbstbewusstsein herumhopste und schrie: «Willste was? Ja? Ja? Dann komm her, ey!» Wie geil musste denn erst richtiges Jagen sein? Da kam man doch bestimmt drauf, als wäre man Gott. Man konnte Leben nehmen, dann war man ja wohl echt wichtig. Oder einfach ein Arschloch! Nach einer echten Jagd lägen lauter echte Ungeheuer vor mir, alle tot und ich am Heulen. Nee, für die echte Jagd wäre ich nicht zu gebrauchen.

Ich wollte gerade zur Leseecke, um mir in Ruhe die Fotos anzusehen, als ich direkt vor dem komischen Fenster mit dem komischen Vorhang Yvette traf. Sie kam mir entgegen und breitete die Arme aus, als ob sie abheben wollte und mich mitnehmen auf den Rundflug. «Lotti, meine Freundin!»

Das erste Mal war ich echt froh, dass Yvette einem immer alles so geradeaus ranklatschte, sodass man auch nicht vorsichtig sein musste mit ihr. «Bekomm ich gleich Angst. Was ist denn?»

«Was ist denn, fragt sie mich», lachte Yvette und drückte mich doll und flüsterte dabei in mein Ohr: «Wir leben hier auf diesem Schiff. Nichts los. Nichts los. Nichts los. Auf einmal sind wir Affenmuttis. Und du fragst mich, was los ist. Ich war gerade in der Kabine, und er hat getrunken, der kleine Scheißer. Getrunken, und bald wird er scheißen.»

Ich umarmte zurück, machte meine Flügel auch breit und schlang sie um Yvette. Und obwohl wir nun unsere Flügel umeinandergelegt hatten, konnten wir so fliegen. «Er hat getrunken?» Meine Stimme stieg mit hoch. «Das ist ja super!»

«Er hat getrunken, und das ist super. Du sagst es.» Sie ließ mich los, aber hielt mich weiter an den Schultern gepackt. «Er hat getrunken, und bald wird er scheißen, und das ist super», sagte sie.

Und ich wiederholte es.

Und sie wiederholte es, und ich und wir sagten es gleichzeitig, und dabei drehten wir uns. Ein Tanz ganz ohne feste Regeln, nur dass er erleichtert sein sollte, weil es der Tanz der Erleichterung war. Getrunken und geschissen. Super. Super. Getrunken und geschissen. Super, super, super. Getrunken, yeah!, und geschissen, hurra! Super, super, super. Mir wurde schwindlig. Wir drehten und tanzten im engen Gang gegen die Wände und lachten.

«Hui!», sagte ich und musste aufhören, denn man konnte sich ja nicht ewig drehen und lachen.

Yvette schnaufte auch schon und zupfte an ihrem Pulloverausschnitt, um wieder abzukühlen. Und kaum kühlte sie ab, kühlte sie merklich ab. «So, aber jetzt mal zu was anderem.» Sie krallte die eine Hand richtig in meine Schulter, die andere wollte in meine Taschen. «Gib mir dein Handy!»

«Was, wieso?» Ich versuchte mich loszumachen.

«Meins geht zwar wieder, hat aber einen kaputten Bildschirm, weil jemand auf mich draufgefallen ist.» Sie nahm ihre Diebeshand von mir und zeigte auf mich, dann versuchte sie weiter, in meine Taschen zu kommen. «Und genau genommen ist sowohl mein Handy mein Handy als auch dein Handy. Einfach weil ich beide bezahlt habe.»

«Hör auf.» Ich schob ihre Hand weg. «Ich kann es dir ja geben, aber es sind Fotos von mir drauf.»

Sie nahm alle Hände von mir und knackte mit dem Nacken wie ein Hilfsganove. «Du hast fünf Minuten.» Sie zeigte wieder auf mich, aber mit zwei Fingern zur Handpistole geformt. Ich glaube, sie hatte zu viele Filme gesehen, zu viele schlechte vor allem. Klischeekram, den sie nachspielte. «Du kannst doch deine Fotos von dem einen Handy auf das andere schicken. Komm, ich kenn eine gute Stelle.» Sie zeigte auf das Ende des Ganges neben dem Büro. Oder zum Büro? War da eine gute Stelle? Eine gute Stelle für was? Zum Fotosschicken?

Ich lief hinter ihr her. «Da gibt es nur ein Problem. Ich kann die Fotos nicht schicken. Kein Empfang.»

Ich versuchte mit Yvette Schritt zu halten. Zur guten Stelle. Wir gingen am Büro vorbei. Das war also noch nicht die gute Stelle. Ich hatte schon befürchtet, sie würde dort den Computer benutzen wollen. Während Yvette den Riegel von der Tür nach draußen aufschob, schnaufte ich genervt. «Hast du mich gehört? Es gibt keinen Empfang.»

Yvette stemmte sich gegen die Tür und gegen den Wind, der draußen über das Deck fegte. Das Sonnenlicht, die Kälte, das Rauschen vom Wasser, und alles, was draußen so anders machte als drinnen, kam durch die offene Tür in den dunklen, stillen Gang. Yvette setzte ihre Mütze auf und grinste groß. «Entschuldigung, da muss ich erst mal herzlich lachen. Komm raus!»

Kaum war ich draußen, ging Yvette von der Tür weg, und der Wind schmiss sie wieder zu. Metalldröhnen. Meine Haare ganz straff nach hinten. Ich setzte auch meine Mütze auf. «Jetzt sag mir doch mal, was du meinst.»

Sie boxte mich gegen den Arm. «Weißt du, was nämlich gar nicht stimmt? Ich sag's dir einfach. Es gibt Leute, die hier Empfang haben. Also, ich zum Beispiel. Und ich zum Beispiel. Ach, und …» Sie zeigte mit beiden Daumen auf sich «Ich!»

«Häh? Wie?»

Yvette lachte immer noch. «Zauberei. Komm!» Sie ging bis zur vorderen Ecke vom Tower. Dort traf der Wind frontal auf das Schiff. Dann war Yvette weg. Weggeflogen, klar, dachte ich kurz und ging auch bis zur Ecke des Towers. Dann schaute ich um die Ecke herum. Da war dieser schmale Gang zwischen der weiß lackierten Towerwand und einem ebenfalls weiß lackierten Metallgeländer. Hier hatte ich Mimiko gesucht, nachdem ich sie durch das Fenster gesehen hatte. Und hier hatte ich Daris und Freigunda mit dem Affen gesehen. Vielleicht war das wirklich eine gute Stelle.

Yvette war bis zur Mitte des Towers gegangen. Hier machte das Geländer diesen Bogen nach außen, und dieser kleine Balkon schwebte über der Ladung. Vier Etagen unter der Stelle, wo der Diensthabende hinter dem Steuerrad saß. Yvette stellte sich an die Reling, stieg auf die untere Querstrebe und rief: «Ich bin die Königin der Welt!» Unter ihr die Frachtmassen, schaukelnd, davor nur das Meer, in das sich der Bug vorwärtsschob. Okay, es war nicht ganz vorne, aber weiter vor kämen wir wohl nicht. Es war die halbe Königin-der-Welt-Position. «Mach auch mal!», rief sie mir zu. «Da kriegt man gute Laune!»

Yvette machte den Platz frei, und ich war dran. Ich trat auf die untere Strebe, rund und glatt, aber sie passte genau in mein Schuhprofil. Ich konnte mich mit den Füßen einhaken. Ich stellte mich hin, nahm die Hände vom Geländer. Der Wind drückte mich nach hinten, und ich lehnte mich nach vorne. Wenn jemand den Wind abstellte, würde ich nach vorne kippen und auf den weißen Container unter mir fallen. Wie viele Meter? Fünf? Sechs? Aber der Wind blieb stabil und ich auch. Ein Druck auf der Brust, eine Kraft unter den Armen. Ich kniff die Augen zu, aber sie tränten schon. Rumbrüllen war nun nicht so meins. Ich wusste gar nicht, ob ich überhaupt schon mal was gebrüllt hatte. Als Baby vielleicht.

«Los!» Yvette hinter mir. «Ruf was!»

Ich stand hier, auf meine Schuhe und den Wind vertrauend, tränend, gegen Luft gelehnt. Ich schloss die Augen. Hier bin ich, dachte ich, von oben bis unten, von Fingerspitze zu Fingerspitze, und der Wind rüttelt an mir und vor mir ein riesiger Teil des riesigen Meeres der riesigen Welt. Ich.

Ich konnte mich wegwünschen, aber ich konnte mich eben doch nicht wegwünschen. Weder schneller zum Ziel noch wieder zurück. Ich wollte nicht mehr überlegen, ob ich das wollte. Ich musste ja. Ich könnte «Nein!» rufen, gegen alles, aber ich rief: «JA!», und noch mal: «JAAAAAAA!», und noch lauter:

«JAAAAAAAAAAAAAAAAAAAAAAA!» Das rief ich übers ganze Meer, und es bedeutete: ja, verdammt!

Dann stieg ich ab, und in meinem Kopf hallte meine Zustimmung und von da aus überall in mich rein. Ja und ja, ey!

Ich drehte mich zu Yvette um. Die stand in der Nische, die gegenüber von dem Minibalkon lag.

Sie grinste. «Ja, also?»

Ich nickte und grinste auch.

«Na, dann sag ich dir jetzt mal, warum das hier eine gute Stelle ist. Hier können einen die Kameras nicht sehen. Überall sonst kann alles beobachtet werden. Hier nicht.» Sie zeigte nach oben, links und rechts. «Oben am Tower sind Kameras.» Sie zeigte nach hinten links und rechts. «Hinten am Tower auch. Aber hier rein können sie nicht sehen. Toter Winkel. Und jetzt sag ich dir, warum ich Empfang habe.» Sie riss die Augen auf. «Es gibt ein Schiffsnetz! So einfach! Nicht dass die Mannschaft das nutzen darf, nein, also zumindest nicht alle. Aber wenn man mit dem Maschinisten manchmal raucht und ihm schöne Augen macht, dann gibt er einem die Zugangsdaten.» Sie kam ganz nah ran und zwinkerte übertrieben. «Und schöne Augen hab ich ja, oder?»

«Und könnte ich auch …», fragte ich.

«Klar könntest du ihm auch schöne Augen machen. Zeig mal.» Yvette kam noch näher. «Ja, das reicht schon. Mach mal ein bisschen sexy Funkel rein. Kannst du das?»

Sexy Funkel war keine Währung, mit der ich einkaufen ging. Und ich wäre mir sofort sicher gewesen, dass ich so was nicht kann. Ich? Ich hatte in meinem ganzen Leben, na gut, so lang war das ja noch nicht, noch nie irgendwem Augen gemacht, um etwas zu bekommen. Ich hatte einfach Augen, um zu kucken. Aber ich hatte gerade vorne auf diesem Geländer gestanden, mit geschlossenen Augen, freihändig, und dabei «JAAAA!» gebrüllt, lauter als das Meer. Darum wusste ich gerade nicht, ob ich das nicht doch konnte. Immerhin hatte ich doch Augen.

Yvette nickte: «Du kannst das auf jeden Fall.» Sie lehnte sich gegen die Wand der Nische und schaute an mir runter. «Das Geheimnis ist …», kurze Pause, «… dass es gutes Aussehen gar nicht gibt. BAM!» Sie klatschte in die Hände. «Es ist egal, wie du aussiehst, wenn du …», wieder kurze Pause, «… das sexy Kleid anziehst. Es ist kein echtes Kleid. Verstehst du? Aber du kannst es anziehen. In Gedanken. Verstehst du?» Sie nickte mir mehrfach zu, und ich glaube, dass ich hin und weg sein sollte, weil sie mir gerade diese Erkenntnis geschenkt hatte.

«Nein?», sollte ich rufen und: «Wunder! Oh, Wunder!»

«Ja, du zweifelst», sagte Yvette. «Aber auch du kannst das sexy Kleid anziehen. Du weißt doch, wie Models kucken, oder? Das wäre einem peinlich, so zu kucken, oder? Und weil du noch nie gesehen hast, wie ein normaler Mensch so kuckt, weißt du gar nicht, dass die dann auch sexy sind. Wirklich. Jeder! Okay. Es sind nur die Augen. Pass auf!» Sie war jetzt ganz nah vor mir, und etwas in ihrem Gesicht machte wusch und sah komplett anders aus, obwohl sie fast nichts gemacht hatte. Wusch wieder zurück. «Gesehen?»

Ich nickte. Ja, das hatte ich.

«Stell dir vor, du hättest Sehnsucht nach mir.» Sie kam noch näher ran.

Und dann schauten wir uns an. Als hätte ich Sehnsucht nach ihr. Und sie schaute mich an, als hätte sie Sehnsucht nach mir.

Das war total krass. Ich war nur noch Gefühle im Bauch und weiter unten alles nach innen und außen. War das so ein Reflex vom Körper? Bekam man das automatisch, wenn man sich jemandem so in die Augen hinein näherte?

Dann küsste mich Yvette ganz kurz und lachte. «Okay. Du kannst das!», rief sie. «Glückwunsch!»

Der Moment war beendet.

Ich hörte das Rauschen vom Meer wieder. Der Wind stemmte sich gegen mich. Links neben meinem verwirrten Kopf bewegte sich etwas, obwohl da nur die Nische im Tower war, in der wir uns befanden. Und das runde Fenster und der Vorhang, der gerade zugezogen wurde, und ich war auf der anderen Seite als sonst. Wir waren der Kuss auf dem Vorhang.

«Da war jemand am Fenster», sagte ich. «So viel zu: Hier wird man nicht gesehen.»

Yvette sagte nur: «Aber nicht von den Kameras.»

«Aber da war jemand.»

«Macht doch nichts. Wir haben doch nichts Verbotenes gemacht.» Yvette schaute aufs Meer, als ob nun das Meer so zurückschaute, wie ich es gerade noch getan hatte.

Es war nicht mein erster Kuss, aber der erste auf einem Schiff und der erste von einem Mädchen. In meinem Brustkorb war etwas gekrempelt. Mein Magen saß dadrunter wie eine schwere Ballung, und ganz dadrunter tobte es. Und irgendwer hatte uns dabei zugesehen.

Yvette tat so, als wäre nichts gewesen. Die war schon fertig damit, oder was? Die holte ihr Handy raus und sagte: «Okay, ich geb dir jetzt das Passwort für das Schiffsnetz. Und der Empfang ist gut hier. Weil es in der Nähe vom Büro ist. Eine echt gute Stelle.»

Ich klebte fest in vor fünf Sekunden. Wie konnte sie denn schon wieder so tralala sein? «Ich muss das also nicht bei Oleksiy machen?»

«Quatsch. Ich hab ihn auch nur ein bisschen so angesehen, nicht so doll wie dich.» Yvette schaute mir irgendwie nicht in die Augen. «Na, hol schon dein Handy raus.»

Sie gab mir das Passwort. Ich loggte mich ein. Dann schickte ich mir die Fotos, die ich am Nachmittag gemacht hatte, und wir tauschten die Handys.

Mit einem «Gibt gleich Abendbrot» verdrückte sie sich und ließ mich in dieser Nische zurück.

Scheiße, ich hatte vergessen, mir die Aufnahme vom Diktiergerät zu schicken.

Ich ging in die Leseecke, wie ich es sowieso vorgehabt hatte, bis ich Yvette in die Arme gelaufen war. Und dann in die Augen. Und dann der Kuss. Sie war echt besonders. Sie machte immer nur, was ihr gerade in den Sinn kam. Irgendwie war sie die Freieste von uns.

Dann sah ich die Fotos der Seeungeheuer durch.

Eine Art Drachenschlange zerteilte das Meer, ordentlich Wellen, heftig Gischt. Das Tier mit Flossen wie Flügel, schuppiger Haut und Zackenkamm auf dem Rücken. Am Himmel eine Figur, auf einer Wolkenbühne stehend, wehender Umhang und ein Schwert auf das Vieh gerichtet. Das Vieh sieht nicht aus, als ob es angreifen will.

Ein langer Wurm, vorne dicker als hinten, Knick im Schwanz, das ganze seltsame Lebewesen zusammengefaltet. Es legt die Pfote, Flosse, Kralle auf den eigenen Schwanz. Der Schwanz läuft in mehreren Enden aus, wie ein Schweif. Das Maul ist geöffnet, scharfe, kleine Zähne, eine angriffslustige Zunge. Zwei Ohren, ein Buckel, ein Schnurrbart. Entweder ist es dümmlich, aggressiv oder erschreckt. Der Wurm hat keine Umgebung, kein Wasser, keinen Horizont.

Ein geringelter, dicker Fisch, vorn dicker als hinten, geschuppt und ohne Flossen, dafür dort, wo Ohren sein könnten links und rechts, zusammengeklappte Fächer. Der Wurmfisch streckt Kopf und Schwanz hoch, der Bauch ist im leicht unruhigen Wasser. Er stößt Rauch oder Wasserdampf aus den Nasenlöchern. Ganz kleine Augen, leicht geöffnetes Maul, ganz kleine Zähne. Der Kopf wie eine Echse. Er sieht nicht bedrohlich aus, sondern bedroht. Er hat Angst, sonst wäre das Maul nicht so verzerrt und die Fächer aufgestellt. Das ist kein Angriff. Das ist Notwehr.

Ein riesiges Schiff, das gegen eine riesige Schlange fährt. Die Wellen bei dieser Kollision entsprechend hoch. Die Masten des Schiffes hoch, die Segel gebläht. Die Schlange hat Flügel am Kopf, auch wieder nicht aufgestellt, sondern nach hinten. Das Maul weit auf, wenige spitze Zähne, eher wie Schmerz als wie Drohung. Dieses Tier greift nicht das Schiff an. Es ist angefahren worden. Es hat Schmerzen.

Ein wirklich seltsamer, langer Fisch mit vier langen, zu langen Flossen, wo Beine sein könnten. Ganz dürr, ganz traurig, unterernährt und mit fransigem Schwanz und fransiger Mähne. Winzige Augen wie gar nicht fürs Sehen gemacht, zwei dicke Schnurrhaare, die eng anliegen. Er ist schnell unterwegs. Das sieht man. Er flüchtet.

Ein Wasserdinosaurier an Land. Vorn Flossen, hinten Flossen mit Zehen. Dick wie eine ausgestopfte Strumpfwurst, Minikopf, angespannter, ratloser Mund. Wie soll er wieder ins Wasser kommen? Wieso ist er rausgekommen? Ist das ein Saurier? War das ein Saurier?

Noch ein Saurier, Kopf über Wasser, Blick über den Rücken zurück. Bauch, kurzer Schwanz, kräftige Flossen unter Wasser. Eine Wasserschildkröte ohne Panzer mit langem Hals. Ein tief im Gesicht liegendes Auge, das etwas fixiert. Ein geschlossenes Maul.

Von Foto zu Foto wurde es eindeutiger: Sie alle waren nicht bedrohlich, sie waren bedroht. Sie hatten nicht angegriffen, sie wurden angegriffen. Sie schlugen niemand in die Flucht, sie waren auf der Flucht.

Wer sich ein bisschen mit Tieren auskannte, sah das. Der angelegte Kamm, der Blick zurück, die verkniffenen Mäuler. Sie taten mir alle leid.

Ich ging zum Abendbrot. Im Treppenhaus ploppte wieder wie aus dem Nichts Kusmyn auf. Er grüßte mich nicht, aber er rempelte auch nicht, und man kann ja seine Ansprüche wirklich runterschrauben. Er sah so zufrieden aus, wie es sein strenges Gesicht zuließ.

In der Mannschaftsmesse saßen und lagen drei Männer. Joriz, Arnel und der eine der Diaz-Brüder, nicht Romeo, sondern Darwin. Sie schauten einem Reporter zu, der durch eine schlammige Straße ging, in der Häuserreste standen. Arnel hatte wieder seine Hand auf Joriz' Schulter.

Was in meinem Leben los war, war nicht, was in ihrem Leben los war. Ich hatte es schon wieder vergessen, aber es war immer noch so, ob ich daran dachte oder nicht. Ich ging schnell weiter, damit sie nicht grüßen mussten, wenn sie nicht wollten. Ich war eine von den Personen, die alle zehn Tage zusteigen, mitfahren, aussteigen und dabei in ihr Leben glotzen. Warum war eigentlich keine Tür an der Mannschaftsmesse?

Ich hörte aus der Kapitänsmesse schon die Stimmen der Mädchen und auch die von Francesca. Ich wusste gar nicht, ob sie ihr von dem Affen erzählt hatten. Vorsichtshalber würde ich nicht nach ihm fragen, bis ich nicht genau wusste, ob Francesca eingeweiht war oder nicht. Wenn sie nicht eingeweiht war, hatte ich mit den Mädchen ein Geheimnis vor ihr, und außerdem hatte ich Yvette und Freigunda nichts von der alten Frau im Museum erzählt. Also hatte ich auch ein Geheimnis mit

Francesca. Und Antonia. Der hatte ich es ja erzählt. Von dem Ei wusste niemand. Und Yvette hatte bestimmt nicht von dem Kuss erzählt, aber jemand hatte uns gesehen. Jemand konnte so gut wie jeder sein. Ganz schön viele Geheimnisse vor ganz schön vielen.

Francesca rückte durch, sodass ich diesmal außen saß. Auf dem Teller lagen Würstchen, die irgendwie blass aussahen, und ein Klecks Ketchup, der hingegen sehr rot war. Ich hätte mir keine Sorgen machen müssen, wie im Gespräch die gefährlichen Klippen der vielen Geheimnisse zu umschiffen waren. Wir redeten über Vigo, wo wir übermorgen anlegen würden. Francesca hatte schon wieder dies und das recherchiert. Es war keine aufregende Stadt, aber es war eine Stadt, die wir uns ansehen konnten, also war sie schon aufregend. «Im Nordwesten Spaniens», sagte Francesca, und «autonome Provinz Galicien» und «größter natürlicher Hafen am Atlantischen Ozean». Sie schlug vor, dass wir in den Zoo gingen, der wäre auf einem Berg. Ich dachte kurz, dass man also in Vigo keine Arche bauen musste, weil die Tiere gleich auf einem Berg waren. Praktisch.

«Klingt ein bisschen wie von Wikipedia abgeschrieben», fand Yvette.

«Wer?», fragte Freigunda.

«Nicht wer. Was», antwortete Yvette.

«Was?», daraufhin Freigunda.

Yvette winkte ab. Ich erklärte, was Wikipedia war. Immerhin erklärte uns Freigunda auch immer alles aus ihrer Welt.

Francesca hatte ihre Fakten aber nicht von Wikipedia, sondern aus einem Reiseführer aus der Leseecke. Ihr Handy habe nämlich seit gestern nicht einmal Empfang gehabt.

Ich schaute kurz Yvette an. Ich fühlte mich nicht wohl dabei, den goldenen Schlüssel zum Internet zu haben und mit den anderen nicht zu teilen. Ich kam mir vor, als hätte ich genug

Nahrung und die anderen gehörig Hunger, außer Freigunda vielleicht. «Wikipedia wer?», sagte ich bloß.

Yvette schaute kurz zu mir und sagte etwas, wahrscheinlich um mir zuvorzukommen, dabei hätte ich nie die Klappe aufgemacht.

«Ich hatte heute Morgen kurz Empfang.»

«Ach?» Das klang so komisch, wie Francesca das betonte. «Hast du nicht ein neues Video von Bea bekommen?»

Ich glaube, niemand hatte das wirklich vergessen, und dachte jetzt erst wieder daran, als Francesca danach fragte, aber es war einfach mal verdammt viel anderes an diesem Tag los gewesen, und erst jetzt, wo der kleine Affe getrunken hatte, war es an der Reihe, nach dem Video zu fragen. Ich schüttelte leicht den Kopf, weil ich tatsächlich gerade geglaubt hatte, dass in unserer Kabine ein kleiner Affe war. Das war so absurd. Ich wollte hinrennen und nachsehen und ihn dann noch ungläubig anfassen. In Träumen würde es keine Lichtschalter geben, hatte ich mal irgendwo gelesen. Und falls es doch einen Lichtschalter gab und man immer noch nicht sicher war, könnte man versuchen ihn zu betätigen. Er würde nicht funktionieren. Ich beugte mich rüber zum Kühlschrank. Der war nur eine Armlänge entfernt, weil ich diesmal am Rand neben Freigunda saß. Ich machte die Kühlschranktür auf, und das Licht im Kühlschrank ging an, während Yvette behauptete, dass sie ungefähr zehn Minuten Empfang gehabt hatte. Sie vermutete, dass ein anderes Schiff in der Nähe war, denn die großen Schiffe für Touristen hatten natürlich alle Netz für ihre gut zahlenden Passagiere, wohingegen wir hier ja nur eine Art zusätzliche Fracht waren. Außerdem hatten Touristenschiffe ein vorzügliches Buffet und mehr oder weniger lustige Abendveranstaltungen, Masseure, Friseure, Fritteusen und Animateusen. Yvette redete sich mal wieder in ihren Reichtumswahn hinein, obwohl das von uns nie jemanden beeindruckte, dass sie mit der MAXIMUS DREI zu den

Seychellen gefahren war und mit der FREEDOM nach Süd-afrika. Und immer habe es ein stabiles gutes Netz an Bord gegeben. Ich dachte kurz, dass diese Tage an Bord der Lexy Barker sich für sie am stärksten von ihrem sonstigen Lebensstil unterschieden, und ob das nun an dem Kuss lag oder nicht, ich fühlte mit ihr. Ein bisschen.

«Und das Video?», fragte Freigunda.

Ich nahm einen Joghurt aus dem Kühlschrank und machte die Kühlschranktür zu und noch einmal auf. Licht aus, Licht an. Alles war wahr. Vielleicht war auch wahr, was Yvette erzählte, dass in den zehn Minuten, wo sie Empfang gehabt hatte, das Video von Bea kam. Da ich dann aber auf sie draufgefallen war, sei das Handy dann kaputt gewesen, und sie kam deshalb nicht an die Nachrichten ran. Dann hätte Oleksiy es wieder halbwegs hinbekommen, auch wenn weiterhin das Display beschädigt sei. Weil Charlotte, also ich, daran schuld wäre, hätten wir Handys getauscht. Darum sei das Video von Bea jetzt auf Charlottes, also meinem Handy. Weshalb jetzt Charlotte, also ich, allen das Video zeigen müsste. Yvette fand es fair, das Video allen gleich-zeitig zu zeigen, aber irgendwie waren heute alle immer hier und nirgends, und jetzt sei Antonia nicht da. «Also schauen wir es uns gleich in der Kabine an. Und zwar alle.» Sie hob die Schul-tern hoch, alles höhere Gewalt, sie konnte nichts für. «Ist doch fair, oder?» Sie schnappte mir den Joghurt aus der Hand. Dass sie mir den Joghurt wegschnappte, war sogar auch fair, immer-hin gab es hier keine Kellner, keine Masseure und so weiter. Ich nahm mir einen neuen Joghurt. Da das Kühlschranklicht wie-der zuverlässig anging, war der Affe in der Kabine immer noch kein Traum, und da Francesca nichts von dem Affen wusste, war es gar keine so gute Idee, Francesca in unsere Kabine ein-zuladen, ohne dass wir vorher ohne sie geredet hatten.

«In der Kabine geht nicht», sagte ich. «Weil …» Und mir wäre schon was eingefallen.

«Doch, geht», sagte Freigunda. «Ich habe aufgeräumt.» Vermutlich war der Affe wieder bei Daris.

Francesca nickte so komisch, wie sie vorhin «Ach?» gesagt hatte. Sie wusste, dass wir sie ausschlossen, seit Freigunda sie mittags weggeschickt hatte. Ohne dich war ohne dich.

In der Kabine war tatsächlich kein Affe, nur eine ausgeschlafene Antonia, die sich freute, dass wir alle da waren.

Wir setzten uns gemütlich in die Hauptkabine. Es war inzwischen dunkel draußen, sodass die unterschiedlichen Blautöne von Himmel und Meer zu einem gemeinsamen Schwarz geworden waren und wir wie durchs Weltall glitten. Der Seegang war unruhiger, als er den ganzen Tag gewesen war. Der Wind klapperte draußen mit allem, was klappern konnte. Das war gemütlich. Wir hatten Tee.

«Habt ihr das Video von Bea alle noch nicht gesehen?», wollte Antonia wissen.

«Nein. Ich wollte es euch zeigen.» Yvette zeigte auf mich. «Aber dann hat sie mich umgekegelt, und das Handy ging nicht mehr an.»

Ich hatte keinen Bock, darauf zu bestehen, dass ich nicht einfach so auf sie draufgefallen war. Kusmyn hatte mich … ach egal. Ich holte das Handy, das nun meins war, aus der Jacke. «PIN?», fragte ich Yvette. Ich tippte übertrieben lange für eine vierstellige Zahl, weil ich mich noch schnell vom Schiffsnetz abmeldete. Das hätte ein Hallo gegeben, wenn oben in der Ecke ein stabiler Fünf-Balken-Empfang zu sehen wäre. Meine Hände kribbelten.

Dann ging die Vorstellung los in unserem schaukelnden Kinosaal. Eintritt frei, kein Popcorn, stinkende Füße von Freigunda, Antonia lehnte sich an mich, kein Vorfilm.

Video 19

Alter Bürostuhl am Straßenrand, zerfleddert, rote Katze drauf. Weiße Katze darunter.

Die Stimme von Leif: «Dein Vater hat dir noch keine Tajine gemacht? Ein Elend ist das. Hat er dir die Wüste gezeigt? Jetzt zeig ich dir erst mal das Meer. Wie lange bleibt ihr?»

Bea: «Das Wochenende nur.»

Leif lacht. «Bist du immer so schweigsam? Dachte, nur bei deinem Herrn Papa. Kannst ruhig frei reden bei mir. Willst du über irgendwas reden? Was ist bei deinem Vater los? Weißt du das?»

Beas Stimme: «Er hat Ärger.» Sie druckst. «Er will dich um Hilfe bitten.»

Leifs Stimme: «Aber ich mach keine krummen Dinger. Wenn er mir mit so was kommt …»

Am Ende der Stadtmauer, wohin der Blick der Kamera vorprescht, öffnet sich ein Riesentor. Flügeltüren, dahinter das Meer.

Wir waren uns sicher, dieser Typ würde Bea und Pim nicht helfen. Keine Hilfe, wenn es um Ärger ging. Alles klar. Er würde ihnen bestimmt Pasta kochen, aber nur wenn es keinen Ärger gab. Und er würde Pim ein Pflaster organisieren, aber nicht für eine große Wunde.

Ich hätte am liebsten das Fenster aufgerissen und über das Meer gebrüllt: «Bea, wir sind unterwegs!»

Antonia sagte immer nur: «Oh Mann.» Ihr tat Bea so leid. «Oh Mannomann!» Das schlug ihr echt auf den Magen. «Willst du noch einen Tee?», fragte ich. Wollte sie nicht.

«Wir müssen Bea so schnell wie möglich noch mal sagen, dass wir bald da sind. Warum kann dieses Schiff nicht schneller fahren? Oh Mann!»

«Soll ich ihr eine Nachricht schreiben?», überlegte ich.

«Wir haben doch keinen Empfang!» Yvette sah mich streng an.

Richtig, wir hatten ja keinen Empfang. Zumindest keinen, von dem die anderen wissen durften.

Ich war nicht gut im Lügen. Ich hätte mir vermutlich an die Stirn geschlagen: «Ach ja, richtig.» Mit unnatürlicher Stimme: «Wir haben ja keinen Empfang. Höhöhö!» Also beschloss ich, selbst Tee zu wollen und allen, die auch wollten, einen mitzubringen. Dann dackelte ich mit den drei Tassen los durch das schwankende Schiff. Bloß erst mal weg. Ich verstand nicht, warum Yvette den anderen nicht von dem Schiffsnetz erzählte. Es war ja auch nicht so schlimm, wenn sie das Passwort erst heute von Oleksiy bekommen hatte, dass sie es erst am Abend weitergab. Wie sie schon bei dem Video gesagt hatte, war es fairer, alle gleichzeitig zu informieren, und dafür war vorher noch nicht Zeit gewesen, weil alle verstreut waren. Es sei denn, sie hatte die Zugangsdaten schon länger. Aber warum gab sie die nicht weiter? Hatte Oleksiy sie darum gebeten? Konnte man irgendwie sehen, wie viele Geräte eingeloggt waren? Das Schiff schaukelte ganz schön. Ich eierte durch den Flur wie ein bisschen beschwipst. Aus der Mannschaftsmesse redete der Fernseher vor sich hin, und etwas klapperte und klickte. Gegenstand gegen Gegenstand, Glas und noch etwas, dazu Füße, die sich schnell bewegten. Ich warf einen Blick in den Raum, und dort hantierten die Diaz-Brüder synchron so einen Angriffstanz, wie ich ihn schon mal an Deck beobachtet hatte. Diesmal mit einer Flasche und einem Stift. Ich konnte nur vier, fünf Bewegungen sehen, vor, zurück, Stift gegen Flasche, Flasche gegen Stift, und schon war es vorbei. Stift lag auf dem Tisch, Flasche stand daneben, und beide Brüder setzten sich hin und schauten zum Fernseher, als hätte ich sie erwischt.

Ich sagte: «Hello!», sie auch, und dann musste ich weitergehen. Schade, ich hätte ihnen gerne noch eine Weile dabei zugesehen.

In der Küche lief das Radio, und ich hörte Jimmy-Junior klappern. Er kämpfte nur gegen das Geschirr. Wann hatte er eigentlich Feierabend? Er hatte Lust zu plaudern, und ich ließ mir Fotos von seiner Familie zeigen. Dann traute ich mich und fragte, ob sie eigentlich Empfang auf dem Schiff haben. Er lachte. Ja und nein, sagte er. Er habe jedenfalls keinen Empfang. Warum nicht?, fragte ich. Er lachte wieder. Das sei eben so. Auf anderen Schiffen sei das anders, hier aber so. Und wie habt ihr dann Kontakt zu euren Familien, wenn ihr auf dem Schiff seid?, fragte ich. Jetzt lachte er nicht. Sie könnten telefonieren. Das geht. Aber mit Telefonkarten. Die sind teuer. Und im Hafen. Bei Organisationen. Kirche und Clubs, das ist unterschiedlich. Er sah mich bedauernd an, weil er mir nichts Erfreulicheres mitteilen konnte. Tja, so war das eben, so sah es aus. Es war nicht leicht. Jetzt wollte ich ihm mitteilen, dass ich das ein bisschen verstand und mitfühlte, aber ich nickte einfach ganz langsam. Was sollte ich sagen? Was sollte er mit meinem Mitgefühl? Das nahm ich in ein paar Tagen mit von Bord, und er blieb hier. Ich bedankte mich für das Gespräch. Der Wasserkocher war schon längst fertig. Jimmy-Junior sagte noch, dass es wieder Sturm geben würde diese Nacht. Auch dafür bedankte ich mich.

Mit dem Tee eierte ich durch den Gang zurück, an der Mannschaftsmesse vorbei, die jetzt leer war. Nur der Fernseher hatte noch Redebedarf. Vorbei an einem der Bilder, die ich an diesem Tag fotografiert hatte. Seeungeheuer. Waren die Fotos eigentlich schon auf dem Handy angekommen? Ich stellte die Teetassen ab. Der Tee schaukelte darin hin und her, als ob sich auch in den Teetassen ein Sturm zusammenbraute. Handy raus, Nachrichten gecheckt. Bilder noch nicht da. Mich kurz einloggen. Alle Balken Empfang. Sehr gut. Fotos kamen. Erledigt. Ich schrieb an Yvette: «Es ist noch eine Aufnahme auf dem Handy, die ich brauche.» Bevor ich es wieder vergaß. Ich schnappte mir die Schwappertassen und ging im Seemannsschritt die Treppen hoch. Draußen stürmte es sich ein, und drinnen stritt es sich ein.

Wie es aussah, war ich lang genug weg gewesen, damit ein richtig handfester Streit entstehen konnte. Ich hätte ja lieber ein paar Sachen über den Affen erfahren, aber nun keiften sich Yvette und Francesca an. Ich schaute fragend Antonia an. Die verdrehte die Augen.

Ich kam mir vor, als würde ich mich eine Viertelstunde zu spät durch die Reihen der Kinositze drängeln, mit Popcorn in der Hand und Tee.

Ich gab Antonia ihren Tee, Francesca ihren. «Was ist los?», flüsterte ich. Ich hatte den ganzen Anfang vom Film verpasst. Wieso gab es hier eine Schießerei? Wer war die Gute? Wer die Böse?

Freigunda fasste für mich zusammen: Francesca hatte eine Story erzählt, die sie mal über Marokko gehört hatte. Sie überlegte, ob Bea und Pim so was in der Art passiert sein könnte.

«Was denn?», flüsterte ich.

Yvette fuhr herum, und auf einmal war ich mitten im Film: «Das ist genau das, worum es geht, Charlotte. Francesca hat diese Story erzählt und dann gleich gesagt, dass sie recherchiert hat und das gar nicht stimmt. Aber weil die Story so toll ist, hat sie die uns einfach erst mal erzählt und dann erst gesagt, dass es nicht stimmt, und das ist so typisch für das Drecksblatt, für das sie arbeitet. Erst mal einen großen Aufmacher vorne drauf. Wird in Marokko Punkt, Punkt, Punkt? Und dann steht ein paar Tage später ganz klein in irgendeiner Ecke: Wie sich herausgestellt hat, wird in Marokko nicht Punkt, Punkt, Punkt.»

«Aber was denn überhaupt?», fragte ich. Was wurde in Marokko? Oder eben nicht.

Das Schiff schaukelte, und Yvette stand kurz schräg im

Raum. Alle anderen saßen, aber sie hirschte aufgebracht herum. «Aber genau darum geht es doch, Charlotte. Ich kann dir jetzt nicht sagen, was Francesca gesagt hat, weil ich es dann ja auch sagen würde.»

Dafür hatte ich mich nicht extra durch die Reihen der Kinostühle gedrängelt, wenn ich jetzt gar nicht erfuhr, worum es ging. Das war doch ein Scheißfilm. Ich wollte mein Geld zurück.

Yvette schüttelte den Kopf. «Wenn ich dir das erzähle, würdest du es so spannend finden, dass du es weitererzählen würdest, auch wenn du jedes Mal dazusagen würdest, dass es nicht stimmt. Warum soll man es dann überhaupt erzählen? Es verbreitet einfach Vorurteile.»

Der Wind pfiff draußen, und ganz kurz hatte ich das Gefühl zu verstehen, was Yvette meinte, aber ich war trotzdem so unzufrieden, dass man mir nicht diese spannende Unwahrheit über Marokko sagte. «Aber ihr wisst es alle, ja?», fragte ich.

Freigunda und Antonia nickten. Na toll.

Yvette klatschte sich mehrfach gegen die Stirn. «Ja, da hat Francesca es schon geschafft. Sie hat ihnen diesen Quatsch in den Kopf gepflanzt. Das sind einfach Fake News. Und selbst wenn man weiß, dass es Fake News sind, bleibt das doch trotzdem hängen. Es macht für unsere Wahrnehmung gar keinen Unterschied, ob einer sagt, er habe eine grüne Kuh gesehen, oder ob hundert Leute sagen, sie hätten keine grüne Kuh gesehen. Schon hast du dir eine grüne Kuh vorgestellt, und irgendwann wirst du an die grüne Kuh glauben.»

Antonia seufzte müde. «Hör doch auf, Yvette! Es gibt keine grüne Kuh!»

Der Wind draußen klang, als hätte er Bock, mit Yvette zu diskutieren. Er schien genauso kampflustig, aber hier in der Kabine hatte niemand Bock. Was sollte Yvette jetzt machen, wenn keiner einstieg? Dann hüpfte sie mit ihren Boxhandschuhen allein im Ring herum.

Freigunda räusperte sich. Über Freigunda regte sich Yvette am liebsten auf. Wo war das Popcorn? Runde zwei.

Freigunda sagte ganz ruhig: «Die Lüge ist schon einmal um die Welt, da hat die Wahrheit gerade mal die Schuhe angezogen.» Das war so ein Freigundasatz. Den stellte sie manchmal so hin, und daran konnte sich Yvette dann abarbeiten. Aber diesmal hatte Freigunda noch ein paar Sätze mehr. «Wo ich herkomme, sagt man, dass die Lüge die Wahrheit schon umgebracht hatte, als es den Menschen noch nicht gab. Seitdem gibt sich die Lüge als Wahrheit aus. Und so ist die Lüge eine Lüge und die Wahrheit auch.»

Das Schiff schaukelte stärker, oder das Meer schaukelte. Ich wollte mich jetzt gerade nicht festlegen, was wahr war.

«Was weißt du schon, Mittelalter?», sagte Yvette. «Du bist immer fein raus. Das hat alles nichts mit dir zu tun. Du darfst uns beglotzen und urteilen. Wie doof unsere Ansichten sind. Regt mich auf. Und dann sagst du gleich, dass ich mich nicht aufregen muss, weil Aufregen gar nicht existiert. Na, sichi, Schwester, sichi, sichi. Großen Knall hast du!» Sie sah mich an, als könnte ich was dafür. «Geht dir das nicht auch auf den Sack, Charlotte? Dieses ‹Ich muss mich damit überhaupt nicht beschäftigen›? Bekloppte Regierung? Mir egal. Haben meine Eltern nicht gewählt. Wir wählen nicht. Klimawandel? Haben wir nichts mit zu tun. Nazis? Mir egal. Machos? War schon immer so. Freigunda wird uns in jedem Kampf hängenlassen. Das ist unsere Welt, klar, nicht ihre. Am Ende steigt sie in ihr Raumschiff, oder was? Sag doch mal, Charlotte. Ist doch so? Oder?»

Ich zuckte die Schultern.

«Du wirst doch wohl eine Meinung haben? Irgendeine. So wirst du nicht immer durchkommen. Es wird einen Moment geben, und da wirst du Stellung beziehen müssen.»

Antonia seufzte: «Hör doch mal auf, Yvette! Wir haben es ja verstanden. Wichtig ist doch heute nur der kleine Affe, oder?»

«Dir vielleicht!», fauchte Yvette.

Ich sah ein bisschen, aber nicht zu doll zu Francesca. Wusste sie nun von dem Affen oder nicht?

Der Wind draußen war Sturm geworden. Die Tassen begannen auf dem Tisch hin und her zu rutschen. Das Zimmer schunkelte, aber keine lustige Musik da.

In Yvettes Tasche vibrierte das Handy.

Die Wellen donnerten gegen das Schiff und brachten es in Schräglage.

Ich hatte keine Lust, was zu sagen. Antonia hatte auch keine Lust und Freigunda auch nicht. Vielleicht hatte das Raumschiff sie schon abgeholt und nur ihre Hülle dagelassen.

Yvette konnte ihren Streit knicken.

Die nächste große Welle klatschte das Schiff zurück in die andere Schräglage. Wir hielten die Tassen fest. Freigunda begann Gegenstände im Schrank zu verstauen. Dann legte sie sich auf den Rücken in ihre Sturmposition.

Francesca schüttelte langsam den Kopf. «Ich weiß nicht, was diese Diskussion über die Wahrheit soll, wenn ihr mich die ganze Zeit anlügt. Ich geh jetzt in meine Kabine. Wenn ihr mich sowieso die ganze Zeit belügt, dann kann ich so nicht mit euch zusammenarbeiten. Einige von euch haben Internetzugang, und wie es aussieht, habt ihr nicht einmal darüber nachgedacht, dass es für mich sehr wichtig wäre, sehr, sehr wichtig, Kontakt nach Hause zu halten, weil ich ...», und jetzt wurde sie ordentlich laut, was mit einer weiteren Kracherwelle zusammenfiel, «... Kinder habe und es für mich wichtig gewesen wäre, Empfang zu haben, damit ich zu ihnen Kontakt haben kann. Ich sehe meine Kinder nicht, nur wegen euch, und ihr habt nicht einen Moment daran gedacht, dass ich die ganze Zeit an sie denke und was das für mich bedeutet. Ja, das hier ist meine Arbeit. Ihr macht das aus Freundschaft, aber ich arbeite. Ich habe gedacht, das sei meine große Chance, aber ich werde nicht nur für ein Buch meine Kinder nicht sehen. Das ist es nicht wert, und im Moment glaube ich sowieso nicht daran, dass es zu diesem Buch überhaupt kommen wird.»

Ich war verwirrt. Was denn für ein Buch? Und schon sagte Antonia: «Was denn für ein Buch?»

Das Schiff schaukelte inzwischen so sehr, dass ich mich im Sitzen festhielt.

Francesca war aufgestanden und eierte im Raum herum. «Was für ein Buch? Sie hat euch nicht mal davon erzählt? Für jemanden, dem die Wahrheit so wichtig ist, nimmst du es damit nicht sehr genau, Yvette. Nee, so wird das nichts. Und was das mit dem Affen ist, soll ich auch nicht wissen. Bitte! Dann macht euren Scheiß alleine! Der Deal ist geplatzt.»

Francesca stürmte zur Tür. Nicht ohne noch einen traurigen Blick auf mich zu werfen. Ich verstand schon. Von mir hatte sie mehr erwartet, gerade wo wir heute meinetwegen bei Antipenko verschissen hatten. Aber ich war nicht Schuldwoman oder so. Verknittertes Cape und rettet niemanden. Schon klar. Ich bockte. Ich würde nie wieder was sagen.

Das schaukelnde Schiff oder Francesca schmissen die Tür zu.

War jetzt der richtige Moment, den Kopf gegen die Wand zu schlagen? Ich könnte mich auch in die Mitte des Raumes stellen und warten, dass der Seegang mich gegen eine Wand warf.

«Mir ist schlecht.» Antonia legte die Hand auf ihren Bauch. «Vielleicht kannst du einen Satz zu diesem Deal sagen, und dann gehe ich wahrscheinlich kotzen.»

Jetzt endlich setzte sich Yvette hin, total erschöpft und nicht mehr streitlustig. «Sie sollte ein Buch über diese Reise schreiben. Aber wie es aussieht, wird es dieses Buch nicht geben. Dann war alles umsonst.»

Antonia rannte zum Badezimmer.

Ich horchte in mich rein, ob mir auch schlecht wurde, aber

bisher nicht. Ich war nur verwirrt wegen dieses sinnlosen Streits. Worum war es überhaupt gegangen?

Der Sturm baute sich weiter auf, und ich befürchtete, dass wir noch an seinem Rand waren, denn in nicht abschätzbarer Entfernung lag ein Lärm über dem Meer, der wie ein riesiger, magnetischer Wirbel tobte und zog und schob, wo er das Schiff hinhaben wollte, als müssten wir hineingeraten, weil es so festgelegt war.

Das Heulen draußen riss uns in die Nacht hinein. Wie ein Blatt Papier flog das Schiff in den Sturm, der mit knappen Worten die Lexy Barker zur Randnotiz machen könnte. Immer wenn mir einfiel, dass Schiffe sinken konnten, dann wurde mir auch ohne Seegang schlecht. Freigunda lag ganz still, als könnte man nicht da sein, wenn man es sich fest vornahm.

Ich wartete im Sitzen ab. Vielleicht könnte der Kapitän uns auch am Sturm vorbeifahren. Eine halbe Stunde später war daran nicht mehr zu denken. Das Schiff schaukelte nicht mehr, sondern ging hoch und runter. Runter war am schlimmsten, aber hoch war auch übel, und dann ging es schon wieder runter. Freigunda reagierte auf gar nichts mehr. Antonia jammerte. Yvette verfluchte nebenan alles und jeden.

Ungebremst von nichts, warf sich die Kraft des Windes von vorne dem Schiff entgegen, unermüdlich, immer und immer wieder. Wären es zwei Winde auf zwei Seiten, würden wir zerdrückt werden. Knack, macht das kleine Schiff. Und gluck, gluck. Oben Wellengang, der die Trümmer hüpfen lässt, und unten Ruhe. Wir hätten es nicht mehr zur Rettungskapsel geschafft. Das Notstromaggregat wäre nicht angesprungen. Im Dunkeln wären wir mit Taschenlampen die Treppe hochgerannt, aber die Tür hätte geklemmt.

Je tiefer wir sanken, umso ruhiger wurde es. Hier unten wusste niemand was von Sturm. Hier wusste niemand irgendwas. Freigunda würde einfach so liegen bleiben, wie sie auf der Eckbank gelegen hatte, und alles abwarten. Yvette zappelte, aber würde trotzdem sinken, ihre Haare in Zeitlupe wehend, nach oben wie Schlingpflanzen.

Ich legte mich auch auf den Rücken und hörte zu, wie alles am Schiff stöhnte, wie jedes Material versuchte, unter dem Druck seine Form zu halten. Die Schrauben wollten sich nicht aus den Löchern drehen, aber rüttelten die Verbindungen locker. Der Tisch wollte ein Tisch bleiben, aber der Sturm wollte ihn von seinen Beinen reißen. Die Tür wollte geschlossen bleiben, aber der Sturm wollte sie aufreißen, damit das Wasser besser hineinschießen könnte. Der Rumpf des Schiffes wollte ein Schiff bleiben. Jede Schweißnaht hielt die beiden Seiten beieinander, die sie halten sollte. Das Metall dröhnte, weil das Wasser sich so warf. Die Tassen tanzten hinter den Schranktüren. Die Zwiebeln hopsten im Netz. Die Körper der Seemänner hielten fest die Organe in sich. Ihre Köpfe hielten ihre Gedanken auf dem Kurs, keine Angst zu haben. Es war nur ein Sturm wie die anderen Stürme. Der erste Sturm war ja auch vorbeigegangen, und so wartete ich, dem Auf und Ab ausgesetzt. Unter mir rutschte das Steinei mitsamt dem Rucksack, mal an die eine, mal an die andere Seite der Begrenzung, knallte dagegen, im Takt aller anderen Gegenstände an Bord.

Ich träumte, dass ich unter Wasser war und einen großen ovalen Schatten an der Wasseroberfläche sah. Über mir schob sich ein Schiff vorwärts. Wo es sich vor die Sonne schob, fraß es das Licht. Das Licht unter Wasser flirrte. Ich schwamm nach oben, aber ohne Eile, das Wasser umgab mich weich mit einem leichten Druck. Wenn ich mich bewegte, gluckerte es in meinem Ohr. Ich hatte solche Kämme am Ohr, Fächer. Und es war noch vieles andere anders. Ich hatte keine Hände. Ich schwamm nur mit dem Körper, ein wunderbares Gefühl, so zu gleiten, weich und geschmeidig und ohne Blubberblasen oder Verwirbelungen. Ich schnitt durch das Wasser, war dafür gemacht. Ich war hier genau richtig. Das war mein Element. Dann war ich fast oben, durch die verwackelte Oberfläche fiel verwackelte Sonne, hüpfte zerbrochen in der Wellenbewegung, verzog den Wasserspiegel. Ein Schiff, an Deck stand jemand. Ich wollte auftauchen, mir das ansehen.

In dem Moment wurde ich wach, bevor mein Kopf die Wasseroberfläche durchstieß und ich sehen konnte, wer an Deck des Schiffes gestanden hatte. Langsam kam ich wieder klar, obwohl mich der Verlust dieses Traumes ärgerte. Ich wollte ins Wasser zurück, gleiten so glatt, biegen so biegsam, das Wasser so weich, anschmiegsam, das Rauschen und Gluckern, dieses zerbrochene, hüpfende Wellenlicht.

Nach so einer Nacht ist man morgens ein Baby, neugeboren, weil überlebt. Ich hatte einen Bärenhunger. Es war kurz vor acht, und gleich gab es Frühstück. Ich sagte den anderen Bescheid und ging schon mal runter. Ich hatte auch sowieso keine Lust auf Gesellschaft nach dem Streit gestern. Ich würde einfach schnell was essen und für Antonia was einstecken.

Jimmy-Junior stand in der Küche und grüßte mich fröhlich. Er fragte, wie ich geschlafen habe bei dem Sturm. Er war noch stärker als der erste.

Das hätte ich gar nicht gedacht. Mir war der erste Sturm stärker vorgekommen. Ich sagte, dass es okay war. War ich lässig, Hände in den Taschen, einen starken Sturm okay findend.

Es sei halt Herbst, sagte Jimmy-Junior, starke Stürme, immer im Herbst. Ob ich Cornflakes wollte?

Und ob.

Er lachte, gab mir eine Schüssel und einen kleinen Karton mit einer Portion Cornflakes, ein Maiskolben mit Beinen und Sonnenhut auf der Verpackung. Schriftzeichen, die ich nicht kannte.

In den Cornflakes waren harte Stückchen. Ich rührte linksrum und rechtsrum in der Schüssel, in die ich Milch geschüttet hatte, und wartete. Immer wenn ich kostete, waren die harten Stücke immer noch hart. Ich drehte die Packung hin und her, aber auch bei dem englischen Text konnte ich nicht herausfinden, ob alte Popel in den Cornflakes waren oder der Mais nicht geschrotet. Francesca kam. Ich atmete kurz durch, weil ich an den Streit vom Vorabend denken musste. Aber der Gedanke war so schnell weg wie hui, denn Francesca hatte nicht nur ein Pflaster am Kopf und ein verkrampftes Gesicht, sondern auch noch einen Verband am Arm, und auf ihrem Zitronenjogginganzug war ein Blutfleck in Brusthöhe, als wäre eine rote Ansteckrose ausgelaufen.

Beim Durchrutschen auf die Bank bis neben mich zischte sie kurz. Also hatte sie Schmerzen. Dann saß sie endlich und versuchte fröhlich auszusehen, mit verrutschtem Mund, als wäre ihr Gesicht ein in dieser Sturmnacht gekentertes Schiff. Die Wangen wie schlaffe Segel. Der Mund ein schräg liegender Bug. Die Augen lagen schon unter Wasser.

«Was ist los?», fragte ich.

«Ach, na ja.» Sie griff nach der Thermoskanne auf dem Tisch, aber sie zuckte gleich wieder zurück. Dann wieder ein Lächelversuch. Sie griff noch mal nach der Thermoskanne, aber ganz langsam und konzentriert, als könnte der Arm auf dem Weg zum ersehnten Kaffee abbrechen.

«Soll ich dir eingießen?»

«Nein, geht schon, au.»

Ich schob ihr die Thermoskanne rüber. War ja nicht mitanzusehen. Nach noch einem «Alles okay, au» goss ich ihr ein.

Lächelversuch von ihr, der schiefging. Es gibt bei Hunden dieses Hecheln, wenn sie Stress haben, was manche für ein Grinsen halten. Wenn Francesca ein Hund wäre, würde ich mich auf den Weg zum Tierarzt machen. Aber Hunde muss man auch nicht fragen. Die nimmt man an die Leine und geht los. Oder der Tierarzt kommt nach Hause, wie bei Kajtek. Der Gedanke an ihn tat echt weh. Kurz dachte ich daran, wie sehr Francesca ihre Kinder vermisste.

Francesca versuchte weiterhin, einen normalen Morgen zu simulieren, zischte bei Bewegungen und ließ den rechten Arm links liegen. Wie eine Wurst lag der Arm in ihrem Schoß. Ich fragte noch mal, aber sie sagte, eigentlich sei es halb so wild. «Zumindest körperlich ist es nicht so schlimm, wie es aussieht.»

Dann fing sie endlich an zu erzählen. «Gestern Abend habe ich mich sehr unrund gefühlt nach dem Streit.»

Sie schmierte sich Butter auf das Toastbrot. Das Toastbrot blieb am Messer kleben. «Aua, alles okay.»

«Soll ich vielleicht den Toast schmieren?»

«Nein, nein, kein Problem.» Na dann.

«Ich kann verschiedene Entspannungstechniken und habe mich dann für Yoga entschieden, weil mich das am besten erdet.» Sie versuchte Marmelade auf den Toast zu schmieren. Als sie das Messer am Tellerrand ablegte, rutschte es weg, fiel runter und schmierte im Sturzflug noch einen Flatschen Marmelade auf die Hose.

Francesca versuchte das Messer aufzuheben. «Aua, alles okay.»

Sie kam mir vor wie ein Auto ohne Lenkung, das nur hundertzwanzig fahren konnte, auf dem aber stand: «Verkehrssicherheit geht vor.»

«Am besten beruhigen mich die aufrechten Yogapositionen, Krieger eins und zwei, und meine Wohlfühlposition ist der Baum. Das ist natürlich etwas schwieriger auf einem Schiff, aber gerade die Schwierigkeiten machen es interessant und effektiv. Ich hatte mal eine Yogastunde in einem Yogastudio, wo das Dach repariert wurde und es Baulärm gab. Die Yogalehrerin sagte, dass wir gerade das genießen sollen, gerade das Sein im Hier und Jetzt, mit der Geräuschigkeit sei eine gute Situation, um zu lernen, denn es sei nicht immer alles so, wie wir es erhofften. Gerade in unentspannten Situationen sei es doppelt wichtig, sich entspannen zu können.»

Ich wollte schreien: «Was ist mit deinem Arm?» Aber okay, dann war das hier also eine Yogaübung. Ich musste sitzen und zuhören. Francescas Stimme war also diese Geräuschigkeit, in die ich mich hineinentspannen sollte.

«Für die Position des Baumes ist es nicht wichtig, was rundherum passiert, sondern dass du trotzdem bei dir bleibst. Denn der Baum ist auch nicht starr, sonst würde er bei Sturm brechen. Darum stemmt er sich nicht gegen den Sturm, sondern ist biegsam. Er vertraut auf seine Wurzeln und ...»

Sie redete noch eine Weile über den Baum. Ich hätte wirklich gern gebrüllt: «Du kannst doch kein Yoga bei Sturm machen, auf einem Schiff, UM DICH INS GLEICHGEWICHT ZU BRINGEN!»

Um es abzukürzen, natürlich ist sie bei dem Sturm aus der Lieblingsposition Baum, DIE MAN AUF EINEM BEIN MACHT, gegen irgendwas dagegengeknallt. Weil Yoga sie immer so erdet, war sie einfach direkt umgefallen, also mehr Erdung geht nicht. Sie war erst mit dem Kopf voran gegen den Schrank geflogen, dann über den Boden gerutscht, dann mit dem Arm gegen den Schreibtisch geknallt. Dann war eine Tasse runtergefallen, und die nächste Welle hatte sie mitsamt der kaputten Tasse gegen den Schreibtisch geworfen. Die Position der fliegenden Taube, der aufprallenden Taube, der rollenden Robbe, der splitternden Tasse, der zerschnittenen Stirn.

«Kein großes Ding!», sagte sie.

Vielleicht hatte sie die Politikerkrankheit, nein, es gab keine Probleme, achtzehn Prozent von fünfzehn Prozent weisen ein Wachstum von drei Prozentpunkten auf, wir haben alles im Griff, es gibt keinen Grund zur Panik. Das macht mich mega aggressiv. Ich wollte ihr eine reinhauen, aua-alles-okay, und noch eine, aua-alles-okay.

«Der Arm braucht einfach Zeit.» Sie lachte plötzlich auf wie eine Tröte, auf die jemand trat. «Der einzige Fehler war ...», jetzt war ich echt gespannt, Yoga bei Sturm machen? Nein: «... dass ich mich auf der Brücke gemeldet habe. Der Kapitän war richtig genervt.»

Ich war jetzt nicht so überrascht. Kommt bei Sturm eine blutende Frau auf die Brücke. Wie reagierst du als Kapitän eines riesigen Containerschiffes?

«Mir ist erst später wieder eingefallen: Ich hätte Daris anrufen sollen.» Sie zuckte die Schultern. «Der wurde dann sowieso geweckt und ist mit mir ins Krankenzimmer. Er hat dann diesen viel zu großen Verband gemacht. Ich hätte einfach in der Kabine bleiben sollen. Nur wegen einer Verstauchung und einer Schnittwunde. Eigentlich ist es nicht meine Schuld, dass wir von Bord müssen. Weil kein Arzt an Bord ist, dürfen sie das Risiko für einen verletzten Passagier nicht übernehmen.»

Wir mussten von Bord? Was?

Francesca zuckte mit den Schultern. «Das tut mir so leid.»

Das tat ihr leid? Weil wir von Bord mussten? Ihretwegen? Gegen das Tempo meiner Gedanken waren Profirennpferde eine gemächliche Bimmelbahn.

Francesca zuckte mit den Schultern. «Aua, alles okay», sagte sie zu mir, als würde ich mir gerade Sorgen machen wegen ihrer Schmerzen. Ausgerechnet. Sollte sie ruhig Schmerzen haben. Mit was? Mit Recht!

Wenn das hier eine Yogalektion war, dann hatte ich jetzt gelernt, nicht «Alles okay» zu sagen, wenn nicht alles okay war.

«Gar nichts ist okay, wenn ich das richtig verstanden habe. Wir müssen von Bord? Wir alle? Weil du bei Sturm den umfallenden Baum machst?» Und als ich es gesagt hatte und die Welt immer noch existierte, machte ich weiter. Ich ließ die Wörter einfach aus mir rausmarschieren wie ein Abrisskommando. «Du bringst unsere ganze Reise in Gefahr. Du stellst dich bei hohem Seegang auf einem Bein in deine Kabine und jetzt ...» Das fragte ich mich echt. Und jetzt? «Jetzt müssen wir ...», stammelte ich. Mussten wir echt auch von Bord?

«Es tut mir leid. Wirklich.»

Jetzt wusste ich, was der Blutfleck auf ihrer Brust war: ein Orden in Dummheit, erster Klasse, verliehen von einer Vogelscheuche, in deren Kopf das Heu schimmelt.

«Es tut mir vielleicht mehr leid als euch.» Sie schüttelte den

Kopf. «Ich habe extra meine Kinder allein gelassen mit meinem unfähigen Ex. Das ist kein gutes Gefühl. Ich werde zu Hause wirklich dringend gebraucht, aber das hier, mit euch, das war für mich wirklich eine große Chance.» Und sie schüttelte weiter den Kopf. «Ich wollte auch heute mit euch reden. Natürlich schreibe ich das Buch. Das ist mir wirklich wichtig.»

Und dann ging mein Mund wieder auf, und alles rollte raus. Wie vom Wellengang getrieben, kam es Schwapp für Schwapp rausgekotzt. «Ich höre nur ich, ich, ich. Aber es geht überhaupt nicht um dich, dich, dich. Kein bisschen. Wir sind unterwegs, falls du das vergessen hast, weil Bea Hilfe braucht. Du, du, du warst gar nicht vorgesehen. Du bist irgendwie dazugekommen, und was auch immer du dir versprochen hast, das ist nur ein winziger Teil davon. Du spielst gar keine Rolle. Du kannst genauso gut weg. Damit habe ich kein Problem, die anderen bestimmt auch nicht, aber dass du uns da mit reinziehst, ist Scheiße.»

«Bist du fertig?», fragte sie.

Ich musste aussehen wie ein verrückter Wolf, der hungrig zwischen den Bäumen hervorkommt. Meine Kopfhaut war angespannt. Ich stellte die Ohren auf. Ich machte die Nasenlöcher groß. Mein Fell sträubte sich, und meine Lefzen waren gefletscht. «Nein! Bin ich nicht! Und es ist mir scheißegal, ob es dir leidtut. Mir tut es leid, dass wir dich mitgenommen haben. Was weiß ich, wie du auf die Idee gekommen bist, dass wir eine große Story sind. Wir sind keine Story. Und ich will auch nicht, dass du irgendwas davon schreibst. Irgendeinen Ausschnitt. Anstatt die Wahrheit.»

«Charlotte, ich verstehe, dass du wütend bist, aber bleib bitte fair.» Sie wollte mir die Hand auf den Arm legen. Gut, dass sie solche Schmerzen dabei hatte. Ich wünschte, sie hätte noch mehr Schmerzen. Sie sagte tatsächlich: «Wir sitzen alle in einem Boot.»

Ich stand auf und drängelte mich auf der anderen Seite aus der Bankkonstruktion, fuck, musste das so eng sein? «Aber bald sitzen wir nicht mehr in einem Boot. Und du bist schuld. Nur du. Du, du, du!»

Ich stampfte den Flur entlang und wollte gegen irgendwas dagegentreten. Die Wut war so stark, als wäre ich direkt in sie hineingefallen, und sie wäre über mir zusammengeklappt. Da war nichts anderes mehr. Nur Wut! Als ich auf der Treppe war, kamen aber auch andere Gefühle hoch. Fassungslosigkeit. Echt? So würde es zu Ende gehen? Dann kam so was wie ein Schock. Der drängelte sich an allen anderen Gefühlen vorbei, obwohl da einige Gefühle Schlange standen und gefühlt werden wollten, aber jetzt war nur noch der Schock da.

Jetzt die Reise abzubrechen, kam mir vor wie alle Seiten ab der Mitte aus einem Buch zu reißen.

Alles umsonst! Das durfte nicht wahr sein.

Ich hämmerte gegen die Kabinentür.

Freigunda öffnete und belehrte mich, dass weder meine Lautstärke angemessen sei noch mein Umgang mit der Tür. Ich stürmte in die Nebenkabine.

«Yvette!», rief ich. Die war duschen. «Yvette!»

«Alter! WAS?», kam es aus der Dusche.

«Komm sofort her!»

«Ich hab Schaum auf dem Kopf.»

«Dann komm mit Schaum auf dem Kopf sofort her.»

Als sie in Handtücher gewickelt aufs Bett plumpste, hatten die anderen beiden schon aufgegeben zu fragen, was los sei. Was los war? Sie sollten einfach die letzten Sekunden genießen, in denen sie es nicht wussten.

«Francesca ist verletzt, und weil kein Arzt an Bord ist, müssen wir im nächsten Hafen aussteigen.»

Ich knallte ihnen die Neuigkeit hin wie eine dicke Schlagzeile, einfach die Zusammenfassung aller Fakten. Wie ein Schwapp kaltes Wasser klatschte ich ihnen das ran. Eine ruckte, eine sank in sich zusammen, eine musste ihren Kopf festhalten. Dann sprachen sie durcheinander, aber es waren eigentlich alles Aufforderungen, dass ich ihnen mehr sagen sollte und irgendetwas, das es entkräftete. Aber ich wiederholte die Schlagzeile in kürzere Schlagzeilen zerlegt. «Wir müssen aussteigen. Wegen Francesca. Weil sie verletzt ist. Weil kein Arzt an Bord ist.» Mehr Infos auf Nachfrage, und dann kamen die Nachfragen. Variationen von: Stimmt das denn? Wirklich? Ist das echt passiert? Wird das echt passieren? Und Variationen mit warum. Warum Francesca das getan hat. Warum sie nicht im nächsten Hafen zum Arzt gehen kann. Warum wir aussteigen müssen. Warum vor allem wir mit aussteigen müssen.

Und auch ein bisschen Fragen, wie schlimm sich Francesca verletzt hätte und wie es ihr geht. Hoffentlich schlecht.

«Wie soll ich denn vom Schiff kommen?» Antonia weinte. Wenn das nicht noch einmal klappen würde im Koffer …

Ich legte meinen Arm um sie. Doch, das klappte bestimmt. Es hatte doch schon einmal geklappt.

«Ihr redet so, als ob wir wirklich aussteigen.» Yvette war wütend. «Das werden wir nicht.»

«Aber wir müssen doch», schluchzte Antonia in meine Schulter.

«Einen Scheiß müssen wir.» Yvette nahm das Handtuch vom Kopf und rubbelte ihre Haare trocken, so doll, dass sie gleich Feuer fangen würden. «Ich steig nicht aus. Und ihr auch nicht. Kommt euch das nicht komisch vor? Gestern hat sie gesagt, dass wir unseren Scheiß allein machen sollen, und dann ist sie angeblich verletzt? Wenn sie das nicht mit Absicht gemacht hat … Das hat sie mit Absicht gemacht.»

Das glaubte nur Yvette, sonst keiner. Klar kann man sich bei einem so starken Sturm verletzen.

Und es fingen wieder die Fragen an, ob das alles stimmte. Mussten wir? Warum? Konnten wir nicht doch? Vielleicht. Auf dem Schiff bleiben? Ohne Francesca?

Freigunda kratzte sich am Hals. «Wir wissen zu wenig für so viele Worte.»

Yvette verschwand hinter der Schranktür und zog sich dort an. Unter der Schranktür sah ich das Handtuch und ihre nackten Füße. Schwarzer Nagellack. «Und was schlägst du vor, Freigunda?» Unter der Schranktür nur ein Fuß, dann der andere. Die Beine wurden in einen Slip eingefädelt. «Wir reden einfach nicht darüber und warten ab? Oder wir packen schon mal? Mal sehen, was passiert?»

Antonia schnaubte kräftig in ein Taschentuch, aber sonst war sie wieder gefasst genug, dass ich meine Umarmung von ihren Schultern nahm. Freigunda schlug vor, dass wir zu Francesca gehen sollten, um mit ihr zu reden. Außerdem könnten wir mit einem Mannschaftsmitglied sprechen.

Hinter der Schranktür: «Am besten geht ihr ohne mich zu Francesca. Ich weiß nicht, ob ich ihr nicht weitere Verletzungen zufüge, und dann müsste ich auf jeden Fall vom Schiff. Und in Untersuchungshaft.» Neben der Schranktür erschien Yvettes nackter Arm, der in einen Ärmel fuhr. Und auch wenn ich es nicht sah, wusste ich, dass ihr anderer Arm danach dasselbe tat. Komplett angezogen kam Yvette hinter der Schranktür hervor und schmiss den Schrank mit aller Wucht zu. «Ich kill sie. Nehmt mich mit, und ich kill sie. Wenn wir zum Kapitän gehen, komme ich mit. Oder zu Daris oder dem anderen Typi. Wie heißt der?»

«Artem Kusmyn», sagte ich mit ganz blasser Stimme. Gott, hoffentlich mussten wir nicht mit dem reden. Auf Spartak Antipenko hatte ich auch keine große Lust. Am besten wäre Daris. Oleksiy wäre auch gut, aber der hatte sicherlich nichts zu sagen als Maschinist.

Freigunda sah mich an, und ich schüttelte den Kopf. «Ich würde sie zwar nicht killen», sagte ich, «aber ich habe gerade mit ihr geredet. Keine Lust auf eine Wiederholung.»

Antonia wollte sehr gerne mit Francesca reden. «Aber dann muss sie herkommen, denn ich kann ja nicht zu ihr.»

«Ich hole sie», nickte Freigunda. «Zuvor möchte ich zusammenfassen, was unser Anliegen als Gruppe ist. Damit wir euch vertreten können.»

«So fasse sie zusammen», sagte Yvette.

«Wir wenden uns an Francesca nicht, um zu klären, was geschehen ist, sondern was geschehen wird. Wir wollen wissen, woher sie die Informationen hat, dass wir geschlossen als Gruppe dieses Schiff verlassen müssen.» Freigunda war aufgestanden und wirkte auf mich total groß, obwohl sie neben mir stand und kleiner war, aber sie stand so stabil und fest. «Wir besprechen andere Möglichkeiten und suchen nach Lösungen. Entweder unseren Verbleib auf dem Schiff oder eine Weiterreise vom nächsten Hafen. Die finanzielle Belastung sollte Francesca ausgleichen. Wenn sie dazu nicht bereit ist, so werden wir eine andere Lösung für die Weiterreise besprechen. Ist das so in eurem Sinne?» Sie sah Yvette an, dann mich und wartete.

Ich nickte. Das war absolut in meinem Sinne, und das hatte ich nicht mal gewusst. Ich war ein kopfloses Huhn, und aus meinem Hals wäre nur Warum-warum und Oh-nein-oh-nein gekommen, aber Freigunda hatte alles von mir nicht Gedachte gedacht. Ich nickte gleich noch mal.

Yvette lachte. «Ja. Gut. Ich hätte sie einfach ein bisschen beschimpft. Wenn du das noch unterbringen könntest. Das wäre in meinem Sinne.»

«Ich hole sie jetzt.»

«Gut, dann verschwinden wir mal, bevor sie hier ist. Ich kill sie, weil sie das mit Absicht gemacht hat. Ihr habt sie doch gehört gestern. Der Deal ist geplatzt. Mir platzt gleich auch was. Komm!» Yvette schnappte ihre Jacke und zog mich am Arm.

Auf dem Weg zur Messe regten wir uns zusammen über Francesca auf. Das tat gut, denn mit ihr und mir war alles gut, und das war ziemlich gut. Kein Wort über den Kuss oder dass ich lernen müsste, Stellung zu beziehen. Komischerweise hatte ich das ja gleich heute Francesca gegenüber gemacht.

Wir regten uns so schön auf. Das konnte echt nicht wahr sein. Dass alles vorbei sein würde, noch heute, konnte echt nicht wahr sein, oder? Alles nur wegen Francesca! Yvette phantasierte mal wieder vom Verklagen, aber ihr fiel nicht so richtig ein, was der Strafbestand war. Dummheit auf jeden Fall, fand sie. «Ich will heute echt den ganzen Tag nicht mit ihr reden.»

«Du killst sie. Ich weiß.»

«Ja! Absolut!» Yvette knallte die Kaffeetasse auf den Tisch. Der Henkel brach ab. Sie tat so, als wäre die Tasse mit dem Kaffee noch am Henkel. Sie hob den Henkel zum Mund, pustete in die Luft in den unsichtbaren Kaffee und nahm einen schlürfenden Schluck aus der unsichtbaren Tasse. «Der Kaffee ist zu dünn.»

Ich musste lachen. Yvette trank noch mal und noch mal aus der kaputten Tasse. Wir lachten uns scheckig. «Willst du auch einen Schluck?» Sie hielt mir den Henkel hin. Ich hatte meinen Oberkörper auf die Bank gelegt und konnte mich gar nicht wieder hinsetzen, weil mein Bauch so weh tat vom Lachen.

Jimmy-Junior kam herein und zog bei unserem Anblick die Augenbrauen hoch. Ich versuchte aufzuhören mit Lachen, aber das geht nicht so schnell. Lachen hat einen ziemlichen Schwung, und wenn es anhalten soll, dann trudelt es erst mal aus. Der Bremsweg beträgt ein paar Sekunden, und wenn es noch rollt, dann springt es auch schnell wieder an, denn wenn alles lustig ist, dann ist alles lustig.

Yvette hielt ihm den Henkel hin und fragte auf Englisch, ob

das entkoffeinierter Kaffee sei. Ich prustete und schnappte nach Luft. Yvette lachte und musste sich am Tisch festhalten. Ich heulte schon, aber trotzdem sah ich, dass Jimmy-Junior sich unwohl fühlte. Glaube ich. Er lachte zumindest nicht mit. Er wusste ja auch nicht, worum es ging. Er nahm die Tasse ohne Henkel vom Tisch und streckte seine andere Hand Richtung Yvette nach dem Henkel aus. Die riss den Henkel an sich und sagte, dass sie noch austrinken wollte. Sie tat, als ob sie trank, und jetzt lachte Jimmy-Junior auch ein bisschen. Er nickte, weil er den Witz verstanden hatte. Dann brachte er eine neue Tasse und entsorgte den Henkel.

Yvette setzte sich neben mich, und wir seufzten noch ein bisschen diesem großen Lachanfall nach. Puh, das war gut gewesen. Warum war es vorbei? Jetzt war alles andere wieder da. Gedanken. Und Wissen. Böh. Und buh!

«Ich gehe jetzt mal eine rauchen. Die Zigarette danach.» Yvette klatschte mir auf den Oberschenkel. Irgendwie war sie wie geglättet. «Danke, das Rumgackern war schön, Schatz!» Sie grinste mich an. «Meine ich ernst.»

«Ja, fand ich auch», sagte ich, schob nach: «Schnucki.»

«Der Kuss auch?», fragte sie.

«Der Kuss auch», sagte ich.

Wir grinsten. Dann ging Yvette rauchen.

Ich schmierte ein paar Brötchen für Antonia und Freigunda, der es sicherlich egal war, wenn sie das Frühstück ausfallen ließ, aber es war nicht egal. Freigunda war toll, und sie sollte nicht immer ihren Hunger und ihren Durst zurückstellen, nur weil sie das so gewohnt war. Ich kochte einen Tee und füllte ihn in die Thermoskanne, in der der Kaffee gewesen war. Dann ging ich Jimmy-Junior fragen, ob das okay sei, wenn ich die Thermoskanne mit in die Kabine nehme.

Er sah mich kurz an und sagte sehr ernst, dass es nur zwei

Thermoskannen an Bord gäbe und sie benötigt werden. Sie dürften nicht kaputtgehen.

Jetzt wäre ich wirklich gerne in seinem Kopf herumspaziert und hätte mich umgeschaut. Fand er es blöd, dass wir wegen einer kaputten Tasse so gelacht hatten? Dachte er jetzt, dass wir verwöhnt waren? Was könnte an einer kaputten Tasse so lustig sein? Sie war nun kaputt. Er müsste sie wegwerfen. Sie wanderte auf den Müllberg vor der Insel, wo seine Eltern lebten. Eine neue musste hergestellt werden. Irgendwo, wo jemand wenig Geld dafür bekommt. Dann wurde sie verschifft, ebenfalls für wenig Geld, in ein Glasurbad getaucht. Dann wurde die Tasse wieder verschifft und woanders von jemand anders für wiederum zu wenig Geld verpackt. Alle wurden auf LKWs geladen und von Fernfahrern ausgeliefert, die nicht nur zu wenig Geld bekamen, sondern auch zu wenig Schlaf, aber zum Ausgleich durften sie auch kaum bei ihren Familien sein.

In der Kabine war ratlose Stimmung. Roch ich gleich. Hier war kein endgültiger Plan geschmiedet worden. Ich hatte ja nicht erwartet, dass sie eine Flipchart vorbereitet hatten, mit Tabellen, Pro und Contra, alternativen Reiserouten oder einem Selbstheilungsplan, aber Antonia, Freigunda und Francesca hatten gar nichts geklärt. Alle drei Gesichter waren so ratlos wie eine Ente ohne Kleingeld vorm Futterautomaten.

Es war so, wie es war. Spartak Antipenko hatte angeordnet, dass wir das Schiff verlassen. Das stand ihm wohl zu als Kapitän. Eine verletzte Person durfte nicht mitfahren. Punkt. Und wenn die verletzte Person die Aufsichtsperson von mehreren Minderjährigen war, dann hatten die mit auszusteigen. Punkt.

Francesca zupfte an ihrem Verband. «Ich denke, dass mich Antipenko weghaben will. Ich denke, dass er nicht so hart wäre, wenn ich ihn gestern nicht auf etwas angesprochen hätte, was ihm sehr unangenehm war.» Dann sah sie mich an.

Yvette knurrte leise. Bevor sie biss, übernahm Freigunda wieder mit kühlem Kopf das Gespräch. «Was für ein Gespräch war das?»

Ganz langsam versuchte ich auszusehen wie das Sitzpolster der Eckbank, mich flach und lang zu machen, und weg wäre ich. Jetzt war ich gleich schuld. Das konnte doch nicht wahr sein. Mein ganzes Leben lang hatte ich so gut wie nichts gesagt und getan und war an nichts schuld. Und kaum tat ich mal was, da verbockte ich es ständig. Ich würde einfach ab jetzt wieder nichts machen und immer die Klappe halten. Echt.

«Das ist ein Geheimnis, und ich kann Geheimnisse für mich behalten.»

«Okay, fein!» Yvette klatschte in die Hände. «Super. Jetzt hast du auch Geheimnisse, weil wir Geheimnisse haben. Fein. Das ist echt Kindergarten.»

«Ich weiß von fast jeder von euch etwas, das die anderen nicht wissen. Interessant, oder?» Das sagte sie so, als habe sie damit tierisch was gegen uns in der Hand, obwohl unsere Geheimnisse garantiert nicht solche waren, wo man eine Giraffe aus dem Zoo geklaut hat oder so. Also einfach nichts richtig Großes.

«Ich glaube», sagte ich, obwohl ich ja für immer die Klappe halten wollte. «Wenn du versuchst, uns jetzt alle gegeneinander aufzubringen, dann ...» Ich wusste gar nicht, was dann. Dann könnte das echt gut klappen, und wir würden Zeit verlieren. Wenn es möglich war, noch etwas daran zu ändern, dass wir von Bord mussten, dann jetzt. Also war jetzt echt keine Zeit zu streiten. Alle hingen an meinen Lippen, ob ich jetzt eine gute Idee hatte, und die hatte ich tatsächlich. «Ich sag jetzt alle meine Geheimnisse, und damit ist das Thema vom Tisch. Und wir können uns darum kümmern, dass nur du von Bord musst, denn wir werden nicht aussteigen.»

«Ich sage auch alle meine Geheimnisse», sagte Freigunda.

«Ich auch!» Antonia war richtig erleichtert.

Yvette überlegte eine Weile. «Dann mach ich das auch.» Sie nickte ganz langsam. «Aber wir können uns das auch alles erzählen, wenn sie nicht dabei ist. Denn du steigst ja heute aus.» Sie ging einen Schritt auf Francesca zu. «Und dein Geheimnis können wir auch gleich lüften.» Sie griff in Richtung Francescas Kopf nach dem Pflaster. «Du bist gar nicht verletzt», rief sie wie eine Zauberkünstlerin.

Der Zaubertrick funktionierte nicht.

Francesca zog den Kopf zurück und riss sich selber das Pflaster ab. Auf ihrer Stirn war eine wirklich prachtvolle Platzwunde. Und diese sperrte ihr Maul auf und sagte genug auch ohne ein Wort.

«Okay, dann hab ich mich bei der Wunde geirrt.» Yvette starrte auf Francescas Verband am Arm und hätte gern den nächsten Zaubertrick vorgeführt.

«Ich packe jetzt meinen Koffer», sagte Francesca fest.

Als sie gegangen war, herrschte eine Stimmung, als hätten wir ein Tier in die Flucht geschlagen. Wir hatten es geschafft. Aber was eigentlich? Wir hatten gewonnen. Aber hatten wir das? Wir mussten dringend etwas tun. Aber was? Wir schwirrten aus.

Freigunda wollte mit Daris reden und außerdem nach dem Affen sehen. Wie das schon wieder klang. Völlig seltsam.

Yvette ging zu Oleksiy, denn mit ihm hatte sie den besten Kontakt.

Ich ging zu Jimmy-Junior. Ich vertraute ihm am meisten.

Er war wie immer in der Küche. Er schnitt riesige Mohrrüben in kleine Würfel. Als er mich sah, wischte er das Messer an seinem treuen Lappen ab und fragte mich, ob wieder Teatime sei. Es wirkte nicht so, als wäre vorhin mehr als die Tasse kaputtgegangen. Zwischen uns war alles in Ordnung. Wir waren auch beide nicht verlegen, uns so übereinander zu freuen.

Nein, es sei nicht Teatime. Ich wollte mit ihm über etwas reden.

Er zog sich rückwärts auf die glatte, silberne Arbeitsfläche hoch und zeigte mir mit dem Messer, wo ich mich hinsetzen konnte. Dann legte er das Messer weg. Ich zog mich auf die andere Arbeitsfläche hoch. Ich erzählte ihm, dass unsere Begleitperson sich verletzt habe. Vielleicht wusste er das schon. Er nickte. Nun solle sie vom Schiff, weil man die Verantwortung nicht übernehmen könnte. Er nickte nicht. Und als ich ihn fragte, ob er wüsste, was wir tun konnten, nickte er auch nicht. Er sprang von der Anrichte und schnitt die Möhren weiter. Das Messer schlug hart auf das Plastikbrett. Leise bat er mich, dass ich in die Messe gehen solle, mir doch besser einen Tee machen. Weil er das irgendwie ernst sagte, ging ich in die Messe, und keine Minute später stand Kusmyn in der Tür. Was auch immer er suchte, ich war es nicht. Er sah mich nur an und ich schnell aus dem Fenster, ob wir an einem Eisberg vorbeifuhren oder warum es auf einmal so kalt war. Dann verschwand er wieder. Jimmy-Junior musste gewusst haben, dass Kusmyn gleich kommt, und mich deshalb aus der Küche geschickt haben.

Ich machte mir einen Tee, und bevor ich unsicher werden konnte, ob ich nun einfach gehen sollte, kam Jimmy-Junior zu mir und setzte sich auf einen Stuhl am Kapitänstisch. Ich setzte mich an den Passagiertisch. Er könne mir nicht helfen, sagte er. Das sei traurig, dass wir schon gehen müssten. Ich merkte, dass er nicht einmal darüber nachgedacht hatte, wie er uns helfen konnte. Er nahm seine weiße, flache Kochmütze vom Kopf und wischte sich mit dem Unterarm über die Stirn. Er würde den ganzen Tag arbeiten, Kartoffeln, Zwiebeln, Möhren, Hühnchen, Kaffee, putzen, zählte er auf, Woche für Woche und Monat für Monat und Jahr für Jahr, aber was er hier machte, sei der Traumberuf vieler philippinischer Männer. Und das wüsste er auch jeden Tag, jede Stunde an jedem dieser langen Tage und Wochen und Monate. Wenn er Urlaub habe und zu Hause sei, dann wären alle stolz auf ihn. Das Geld, was er verdient, das sei so viel, dass er allen etwas abgeben konnte. Die Eltern hatten einen kleinen Laden für Lebensmittel. Der Onkel hatte ein Boot, seine Neffen hatten Essen. Es gäbe keinen Tag, an dem er nicht an zu Hause dachte, aber er wüsste, dass sie auch an ihn denken. Er habe sich für eine Ausbildung beworben und dann ein Stipendium bekommen, denn jedes Jahr bekommen Hunderte von Kindern aus armen Gegenden die Chance auf eine Ausbildung für die Seefahrt. Er war in eine sehr große Schule gekommen, in der viele Küchen waren, wie sie auf Schiffen aussehen. Es waren auch Kabinen nachgebaut und große Speisesäle und Wäschereien, wie es sie an Bord von Luxusschiffen gibt. Tausende von jungen Menschen wurden dort ausgebildet, zur See zu fahren. So eine Ausbildung sei teuer. Kein anderes Land stellt so viele Arbeitskräfte auf dem Meer wie die Philippinen. Und kein anderes Land habe so viele Arbeitskräfte im Ausland. Die Regierung bekomme viel Geld dafür, dass sehr viele der jungen Menschen ins Ausland gehen. Und wenn einer im Dorf so eine Stelle bekommt, dann jubelt das ganze Dorf, denn so einer könne mehr Geld verdienen als alle im Dorf zusammen.

Ich rührte in meinem Tee. Was er mir erzählte, klang wie ein Märchen. Er hatte einen Topf mit Gold am Ende des Regenbogens gefunden. Ich hatte mich nie gefragt, wie es demjenigen geht, der den Topf findet. War der Topf eigentlich schwer? Wie viel gab man davon ab? Was war, wenn der Topf eines Tages leer war?

Und so geht es allen hier, sagte er, Arnel, Jocar, Joriz, Rolando, Darwin und Romeo. Und niemand möchte seine Stelle gefährden. Wenn ein Kapitän etwas entscheidet, dann ist das so. Das gehört dazu.

Ich trank einen Schluck, zu heiß. Zwischen mir und ihm war

trotzdem alles gut. Er hatte mir das nicht erzählt, um sich damit zu entschuldigen. Er verzog das Gesicht nicht. Er zuckte nicht die Achseln. Und ich tat auch nichts davon. Er hatte es mir nur erklärt. Ich sollte es einfach nur wissen. Wir verabschiedeten uns. Ich hörte beim Gehen, wie er schon wieder in der Küche stand und große Möhren klein schnitt.

Ich wusste jetzt also, dass wir niemanden von den philippinischen Männern fragen mussten. So hatte ich das verstanden. Hoffentlich hatten Yvette und Freigunda mehr erreicht. Für Daris und Oleksiy war ihre Arbeitsstelle auf dem Schiff sicherlich auch wichtig, und es war bestimmt auch viel Geld, und auch für sie war klar, dass der Kapitän entschied. Ich wäre jetzt gern spazieren gegangen. Ich hatte Sehnsucht nach der Entscheidung, wohin ich lief.

Vielleicht fehlte mir auch einfach das Gassigehen mit Kajtek oder einfach Kajtek. Es war ja eher ein Gassistehen inzwischen. In dem Moment kam es mir vor, als liefe er neben mir, Kopf neben meinem Knie, ganz nah.

Wegen dieser Spaziergehstimmung benutzte ich die Außentreppe anstatt der Innentreppe. Ich schob die schwere Tür auf. Kalte Luft kam in den Gang und in meine Gedankengänge. Wir waren am Arsch beziehungsweise am Ende der Reise. Wir würden in Spanien aussteigen müssen. Ich trat nach draußen auf das Metallgitter der Treppe und ließ die Tür zuknallen. Das war's, dachte ich. Es war windstill. Meine Augen tränten trotzdem. Ich musste einfach heulen. Es war so anstrengend, nicht zu wissen, wie es weiterging und wie ich das fand. Mein Standpunkt war gerade genauso, wie mein Standpunkt gerade war: nur ein Gitter mit freiem Blick nach unten, keine Sicht nach vorn, nur Sicht nach hinten. Dieser ganze lange Weg, den wir zurückgelegt hatten. Und dann yogate sich Francesca gegen die einzigen zwei Möbelstücke in ihrer Kabine. Ich konnte mir einfach nicht vorstellen, wie wir von Spanien aus nach Marokko kommen sollten. Ich stellte mir uns in Zügen und Autos vor, in Bussen und am Ende auf der Fähre. Klar, musste ja sein. Bea und ihr Vater brauchten Hilfe, und ich hatte geschrieben, dass wir kommen, aber würden wir das ohne Schiff schaffen? Die Tränen rollten an meinem Gesicht runter. Die Spuren wurden kalt. Ich schnaufte mit einem enormen Pferdegeräusch und versuchte mir vorzustellen, dass ich gleich eine flammende Rede hielt, dass wir das tun mussten und so weiter, weil und so. Dabei fühlte ich mich gerade nur schlapp und würde gern eine schlappe Rede halten, dass wir einfach nach Hause fahren sollten, der Polizei die Videos von Bea zeigen. Was sollte das mit «Keine Polizei!»?

Unter mir hörte ich Stimmen. Zwischen meinen Füßen sah ich durch das Gitter Yvette und Oleksiy aus dem Maschinenraum kommen. Zwei Etagen unter mir. Oleksiy legte Yvette die Hand auf die Schulter. Er bückte sich, um ihr ins Gesicht sehen zu können, als wolle er ein kleines Kind aufmuntern. Verdammte Scheiße. Das war so klar, was er gerade sagte. Der Kapitän entscheidet. Kann man nichts machen. Mir wurde langsam kalt, weil ich ohne Jacke los war.

«Yvette!», rief ich. Sie schaute überallhin, aber nicht nach oben, erst als ich sie noch mal rief. Fast im selben Moment hörte ich Freigundas Stimme meinen Namen rufen und brauchte auch einen Moment, um zuordnen zu können, dass es von oben kam. Ich drehte mich um und blinzelte Richtung Sonne, wo Freigundas Umriss stand. Die Ohrklappen ihrer Mütze flappten, als sie die Treppe runterklapperte. Ich legte die Hand an die Stirn, damit mich die Sonne nicht so blendete, die hinter Freigundas Rücken mal hinter der linken, mal hinter der rechten Schulter hervorstrahlte. Die Treppe geriet ordentlich in Schwingung und sirrte, als Yvette von unten hochstürmte. Das Rohr des Geländers übertrug, wie Yvette die Hände daran setzte. Dann waren beide bei mir. Zeitgleich sagten Yvette und ich: «Und?»

Ich schüttelte den Kopf, Yvette zeigte mit dem Daumen nach unten. Freigunda sagte, dass es noch eine Chance gäbe, aber die würde uns nicht gefallen.

Gegen Mittag kam ein Hubschrauber näher. Ich saß am Fenster und hatte nach einem Boot Ausschau gehalten. Dass wir nicht anlegen würden, war klar, weil das den ganzen Zeitplan durcheinanderbringen würde. In Vigo wurde ja auf die Lexy Barker gewartet. Der Hubschrauber war schon eine halbe Stunde vorher zu sehen. Ein kleiner Punkt an einem sonst leeren Himmel über einem leeren Meer. Unter dem Fenster die karierte Fläche aus unterschiedlichen Containern.

Die Maschinen stoppten. Das war nicht wie ein Schalter, der umgelegt wurde, sondern es fand in mehreren Stufen statt. Erst war dieses Geräusch weg, das tiefere, dann das andere, das stampfende. Als wären die Geräusche in ein Loch im Meer gestrudelt, strudelten alle anderen Geräusche hinterher. Das Nachbeben der Maschinenkraft, das letzte Vibrieren und Dröhnen, und dann war es so still, als hätte ich meine Ohren zugeklappt, so wie man seine Augen zuklappen kann. Ich sperrte meine Ohren auf und noch weiter auf, aber es gab nichts zu hören. Wie Dunkelheit.

Wir standen, wir trieben, eine Plattform, die jetzt auf eine ganz andere Art schaukelte. Ich kam mir auf einmal komisch vor, einfach so auf dem Meer. Keine Ahnung, warum, ich war ja nicht das Schiff, aber dass wir uns nicht von allein bewegten und nur so dümpelten, kam mir komisch vor. Ein Floß aus Korken mit einem Blatt als Segel.

Yvette und Freigunda riefen nach mir. Wir gingen gemeinsam runter aufs Upper Deck. Es war windstill, sonnig, und alles sah aus wie in einer Vorabendserie. Daris und einer aus der Mannschaft waren schon da. Ich wusste nicht, wie er hieß. Ich wusste nur, wie er nicht hieß. Es gab nur zwei Männer, bei denen ich nicht wusste, wer wer war. Einer hieß Rolando. Den anderen Namen hatte ich mir nicht gemerkt. Also war das hier vielleicht Rolando. Ein großer, breitschultriger Mann. Er nickte uns zu. Ich war überrascht, dass er nicken konnte, denn sein Hals war so muskulös, als wären Kopf und Hals aus einem Stück. Francesca war noch nicht da. Der Hubschrauber inzwischen sehr nah. Er war gelb mit einer roten Schrift. Das Geräusch klang viel näher, als er war. Aber wie sollte der hier landen?

«Ich finde es richtig, dass wir uns verabschieden», sagte Freigunda. «Es gehört sich so.»

«Ich will mich nicht verabschieden», lachte Yvette. «Ich will sehen, wie sie wegfliegt.»

Als Francesca kam, sah sie nicht aus, als wollte sie sich verabschieden. Sie stellte sich ein Stück von uns weg. Ihren Koffer hielt sie fest, als würde ihr den jemand wegreißen wollen. Ihre Jacke hatte sie nur halb an, weil der bandagierte Arm nicht in den Jackenärmel passte. Sie tat mir leid, richtig aufrichtig leid. Ich war ein Golden Retriever. Ich wollte hingehen und wedeln, bis alles wieder gut war. In Gedanken entschuldigte ich mich bei ihr und bat sie, sich auch zu entschuldigen. So hätte ich es gern gehabt.

Spartak Antipenko kam die Außentreppe runter. Er grüßte in unsere Richtung und ging dann zu Daris, der mal wieder ein Klemmbrett bei sich hatte. Antipenko unterschrieb irgendwas und ging mit dem Klemmbrett zu Francesca. Der Hubschrauber schwebte inzwischen direkt über uns. Die Rotorblätter quirlten die Luft. Der Pilot schaute zu uns runter. Er war passend zum Hubschrauber angezogen, rot und hellgelb. Daris sprach in ein Funkgerät. Dann fiel etwas aus dem Hubschrauber, das aber dann doch nicht fiel, weil es an einem Seil war und, als es sich komplett auseinandergefaltet hatte, einige Meter über uns schwebte. Daris redete jetzt sehr laut in das Gerät, und noch jemand redete sehr laut. Francesca. Sie weigerte sich, anzukreuzen, dass sie die Kosten selbst tragen würde. Für den Krankentransport, für ihre Behandlung im Ausland, die Kosten für die Verzögerung der Reise. Sie flehte den Kapitän an, dass sie nicht von Bord müsste. Das würde sie ruinieren, schrie sie ihm nach. Ob er das verantworten könnte? Sie sei Mutter von zwei Kindern. Er habe doch auch zwei Kinder.

Antipenko behauptete, dass ihm das leidtäte, aber er könne da nichts tun. Sie sei nicht reiseversichert. Damit habe er nichts zu tun. Seine Handbewegungen in Richtung Daris waren eindeutig Anweisungen, dass er sich darum kümmern sollte. Dann klapperte Antipenko die Außentreppe nach oben, grüßte zum Hubschrauber hoch und ging auf die Brücke, wo es gerade eigentlich nichts zu tun gab.

Die Mischung aus Francescas Gezeter und dem Hubschrauberschrappen war furchtbar, wie zwei Frequenzen, die sich verstärkten und einen dritten Ton erzeugten. Der Hubschrauber senkte sich noch weiter ab. Das Seil und das, was unten noch dranhing, kam wie in Zeitlupe auf dem Deck zu liegen. Der Hubschrauber drückte die Luft runter und Daris' Haare ganz fest an seinen Kopf. Daris sagte noch etwas in das Gerät, klemmte es sich oben an die Latzhose und begleitete dann Francesca zu dem sackähnlichen Stoffstück, dass bei uns gelandet war. Er führte sie an dem nicht verletzten Arm und versprach, dass er mit der Reederei sprechen würde. Francesca jammerte immer noch.

Ich sah Yvette an.

Die zuckte die Schultern.

«Wir haben keine Reiseversicherung?», fragte ich. Als ich die Reise für mich und meine Eltern gebucht hatte, hatte ich alle möglichen Versicherungen dazugebucht. Zumindest ich musste versichert sein. «Yvette! Sind wir versichert?» fragte ich noch mal.

«Doch! Klar!», sagte Yvette.

Francesca weinte und weigerte sich, den Zettel zu unterschreiben. Sie weinte immer schlimmer.

Wenn wir uns jetzt nicht verabschiedeten, dann war es vermutlich zu spät. Ich schaute Yvette und Freigunda an. Wir blieben alle drei einfach wie festgeklebt stehen, wo wir standen. Das Geräusch vom Hubschrauber drückte mich noch fester an meine Position. Es tut mir leid, dachte ich, auf Wiedersehen. Francescas Koffer wurde an dem Seil befestigt. Der Hubschrauber flog ein Stück hoch. Der Mann, der vielleicht Rolando hieß, half Daris, das Stoffstück in einen Sitz zu verwandeln und dann Francesca hineinzusetzen und festzuschnallen. Francesca hatte noch die Füße auf dem Deck, aber der Sitz schaukelte hin und her. Alle Schnallen wurde noch einmal kontrolliert und festgezogen.

Daris sprach in das Gerät an seiner Latzhose, ohne es noch einmal abzunehmen. Englisch. Alles bereit. Up. Jetzt war es gleich zu spät, sich zu entschuldigen oder zu verabschieden. Ich wusste gar nicht, wofür entschuldigen. Dass wir hierblieben? Dass wir sie überredet hatten, mitzukommen? Hatten wir das? Sie wollte doch.

Als der Sitz sich langsam weiter hochhob, drehte sie sich zu uns, verheult, und das tat mir wirklich alles leid, aber mit einem Gesicht wie böse Hexen. Ihr Haar wehte hoch und schwebte über ihr wie angreifende Schlangen, und wenn es wirklich welche wären, dann hätten auch sie ihre Köpfe alle zu uns gedreht, zu mir, Yvette und Freigunda, und aus allen Mäulern kam ein gemeinsamer Fluch. «Dafür werdet ihr bezahlen!», schrie sie und heulte dabei.

Vermutlich meinte sie wirklich bezahlen, also mit Geld, aber es klang wie ein Fluch. Die Rotorblätter zerspritzten ihre Schreie über das ganze Meer. Daris rief etwas in das Gerät. Dann versuchte er Francesca zuzurufen, dass sie sich ruhig verhalten solle. Zu ihrer Sicherheit, rief er. Sie solle sich ruhig verhalten. Tatsächlich hörte sie auf zu kreischen, aber starrte uns weiter an, als könnten ihre Augen kreischen, und egal wie weit sie sich entfernte, hatte ich das Gefühl, dass ihre Haare und ihre Blicke uns immer noch verfluchten.

«Oh! Mein! Gott!», sagte Yvette. «Oh! Mein! Gott!»

Ich hatte nicht das Gefühl, dass der Hubschrauber sich entfernte, sondern dass ich mich entfernte, rückwärts durch einen Tunnel gezogen, vom Licht weg. Das Meer sah friedlich aus, der Himmel völlig ungestört bis auf diesen nun immer kleiner werdenden hellgelben und roten Hubschrauber, an dem etwas dranhing. Noch weiter entfernt sah ich ein Schiff, ebenfalls hellgelb und rot. Francesca wurde also nicht stundenlang über das Meer geschwenkt. Bei diesem Schiff dort würde ihre Sesselhängefahrt schon vorbei sein. Sie würde erstversorgt und in ein Krankenhaus gebracht werden und dann nach Hause fahren. Dort könnte sie ihre Kinder in den vergipsten Arm nehmen. Ich stellte mir vor, dass sie dann glücklich war. Davon abgesehen, dass ihr Fluch natürlich kein Fluch war, würde sie ihn spätestens dann aufheben. Hoffte ich.

«Kann deine Familie die Kosten des Krankentransportes übernehmen?», hörte ich Freigunda neben mir. Ah ja, es ging weiter. Es ging ja immer irgendwie weiter.

«Ja!» Yvettes Stimme auf der anderen Seite von mir. «Aber ich denke, wir sind versichert.»

«Gerade hast du noch gesagt, wir wären auf jeden Fall versichert», sagte ich. Ich hatte sie doch gerade eben erst gefragt, und sie hatte gesagt …

«Doch! Klar!», sagte sie wieder.

Na bitte. Alles würde gut werden. Francesca würde ihren Fluch aufheben. Ich war so ein Golden Retriever, wirklich, wedel, wedel, alle sollten sich liebhaben. Ich hatte sowieso schon den ganzen Tag an Kajtek gedacht, weil meine Gedanken an ihn so stark waren, als wäre er bei mir. Ich musste gar nicht selbst an ihn denken. Irgendetwas dachte ihn zu mir. Er war einfach da. Ich wollte auch nach Hause. Jetzt wusste ich ja, wie das ging. Sich Kopf und Arm voran gegen einen Tisch werfen.

Nein, Quatsch. Kajtek musste warten. Er wusste nicht, wie Zeit vergeht. Wenn ich wieder da war, war ich wieder da. Dann würde er vergessen, dass ich weg war.

Ich hörte das sanfte Gluckern des Wassers gegen den Schiffsrumpf. Das Meer war kaum bewegt, wenn das fahrende Schiff es nicht pflügte. Einen großen Teil der Wellen um das Schiff machte das Schiff selbst. Vielleicht war das mit uns auch so. Wenn wir hier stehen blieben bis zum Ende der Reise, würden wir auch weniger Wirbel veranstalten. Einfach still stehen bleiben.

«Wir haben eine Verabredung», sagte Freigunda, und der Kleber löste sich von unseren Füßen.

Als wir reingingen, wurde der Schiffsmotor wieder angeworfen. Es pockerte, lief an und ergriff das ganze riesige Teil, auf dem wir waren. In wenigen Minuten würden wir wieder Fahrt machen, nur ohne Francesca. Wir hatten jetzt eine neue Aufsichtsperson.

Nachdem Freigunda uns vormittags auf der Außentreppe erklärt hatte, was Daris versuchen würde, um uns zu helfen, waren wir in die Kabine zu Antonia und hatten gewartet, ob das klappt. Zu dem Zeitpunkt waren wir zwischen Koffer packen und Koffer nicht packen. Eine beschissene Viertelstunde lang. Dann war Daris gekommen und hatte, so wie es die Regeln an Bord vorschreiben, seine Schuhe ausgezogen und in Socken bei uns in der Kabine gestanden wie ein Tannenbaum im Sommer. Wir hatten alle gesessen. Man saß überhaupt viel bei einer Schifffahrt, und vielleicht wollte Daris deshalb stehen bleiben. Er war kein Stück anders als am ersten Tag. Wir hatten doch jetzt einiges, das uns verband, aber er blieb so knapp, wie er von Anfang an war. Es war kein super Angebot, das er uns machte, aber besser als nichts. Jemand von der Mannschaft würde unsere Aufsichtsperson werden. Als er sagte, dass Kusmyn das sein würde, klappte uns der Unterkiefer runter. Daris sagte sehr klar, dass wir jetzt auf Kusmyn zu hören hätten, sonst würde der von dieser Vereinbarung wieder zurücktreten. Er, Daris, habe dafür gebürgt, dass wir zuverlässig und vertrauenswürdig seien. Ich fragte mich allerdings, wer dafür bürgte, dass Kusmyn das auch war. Über diesem Gespräch hing eine Spannung wie ein durchsichtiger Deckel. Ich kam mir vor wie in einer Tupperdose.

Das Letzte, was Daris gesagt hatte, war, dass Kusmyn zu uns käme, Punkt zwölf Bordzeit. Und das war jetzt.

«Eigentlich ist jetzt unsere Essenszeit», maulte Yvette. «Das weiß der auch. Ich hab Hunger.»

«Er ist nun unser Vormund.» So wie Freigunda das sagte, fehlte nur noch Amen.

Yvette schüttelte den Kopf. «Vormund? Dann ist er auch dafür zuständig, dass wir ordentlich versorgt sind. Und jetzt steht unser Mittagessen da. Vorher dürfen wir nicht in die Messe, weil die Mannschaft isst, und in einer halben Stunde räumt der Koch unser Essen weg.»

«Er wird's hoffentlich kurz machen.» Freigunda riss die Tür zum Treppenhaus auf, was im Schiff übrigens Niedergang hieß. Niedergang, auch wenn man hochging. So war die Situation grade. Genauso.

«Wir sind seine Mündel», sagte Freigunda wieder in diesem Amen-Ton.

Mündel war ja noch schlimmer als Vormund. Wie aus einem Märchen. Da waren solche Vormunde zu ihren Mündeln oft nicht so nett. Die mussten Erbsen aus der Asche sortieren und in Sack gekleidet gehen.

Als wir fünf nach zwölf in unsere Kabine kamen, war Kusmyn schon drin, weiße Handschuhe wie immer, sehr zufriedenes

Gesicht. Keine Ahnung, wie er reingekommen war. Schlüssel sicherlich, aber gruselig auf jeden Fall.

Punkt zwölf Bordzeit ist Punkt zwölf Bordzeit, sagte er. Er zeigte, dass wir uns neben Antonia stellen sollten, die er bestimmt schon fünf Minuten da stehen ließ. Kusmyn setzte sich, so weit es ging, von uns weg auf die Eckbank, die Beine übereinandergeschlagen, die Arme oben auf der Lehne abgelegt wie erschöpfte Flügel. Er hatte seine Schuhe an.

Wir standen die ganze halbe Stunde, die er sprach. Yvettes Magen knurrte ein paarmal. Kusmyn sagte, dass das hier seine Kabine gewesen sei, bevor man entschieden hatte, Touristen mitzunehmen. Touristen klang bei ihm so wie Knallfrösche. Das sei die schönste Kabine. Er habe sich hier immer sehr wohl gefühlt. Dabei wippte er mit dem Fuß des übergeschlagenen Beines, ebenfalls ganz langsam, als ob der zu allem nickte. Ohne dass ich es wollte, begann ich auch regelmäßig und langsam zu nicken.

Ja, die Aussicht sei hier fast so gut wie die in der Kapitäns- kabine. Und er zeigte nach oben. Genau darüber. Ein Kapitän müsste jederzeit nach vorn sehen können. Ein Erster Offizier auch, aber seine neue Kabine sei zur Seite raus. Wie ein Tourist. Und das klang jetzt wie beschissener Knallfrosch. Er habe über- legt, mit uns zu tauschen. Der Kapitän habe ihm freie Hand gegeben für alles, was mit uns zu tun hat. Aber er habe sich dagegen entschieden, verkündete Kusmyn. Das lohne sich ja nicht für die paar Tage. Er habe ja jetzt nur wenige Tage die Freude, für Kinder zuständig zu sein. Er habe ja keine eigenen Kinder. Die Natur habe manchmal andere Pläne.

Nun habe er aber eine sehr junge Frau, sagte er. Die hätte sehr gern ein Kind.

Sein Fuß nickte ganz langsam. Und weil das nun ein so gro- ßer Herzenswunsch seiner Frau sei, habe er den kleinen Affen gekauft. Die Rettung dieses Tiers sei ihm sehr wichtig. So wichtig, dass er alles dafür tat, dass der Kleine zu Kräften komme. So wichtig sei ihm das, dass Daris nicht weiter auf diesem Schiff arbeiten würde, sollte das Affenjunge sterben. Wie sich aber gezeigt habe, sei Daris damit überfordert, und nun habe diese junge Dame schon begonnen, bei der Rettung zu helfen. Wie er gehört habe, hätte der Affe inzwischen auch getrunken, was aber einer anderen Dame zu verdanken sei. Wichtig sei ihm, dass das Tier gut versorgt ist. Daher werde das Affenjunge zu uns kommen. Er, Kusmyn, würde jederzeit danach sehen, wenn ihm so wäre. Sollte das Affenjunge nicht überleben, dann könnte es ein, dass er eine Meldung machen müsste, dass hier ein nicht gemeldetes Mädchen mitreist. Dies würde zu einer Klage durch die Reisegesellschaft führen. Der finanzielle Schaden könnte erheblich sein. Aber, er nahm seine langen dürren Flügel von der Lehne der Eckbank und klappte sie ein und die Hände bedauernd nach außen, sein finanzieller Schaden bei Verlust des Affen sei auch erheblich. Wir könnten davon ausgehen, dass er in nicht allzu langer Zeit ein weiteres Affenjunges organisieren würde, welches dann von ihm gerettet werden müsste. Gerettet sagte er sehr gedehnt, als sei es ein Wort, in dem man sich verlaufen könnte, und dann käme man woanders heraus als bei der ursprünglichen Bedeutung. Ein weiteres Affenjunges wäre erneut Waise, damit er es retten könnte. Dass es nur ein armes Waisenkind war, damit er es rettet, wüsste seine Frau nicht. Für ein verwaistes Affenkind müssten mehrere Affen erschossen werden. Die Mütter würden vom Baum geschossen, und beim Sturz würden bedauerlicherweise oft auch die Affenbabys mit sterben. Bedauerlich sagte er auch so, als könne man so rum und so rum in das Wort gehen und so rum und so rum wieder rauskommen, als gäbe es kein Vorn und kein Hinten, kein Richtig und kein Falsch. Das sei ein unerfreulicher Nebeneffekt. Davon würde seine Frau nichts erfahren.

Das war alles abgrundtief widerlich, was er redete und wie,

fand ich. Wie dem Teufel in die Poperze kucken. Und da war's finster. Er hatte nicht mal versucht, irgendetwas zu verbergen. Er war daran gewöhnt, dass für ihn andere Regeln galten, einfach weil er herausgefunden hatte, dass es ging. In dem Moment kam er mir vor wie hinter einem Energiefeld, das wir nicht stören würden, weil wir uns an solche Sachen hielten wie: Tu nichts Unrechtes. Die meisten Menschen hielten sich entweder daran, weil sie es richtig fanden oder weil sie nicht bestraft werden wollten. Aber für Kusmyn galt das nicht. Er durfte die Schuhe in der Kabine anlassen.

Er hatte die Arme wieder auf die Lehne gelegt, ganz weit geöffnet, der Brustkorb, nichts zu verbergen. Während er das Bein wechselte, damit auch mal sein anderer Fuß oben war und nicken konnte, sagte er so trocken wie das Innere von aufgebrochenem Stein, dass ab jetzt Folgendes gälte: Sollten wir ein Wort über den Affen verlieren, würde dieser sterben, und sollte das auch in vielen Jahren sein, es würde immer ein Affe sterben, denn ab jetzt würde seine Frau immer ein Affenjunges haben. Würde ein Affenjunges zu alt werden, würde ein neues besorgt. Das war so einfach gewesen, dass er sich dieses süße Geschenk für seine kleine Frau gern leiste, damit sie nicht so allein sei, wenn ihr lieber Mann zur See fuhr.

Die Worte süß, klein und lieb bedeuteten auf seiner Seite des Energiefeldes irgendetwas.

Wenn ich mich immer gefragt hatte, warum so viele Dinge auf der Welt möglich waren, die ich nicht fassen konnte, die passiert waren, die gerade passierten, die noch passieren würden, dann saß da die Antwort vor mir: da! Weil es wirklich böse Menschen gab. Da saß einer. Und er schämte sich keinen Moment, und nichts konnte ihn dazu bringen zu glauben, es wäre besser, so zu sein wie jemand, dem eine Affenmutter leidtat, die von einem Baum geschossen wurde. Und noch eine. Und noch eine. Ich war mir sicher, dass er sogar selbst schießen würde. Und weil mir das alles so glasklar klar war, verlor ich das erste Mal den Mut, an die Seite zu glauben, auf der wir standen. Wenn ich mich auf ihn stürzen würde, um ihn zu töten, müsste ich unsere Seite verlassen, zu ihm durch das Energiefeld springen, und dann war ich auf seiner Seite. Wenn ich ihn jetzt tötete, damit er aufhörte, böse zu sein, dann hatte er mich damit auf seine Seite gezogen. Er war absolut geschützt da drüben, weil er wusste, dass wir nicht wie er waren. Er hatte eine Superkraft, und die hieß scheiße sein.

Wir hatten ihn ja wohl verstanden, er rieb sich die Hände. Noch eine Sache. Und seine eine Hand wurde eine Faust, und die andere lag darum wie eine Basisstation, in der die Faust aufgeladen wurde, bis sie ihre volle Kraft erreichte. Da wir nicht nur Kinder wären, sondern Mädchen, hieße es wachsam sein. So viele Männer an Bord. Sein Fuß wollte, dass ich nickte. Ja, du bist ein Mädchen, schutzlos und einfach kein Mann. Ich spannte die Schultern an, um nicht zu nicken.

Ein Schiff sei gefährlich, sagte er jetzt. Weil er nun die Verantwortung trüge, habe er beschlossen, dass wir in der Kabine bleiben, bis auf die Essenszeiten. Er zählte auf: kein Plaudern mit dem Koch in der Küche, auf den Schränken sitzend.

Das klang bei ihm, als hätte ich in die Kaffeemaschine gekackt.

Keine Arbeiten auf dem Schiff. Das sei die Arbeit der Männer. Sie würden gut genug dafür bezahlt. Kein Küssen an Deck. Keine Zigarettenpausen mit dem Ersten Maschinisten. Keine Nutzung des Schiffsnetzes. Das Kennwort sei jetzt geändert. Bei Verstößen Bestrafung der Mannschaft. Aus seiner Hosentasche kam ein kurzer Signalton. Halb eins, sagte er. Eure Mittagszeit ist vorbei. Dann stand er auf, ging bis zur Tür, wo er so lange stand, bis Antonia sie für ihn öffnete, und ohne eine Verabschiedung ließ er uns zurück.

«Kacke!», sagte Yvette. Sie setzte sich dahin, wo gerade noch Kusmyn gesessen hatte, bestimmt war die Stelle noch kalt von seinem Arsch. Sie schlug die Beine übereinander und legte ihre Arme auf die Lehne. «Außerdem ist es verboten, mich nachzumachen.»

Freigunda, Antonia und ich setzten uns auf den anderen Teil der Eckbank.

Yvette wippte ganz langsam mit ihrem Fuß und machte auch Kusmyns Mimik verblüffend gut nach. «Ich laber jetzt exakt so lange, bis eure Essenszeit vorbei ist. Laber, laber, laber, huch. Tut mir gar nicht leid.»

«Du hast ein zu großes Problem mit Autoritäten», sagte Freigunda.

«Ja, und du ein zu kleines.» Yvette stand auf und ging in die Nebenkabine. «Ich hab noch Fitnessriegel», rief sie und kramte drüben in ihrem Fitnessriegelgeheimversteck. Sie kam zurück und bewarf uns mit Riegeln. Einige warf sie einfach in die Luft. Überall flogen Fitnessriegel herum. «Gewinnausschüttung!», rief sie. «Ich lass mir doch von dem nicht die Laune verderben. Der kann mich mal! Dass wir hier stehen müssen wie blöde Kinder und er uns verbieten will, die Kabine zu verlassen. Ich denke, dass er das ...», sie riss einen der Riegel mit den Zähnen auf und spuckte das bunte Papier seitlich weg, «... nicht darf!» Sie zeigte mit dem angebissenen Riegel auf uns. «Wir haben die Reise bezahlt. Wir haben einen Vertrag unterschrieben, und in dem steht nicht drin, dass wir in der Kabine bleiben müssen.» Sie steckte sich den ganzen Riegel in den Mund und warf das Papier hoch. «Wir werden ihn verklagen.»

Neben mir fing Antonia an zu weinen. Sie rollte sich zusammen, Knie hoch, Arme drum, Kopf rein. Ich umarmte diese Kugel, legte mich schützend drum herum und steckte meinen Kopf mit rein.

«Ich finde es auch nicht gut», hob Freigunda an. «Aber

im Moment sollten wir uns daran halten, um niemanden zu gefährden.»

«Auch nicht gut?», fragte Yvette. «Ich finde es richtig, richtig übel. Ist dir klar, was er gesagt hat? Er hat gesagt, dass wir nichts machen können, ohne irgendwem zu schaden. Wir sind in der Hand von diesem Sadisten. Dem macht das Spaß! Und wenn er morgen eine bessere Idee hat für irgendwelche Regeln, dann wird er die uns morgen einfach mitteilen.»

Ich hatte den Kopf in der tröstenden Kugel aus Antonia und mir und hörte, dass Yvette herumlief. Ich hörte sie einen weiteren Riegel aufknistern, ein weiteres Stück Verpackung wegspucken und sie mit vollem Mund sprechen. «Wir müssen jetzt sofort sagen, dass wir das nicht akzeptieren. Das ist Freiheitsberaubung. Wenn wir hier sitzen und warten, wann er wieder reinkommt, um uns mitzuteilen, dass wir für ihn tanzen sollen, dann tanzen wir, oder was?» Ich hob meinen Kopf aus der sicheren Antonia-ich-Kugel und sah zu, wie Yvette herumtanzte und brüllte: «Klar, Herr Offizier! Sollen wir so tanzen oder so? Das Bein ganz hoch? Na klar! Noch höher das Bein!» Sie stand auf einem Bein da und zerrte mit beiden Armen ihr Bein hoch. «BIS ANS OHR!», brüllte sie. Dann fiel sie um und begann zu fluchen und um sich zu treten, gegen den Tisch, den Schrank. Sie hämmerte ihre Fäuste gegen den Boden, gegen ihren Kopf, den Kopf gegen den Schrank. Dabei brüllte sie die ganze Zeit.

Vielleicht einen Moment zu spät, aber immerhin, war Freigunda bei ihr, setzte sich auf sie und fixierte Yvettes Arme auf dem Boden. Irgendeiner dieser Handgriffe machte es Yvette unmöglich, sich weiterzubewegen. Sie bäumte sich einmal auf und blieb dann liegen. Freigunda lockerte den Griff und setzte sich neben sie. Sie strich ihr über den Kopf und sagte immer wieder: «Ist gut. Ist gut. Es ist gut.» Ganz gleichmäßig, von vorn nach hinten, mit festen Bewegungen. Dann legte sie ihre Hand auf Yvettes Rücken, und es war ganz klar, wie lange ihre Hand dort liegen würde. So lange, wie Yvette das brauchte.

Während die beiden so saßen und lagen, lösten Antonia und ich unsere Verkugelung und begannen Fitnessriegel zu essen. Ich hatte keine Lust, was zu sagen. Es war scheiße. Mehr gab es erst mal nicht zu sagen. Yvette drehte sich auf die Seite und rollte sich ein, den Kopf in Freigundas Schoß.

Es war ganz still in der Kabine, in der schönsten Kabine auf der Lexy Barker, wie Kusmyn gesagt hatte. Die Sonne kam in die Kabine und wippte ihren beleuchteten Ausschnitt über die beiden Mädchen am Boden bis zur Tür. Die Abgrenzung von Licht und Schatten verschob sich auf der Tür hin und her.

«Du hast den Schrank kaputtgemacht», sagte Antonia.

«Ich hab den Schrank kaputtgemacht», wiederholte Yvette.

Die Füllung der Schranktür war gesplittert.

«Wenn das Kusmyn sieht», murmelte Yvette. «Dann bekommen wir Stubenarrest.»

Wir lachten ein bisschen, aber eigentlich war das echt der fucking Tiefpunkt. Jetzt mussten wir uns daran gewöhnen, dann kam er uns nicht mehr so tief vor.

Wir hatten tatsächlich keinen Zugang mehr zum Internet. Aber abends würden wir in Vigo anlegen, und bestimmt gab es dann Empfang von irgendeinem Anbieter. Das war wirklich nicht unser größtes Problem, aber schon ein großes. Wir konnten keine Nachrichten von Bea oder Mimiko bekommen, nichts recherchieren, keine Hilfe anfordern, obwohl wir auch gerade nicht wussten, wen wir um Hilfe bitten könnten. Nur Francesca eigentlich, und die würde uns wohl eher nicht helfen. Wir überlegten, Mimiko anzurufen, aber wir waren so weit vom Festland entfernt, dass wir sowieso nicht telefonieren konnten. Ich wusste gar nicht, ob ich in meinem Leben schon mal an einem Ort gewesen war, wo man nicht telefonieren konnte.

Wir könnten versuchen, in Vigo vom Schiff zu gehen, was absurd war, weil wir noch am Morgen totale Angst hatten, dass wir mit Francesca das Schiff verlassen müssten.

Wir überlegten, was gewesen wäre, wenn wir mit Francesca von Bord gegangen wären. Wir hätten Kusmyn ganz entspannt wegen Tierschmuggel anzeigen können. Das wurde uns nach und nach bewusst. Wir waren ihm so richtig ins Netz gegangen.

Die Stimmung in der Kabine war zäh. Zwischendurch hatte jede von uns mal eine Idee, die sie für gut hielt, aber dann sprach immer so viel dagegen beziehungsweise sprachen alle anderen dagegen. Das ging nicht, weil. Vor allem ging nichts, weil wir andere in die Scheiße reiten würden. Und weil wir nicht bei Bea ankommen würden. Die Situation war wie vierfach geknotet, an unsere Sicherheit, an die Sicherheit der Mannschaft, an die Sicherheit von dem Affen und an die Sicherheit von Bea und ihrem Vater.

Kurz nach drei zog der Affe bei uns ein. Daris brachte den Kleinen leider in Begleitung von Kusmyn, sodass wir nicht mit Daris reden konnten. Der Affe wurde an Antonia übergeben, und da klammerte er sich auch sofort fest. Das war unglaublich, dass er da war. Da setzte auch kein Gewöhnungseffekt ein. Wenn ich ihn sah, war ich ganz bei ihm und für ihn. Er starrte mit riesigen Augen auf die Versammlung von Menschen.

Ich hätte ihm gern gesagt, dass ich auch nicht wusste, was hier abging.

Daris hatte eine Tasche mit Milch, Windeln und Spielzeug dabei. Die schob er mit dem Fuß über die Türschwelle. Er hatte wahrscheinlich keine Lust, extra die Schuhe auszuziehen, was für Kusmyn natürlich nicht galt. Der stand schon wieder in unserer Kabine, als wäre alles seins, sogar der Mond von hinten und von vorn. Er wedelte Daris weg. Husch, husch, gehe er davon. Ob er auch den Mond wegwedelte? Verschwinde er vom

Himmel. Dass er sich mal nicht überschätzte. Daris schloss die Tür von außen.

Freigunda zog ihren Pullover aus und warf ihn schnell über die kaputte Schranktür, die ein Stück aufstand, weil sie versucht hatte, die Tür zum Reparieren abzuschrauben.

Yvette, Antonia und ich standen jetzt wieder wie Kusmyns persönliche Armee im Raum herum, befehlsbereit.

Er war dabei, sich zu setzen. Ich setzte mich auch, keinen Bock, hier so rumzustehen wie letztes Mal. Ich rutschte durch, damit sich die anderen auch setzen konnten. Jetzt saß ich ihm am nächsten. Auf meiner anderen Seite Antonia mit dem Affen, der den Kopf weit in den Nacken legte, um sich die Decke anzusehen. Es ging ihm deutlich besser. Seine Augen waren wacher, diese Kullern. Wenn er etwas ansah, bewegten sich seine Augenbrauen, als ob sie mitsahen. Ganz wach die Stirn und alles dahinter. Ich wollte quieken, wenn ich ihn ansah, weil er so süß war. Unglaublich, dass er hier war, direkt neben mir, so nah, dass ich alle kleinen weißen Härchen um seinen Mund sehen konnte, oder hieß das Schnauze? Maul? Mäulchen? Es war eine Schnute. Er presste die Lippen aufeinander, verschob sie hin und her, und die weißen Härchen stellten sich auf. Gegen das Licht sah seine Schnute aus wie Weidenkätzchen.

Kusmyn schnalzte mit der Zunge, dass es wie eine Peitsche knallte, damit wir ihn ansahen oder der Affe. Klappte beides. Hätte mich nicht gewundert, wenn wir einen Zuckerwürfel bekommen hätten. Brave Tiere waren wir. An unserem Käfig würde stehen «In Freiheit geboren».

Eine wirklich schöne Kabine sei das, sagte er. Er legte seine Arme wieder auf die Lehne. Ja, seine Lehne, aber meine Schulter jetzt nur zwei Zentimeter entfernt. Ich schüttelte mich. Hoffentlich hatte er das nicht mitbekommen. Oder sollte er doch. Ich will nicht in deiner Nähe sein, du Arsch.

Er stand auf und stellte sich hin.

Ich hatte ihn vergrault. Hah! Nähe fand er also nicht so gut.

Er verschränkte die Arme und schaute zu uns runter. Weitere Regeln, fing er an. Wie es Yvette vorausgesagt hatte. Hoch das Bein! Keine Schreierei in der Kabine, sagte er. Kein Trommeln, kein Schreien. Sollte so etwas noch einmal vorkommen, wird Meldung an die Reederei gemacht, wegen einer Person, die sich hier unbefugt aufhält. Sollten wir ihm nicht gehorchen, dann vielleicht auch Affe tot, nächster Affe. Das konnte er sagen, obwohl dieser winzige Kerl mit im Raum war. Direkt vor ihm saß er auf Antonias Schoß, die Lauscher wie Radartüten, diese schmalen Hände, die unseren ganz ähnlich waren mit den gefurchten Handflächen. Er griff gerade nach Antonias Haar und steckte es sich in den Mund, schüttelte den Kopf. Ohne es zu wollen, schüttelte ich auch den Kopf. Der Affe sah mich an und schüttelte noch einmal den Kopf. Ich hätte das gern erneut erwidert, aber Kusmyn hob gerade die Stimme und sagte, dass eine kaputte Schranktür reicht für eine harte Strafe. Und dann die Beschädigung noch versuchen zu verbergen. Er schüttelte den Kopf. Der Affe schüttelte auch wieder den Kopf.

Möglicherweise sei uns nicht bewusst, dass er das meint, was er sage. Wir hätten keine Disziplin. Landgang gestrichen. Du, er zeigte auf Yvette, gehst in die Kabine, die frei geworden ist. Du, er zeigte auf mich, holst das Essen für alle. Niemand verlässt die Kabinen, nur sie. Also ich. Das Essen stellst du bei ihr vor die Tür. Also bei Yvette. Ich bringe es ihr rein, wenn ich Zeit habe. Du gibst mir dein Messer. Also Freigunda. Und ohne zu zögern, gab sie ihm Gundastich in einer flüssigen Bewegung, als sei sie darauf trainiert worden: aufstehen, aus der Bank treten, Messertasche öffnen, genau auf eine Armlänge Abstand zu ihm gehen, sicher übergeben, Klinge nicht zum Mann.

Kusmyn sah das erste Mal kurz zufrieden aus. Wenigstens eine von uns war eine gute Befehlsempfängerin. Freigunda gab das Messer ab, als ob sie es nicht ihr ganzes Leben bei sich gehabt hatte. Gundastich hatte sie zur Geburt geschenkt bekommen. So wie jedes Kind in ihrer Familie ein Messer zur Geburt bekam. So zackig, wie Freigunda Gundastich übergeben hatte, wirkte es so, als fiele ihr das leicht. So wusste Kusmyn wenigstens nicht, welchen Wert das Messer für sie hatte. Freigunda setzte sich wieder hin.

Yvette starrte sie an. Aber dann war sie dran.

Du, sagte Kusmyn, also Yvette, und sein Finger dirigierte Yvette aus der Bank, hoch, mitkommen. So laut Yvette vorher auch behauptet hatte, dass niemand so mit ihr umgehe, verklagen, Menschenrechte, Würde, in die Eier treten, kann mich mal und so weiter, so wenig war jetzt davon übrig. Sie folgte dem Finger. An unsichtbaren Ketten abgeführt. Yvette drehte sich an der Tür noch einmal zu uns um, aber tat und sagte nichts, ein leeres Gesicht. Ein Schlüsselgeräusch in unserem Schloss. Eingesperrt.

Bis auf den Affen waren alle eingefroren von Kusmyns Kälte. Der Affe untersuchte Antonias Pullover. Er versuchte einen Zeigefinger in das Gestrickte zu schieben. Die Maschen des Pullovers waren zu dicht. Da war kein Reinkommen, kein Rauskommen, ein Netz, gefangen. Der Affe schüttelte den Kopf. Seine Ohren wackelten. Mir war nicht mehr nach Quietschen, obwohl es wirklich sehr süß war, wie er sich auf seine Pulloverforschung konzentrierte. Ich war gelähmt von allem. Und keine Yvette da, die das Richtige sagte, zum Beispiel: «Kacke!», oder: «So ein Arschloch!»

«Und jetzt?», fragte ich. Sah den Affen an, als ob da kein Affe saß. Da saß ein Affe, Mann! Aber ich fühlte nichts.

Antonia zuckte die Schultern. Freigunda antwortete auch nicht. Wusste ich ja selber, was jetzt. Nichts. Warten, wann wir uns daran gewöhnt haben, und dann Karten spielen. Landgang gestrichen. Gestern hatten wir noch mit Francesca überlegt, ob wir in den Zoo auf dem Berg gehen. Wir waren freie Tiere und hätten eingesperrte Tiere ansehen können. Alles gestrichen. Abends würde ich für alle Essen holen. Und ich würde ganz brav sein, keine falsche Bewegung, nicht mit Jimmy-Junior reden. Darum hatte Kusmyn mich ausgesucht. Die Feigste von allen. Wenn er sich nicht sicher war, ob ich feige genug war, dann würde er mich begleiten, ohne einen der Teller zu tragen. Er hatte auch Daris alles tragen lassen, den Affen, die Tasche. Wenn sich andere nicht die Hände schmutzig machten, machte er sich nicht mal die Handschuhe schmutzig. Warum hatte er ständig Handschuhe an? Wenn mein Kopf ein Raum wäre, dann rief es jetzt von ganz hinten, dass das doch interessant sei, die Handschuhe, da könnte ich doch mal drüber nachdenken. Aber der Rest in meinem Kopf rief: «Schnauze!»

Freigunda stand auf, ging zu dem flachen Schrank, nahm ihren Pullover von der kaputten Schranktür, zog ihn an und griff dann nach ihrem Gürtel. Keine Gundastich. Sie sah sich um. Dann nahm sie einen Löffel vom Tisch und versuchte die kaputte Schranktür weiter abzuschrauben. Sie rutschte ab. Der Löffel ratschte über das Holz.

«Du musst die Schranktür nicht mehr reparieren», fand Antonia. «Er hat es ja schon gesehen.» Sie nahm die kleinen Hände von dem Affen und zog seine Finger aus den Maschen ihres Pullovers. Der Pullover war sowieso hin. War doch eigentlich egal. Die Schranktür war hin. Auch egal. Warum das Arschloch Handschuhe trug auch. Alles egal.

«Hat jemand von euch Werkzeug?», fragte Freigunda.

«Multitool.» Ich zeigte auf meine Jacke. «Da!» Ich legte meinen Kopf auf die Lehne der Eckbank, zu hart eigentlich, und schloss die Augen. Zu dunkel eigentlich. Bitte einmal ein Vollbad in Selbstmitleid. Wenn ich mich jetzt sinken lassen würde, dann schwappte dieses Scheißgefühl über mir zusammen. Freigunda kramte an meiner Jacke. Hörte ich. Egal. Antonia fasste mir ins Gesicht. Ganz feste Finger, die meinen Mund anfassten.

War gar nicht Antonia. Sie hätte nicht an meiner Oberlippe gezogen. Ich öffnete ein Auge und schielte rüber. Der Affe staunte mich an, und es war erstaunlich, wie doll er staunen konnte. Ich staunte zurück, aber er gewann den Staunwettbewerb. Ich wackelte mit der Unterlippe. Er zuckte zusammen. Er zog den Stöpsel aus meinem Vollbad, und das Selbstmitleid floss ab. Wie jedes Baby wich er dem Blick nicht aus, und man konnte sich ansehen und ansehen und ansehen. So absurd, wie das war, kam mir dieser Affe gerade normaler vor als alles andere, was passierte. Zumindest war das etwas, das ich verstand. Das war ein kleiner Affe. Er war süß und unschuldig. Er war klein und gut. Ich machte Pupsgeräusche, der Affe erschrak und schüttelte den Kopf. Diese Ohren! Könnte das meine neue Religion sein? Er griff wieder nach mir, aber eigentlich griff ich nach ihm, denn er war meine Rettung. Ich glaubte jetzt an ihn.

«Hier ist unser Kabinenschlüssel.» Freigunda hatte ihn aus meiner Jacke geholt und hielt ihn hoch.

«Ja, na und?» Weil sich mein Mund bewegte, während er ihn berührte, keckerte der Affe plötzlich und hopste auf Antonias Schoß einmal hoch. Wir lachten, Antonia, ich und der Affe. Und der hopste noch mehr und warf sich dann gegen Antonias Brust.

«Ey, du Tobefritz!», lachte Antonia. Wir überlegten, ihn Tobi oder Fritz zu nennen. Entscheidung für Fritz.

Ich wiederholte mehrfach den Namen, und weil der so schön schnatzte bei tz, zuckte der Affe jedes Mal zusammen und machte dann Verrenkungen mit seinem Mund.

«Warum hatte Kusmyn einen Schlüssel zu der Kabine?», überlegte Freigunda. «Warum haben wir nicht drei Schlüssel ausgehändigt bekommen, wenn es drei gibt? Hört ihr mir zu?»

Irgendwie nicht. Kusmyn hatte einen Schlüssel zu unserer Kabine. Hatte er von Anfang an gehabt. Weil er von Anfang an scheiße war. Wir hatten zwar auch noch einen Schlüssel zu unserem Gefängnis, aber das war egal, denn wir durften nicht raus und hatten keinen Tarnumhang. Was brachte uns der Schlüssel? Es war eh alles sinnlos. Warum schloss er uns ein, wenn wir einen Schlüssel hatten? Vielleicht damit niemand aus der Mannschaft uns helfen konnte. Vielleicht einfach symbolisch.

Freigunda schloss die Kabinentür auf, öffnete sie kurz und zog sie gleich wieder zu. Den Schlüssel steckte sie in ihre Hosentasche. «Der Affe muss gewickelt werden.»

«Der Fritz muss gewickelt werden?», fragte Antonia den Affen, der jedes tz in seinem neuen Namen feierte wie eine besonders schöne Silvesterrakete. «Ja? Muss der Fritz gewickelt werden?» Hampel, hampel, hops.

«Ja, der Affe muss gewickelt werden.» Freigunda klang wie die einzig zurechnungsfähige Person im Raum. Und das war sie eventuell wirklich gerade. Ich hatte mich in einen Affen verknallt. Antonia sprach in diesem Babyton. Der Fritz, der kleine Fritz und so weiter, und der kleine Fritz hopste auf Antonias Schoß. Noch ein tz, und er würde platzen.

«Sein Hintern ist nicht für Windeln gemacht.» Freigunda kramte in der Tasche, die Daris reingeschoben hatte. «Er ist wegen der Haare schwer sauber zu halten.» Sie kramte eine Windel aus der Tasche, außerdem Puder und warf mir beides rüber. «Sonst wird er wund. Er braucht mehr als Quatschmachen.»

«Aber Quatschmachen braucht der Fritz auch», sprach Antonia viel zu hoch. Und so hoch hopste dann auch der Affe, denn tz war einfach spitze, witzig, kitzlig.

Freigunda zischte ihn an. «Gewöhnt ihm nicht an, hier zu toben.»

Also machte sich Antonia daran, dem Affen die Windel auszuziehen, aber auch dagegen hatte Freigunda wieder was, obwohl wir doch wickeln sollten, aber im Nebenraum, denn in diesem Raum würden wir jetzt, wie es aussah, immer essen. Wir hätten es noch nicht gerochen, aber könnten ihr glauben, dass es besser sei, ihn nebenan zu wickeln.

Nebenan sei außerdem das Waschbecken in der Nähe. Wir müssten ihn waschen. Und auch da sei es besser, er wäre nicht so aufgeregt. Vermutlich hatte sie recht, aber mich nervte es, wie sie hier immer nur das Richtige sagte, als wäre sie zur weisen Frau der Kabine aufgestiegen. Nur weil Yvette weg war, die ihr ständig widersprach. Ich merkte, jetzt wo Yvette weg war, wollte ich gern widersprechen, aber noch lieber wollte ich mit zum Wickeln in den Nebenraum.

Freigunda riet, es ordentlich zu machen. Sollte er einen wunden Hintern bekommen, würde er sich nicht mehr wickeln lassen, und so wie er gerade zu Kräften kam, würde er dann mit voller Windel auf den Schrank klettern, und wenn wir ihn einfangen, würde er uns auch nicht mehr vertrauen. «Hebt euch eure Faxen für das Wickeln auf. Dann verbindet er das mit etwas Positivem und haut nicht ab.»

Beim Öffnen der Windel dann das große Hallo. Ein Mädchen. Wir hatten einfach immer der Affe gesagt und angenommen, sie wäre ein Er.

«Diese Kleinigkeit hat Freigunda irgendwie vergessen zu erwähnen.» Antonia wischte Fritzfritzi sauber. Sie hielt einfach still und staunte die Wand an. Die neue Windel war viel zu groß, bis unter die Achseln. Fritzi gähnte, riss den Mund auf und zeigte ihr zahnloses Zahnfleisch. Wann bekamen Schimpansen ihre Zähne? Wie alt mochte sie sein?

«Ist sie zu dünn?» Antonia streichelte den kleinen Bauch.

«Weiß ich nicht. Wenn wir im Hafen Netz haben, dann lese ich alles, was ich über Schimpansen finde.»

«Könntest du ein Fläschchen vorbereiten?»

Das war ganz einfach, vier Löffel Trockenmilch, Wasser rein, schütteln. Eigentlich müsste man erst kochendes Wasser einfüllen und dann kaltes dazugeben, aber wir hatten kein kochendes

Wasser. Da sie am ersten Tag das Fläschchen gar nicht angenommen hat, war die angerührte Milch immerzu kalt geworden. Die erste Milch, die Fritzi aus der Flasche getrunken hatte, war sowieso kalt gewesen. Ich könnte Kusmyn nach einem Wasserkocher fragen oder wenigstens einer Thermoskanne mit heißem Wasser. Das Milchpulver löste sich aber auch in lauwarmer Milch aus dem Wasserhahn ganz gut auf. Ich schüttelte noch einmal und hielt dann Antonia die Flasche hin. Antonia redete so ähnlich wie dutziwutzi, aber eher so: «Schau mal», und: «Na, schau doch mal, was ist das Feines?» Und so weiter. Antonia schaffte es, die Flasche in die Schnute zu schieben, und drückte dann vorne auf den Sauger, dass sofort Milch rauskam. Ein Geräusch zwischen Quaken und Fiepsen und dann nur noch Schmatzen.

Ich war zufrieden, als hätte ich den Affen dazu gebracht zu trinken. Wie es aussah, fing ich an, mich an den Knast zu gewöhnen. Bald würde ich mir selbst eine Tätowierung stechen. Einen Affen und einen Anker.

Ich ging in den Nebenraum zu Freigunda, die mit dem Kopf im Schrank steckte, ausgestreckt wie ein Automechaniker, und die kaputte Tür abschraubte.

«Wieso hast du nicht gesagt, dass es ein Mädchen ist?»

«Ist doch egal», kam es aus dem Schrank.

«Uns nicht.»

«Aber dem Affen.» Ihr Kopf tauchte auf. Sie setzte sich hin. «Er wird weder mit Puppen noch mit Autos spielen.»

Ich setzte mich neben sie auf den Boden. Wie sah denn alles aus ihrer Perspektive aus? Aha, ach so, ja, eigentlich hatte sie wie immer recht. «Sie wird aber ihre Tage bekommen und vielleicht ein Baby. Und das wird sie dann stillen», sagte ich.

Freigunda schaute zu Boden. Da wir sowieso am Boden waren, hatte ihr Blick es nicht weit, und ihr Boden war der Boden der Tatsachen. «Sie wird gar keine anderen Affen kennenlernen. Wenn sie nicht mehr niedlich ist, werden sie sie loswerden wollen. Dann kommt sie, wenn sie Glück hat, irgendwo unter. Oder sie wird getötet.»

Ich sah mir den Boden an. Den weichen dunkelblauen Teppich. «Und wenn wir das verhindern können?»

Jetzt sah mich Freigunda an. Sie sah aufrichtig aus, fleißig, bemüht, ruhig. Ganz weit hinten in den Augen war aber doch etwas in Unordnung geraten. Vielleicht war es gar nicht so einfach, immer alles zu akzeptieren.

«Wenn wir dem Tier helfen können, dann werden wir das tun. Aber helfen tun wir ihm nur, wenn wir es an einen Ort bringen, wo es als Affe leben kann. Ich mache mir eher Gedanken um Yvette.»

Das kam ganz ohne Übergang, sodass sich in meinem Kopf eine Verknüpfung verknüpfte. Yvette sollte auch an einem Ort sein, wo sie als Yvette leben kann. Wie lebt so eine Yvette? Jedenfalls nicht allein nebenan in einer Einzelkabine. Sie konnte niemandem widersprechen, nicht zanken, keinen Quatsch reden, laut lachen, überdreht vor jemandem herumtanzen. Einzelhaltung war nichts für sie. Eine Yvette war auch noch nie eingesperrt gewesen. Eine Yvette spazierte überall rein und raus, eine Freigängerin. Und eine Yvette ließ ihren Frust immer raus. Wenn sie das tun würde, wäre das schlecht für uns und den Affen. Wenn sie es nicht tun würde, wäre es schlecht für sie.

Ich nickte. Aber das sah Freigunda nicht, weil ihr Kopf wieder in dem Schrank steckte. «Ich hoffe, sie flippt nicht aus.»

«Zeit, das zu lernen.» Die weise Stimme aus dem Schrank.

Ich flatterte genervt mit den Lippen. Yvette hätte ihr was erzählt. Vielleicht war es für Freigunda ja mal an der Zeit, zu lernen auszuflippen. Aber verdammt, sie hatte einfach schon wieder recht. Yvette war allein und durfte nicht ausrasten.

«Charlotte!», rief es von nebenan, gedämpft gerufen. Antonia wollte zugedeckt werden. Fritzi lag auf ihr und schlief.

«Du kannst sie bestimmt auch neben dich legen.» Ich deckte beide zu. Meine Oma hatte die Enden der Decke früher ein bisschen unter mich geschoben, damit nirgendwo kalte Luft reinkam. Ich machte das auch, und es war fast so schön, wie selber so verpuppt zu werden.

«Ich will sie gar nicht neben mich legen.»

«Brauchst du was? Trinken? Was zu lesen?»

«Nein. Ich mache mir Sorgen um Yvette.»

«Freigunda und ich auch.»

«Weißt du, du bist die Einzige, die jetzt irgendwas machen könnte, weil du nachher das Essen holst.» Sie zwinkerte müde.

«Ich weiß. Willst du schlafen?»

Sie machte die Augen zu. Ich blieb noch eine Weile bei ihnen sitzen, weil mich das beruhigte. Was sollte ich denn machen können? Kusmyn hatte mich ausgesucht, weil er wusste, dass ich nichts machen würde.

Und ich wollte nicht mal darüber nachdenken, obwohl ich sonst so gerne nachdachte, aber das hier war eben kein lustiges Rätsel. Kusmyn war echt. Und echt scheiße. Wenn ich anfing, über ihn nachzudenken, wurde mir immer nur bewusst, wie gefährlich er war. Er hatte keine Schwachstelle. Filmbösewichte waren kleine Würstchen mit geplatzter Pelle neben ihm. Klar, sie waren auch nicht echt und mussten im Film eben böse rüberkommen. Kusmyn war verdammt noch mal echt. Keiner, der sich vergewissern muss, dass wir beeindruckt waren. Das war ihm egal. Ansage. Fertig. Filmbösewichte lachten böse. Tat er nicht. Filmbösewichte waren ironisch, sagten: «Na, dann einen schönen Tag noch, Ladys!», und grinsten böse. Tat er nicht. Er fragte nicht: «Haben wir uns verstanden?» Er sagte nicht: «Zwing mich nicht, etwas zu tun, was ich nicht tun will.» Bei Kusmyn war das ohne Schnörkel: Ansage. Fertig! Klar, er war Offizier. Er war daran gewöhnt, dass man auf ihn hörte.

Bei ihm gab es nicht viel zu rätseln. Er sagte uns ja alles.

Das machte ihm gar nichts aus. Vielleicht war seine einzige Schwachstelle, dass er sich so sicher fühlte.

Was sollte ich denn machen, wenn ich Essen holte? Dieses Arschloch hatte sofort gesehen, dass ich die Schwächste war. Dass man mir das so anmerkte! Ich merkte, wie ich wütend wurde. Vielleicht war ich ja schwach oder feige, aber auch ein feiger Mensch kann mal etwas Mutiges tun. Wer hatte diese Reise organisiert? Ganz allein? Wer hatte ein Ei auf das Schiff geschmuggelt und versteckt? Und wer hatte Französisch gesprochen? Moi. Wer hatte Francesca so richtig die Meinung gesagt? Kusmyns Schwachstelle war, dass er mich unterschätzte. Ich konnte mutig sein, und er hatte nicht darüber zu bestimmen, wer ich war und was ich konnte. Ich stand leise auf und schloss die Zwischentür, damit Antonia und Fritzi in Ruhe schlafen konnten.

Freigunda hatte inzwischen die Tür aus dem Schrank ausgebaut und die kaputte Füllung rausgenommen. «Ich brauche Leim.»

«Kleber, meinst du?»

«Nein, Leim.»

Ich schaute auf mein Handy, klar, kein Empfang, aber schon kurz vor sechs. In wenigen Minuten würde ich das Essen für uns holen. Dürfen. Müssen.

«Meinst du, ich könnte jemandem einen Zettel zustecken?», fragte ich. «Eine Nachricht, meine ich.»

Freigunda drückte an dem Riss in der Schranktür herum, als ließe sie sich durch häufiges Drücken kleben oder leimen. Sie schüttelte den Kopf.

Klar, warum hatte ich sie auch gefragt? Sie war für aushalten und brav sein. Und ich wollte gern, dass mir jemand sagte, was ich tun sollte, aber Freigunda würde das nicht tun. Ich musste es allein entscheiden.

«Es wird uns niemand helfen. Hier denkt jeder an sich.»

«Ich nicht», behauptete ich.

«Doch, du denkst auch an dich. Jedenfalls denkst du nicht an die Männer, die ihren Job verlieren, wenn sie gegen den Befehl des Ersten Offiziers handeln. Wenn du das willst, ist es egoistisch. Wir sind jetzt erst mal in dieser Kabine, dann sind wir in Marokko. Wenn Yvette ruhig bleibt, ist das schnell überstanden.» Die Stimme der Vernunft hatte gesprochen. «Es lohnt sich nicht, ein so hohes Risiko einzugehen.»

Jajaja. Ich hätte sie nicht fragen dürfen. Sie hatte recht.

«Und wenn du jemandem ein Zeichen geben möchtest, dann ohne einen Zettel, den Kusmyn sehen könnte. Dann musst du es anders machen.»

Hatte sie mir jetzt doch dazu geraten?

«Und frag ihn nach Leim.»

Es klopfte an unserer Kabinentür, und sofort wurde aufgeschlossen. Wäre hier eine von uns nackt gewesen, hätte sie sich nur noch schnell ein erschrockenes Geräusch überziehen können.

Kusmyn winkte mich ran, und dann blieb er den ganzen Weg zur Küche hinter mir. Also war er sich doch nicht so sicher, dass ich nichts tun würde. Gut. Das machte es zwar unmöglich, etwas zu tun, aber innerlich kam mir die Möglichkeit jetzt realistischer vor. Ich könnte also irgendetwas tun, was ihm nicht passte. Das war großartig. Auch wenn ich gerade mein Selbstbild davon abhängig machte, was mir Kusmyn zutraute oder nicht.

Jimmy-Junior mied meinen Blick und gab mir ein Tablett mit Tellern, wie immer mit Klarsichtfolie abgedeckt und mit Edding Passenger draufgeschrieben. Wie sollte ich ihm ein Zeichen geben? Ich fragte nach Getränken für uns und durfte mir Wasserflaschen aus dem Kühlschrank nehmen. Kusmyn sah mich an, als würde ihm viel an unserem Wohlbefinden liegen, und wir wären tatsächlich nur zu unserer Sicherheit weggesperrt.

Große Show. Er wurde ganz gönnerhaft. Er erlaubte mir noch, ein Spiel aus der Mannschaftsmesse auszuleihen. Karten, ein Quiz wäre da und, ach, Monopoly. Das habe er als Kind immer gern gespielt. Und immer gewonnen. Er bat Jimmy-Junior, das Spiel rauszugeben, und ging mit uns bis zur Tür. Ich stellte das Tablett auf dem halbhohen Schrank ab, in dem die Spiele waren. Der Fernseher lief, und Arnel und ein anderer hingen bequem auf der Bank. Ein Zeichen geben, dachte ich immer wieder. Dann hatte ich eine Idee. Ich fragte Jimmy-Junior, ob das Monopolyspiel vollständig sei. Ich wollte kurz nachsehen. Das fragte ich laut genug, dass Kusmyn es hören konnte. Ich stellte mich neben Jimmy-Junior, sodass wir beide jetzt mit dem Rücken zu Kusmyn standen. Ich verdeckte das Spiel, klappte das Spielbrett auf und tippte kurz auf das Zeichen für Gefängnis. Dann sagte ich, dass alles vollständig sei, klemmte mir das Spiel unter den Arm und nahm das Tablett vom Tisch.

Kusmyn wollte auch noch mal nachsehen, ob das Spiel vollständig sei. Dachte er, Jimmy-Junior hätte mir eine Feile reingeschmuggelt? War keine Feile drin. Alles fein. Er legte das Spiel oben auf die Teller auf dem Tablett. Das Schiff schwankte nicht sehr, aber ein Tablett mit vier Essen, vier Wasserflaschen und einem Monopolyspiel eine Treppe raufzutragen war trotzdem eine ganz schöne Zirkusnummer. Aber in mir drin war die viel bessere Zirkusnummer: Ich hatte Jimmy-Junior ein Zeichen gegeben. Das hatte niemand geglaubt, nicht mal ich. Die Soldaten, die die Queen bewachten, waren schlappe Lurchis gegen mich. Ich war verdammt noch mal die Coolste. Also versuchte ich auch, cool zu bleiben. Nur noch die Tür zum Gang, die Tür zur Kabine, und ich hatte es geschafft und könnte mir ein Kissen schnappen und reinlachen.

Kusmyn drängelte sich vor mich, um die Tür aufzumachen, weshalb ich mit dem Tablett aus dem Gleichgewicht kam. Das Monopolyspiel polterte runter. Jede Menge Geld flog rum, als wäre ein Tresor explodiert. Freigunda kam zur Tür, aber nicht raus. Man hätte sie auch mit offener Tür einsperren können. «Hast du nach Leim gefragt?»

«Kannst du mir mal das Tablett abnehmen?»

Sie nahm mir das Tablett ab, aber keinen Zentimeter kam sie mir entgegen. Klar, da waren unsichtbare Gitterstäbe. Sie fragte nochmal nach dem Leim. War sie bekloppt geworden? Hielt der Leim gerade so alles in ihrem Kopf zusammen?

«Frag du doch», fauchte ich. «Ich muss das Geld aufheben.»

«Das ist kein Geld.» Sie ging in die Kabine und stellte das Essen ab.

Ich krauchte vor Kusmyn rum und sammelte die Scheine ein. Wenn das Lachen sein sollte, dann lachte er, klang aber, als ob man eine Scheibe Knäckebrot zerbröselt. Freigunda war inzwischen mit der kaputten Schranktür zurück. «Glue?» Sie hielt Kusmyn die Schranktür hin. «Please.» So viel Englisch konnte sie also doch. Wie eine Leimbettlerin klang sie. Bitte nur einen Tropfen Leim. Kusmyn befahl mir, Yvette das Essen vor die Tür zu stellen. Dann schloss er bei ihr auf, ohne zu klopfen. Ich hockte, die Hände voller Scheine, da und schaute, ob Yvette aus der offenen Tür gestürzt kam, um Kusmyn zu erwürgen. Aber sie kam einfach, bückte sich und nahm das Essen vom Boden. Sie schaute mir nicht in die Augen, obwohl wir genau auf Augenhöhe waren, hier unten am Boden. Sie verschwand in ihrer Höhle, die Kusmyn wieder zuschloss.

Als ich das ganze Spielgeld eingesammelt hatte, ging ich in die Kabine zu Antonia und schloss die Tür zur Hauptkabine.

Ich kam mir vor wie eine Schneekugel, die richtig doll durchgeschüttelt worden war. Langsam legte sich das Schneegestöber meiner Gefühle. Dass ich Jimmy-Junior ein Zeichen gegeben hatte, mutig wie hundert Mann, dass ich vor Kusmyn wegen Spielgeld rumgekraucht war, sein Knäckebrotlachen und wie teilnahmslos Yvette gewesen war. Draußen vor dem Fenster war alles schwarz, als ob wir durch ein kolossales Nichts fuhren oder fielen. Mein Atem schien die Kabine kleiner und größer zu machen, wurde aber immer ruhiger. Hier war es gut. Hier war ich sicher. Hier war Liebe. Bis Kusmyn reinkam, ohne zu klopfen, unnötig laut, mit Schuhen an. Er wollte den Affen sehen. Antonia schreckte hoch und weckte dadurch Fritzi auf. Kusmyn warf nur einen Kontrollblick und schloss die Tür wieder. Ich wollte heulen vor Wut. Ich war extra in diesen Raum gegangen, um ihn nicht noch einmal sehen zu müssen.

«Was sollte das?», fragte Antonia.

Ich schüttelte den Kopf. «Er wollte sehen, wie es dem Affen geht.»

«Er hat doch gar nichts gesehen so schnell.» Antonia streichelte Fritzi. Die machte eine Schnute und legte ihren Kopf ganz weit nach hinten. «Ob sie schon wieder trinken will?»

Ich machte ein Fläschchen fertig. «Unser Essen ist auch draußen.»

«Erst Fritzi.» Antonia versorgte den Affen. «Wickeln müssen wir auch gleich wieder, stimmt's, du Stinker?»

«Vielleicht wollte Kusmyn sehen, ob wir ein Loch in die Wand genagt haben, um ihm wegzuschwimmen», überlegte ich. «Wir könnten uns alle auf die Schranktür setzen, die Freigunda abgeschraubt hat, und darauf bis nach Marokko fahren.»

«Die Schranktür hat doch ein Loch. Wir würden sinken.»

Dann gingen wir rüber zu Freigunda. Kusmyn hatte die Schranktür mitgenommen. Freigunda saß vor ihrem Essen, als wollte sie in Hungerstreik treten, wenn sie nicht die kaputte Schranktür zurückbekam. Und Leim natürlich. Please.

Es gab Rührei mit kleinen Buletten und Bohnen. Die Soße war weiß und schmeckte nach Kräuterkuddelmuddel. Als wir aßen, aß Freigunda auch, wie immer zügig und ohne irgendetwas zu bevorzugen oder liegenzulassen. Ich konnte mich nicht erinnern, dass sie einmal gesagt hatte, ob ihr etwas schmeckt oder nicht. Dann saß sie da wie vorher, nur dass der Teller leer war. Sie benahm sich wie ein Gerät, das wieder aufgeladen war. Ich könnte nachts mal versuchen rauszufinden, ob irgendwo an ihr eine Lampe blinkte, wenn sie schlief. Sie hatte auch noch nie gesagt, ob sie müde war, fiel mir auf. Das einzige Bedürfnis, das sie hatte, war arbeiten. Sie sah immer noch finster aus, weil Kusmyn, das Arschloch, ihr die Schranktür weggenommen hatte. Er hatte uns zwar eingesperrt und erpresst, verboten rauszugehen, mit jemandem zu reden, den Landgang gestrichen und Freigundas Messer eingezogen, aber erst als er ein Stück kaputtes Holz mitnahm, wurde sie wütend. Was sollte das die nächsten Tage werden? Vielleicht durfte sie Kusmyns Schuhe polieren. Das war gemein von mir, aber ich merkte, dass mir Freigundas Disziplin auf den Sack ging.

Gerade schaute sie Antonia zu, die versuchte, die Gabel schnell genug zum Mund zu bekommen, bevor das unglaublich begeisterungsfähige Affenbaby danach schnappte. Fritzi riss den Mund auf, und so ein richtiges Affengeräusch kam raus. Die ganze Zeit arbeitete alles in ihrem Gesicht. Alles war auf Empfang. Ohren volle Tüte, Augen volles Licht, die Augenbrauenwülste hoch, runter. Ich fand das wahnsinnig süß, und mir war wieder nach Quietschen, nicht zum Aushalten, aber Freigunda sagte, Antonia solle den Affen neben sich setzen. Er könne ruhig erzogen werden.

«Dein Ernst?», fragte Antonia für Antoniaverhältnisse echt hart. «Du meinst, ich soll sie nicht verwöhnen? Sie hat noch nicht mal Zähne.»

«Aber bald hat er welche. Wenn er rausfindet, dass er alles haben kann, wird er das einfordern. Und wenn er es nicht bekommt, wird er beißen. Das ist ein Tier.» Freigunda hatte sich also entschieden, anstatt nichts zu tun Erziehungstipps zu geben. Ich erinnerte mich, wie hart sie im Sommer mit den Hunden umgegangen war. Lob knapp, Unterordnung absolutes

Muss, Konsequenz und so weiter. Hunde durften nicht wissen, dass wir sie niedlich fanden. Ich wünschte mir, Yvette wäre hier und würde widersprechen.

«Du hast ja oft recht, aber diesmal nicht.» Antonia war fertig mit Essen und streichelte Fritzi den Kopf, den Rücken und den Bauch, und jedes Mal drückte sich Fritzi der Hand entgegen und öffnete dabei den Mund.

«Wir sollten ihn, solange er bei uns ist, artgerecht behandeln.»

«Streicheln ist immer artgerecht.»

Freigunda lachte hart. «Affen streicheln nicht. Du kannst sie lausen.»

Antonia und ich gingen ins Nebenzimmer, wickelten, wuschen und puderten Fritzi, obwohl das alles Ratschläge von Feigunda waren, aber was diese ganzen Sachen anging, hatte sie ja recht. Fritzi war ganz lieb, und nichts mit auf den Schrank klettern und beißen. Seit ich den Affen das erste Mal durch das Fenster gesehen hatte, war meine Sehnsucht groß, ihn anzufassen, und ich traute mich endlich und legte meinen Finger in ihre eine Hand. Sie hielt meinen Finger ganz fest und zog ihn zu ihrem Mund, um ihn mit den Lippen zu untersuchen. Das war so unfassbar weich alles. Ich hatte das Gefühl, mein Herz hätte sich ausgequetscht und ich müsste einen nassen Fleck auf dem Pullover haben. Als hätte mein Herz sich eingepinkelt. Alles wurde warm, und mir taten die Backen weh vom Grinsen. Dieser winzig kleine Affe mit seinen hellbraunen Augen. «Meinst du, ich kann sie mal auf den Arm nehmen?»

«Probier's doch.»

Ich streckte meine Arme aus. Wie jetzt? Sie kam nicht zu mir. Wieso kam sie nicht zu mir?

«Du kannst sie so an den Händen hochziehen.» Antonia hob sie an den Händen hoch, und Fritzi schaukelte in der Luft, die krummen Beinchen hingen herunter. Antonia schaukelte mit ihr hin und her und klebte sie mir in die Arme. Fritzi hielt sich fest und klammerte ihre Finger an meinen Pullover. Ich schloss meine Arme um diesen kleinen Körper. Ich legte meine Wange auf den Affenkopf und machte Geräusche, die ich, glaube ich, noch nie gemacht hatte. Kleine Ohs und viele davon. Einfach weil mich das total überrollte. Fritzi gurgelte auch irgendwelche Geräusche. Wir unterhielten uns.

Freigunda stand an der Tür und sagte, das sei nicht artgerecht.

Jetzt zischte Antonia ab wie eine Rakete, stellte sich vor Freigunda, sodass ich sie nicht mehr sehen konnte: «Du bist nicht artgerecht erzogen worden. Kann das sein? Weißt du was? Ich fand dich immer total cool und klug, aber ich höre nicht mehr auf dich. Lalalalala.» Antonia hielt sich die Ohren zu. «Ich höre dir nicht mehr zu, wenn du immerzu nur Schiss hast, wir würden Fritzi verwöhnen oder so. Das ist ein Baby. Ja, ein Affenbaby, aber so anders als ein Menschenbaby ist das doch nicht. Was glaubst du denn, was passiert, wenn man jemandem einfach gibt, was er braucht?»

Ich konnte Freigunda Gott sei Dank nicht sehen. Wenn sie verletzt war, wollte ich es nicht sehen, und wenn sie einfach nur wie immer kuckte, wollte ich das auch nicht sehen. Sie wusste wahrscheinlich auch gar nicht, dass man sagen kann: «Was du sagst, tut mir weh, hör auf.»

Fritzi klammerte sich an mich. Ihr gefiel nicht, wie laut Antonia sprach. Echt, ich war kein Affe, aber das war doch deutlich, ob dem Tier etwas gefiel oder nicht. Ohne Freigunda wäre ich mir absolut sicher gewesen, dass es richtig ist, Fritzi zu tragen und mit ihr zu schmusen und zu versuchen, sie zum Lachen zu bringen.

Freigunda antwortete ganz ruhig, dass es nichts bringt, jemanden so zu erziehen, dass er danach nicht leidensfähig sei. «Das habt ihr doch an Yvette gesehen.»

Antonia lachte kurz. «Yvette hat wenigstens Gefühle. Du bist doch ein, ein …»

Ich wollte dieses Schießkommando hier nicht. Auf offene Herzen schießen. Das war doch scheiße. Ich sagte: «Hör auf, du tust ihr weh.»

Freigunda ganz hart: «Sie tut mir nicht weh. Weil ich leidensfähig bin.»

«Na, herzlichen Glückwunsch.» Antonia trat mit dem Fuß die Tür zu, dass es knallte. «LEIDENSFÄHIG? Was ist das denn für ein Vorteil?» Antonia konnte sich gar nicht beruhigen. «Dann soll sie in den Krieg ziehen. Großartig.»

«Hör mal auf jetzt. Fritzi hat Angst.» Es war schön, dass sich das Äffchen so an mich klammerte, aber schöner wär's, es hätte keine Angst.

Von nebenan war ein Schlüssel im Schloss zu hören. Was hatte sie vor? Hatte Antonia sie so zusammengerumpelt, dass sie jetzt einen Aufstand anzettelte? Ging sie jetzt zu Kusmyn und wollte ihr Messer wieder? Aber so leicht war Freigunda nicht zu drehen, und sie würde sich nicht gegen den, wie hatte sie es genannt, Vormund und seine Regeln stellen.

Antonia ging zur Tür und beschimpfte sie. «Ja, lauf ruhig weg. Toll! Du bist viel toller. Wir sind kleine, blöde Heulsusen. Und du bist ganz toll hart, aber kalt wie ein …»

Kusmyn öffnete die Tür.

«Eisklotz», sagte Antonia.

Er hatte sicherlich kein Wort verstanden, aber der Lärm, den Antonia gemacht hatte, reichte ihm, um uns zu bestrafen. Er forderte unsere Handys. Wenn wir so ungehorsam waren, könnte er nicht riskieren, dass wir im Hafen das Internet benutzten. Ich war mir sicher, dass er nur darauf gewartet hatte, dass wir ihm einen Grund gaben, uns zu bestrafen.

Ich überlegte kurz zu behaupten, dass ich kein Handy hatte. Wenn er mich durchsuchen würde, wäre es aber sehr leicht, das Handy in meinem Kapuzenpullover in der Bauchtasche zu ertasten. Ich setzte Fritzi auf dem Bett ab. Da er mich für feige hielt, würde er nicht damit rechnen, dass ausgerechnet ich ihn anlog. Ich sagte, dass mein Handy kaputt sei. Broken. Und nicht funktionieren würde. Not working. Ich nahm mein Handy aus der Bauchtasche vom Pullover und hielt es ihm hin.

Er schaute auf meine Hände und den zersprungenen Bildschirm, aber dann wieder auf meine Hände. Ich ging noch einen Schritt auf ihn zu, denn er mochte ja keine Nähe. Und ich ging noch ein Stück weiter. Das war mir selber viel zu nah. Ich wollte ihm zeigen, dass das Handy nicht anging. Er winkte ab, weg war er, ziemlich schnell.

«Hast du ihm gerade einfach ins Gesicht gelogen?» Antonia starrte mich an. «Du hast ihn angelogen. Ohne mit der Wimper zu zucken. Du bist ja der Hammer, Charlotte Nowak!»

Ich verbeugte mich.

Freigunda stand in der Tür, und ich würde die Tür zuknallen, wenn sie jetzt was Blödes sagte. «Gut gemacht», sagte sie. «Nur leider können wir keinen Kontakt zu Yvette aufnehmen, denn er wird wohl ihr Handy auch eingezogen haben.»

«Warum machst du dir überhaupt so viele Gedanken um Yvette?» Antonia hatte sich zu Fritzi gesetzt, die sich hin und her drehte und die Arme nach Antonia ausstreckte.

«Weil sie das am schlechtesten wegstecken wird. Und weil sie allein ist.»

«Das ist nett von dir, Freigunda. Oder? Das ist doch nett von ihr?»

«Ja, das ist sehr nett von ihr», bestätigte ich.

«Wenn sie durchdreht, werden wir alle bestraft. Es ist gefährlich. Es wäre gut, sie daran zu erinnern, dass sie sich an Kusmyns Anweisungen halten soll.»

Ich sah es richtig vor mir, wie wir versuchten, einen Zettel rüberzuschmuggeln mit der Aufforderung, dass sich Yvette an die Anweisungen halten sollte. Dann würde sie denken: «Ach ja klar, na dann. Dann halte ich mich mal an die Anweisungen.» Sie war doch nicht blöde. Sie war nur, na ja, aufbrausend.

«Oder wir schreiben ihr, dass wir sie liebhaben und an sie denken. Vielleicht hilft ihr das mehr.» Antonia wollte auf irgendwas hinaus. «Oder meinst du, wir verwöhnen sie dann zu sehr?» Aha, das meinte sie. Bitte nicht schon wieder das Gespräch jetzt.

Ich schaltete das Handy an, und siehe da, Empfang, Willkommen in Spanien. «Ich hab Empfang», flüsterte ich. «Halleluja!»

Antonia boxte eine Siegerpose in die Luft.

«Ich werde auf jeden Fall Bea schreiben und Mimiko und dann alles über Schimpansen lesen, was ich finde.»

«Ihr solltet aufpassen, dass er nicht vom Bett fällt. Aber vielleicht weiß dein Internet auch mehr als ich.» Freigunda zeigte zu Fritzi, die sich relativ nah an die Bettkante gekugelt hatte. Antonia setzte sie wieder in die Mitte des Bettes.

«Vielleicht möchte er auch üben zu stehen. Wenn ihr ihn auf den Boden setzt.»

«Aber das war jetzt richtig nett von dir, Freigunda. Wie du überlegt hast, was der Affe möchte. Das war doch nett von ihr, oder, Charlotte?»

«Wenn ihr mich nicht ernst nehmt, brauche ich auch nichts mehr zu sagen.» Freigunda ging rüber zum Tisch, stapelte die Teller, sammelte das Besteck zusammen und ging ins Bad das Geschirr abwaschen. Während ich Bea und Mimiko schrieb, trocknete Freigunda das Geschirr ab, stellte es ordentlich auf den Tisch, warf die Frischhaltefolie und die leeren Wasserflaschen weg und legte sich schlafen. Oder tat so. Garantiert hatte noch niemand so an ihren Vorstellungen gerüttelt wie Antonia heute. Auch wenn ich Antonias Angriff zu hart fand, war trotzdem viel dran an dem, was sie rausgepfeffert hatte. Und ich fand auch, dass wir nicht mehr auf sie hören sollten, was Fritzi anging, außer vielleicht das eine Mal noch, dass wir Fritzi auf den Boden setzten. Die zog sich tatsächlich am Bettrand hoch und lutschte sich dann an der Holzkante fest. Sie übte nicht laufen, aber lutschen. Hm, musste Bettkante lecker sein. Wir lachten.

«Ich mach mal besser zu.» Antonia schloss die Tür zur Nachbarkabine. Es war kurz nach sieben. Freigunda schlief bestimmt nicht.

«Willst du über sie reden?»

«Ich will sie nicht stören.»

«Ich finde, du hast sie genug kritisiert.»

«Ja, finde ich auch.»

Wir schauten Fritzi zu, die immer noch am Bett stand und jetzt auch ein paar Schritte zur Seite versuchte. Ihre Augen sahen dabei aus wie: aufregend-anstrengend-aufregend-anstrengend. Und immer mit der Gusche an der Bettkante. Vielleicht kamen ihre Zähne, und sie brauchte etwas zum Draufrumbeißen. Aber erst einmal war sie ausreichend damit beschäftigt, breitbeinig am Bett zu stehen wie ein betrunkener Cowboy. Sie starrte eine Weile an die Decke und presste die Lippen aufeinander. Dann stank es. Aha. Sie quakelte zufrieden kleine Quakelgeräusche. Ja, gekackt haben war echt ein gutes Gefühl. Ein übler Geruch erfüllte den Raum und fand keine Ritze zum Abhauen. Da ging es dem Geruch wie uns. Eingesperrt. Ich machte das Licht im Bad an, weil dann wenigstens die Lüftung ansprang. Außerdem brachte ich Handtücher mit, die wir bei der großen Windeleröffnung drunterlegen konnten. Das Waschen war schwieriger, weil alles war schmieriger. Fritzi war auch nicht ganz so geduldig. Sie jammerte, und ihre Füße versuchten meine Hände festzuhalten.

Antonia setzte Fritzi wieder aufs Bett, wo sie die Arme nach ihr ausstreckte und den Mund aufriss. Antonia nahm sie hoch und bereitete mit einer Hand das Fläschchen vor. Mimiko hatte geschrieben. Sie habe doch gewusst, dass mit dem Typen was nicht stimmt. Als sie das Telefonat gehört hatte, habe sie das gewusst. Und er hatte ja auch was von einem Affen gesagt. Sie habe es doch gewusst. Sie wollte versuchen, etwas über Kusmyn rauszufinden. Wer so was macht, der macht auch noch andere Sachen. Sie würde gleich mal loslegen, den Typen abzuchecken. Sie wünschte uns viel Kraft und würde sich, so schnell es geht, melden. Keine Nachricht von Bea, und die grauen Häkchen zeigten mir, dass sie die Nachricht auch noch nicht bekommen hatte.

«Ich würde gern duschen», sagte Antonia und schnupperte an ihrem Pullover. «Und ein paar Sachen waschen.»

Wir machten Fläschchen- und Affenübergabe. Fritzi kletterte in meinen Arm und sperrte den Mund wieder weit auf. Ihre Augen fragten mich, ob ich sie nicht verstanden hätte. Doch schon, antworteten meine Augen, aber du musst kurz warten. War das schon Erziehung? Dann gab es endlich die Milch. Sie hielt die Flasche selber fest. Ich setzte mich aufs Bett, lehnte mich gegen die Wand und deckte uns beide bis oben zu. Warum war es mit Tieren immer so gemütlich? Wenn Kajtek unter dem Tisch lag und ich meine Füße unter ihn schob, war das auch so. Hoffentlich ging es ihm gut.

Fritzi wurde müde, wollte sich aber noch umsehen, weil alles so interessant war. Es war lustig, dabei zuzusehen. Ihre Augenlider waren viel dicker als unsere, eher wie Klappen, die sich wie halbrunde Schiebetüren über die Augen schoben. Klappdeckel, klapp auf, klapp zu, dann blieben sie zu. Ich nahm ihr die Flasche aus der Hand. Die Dusche rauschte, und auf mir lag dieses Lebewesen, das ich nicht so sehr drücken konnte, wie ich es liebhatte.

Antonia kam vom Duschen und hatte überlegt, ob Spartak Antipenko eigentlich wusste, was hier vor sich ging. Er war immerhin der oberste Befehlshaber und damit der Einzige, der über Kusmyn stand. Dem Kapitän konnte Kusmyn nicht kündigen. Aber erpressen könnte er ihn auch. Wir wussten nicht, ob Antipenko auch so ein Arschloch war, dass er duldete, was das andere Arschloch mit uns machte. Wie sollte man das herausfinden? Ich schrieb Mimiko, dass sie auch versuchen sollte, alles über Antipenko zu suchen, was sie finden könnte. Mir fiel die Aufnahme ein, die ich mit dem Diktiergerät gemacht hatte, aber die war auf dem anderen Handy, und Yvette hatte sie mir nicht geschickt. Mist!

«Das ist alles eine Nummer zu groß für uns.» Antonia rollte sich neben mir auf dem Bett ein. «Nicht nur Kusmyn. Der Affe. Bea.» Sie zog sich die Zudecke ran und kuschelte sich ein. «Ich will das alles nicht. Es soll einfach vorbei sein.»

«Es ist bald vorbei», sagte ich und legte meine Hand dort auf die Zudecke, wo Antonias Schulter sein musste. «Alles wird wieder gut.» Die andere Hand ließ ich auf Fritzis Rücken. Jetzt hätte ich gerne so geschicktere Füße wie Fritzi gehabt, um das Handy rauszuholen, ohne diese gemütliche Anordnung aufzulösen. Ich löste Fritzis Hände von meinem Pullover und legte das Affenbaby zu Antonia. Sie klappte kurz die Klappdeckel auf, klammerte sich dann bei Antonia fest, Klappdeckel wieder zu.

Ich klebte eine Verschlusslasche von einer Taschentuchpackung über das Schlüsselloch und stellte einen Zahnputzbecher auf die Klinke. Mit einer Decke um die Schultern setzte ich mich auf das Fensterbrett und baute aus der Decke ein Zelt um mich herum, damit niemand, der, sagen wir mal, ohne zu klopfen reinkam, sehen konnte, dass ich eventuell etwas las an einem Handy, das doch nicht ganz so kaputt war.

Wenn Kusmyn ohne zu klopfen reinkäme, wäre der runterfallende Zahnputzbecher mein Signal, superschnell das Handy verschwinden zu lassen. Wie Pistole ziehen andersrum, also nicht «Zieh!», sondern «Steck weg!». Ich übte es ein paar Mal, dann stürzte ich mich auf meine Affenrecherche. Erst mal

Fotos ansehen. Bildsuche «Schimpansenbaby». Süß und süß und hundertmal süß. Sie sahen alle nicht aus wie Fritzi. Ein bisschen hatte ich das erwartet, weil Schimpansenbaby eben Schimpansenbaby, aber, schau an, Schimpansenbaby nicht Schimpansenbaby. Sie hatten unterschiedlich lange Haare, und mal waren sie so aufgeräumt und glatt wie bei Fritzi, mal ganz strubbelig. Die Gesichter rosa bis dunkelbraun, manchmal faltig, manchmal fast unbehaart. Größere und kleinere Ohren. «Schimpanse Gesichter» gab ich als Nächstes ein und sah mir Fotos von erwachsenen Schimpansen an, Porträts von Personen, gar nicht möglich, die Unterschiede aufzuzählen. Einige der Porträts gehörten zu einem Artikel, in dem es darum ging, dass Menschenkinder bis drei Jahre Affengesichter unterscheiden konnten. Später verlernen sie das. Dann sehen sie Affen, wenn sie Affen ansehen. Dann lernen sie, dass man zu ihnen Affe sagt, und alle Affen sehen ab da gleich aus. Während wir uns sicher sind, dass sie lernen, verlernen sie eine Fähigkeit. Wer entschied eigentlich, dass das keine wichtige Fähigkeit war? Warum war das kein Schulstoff? Gesichter von Tieren unterscheiden? Die wichtigsten zehn Affen der Affengeschichte. Affengeschichte Asien, Affengeschichte Südamerika. Affengemälde. Affenkunst. Ein großer Schalter legte sich in meinem Kopf um. Was wäre, wenn wir Tiere genauso interessant fänden wie Menschen? Wenn wir genauso viel über sie wüssten? Und dann der nächste Hebel. Riesenhebel. Sortieren wir auch anderes, was fremd ist, in eine einzige Kategorie und verlernen zu unterscheiden? Mensch, Mann, Frau. Ich dachte daran, wie Yvette am Anfang versucht hatte, Arnel zu beschreiben, und gesagt hatte «asiatisches Gesicht». Dabei sah Arnel aus wie Arnel. Überhaupt nicht wie Romeo oder Jimmy-Junior.

Ich sah in das Schwarz draußen. Die Seitenbeleuchtung des Schiffes zeichnete die Umrisse des Bugs nach. Die bunten Container in Grautönen. Irgendwann müsste doch mal Land zu sehen sein, zumindest wenn an der Küste Menschen lebten. Gleich tränten mir die Augen davon, ein Stück Küste auszumachen. Nichts zu sehen.

Ich las so viel darüber, was der Mensch mit Affen machte, dass ich nicht mehr Team Mensch sein wollte, sondern zu Team Affe wechseln. Vor zwei Tagen wollte ich noch ein Fisch sein. Ich konnte ja einfach ein guter Mensch sein. Das Schiff schwankte nicht so sehr wie ich. Jeder Artikel hoher Wellengang. Ich las, warum sich Affen, vor allem Menschenaffen, nicht als Haustiere eigneten. Menschenaffen waren die ersten Jahre niedlich und lustig, aber dann wurden sie verblüffend groß, verblüffend stark und verblüffend eigensinnig. Schimpansen werden nie stubenrein, und wenn sie wütend sind, werfen sie mit ihrem Kot. Man konnte sie nicht erziehen. Sie wurden keine Menschen. Sie wurden aber auch keine Affen. Diese Affen konnten mit anderen Affen nichts anfangen. Sie wollten rauchen und fernsehen.

Ich wusste kurz nicht, warum wir Fritzi hier fütterten und wickelten. Es war, wie Gänseblümchen vor eine rollende Dampfwalze zu pflanzen. Aber nur wenn ich an ihre Zukunft dachte, in der Gegenwart war es das Sinnvollste überhaupt.

Ich sah aus dem Fenster in das Schwarz und hatte schwarze Gedanken. Aber dann sah ich Lichter. Einzeln. Dann Formationen. Menschliche Siedlungen, dachte ich, obwohl ich gerade noch Menschen so grausam gefunden hatte, aber bestimmt wohnten in diesen Häusern gute Menschen, nette Männer und freundliche Frauen und lustige Kinder. Sie hatten schöne Lampen aus Glas und Porzellan und Stoff, deren Licht bis zu mir leuchtete. Aus irgendeinem Grund machte es mich gerade fast wahnsinnig, dass wir Menschen so sehr keine Affen mehr waren. Ich war auf diesem irren, von dieser Riesenmaschine angetriebenen Schiff, das eine Unmenge von Containern voller komplizierter Menschendinge transportierte. Ich hatte gerade über Affen gelesen, wie klug sie waren, weil sie Werkzeug benutzen, aber ihr Werkzeug waren Blätter und Stöcke. Ich dachte an die Werkzeugkiste meines Vaters mit der Wasserwaage und einem Gerät, dass die Stromleitungen in den Wänden aufspürte, und einem verschiebbaren Winkel, um unterschiedliche Schrägen anzuzeichnen. Unser Werkzeug war kompliziert geworden, unsere Gehirne auch, aber unsere Gefühle waren doch ziemlich affenmäßig.

Rascheln vom Bett. Antonia war wach. Sie setzte sich hin, ohne die schlafende Fritzi von sich abzuklammern.

«Land in Sicht», sagte ich leise. «Und ich sehe schon den Leuchtturm.»

«Dann sind wir bald am Hafen.»

«Ja. Na und?»

Land, Leuchtturm, Hafen. Klang so hoffnungsvoll. Bedeutete für uns aber gar nichts. War überhaupt nicht gut. War wurscht. Wir konnten keine Hilfe holen, nicht weglaufen. Ich zuckte die Achseln.

«Bist du schlecht drauf?», fragte Antonia.

«Du nicht?»

«Ja, weil ich das alles zu Freigunda gesagt habe. Normalerweise mache ich so was nicht. Ich sage zwar, was ich denke …»

«Oh ja, das tust du.»

«Aber ich denke ja auch nichts Gemeines. Aber diese Härte von ihr hat mich so aufgeregt. Wahrscheinlich wegen Fritzi.» Sie legte ihre Arme um das Affenbündel. «Wir sollten nicht über Freigunda reden. Ich hab sowieso schon ein schlechtes Gewissen. Ich werd mich bei ihr entschuldigen.» Sie streichelte den schlafenden Affen. «Aber ich werde das nicht so machen, wie sie das sagt. Also Fritzi so auf Abstand halten und so.»

Ich verstand das total. Ging mir auch so. Aber ich hatte das Gefühl, dass ich gar nicht entscheiden konnte, wie ich mit Fritzi umging. Ich musste einfach lieb zu ihr sein. Sie war so klein. Und wir hockten hier eingeschlossen rum. Fritzi war mein Lichtblick. Land, Hafen, Leuchtturm nur blasse Funzeln dagegen. Als ich wieder aus dem Fenster sah, war da ein Licht, das echt keine blasse Funzel war. «Ich seh eine Brücke», sagte ich.

«Erzählst du mir wieder, was du siehst?» Antonia strahlte mich an.

«Klar!» Da war ich sofort dabei. «Also was ich wirklich sehe oder ausgedacht?»

«Ausgedacht.»

Die Brücke war inzwischen schon näher gekommen, also wir ihr. Ich beschrieb sie als gigantisch, obwohl sie nur irre groß war. Ich behauptete, dass es die größte Brücke Europas war und dass sie die große Brücke hieß, natürlich auf Spanisch. Davor habe es hier eine kleine Brücke gegeben, eine aus Holz, schmal und schlicht, erzählte ich, denn die Ufer wären nicht so weit auseinander gewesen. Mit ein bisschen Übung und einem langen Stock hätte man von einer zur anderen Seite springen können, ohne sich nasse Füße zu holen. Damals, zu einer Zeit, als es noch keinen großen Unterschied zwischen Affen und Menschen gab. Erst als die Menschen begannen, den Affen nicht mehr ähnlich sein zu wollen, wären diese zwei Ufer auseinandergedriftet, und die Holzbrücke sei zerbrochen und gesunken. Daraufhin sei diese große Brücke erbaut worden, weil niemand daran glaubte, dass sich zwei so entfernte Ufer wieder annähern würden, und man fand die Brücke modern, denn sie verband ja beide Seiten, und das sei doch besser als keine Brücke.

Je länger ich redete, umso näher kamen wir der Brücke. Schon von weitem hatte sie geleuchtet, aber jetzt sah ich es genauer: An der Brücke wurde noch gebaut, dabei sah sie gar nicht richtig neu aus. Sie wurde vielleicht vergrößert oder ausgebessert. Ich beschrieb es Antonia, ohne was dazuzuspinnen. Ich wäre sonst auch gar nicht hinterhergekommen mit dem Beschreiben dieses Wimmelbildes, auf dem sich auch noch alles bewegte. Ich zählte einfach auf, was ich sah: «Zwei gelbe Kräne neben den Säulen, ein neuer Aufbau, eine Verstärkung an den Sockeln, ein Riesenfahrstuhl, der langsam hochfährt, ein Gerüst, auf dem Menschen herumklettern, oben laufen und schweißen kleine Gestalten, der Kran dreht, Teile werden hochgezogen. Der Kran dreht sich, weit oben, wie ein Uhrzeiger, der mal die Zeit vor- und mal die Zeit zurückdreht. Ein Riesenteil, das aufgesetzt werden soll. Aufregung oben auf der Gerüstplattform, Männchen, die sich darauf vorbereiten, irgendwas zu tun, wenn das Riesenteil oben ist. Geschätzt passt das auf die hintere Säule. Auf der anderen Säule ist das Gegenstück schon aufgebaut. Ein Aufsatz. Das Teil wird gedreht, Gestalten flitzen Treppe hoch, Treppe runter, Helmchen. Die setzen das gleich dadrauf.»

Antonia legte Fritzi vorsichtig zur Seite und kam jetzt doch zum Fenster. Und wir sahen zu, wie diese Brücke vor unseren Augen oben so ein Riesenteil aufgesetzt bekam.

«Nein, der Mensch ist kein Affe», sagte ich.

Nach einer Weile sagte Antonia: «Und der Affe ist kein Mensch.»

Als dieses große Quadrat oben auf der Brücke aufgesetzt wurde, freuten wir uns, als hätten wir mit unserem aufmerksamen Glotzen irgendwie dabei geholfen. Ja, wir waren schon begabte Glotzer. Wie Freudenfeuerwerk setzten die Schweißgeräte ein. Aber bevor wir die Ode an die Freude singen konnten, wurde Fritzi wach und schrie einmal schrill. Als sie uns sah, war sie zwar immer noch aufgeregt, aber jetzt jammerte sie eher. Obwohl Antonia sofort bei ihr war, versuchte sie sich aus der Zudecke zu strampeln und zu uns zu kommen. Mal wieder ohne Klopfen wurde die Tür aufgerissen. War der Schrei so laut gewesen, dass Kusmyn das am Ende des Ganges in seiner Kabine gehört hatte? Es war aber nur Freigunda. Sie sah auf Antonia, die Fritzi hielt und summte. Sie sah mich kurz an, wie ich gerade eine neue Flasche zubereitete, und ging wieder raus.

«Würdest du Fritzi füttern? Dann geh ich mich bei Freigunda entschuldigen.»

Wir wollten also «Affe wechsel dich» spielen, aber Fritzi klammerte sich an Antonia fest und quietschte. Ich konnte mir denken, was Freigunda sagen würde. Und vielleicht war es wirklich nicht gut, dass Fritzi jetzt so an Antonia hing. Das sagt man eigentlich nur so, aber sie hing ja wirklich an ihr, und es war ja klar, dass sie nicht bei Antonia bleiben konnte. Wenn sie jetzt eine Ersatzmama hatte, würde sie die auch wieder verlieren. Ich hatte einen Klops im Bauch, wenn ich an Fritzis Zukunft dachte.

«Gut, dann erst mal das Fläschchen», erklärte sie dem Affen oder mir, denn ich hörte ja zu.

«Oder wir probieren noch mal, ob sie zu mir kommt.»

«Aber sie will doch nicht.» Fritzi hatte sich schon das Fläschchen geschnappt und selber in den Mund gesteckt. Bestimmt könnte ich sie jetzt nehmen. Aber Antonia wollte nicht. Und sie wollte wohl auch nicht, dass Fritzi wollte. Jetzt war ich auch noch eifersüchtig. Das hatte mir jetzt noch gefehlt.

Da ging ich besser wieder zum Fenster. Die Brücke war weg, neben uns, hinter uns. Jetzt waren Hafenanlagen zu sehen. Dahinter direkt die Stadt. Wir hätten einfach hinlaufen können. Ein langer Steinweg zog sich bis aufs Meer hinaus, Laternen in regelmäßigen Abschnitten, ganz vorn ein kleiner Leuchtturm, grün-weiß gestreift. Kleine Menschen liefen zum Leuchtturm hin und wieder zurück. Wellen sprangen an der Mauer zur Meerseite hin hoch.

Fritzi hatte fertig getrunken, und Antonia setzte sie auf das Bett. «Ich gehe mich jetzt entschuldigen.» Aber Fritzi schrie sofort wieder, streckte die Arme nach Antonia aus. «Soll ich dich mitnehmen?»

Fritzi krabbelte auf dem Bett bis nach vorne, drehte sich rum und kletterte runter. Sie war recht flink bei Antonias Bein und wurde hochgenommen. Die aufgeregten Geräusche hörten sofort auf. Nur in mir drin bockte und maulte was. Der Anblick draußen lenkte mich auch nicht ab. Ja, Leuchtturm, aber nicht für uns. Vigo, jaja, nicht für uns. Auf einmal der Gedanke: weglaufen. Wir sollten weglaufen. Alle. Mit Fritzi. Ich sprang von dem Fensterbrett und stürmte in die Nachbarkabine zu den anderen. Wir mussten packen. An der Tür prallte ich gegen Antonia, die gerade wieder reinkommen wollte.

Bei Freigunda war das Licht aus. «Schläft sie?»

«Nee, aber sie antwortet nicht.»

«Ich muss aber mit ihr reden. Mit euch.»

«Versuch's. Zuhören tut sie ja. Sie antwortet bloß nicht.»

Ich knipste die kleine Lampe auf dem kaputten Schrank an, dann erklärte ich meinen Plan, der recht kurz war: abhauen, alle. Ich war so überzeugt von meiner Idee, dass ich nicht verstand, warum Antonia nur dastand mit dem Affen auf dem Arm. Warum Freigunda sich gar nicht rührte, verstand ich sowieso nicht. Ich dachte einfach, ich müsste es noch mal und noch mal erklären, mit anderen, also besseren Worten und noch begeisterter, und wenn ich noch schneller sprach, dann mussten sie es doch endlich genauso toll finden und sofort ihre Sachen zusammenpacken. Ich meine, wenn ich, die feige Charlotte, mir das ausdachte und zutraute, dann konnte der Plan doch nicht schlecht sein, denn ich war ja nicht Yvette, die immerzu aus einem spontanen Flitz heraus irgendeine Idee hatte.

«Ja, ihr denkt vielleicht, was ist mit Yvette? Aber die können wir doch befreien. Wir müssen einfach die Tür aufmachen und dann ...» Ich zeigte mit einer ganz geraden Hand, wie schnell wir dann weg wären. Einfach echt schnell.

«Außer Kusmyn bewacht uns», sagte Antonia.

«Wir können doch erst mal abwarten, ob er an Land geht, und auf jeden Fall schon mal die Taschen packen.» Ich hätte gern noch mal mit meiner Hand gezeigt, wie schnell wir weg wären. Ich wollte das so sehr. Aber wieder reichte nicht aus, dass ich etwas wollte. Ich wollte aber trotzdem. Frustrierend. Ich wollte Streit anfangen. Was stimmt eigentlich mit dir nicht, Antonia? Hältst dich immer für so gut und faltest Freigunda so zusammen, dass sie jetzt einfach nur noch daliegt. Und du, Freigunda, Mann, steh auf und krieg dich jetzt wieder ein. Ich fühlte mich wie Yvette. Vielleicht war sie oft so wütend, weil sie immer was wollte. Was wollen war gar nicht so einfach zu fühlen. Ich setzte mich hin, und meine Wut fuhr wieder runter.

Moment, dachte ich. Das war gar nicht meine Wut gewesen, die runtergefahren war. Der Schiffsmotor trudelte aus, Maschinen halbe Kraft. Ich schaute aus dem Seitenfenster. Wir legten tatsächlich gleich an. Das war alles in Le Havre erhebender gewesen, lag aber nicht an Vigo. Diesmal hatte ein anderes Schiff festgemacht, ein Gefangenentransport.

In Freigundas Ecke bewegte sich etwas, nämlich sie. Sie ging zur Lampe und machte sie aus. Dann kniete sie sich neben mich. Antonia setzte Fritzi vor der Eckbank ab und kniete sich auch zu uns. Schweigend sahen wir zu, wie das Schiff festmachte, wie die Hühnerleiter ausgeklappt wurde, wie der Mann im orangen Overall wieder an Bord kam. Dann stoppte der Motor komplett und schwieg wie wir. Nur Fritzis unermüdliches Gekecker war noch da, ein Affenselbstgespräch.

Draußen rollten die LKWs ran, und die Kräne fuhren die Schienen vor und zurück. Alles wie immer. Dann kamen Männer die Hühnerleiter runter. Arnel, Joriz, noch ein anderer, Antipenko und Kusmyn. Ein kleines Stück liefen sie noch durch den Ausschnitt des Hafens, den wir sehen konnten, dann waren sie weg.

«Du meinst echt, wir sollten abhauen?», fragte Antonia.

«Ja!» Ich rief es richtig. Ja, verdammt, sollten wir. Jetzt!

«Was denkst du, Freigunda?» Antonia sah sie vorsichtig an.

Freigunda zuckte die Schultern.

«Komm bitte, ich hab mich doch entschuldigt. Es tut mir leid.»

«Bitte, Freigunda», stimmte ich ein. «Wir müssen jetzt reden. Das ist wichtig.»

Freigunda drehte sich vom Fenster weg. Ihr Gesicht war so beherrscht wie immer oder sogar noch beherrschter.

Ich sagte weiter bitte und Antonia weiter Entschuldigung und Fritzi weiter Uh und Huh.

Freigunda schüttelte den Kopf. «Ich habe nachgedacht.» Aber mehr sagte sie nicht.

«Und was hast du nachgedacht?» Antonia hatte Fritzi wieder auf den Arm genommen. Hoffentlich ging jetzt keine neue Diskussion über Affenerziehung los. Hallo! Die Zeit verging. Ticktack.

«Ich bin noch nicht fertig mit Nachdenken.» Die Zeit verging, ticktack, aber auf einmal ging es mir zu schnell, denn Freigunda stand auf und schloss unsere Tür auf. Einfach so, als hätte man das die ganze Zeit machen können. Dann war die Tür offen, als wäre nicht noch ein größerer Bann um uns gelegt. Herausspaziert, oder was? Ich sah uns schon durch die Stadt rennen, mit Koffern in der Hand, die wir gar nicht hatten, und einem Affen auf dem Arm. Nur noch packen. Oder auch nicht. Vor der Tür stand Daris. Er gab Freigunda etwas, und die warf es mir zu. Belegte Brote, in Frischhaltefolie eingeschweißt. Und eine Wasserflasche. Noch eine. Noch eine. Das war gut, aber nicht so gut wie Freiheit. Auf der Folie stand mit Edding geschrieben Prisoner. Jimmy-Junior hatte mein Zeichen also verstanden. Vielleicht war noch eine Nachricht in den Käse geritzt oder mit Mayonnaise geschrieben. Ich würde die Brote genau untersuchen, bevor jemand wichtige Nachrichten wegschmatzte. Daris sagte, dass wir mit Yvette reden könnten. Durch die Tür. Er habe keinen Schlüssel. Den habe

Officer Kusmyn mitgenommen. Yvette habe mehrfach geweint. Das sagte er völlig emotionslos, als ob er sagte, sie habe gewinkt.

Freigunda sah mich an. Wer von uns war am besten geeignet, jetzt mit Yvette zu reden? Antonia sah auch mich an. Ich?

Daris und Freigunda schoben sich auseinander. Wie bei einem altmodischen Reihentanz öffneten sie den Durchgang, und ich tanzte durch sie durch. Die Musik setzte in dem Moment ein. Einer der Kräne piepte draußen.

Ich klopfte mehrfach an die Tür von Francescas ehemaliger Kabine. «Yvette!» Ich schaute durchs Schlüsselloch in den schmalen Raum. Sie lag auf dem Bett. Mein Klopfen jetzt doller. «Hallo! Yvette? Sag was!»

«Ja!», sagte sie müde.

«Geht's dir gut?»

«Nein.» Wieder so schlapp, ins Kissen rein.

«Ich ...», stammelte ich. «Also wir ...» Was hätte ich gern gehört in ihrer Situation? «Wir holen dich da raus», sagte ich. «Wir vermissen dich und ...» Ich schnaufte kurz durch. «Wir haben dich lieb und ...» Echt, es fehlte nur noch, dass ich sagte «Ich und Papa». «Wir hoffen, dass du okay bist und durchhältst.»

Nichts.

«Hörst du mich?»

«Ja.»

«Ich dachte, du teilst ihr etwas Wichtiges mit», sagte Freigunda.

«Tut sie doch», kam Antonias Stimme aus der Kabine. «Das tut sie doch.»

«Entschuldigung», sagte Freigunda, und das kam aufrichtig. «Wir haben ja jetzt festgestellt, dass ich das nicht kann.»

«Entschuldigung. Ich wollt nicht schon wieder so anfangen.» Inzwischen war Antonia auch zur Tür gekommen. Aus der Kabine kam Fritzis Geschrei und dann auch gleich Fritzi, die sofort Antonia erkletterte, aber dann zu Daris rüberwechselte, von dessen Gesicht die Härte abfiel wie eine verkrustete Schicht.

Ich begann wieder mit der Tür zu reden. «Wir sind alle im Flur, und alle grüßen dich, Yvette. Hörst du?» Okay. Dann vielleicht Fakten. «Ich habe ein Handy und Empfang. Einige aus der Mannschaft wissen schon, dass er uns eingesperrt hat. Dem Affen geht es gut.»

Dann versuchte es Antonia. «Wir können uns Klopfzeichen an der Wand geben. Wollen wir das nachher machen? Kannst du das Morsealphabet? Ich nicht.»

Als Letztes versuchte es Freigunda. «Yvette?» Lange Pause. «Du musst mir genau zuhören.» Pause. «Du musst dich jetzt gedulden. All die Wut, die du hast, musst du in dir sammeln, und wenn es so weit ist, dann darfst du dem Bastard alles heimzahlen. Wir brauchen deine Wut später. Heb sie dir auf.»

«Okay», kam es von drinnen.

Antonia und ich sahen uns an. Freigunda brauchte keinen Blickkontakt. Sie war hier fertig und latschte zurück zu Daris. Es war mal wieder so typisch. Wenn sie was besser konnte als andere, dann eigentlich alles. Und sie hätte jetzt «Siehste!» sagen können, aber das spielte keine Rolle. Erfolge hießen für sie nur, dass etwas erledigt war und man nun etwas anderes tun musste. Daris und sie sprachen sehr leise und kurz. Sie sahen aus wie der Club gegen unnötige Worte. Der Club traf sich nie, weil es nichts zu sagen gab.

«Wir gehen jetzt wieder in unsere Kabine, ja? Tschüss, Yvette.» Dann hörte ich auf, mit der Tür zu reden.

In der Kabine hatten wir einiges zu besprechen. Freigunda informierte uns, was Daris ihr gesagt hatte. Oleksiy säße auf dem Unterdeck, Metalltreppe und Hühnerleiter im Blick. Da säße er sonst nicht. Er ging für gewöhnlich an Land, wenn die Stadt so nah war.

«Aber Oleksiy ist total nett», sagte ich.

«Das weiß man nicht», sagte Freigunda.

Das Thema Abhauen war damit erledigt. Ohne Yvette wären wir sowieso nicht gegangen.

Wir versuchten Fritzi beizubringen, wie Huhu gespielt wird, aber Fritzi verstand den Witz nicht. Und wenn das Baby nicht lacht, ist Huhu wirklich nicht lustig. Fritzi erschrak einfach nur und war dann aufgeregt. Freigunda sagte nichts dazu. Vielleicht war Huhu einfach kein Affenhumor, oder sie war noch zu klein dafür. Bei Antonia hieß Huhu Bui, aber Bui war auch nicht lustig. Fritzi wurde hungrig und schlief nach dem Füttern ein.

Überall kleckerte Langeweile runter, dieses ölige Zeug. Die Kräne waren mit dem falschen Bein aufgewacht, die Container machten sich extra schwer. Ein Magnet war an der Vergangenheit angebracht worden und ließ nichts vorwärtsgehen.

Endlich Erlösung. Nachricht von Mimiko. *Skypen?*

Hallo, hallo, als Mimiko auf dem Bildschirm erschien. Sie sah entspannt aus, als könnte sie jederzeit einen Raum verlassen und sogar ein Gebäude und sogar die Straße und die Stadt. Sie hatte Land unter ihren Füßen und aß, was sie wollte, wann sie wollte. Sie war einfach verdammt noch mal nicht hier, weil sie Schiss bekommen hatte. Und mit was? Mit Recht! Ich sah uns drei unten auf dem kleinen Bildschirm. Wir sahen aus wie Dummgelaufen, Pechgehabt und Selberschuld. Schönescheiße war in der Nebenkabine eingesperrt. Die Frage danach, wie es uns geht, beantwortete Antonia mit «Na ja», und Mimiko nickte. Dann legte sie ein Tempo vor, als dürften wir keine Zeit verlieren. «Ähm, ich, also ich habe Infos über Spartak Antipenko. Über Kusmyn habe ich nicht viel gefunden. Es gibt zu viele Artem Kusmyns. Wenn ich wüsste, wie seine Frau heißt und in welcher Stadt er lebt, dann könnte ich es einengen. Wenn ihr das herausfinden könntet, würde das helfen.»

Mimiko suchte einen Zettel raus und begann mit einem Also mit langem A. Sie habe ja wahnsinnig viel über die Ukraine gelesen, über die Wirtschaft, der es schlecht geht, über den Hochzeitsbrauch, die Braut bei der Familie am Tag der Hochzeit freizukaufen, und, und, und.

«Aber jetzt zu Antipenko.» Und sie nahm ein anderes Blatt zur Hand.

Antipenko hatte gerade erst Geburtstag gehabt und sei fünfzig geworden. Er habe Frau und zwei Kinder, beide schon aus dem Haus. Der Enkelsohn wurde nach dem Großvater benannt. Sein Vater war ebenfalls Kapitän gewesen, hat aber nur wenige Jahre in dem Beruf gearbeitet. Antipenkos Frau heißt Anna, ist genauso alt wie er und hat einen Instagram-Account, auf welchem sie Fotos von drei Katzen teilt, von einem neuen Schrank, von einer Datsche, von einer Hochzeit. Zwei junge Menschen laufen unter bunten Bändern durch. Es gibt Lebkuchen und Fisch. Ein Feuer, ein Garten, ein großer Hund. Außerdem Urlaubsbilder von den Antipenkos. Aus Odessa. Antipenko trägt Poloshirts, Jeans und Sonnenbrille. Sie trägt einen großen weißen Hut und ebenfalls Poloshirts und Jeans. Sie fahren mit einem Boot, trinken Cocktails und besuchen einen Vergnügungspark.

«Hast du auch was Wichtiges rausgefunden?» Freigunda sah sogar kurz zu dem kleinen Bildschirm mit der kleinen Mimiko, aber dann wieder aus dem Seitenfenster, um aufzupassen, ob Kusmyn wiederkam.

Das hatte ich mich zwar auch gefragt, aber trotzdem mochte ich dieses kleine Theaterstück in meinem Kopf, wo Spartak mit Anna in den Polohemden in dem schicken Boot saß. Ich gönnte ihm auch diesen kurzen Urlaubstrip in meinen Gedanken. Bestimmt war es mindestens achtundzwanzig Grad warm und die Poolliegen nicht aus Plastik, sodass die Antipenkos festklebten, wenn sie schwitzten.

«Das Wichtige kommt jetzt.» Mimiko hob den Zettel weiter hoch und überflog wahrscheinlich den ganzen Mittelteil darüber, wo die Katzen am liebsten liegen, welche Kräuter im Vorgarten blühen und was Antipenkos zu Weihnachten aßen. «Ich hab etwas darüber gefunden, dass Antipenko jetzt gerade erst ein halbes Jahr lang nicht Kapitän der Lexy Barker war, sondern Kusmyn als Ersatz eingesetzt wurde. Aus dieser Zeit gibt es Fotos auf dem Account seiner Frau, die ihn zu Hause zeigen, aber ohne einen Hinweis darauf, was der Grund für diese Pause war. Er lacht auf diesen Fotos nicht. Eins zeigt ihn mit einem älteren Mann, der vielleicht sein Vater ist. Sie waren wohl angeln und zeigen im Garten ihren Fang. Ein großer Fisch in einem Plastikeimer. Ein anderes Foto zeigt, wie sie über offenem Feuer eine Fischsuppe kochen.»

Ich stellte mir diesen Zusammenschnitt aus Anna Antipenkos Leben vor. Der Spartak Antipenko, der hier auf der Brücke saß, wurde wie eine Anziehpuppe umgezogen, Turnhose an, Angel in die Hand. Ich sah das sattgrüne Ufer des großen Flusses. Ich hörte, wie die Männer redeten, aber verstand nichts. Sie redeten darüber, warum der Sohn gerade nicht Kapitän war und warum der Vater nicht lange Kapitän war. Sie schlugen nach Mücken. Ich hörte Anna rufen, dass der Tee fertig ist. Ich wollte gar nicht mehr, dass Mimiko etwas über ihn sagt, das alles zerstörte. Aber sie hatte auch nicht mehr Informationen.

«Das ist ja nicht so viel», Freigunda stierte aus dem Seitenfenster.

«Dass er kurz nicht Kapitän war, ist schon ganz interessant. Das war nicht nur ein langer Urlaub. Wer macht denn ein halbes Jahr Urlaub? Das ist doch interessant, oder? Und dass Kusmyn in der Zeit das Kommando hatte.»

Ich dachte daran, wie Kusmyn über diese Kabine gesprochen hatte, die mal seine gewesen war. Zumindest bei der Kabine wirkte es so, als ob er nicht gern rausrückte, was er mal besaß.

«Könnte es nicht sein, dass die beiden einen geheimen Machtkampf zu laufen haben?», überlegte Mimiko. «Dann könnte es sein, dass Kusmyn Antipenko nicht über alles informiert. Also, was er für Regeln für euch angeordnet hat und so. Einfach alles, was mit euch zu tun hat. Und wenn Antipenko nichts davon weiß ...»

«Dann sollte man ihm das sagen.» Antonia klang, als wären wir bei einer Quizshow, und sie müsste, nachdem sie auf den roten Knopf gehauen hat, die Antwort reinrufen. Bekam sie jetzt einen Punkt? Ich glaube, wir waren ein Team, und das ganze Team bekam den Punkt.

«Wenn er nichts davon weiß und die beiden irgendwie Konkurrenten sind ...»

Jetzt schlug ich auf den roten Knopf. «Dann könnte Antipenko Kusmyn verbieten, uns einzusperren.»

«Und unsere Handys wegzunehmen», ergänzte Antonia.

«Und uns den Landgang zu streichen», sagte Freigunda langsam, als ob wir bei der Quizshow nicht auf Zeit spielen. Egal, wir haben drei Punkte für das Team geholt.

«Lasst mich doch mal ausreden.»

Wir hatten also falsch geraten, was Mimiko sagen wollte. Null Punkte.

«Also angenommen, Kusmyn findet, dass er Kapitän sein sollte, weil er das in dem halben Jahr so toll gemacht hat. Und angenommen, Antipenko weiß auch, dass Kusmyn auf seinen Job scharf ist, dann könnte Antipenko schon aus Prinzip auf eurer Seite sein, nur um Kusmyn zu zeigen, dass er unter ihm steht. Angenommen, es gibt diese Konkurrenz zwischen den beiden, dann ist das unsere Chance. Ihr müsstet mit Antipenko reden, denn den kann Kusmyn ja nicht feuern. Und wenn Antipenko erfährt, was Kusmyn so alles entschieden hat, ohne den Kapitän zu fragen, vielleicht feuert er dann Kusmyn. Denn das wäre ...»

«Majestätsbeleidigung», rief Antonia zu schnell. «Ähm, wie heißt das?» Das gab keinen Punkt. Ich wusste, was sie meinte, aber mir fiel auch nicht der richtige Begriff ein. Irgendwas von der Armee. Dienstgrad und so.

«Gehorsamkeitsverweigerung.» Das klang aus Freigundas Mund schwerwiegend, aber vor allem klang es, als wäre sie mit diesem Wort verprügelt worden und die Stellen hätten sich entzündet.

«Ja!» Mimiko nickte bestimmt fünfmal. Okay, Jackpot. Wir hatten gewonnen. «Wenn ihr Antipenko also die Chance gebt, Kusmyn ein bisschen an die Rangordnung zu erinnern, dann ...»

«... wäre das super», rief Antonia, und jetzt regnete Glitzerkonfetti von der Studiodecke. Aber bevor er den Boden berührte, flog er wieder zurück in die Konfettikanonen und war weg, denn Freigunda wollte keine Hoffnung, wo keine war. «Wenn die beiden ein gutes Verhältnis haben und zusammenarbeiten, dann ...»

«... wäre das nicht super.» Das sagte Antonia leiser und langsamer. Und danach wurde alles noch leiser und ganz langsam. Die Verbindung hing. Mimikos Standbild sah aus, wie ich mich fühlte. Ich wusste, wie die Show heißen könnte. Super oder nicht super.

Die Standbildmimiko wurde wieder eine bewegte Mimiko, aber nicht wieder eine begeisterte. Das war aber auch scheiße. Entweder hatten wir eine geheime Tür gefunden oder nicht. Wenn wir keine hatten, würden wir gegen die Wand laufen. Das gäbe Aua.

Wir beschlossen, dass Mimiko weiter versuchen sollte, etwas über Kusmyn herauszufinden. Und ich ebenfalls.

«Und über Oleksiy auch», schlug Freigunda vor.

«Und Daris auch», sagte ich.

Mimiko und ich teilten die Aufgaben auf.

Da Kusmyn jederzeit wiederkommen könnte, legten wir besser los. Tschüss, tschüss, vielleicht bis nachher noch mal.

Dann suchte ich im Netz nach Oleksiy. Ich wusste, dass er aus Sewastopol kam. Das hatte er Yvette erzählt. Und mir hatte er ja auch schon ein bisschen was von sich erzählt. Dass die Ziegen seine Füße abgeleckt hatten. Nein, das war nur ausgedacht. Sewastopol war eine richtig große Stadt. Ich ärgerte mich über mich, dass mir nur so etwas Verträumtes, Ländliches eingefallen war. Wieso hatte ich nicht an eine große Stadt gedacht? Sewastopol war die größte Stadt auf der Halbinsel Krim, sagte Wikipedia. Sie gehörte zur Ukraine und zu Russland auch oder andersherum. Ein vorübergehend besetztes Gebiet. Die Stadt verteilte sich um achtunddreißig Buchten, und mehrere Flüsse flossen durch die Stadt, die Tschorna, die Katscha und die Belbek. Das klang alles so toll irgendwie. Ich wurde langsam wie Mimiko. Griechische Kolonisten hatten Sewastopol gegründet. Dann gehörte die Stadt zum Römischen Reich. Dann kamen Tataren. Dann wurde die Stadt von Russland erobert. Die Zarin war damals Katharina die Große. Krimkrieg, Wehrmacht, Sowjetunion, Sewastopol wird zur geschlossenen Stadt, Schwarzmeerflotte. Die ganze europäische Geschichte hatte, wie es aussah, auch in Sewastopol stattgefunden. Ich musste aufhören. Ich sollte ja Oleksiy suchen.

Oleksiy Petruk aus Sewastopol. Fotos. Das war er. Jünger, aber genauso lachend. Er hatte Fußball gespielt beim Nachwuchs vom FK Sewastopol. Die Nummer 8. Diese Jungs auf den Mannschaftsfotos sahen auf eine Art anders aus als unsere Jungs, bei der ich nicht sagen konnte, was es genau war. Seltsam, dass ich immer wieder versuchte, mit den Augen zu verstehen.

Oleksiy war bei Facebook, aber viel zu sehen war da nicht. Der Status war Single. Es gab ein Foto, vor drei Jahren geteilt. Er stand mit drei Frauen in einem Raum. Alle lachten. Sein Profilbild war eine grüne Maske auf schwarzem Grund. Ich schaute seine Freundesliste an. Er war befreundet mit einem A. Kusmyn, auf dessen Seite noch weniger los war. Kein Profilbild, geheiratet vor zwei Jahren. Ja, aber wen? Verdammt. Das wäre ja jetzt zu schön gewesen. In der Freundesliste zwölf Namen, unter anderem Katja K. Die war auch mit Oleksiy befreundet. Auf ihrer Seite dann endlich die Info, dass sie verheiratet sei mit A. Kusmyn. Bingo.

«Ich hab den Namen von Kusmyns Frau.»

«Sie heißt Charlotte?» Freigunda, zum Fenster gewandt.

«Was?»

«Du hast den Namen von Kusmyns Frau. Also Charlotte», sagte sie, aber weiterhin mit Blick aus dem Fenster.

«Nee. Ich habe den Namen gefunden.»

«Dann schick ihn an Mimiko.»

«Schon erledigt. Außerdem steht bei ihr, dass sie in Sewastopol wohnt. Genau wie Oleksiy. Hab ich Mimiko auch schon geschickt.»

«Warum schreiben die Menschen so was in das Internet?» Jetzt sah sie mich an. Als ich nur die Schultern zuckte, schaute sie wieder aus dem Fenster, ob Kusmyn kam.

Ja, warum schrieben die Leute so was ins Internet? Ich sperrte meine Seite. Nicht dass da viel stand, aber bei der Vorstellung, dass Kusmyn unsere Namen eingeben konnte, um herauszubekommen, welche komischen Vögelchen er da eingefangen hatte, kam mir die Stulle hoch. Er würde viel über uns finden, seit es im Sommer diesen Wirbel um uns gegeben hatte. Was würde Kusmyn mit diesen Informationen machen, wenn er sie hätte? Wir waren herrlich erpressbar. Er wusste immerhin, wo wir waren. In einem Western hätte er jetzt viermal Kopfgeld kassieren können. Es wäre ein Leichtes, die Infos über uns zu übersetzen, die aus dem Sommer und die neueren.

Die Mitteilung, dass ich eine Nachricht über den Messenger bekommen habe, ploppte auf. Ich bekam nie Nachrichten über Facebook. Da war ich ja nie. Keine Ahnung, warum ich da überhaupt war, wenn ich da nie war. Sahen die Absender, wenn ich die Nachricht öffnete? Ich hatte noch weitere Nachrichten. Auf dieser völlig verschlafenen Seite war auf einmal was los. Eine Nachricht war von Jurek und eine von Severine. Jurek lachte auf seinem Profilbild. Das konnte ich mir kaum ansehen. Die zweite Nachricht war von Severine. War das klug, die Nachrichten zu öffnen? Das waren meine Freunde. Natürlich würde ich die Nachricht öffnen. Die frische Nachricht war von A. Kusmyn. Heilige Scheiße. Das war spooky. Bestimmt würde der Absender sehen können, wenn ich die Nachricht öffnete. Da ich Kusmyn gesagt hatte, dass mein Handy nicht funktioniert, hatte ich also offiziell kein funktionierendes Handy. Er hatte mir nicht geglaubt und mir deshalb die Nachricht geschickt. Er saß in einem Internetcafé in Vigo, um die Männer im Blick zu behalten, die mit ihren Familien und Freunden sprachen, und aus Langeweile hatte er unsere Namen gesucht und mir dann eine Nachricht geschickt. Wahrscheinlich stand drin: «Wer das liest, ist doof.» Ich war aber nicht doof. Er war doof, denn er hatte mir bestätigt, dass er genau dieser A. Kusmyn war, dass seine Frau Katja hieß und er in Sewastopol wohnte. Er unterschätzte uns. Ich lachte. Alter, du bist mir in die Falle gegangen. So sah es doch mal aus.

Ich erzählte Antonia, was gerade passiert war. Antonia war sich nicht sicher, dass das gut war, aber mir war wie nach einem Ausgleichstreffer bei einem Weltmeisterschaftsspiel. Vielleicht würde ich gleich feststellen, dass es ein Eigentor war, aber bis dahin wollte ich es als Treffer sehen, also war es einer. Dieses gute Gefühl blieb, bis Freigunda sagte: «Sie kommen zurück. Wir sollten das Licht wieder ausmachen.»

«Nein. Sie sollen uns sehen.» Antonia hob sogar Fritzi vor das Fenster. «Sie sollen sehen, dass wir hier eingesperrt sind.»

Wir wussten nicht, ob das so klug war, aber wir ließen das Licht an und blieben alle drei am Fenster. Kusmyn sah nicht zu uns hoch, aber er würde uns als Nächstes verbieten, aus dem Fenster zu sehen. Als er oben auf der Hühnerleiter war und damit aus unserem Blick herauslief, waren nur noch die anderen Männer zu sehen. Antonia klopfte gegen die Scheibe. Das war da unten eher nicht zu hören, dachte ich.

Als Arnel zu uns hochsah, sagte ich stumm, so deutlich es ging, «HELP!». Antonia hielt den Affen hoch. Arnel winkte. Antonia zeigte auf den Affen. Dass wir ihm irgendetwas mitteilen wollten, musste er verstanden haben. Ich befürchtete, dass gleich Kusmyn in die Kabine kam. Bevor er doch noch mein kaputtes Handy einzog, wollte ich die Nachrichten von Severine und Jurek lesen, aber ich schaffte nur Severines Nachricht.

Danach war alles egal.

Kajtek war tot. Dieser Satz stand da. Kajtek ist tot. Und der Satz hörte gar nicht auf, nach mir zu schlagen. Auf den Magen, ins Herz, auf den ganzen Leib. Severine wünschte, sie könnte mich umarmen. Wenn ich wollte, würde sie mir genau schreiben, was passiert war. Es tat ihr so leid. Sie hoffte, ich würde nach Hause kommen. Ich starrte auf den zerbrochenen Bildschirm, und erst dank der Tränen, durch die ich nichts sah, musste ich diesen Satz nicht immer wieder lesen.

Antonia setzte sich ganz nah zu mir. Freigunda rutschte von der anderen Seite an mich heran und legte ihren Arm um mich. Ich weinte einfach nur. Es gab keine Gedanken. Wenn der Schmerz ein Tal hatte, konnte ich atmen. Dann kam wieder ein Berg, und es tat so dermaßen weh. Wie lange weinte ich denn schon? Ich weinte, seit ich wusste, dass er tot war, und weil er nun für immer tot war, würde ich für immer weinen. Ich hatte keine Ahnung, wie ich das stoppen könnte. Freigunda sagte nicht, dass ich mich beherrschen sollte. Oder dass ja jeder am Ende stirbt. Oder dass Kajtek auch alt war. Sie sagte gar nichts. Wir saßen so, ich eingeklemmt, und ich heulte, als würden die Tränen eine Wunde ausspülen. Der Tod hatte mit großer Hand alles angehalten, und auch wenn es noch da war, denn ich hörte ja die Kräne draußen piepen, so war das doch nicht da. Auch dass Antonia und Freigunda mich trösten wollten, war nicht da. Es tröstete mich ja gar nicht.

Fritzi sagte als Einzige etwas. Einfach kleine Geräusche, die klangen wie ein Fragewort. Sie sah mir beim Weinen zu. Ich dachte kurz daran, was Kajtek immer getan hatte, wenn ich traurig war, und dass er das nie wieder tun würde. Ein riesiger Schmerzberg wälzte sich über mich hinweg. Ich konnte nichts fassen.

In das Geheule kam Kusmyn. Er hatte uns Kekse aus Vigo mitgebracht, verbot uns, im Hafen aus dem Fenster zu sehen, zog mein Handy ein, und weil er kein Unmensch sei, dürften wir morgen früh alle zum Frühstück gehen. Mir war das alles egal.

Irgendwann war ich doch von dieser Eckbank aufgestanden, konnte mich aber nicht daran erinnern, aber irgendwann lag ich im Bett neben Antonia, also war ich ja dahin gegangen und hatte mich dort hingelegt, aber ich hatte es nicht mitbekommen. Nebenan hörte ich Freigunda und Antonia reden. Wir wurden inzwischen beladen. Die Container knallten aufeinander. Hohl, dumpf, schwer. Technische Geräusche, als würde ich an Überlebensmaschinen hängen. Meine Augen waren offen. Ich sah Antonia eine Milch vorbereiten, aber ich sah es nur, ich sah nicht zu. Knallen und Piepen draußen. Dann Schlaf. Dann Wachsein. Sofort das schlimme Wissen. Kein Moment Schonung. In die Dunkelheit starren. Fuhren wir wieder? Wir fuhren. Diese Schleife wiederholte sich ein paarmal in dieser Nacht. Aufwachen, Schmerz, wieder einschlafen.

Ich träumte, dass ich den langen Weg zum Leuchtturm von Vigo entlangging. Keine Welle. Ruhige See wie angehalten. Der Weg war aber nass. Ich wusste sofort, dass ich das gewesen war mit meinem Geheule. Kajtek lief neben mir. Langsam und uralt.

Als ich das nächste Mal zu ihm runtersah, war er jung. Als wir vorne am Leuchtturm waren, war er ein Welpe. Er wollte nicht mit mir zurückkommen, und ich musste ihn am Leuchtturm lassen. Den Weg zurück weinte ich, und das Meer wurde wilder, bis die Wellen über mich sprangen und ich in einem Tunnel aus Wasser war. Der Weg war weg, und ich schwamm, bis ich aufwachte. Ich war mir sicher, dass ich ertrunken wäre.

Die Sonne schien durch das Fenster. Das Schiff schaukelte stark. Antonia lag nicht im Bett, aber Fritzi. Sie war in die Decke gewickelt, und nur der Kopf schaute oben raus. Das sonst so bewegliche Gesicht ganz ruhig. Ich drehte mich auf den Rücken, um an die Decke zu starren. Der Schmerz war anders aufgewacht. Er war da, aber eine Hülse. Ich gab mich dem Schaukeln hin. Vielleicht würden wir wieder in einen Sturm geraten. Ich schaute aus dem Fenster, wie sich das Meer aufregte und der Bug der Lexy Barker langsam und träge von einer Seite auf die andere kippte wie eine große Wippe.

«Na?» Antonia war aus dem Bad gekommen. «Wie geht es dir?»

Ich erzählte von meinem Traum, in dem ich Kajtek als Welpen am Leuchtturm zurücklassen musste. Antonia erzählte davon, wie ihre Oma an Krebs gestorben war und kurz darauf im Traum zu ihr kam, um mit ihrer Enkelin Boot zu fahren. Sie sah aber ganz jung aus. Als Antonia die Traummoma darauf ansprach, sagte diese, dass sie für den Bootsausflug den gesunden Körper genommen hatte. «Ich habe mir vorgestellt, dass sie sich so bei mir verabschiedet hat. Mit ihrem gesunden Körper.»

«Dann war der Traum von mir vielleicht auch so was.»

«Ja, kann doch sein.»

Es klopfte leise an der Wand zur Nachbarkabine. Yvette. Ich klopfte zurück, ebenfalls leise. Einfach wahllos lang, kurz, schnell, langsam, aber ich stellte mir vor, dass ich ihr damit alles erzählte. Ich konnte ganz ehrlich sein und kitschig und verjammert und unlogisch. Ich beschimpfte das Leben, weil es diesen miesen Haken mit dem Tod eingebaut hatte. Das alles klopfte ich rüber, und Yvette hörte zu, bis ich fertig war. Danach klopfte Yvette eine Weile leise.

«Ob sie schon weiß, dass wir alle heute zum Frühstück dürfen?» Antonia legte frisch gewaschene Unterwäsche zum Trocknen auf die Heizungsschlitze im Fensterbrett.

«Was? Wieso?»

«Hat Kusmyn gestern gesagt.»

«Stimmt. Hab ich vergessen.» Ich lag auf dem Rücken und klopfte einen langsamen Takt zu Yvette rüber, ein schweres Herzlied, in das Yvette einfiel. Kajtek ist tot. Ich dachte den Satz immer wieder. Ich habe keinen Hund mehr. Das riss wie wild.

Antonia plapperte hintereinanderweg. «Ich frage mich, warum er uns das erlaubt? Vielleicht hat er wirklich einen Anschiss von Antipenko bekommen. Ob ich auch mitdarf? Bestimmt nicht. Ich frage mich, ob Antipenko von mir weiß. Ich muss ja auch bei Fritzi bleiben. Wenn sie nicht bald aufwacht, weck ich sie.»

Ich sah das schlafende Affenbaby an und hörte auf zu klopfen. Yvette klopfte noch ein bisschen. Vielleicht Gedanken. Vielleicht Fragen. Ob Antipenko von Antonia weiß? Welche Folgen das alles für uns haben würde? Ob er uns melden würde, bei wem auch immer, Polizei, Auswärtiges Amt. Zu denen Bea und Pim nicht konnten, um Hilfe zu holen, und wir auch nicht. Dann würde die Polizei uns im Hafen schon erwarten, und alles wär umsonst gewesen. Es war eh alles umsonst. Am Ende waren wir alle tot. Ich war echt nicht gut drauf.

«Wie spät ist es eigentlich?» Ich hatte gerade nach meinem Handy greifen wollen, aber das hatte ich ja auch abgeben müssen. «Wir haben gar keine Uhr.»

«Ich frag mal Freigunda. Die weiß immer, wie spät es ist.» Antonia ging rüber. Ich musste nur den Kopf drehen und konnte durch die geöffnete Tür sehen, dass Freigunda angezogen auf der Bank saß. Dann zog ich mich mal besser auch an. Es wäre gleich so weit, sagte Freigunda. Das klang so dramatisch, und es war wirklich gleich so weit.

Keine fünf Minuten später schloss Kusmyn die Gefängniszelle auf und winkte uns ran. Antonia winkte er wieder weg. Dann holte er Yvette. Wir schlossen uns in die Arme, ein fester Kreis, der zusammenhielt. Das Schiff schaukelte inzwischen noch stärker. Ich stellte mir vor, dass wir wie Seegras aussahen, wie wir hier schwankend zu dritt standen. Kusmyn räusperte sich, aber wir ließen uns nicht auseinanderräuspern. Wir lösten uns erst voneinander, als wir fertig waren. Ich nahm Yvettes Hand und ließ sie nicht los. Freigunda nahm Yvettes andere Hand, und so gingen wir aufgefädelt die Treppe runter. Kusmyn hinten, aber niemand zum Anfassen, arme, traurige Wurst. Was hatte er am Ende davon? Wir hatten uns. Er hatte leere Hände. Mit Handschuhen an.

Im Gemeinschaftsraum saßen fünf Männer aus der Mannschaft. Ungewöhnlich viele. Ihre Blicke begleiteten uns, als ob sie mit uns gingen. Arnel lächelte nicht. Unangenehm, die Situation wie angedickt. Die Brüder Romeo und Darwin mit verschränkten Armen.

Kusmyn trieb uns vorwärts. Jimmy-Junior trug gerade das Frühstück in die Messe. Rührei. Er grüßte neutral und schaukelte zurück in die Küche.

Wäre ja zu schön gewesen, wir hätten uns wenigstens leise unterhalten können, aber Kusmyn setzte sich mit übereinandergeschlagenen Beinen und nickendem Fuß an den Mannschaftstisch. Immerhin nicht an unseren. Trotzdem schmeckte das Rührei wie ein beschissenes Rührei unter Aufsicht. Freigunda aß so teilnahmslos wie immer. Ich hatte Yvette noch nie so lange schweigend erlebt. Dass sie nicht rausballerte, was ihr im Kopf herumging, war komisch. Ich kannte sie aber so gut, dass ich mir auch vieles denken konnte, was sie sagen würde.

Das ist doch Kacke, würde sie sagen. Und ein bisschen übertreiben: Ob er dächte, wir würden bei dem starken Seegang aus Versehen über die Reling fallen. Wir kämen schon klar. Danke. Wir könnten auch schon allein essen, ohne Mama und Papa und ohne ihn sowieso. So redete die Yvette in meinem Kopf. Ich hätte nie gedacht, dass mir ihr Gemecker fehlen würde. Das Rührei zu wabbelig, das Besteck nicht ganz sauber, die Tischdecke klebrig. Die Schaukelei sowieso nervig. Eigentlich hatte sie sogar oft recht, aber alle anderen von uns konnten schlafen mit der Erbse unter den Matratzen. Sie eben nicht. Und jetzt, wo ein Kürbis unter den Matratzen lag, hielt sie das allererste Mal ihre unhaltbare Klappe. Da war ich stolz, und das würde ich ihr auch sagen, wenn das alles hier vorbei war.

Kusmyn bestellte bei Jimmy-Junior eine Milch und trank sie mit Strohhalm. Eine Milch! Mit Strohhalm! Er fasste dabei das Glas nicht an, sondern beugte sich nach vorne. Bis zum Strohhalm. Umständlich. Irgendwas war mit seinen Händen, dachte ich wieder. Er wollte nichts anfassen. Hatte ich überhaupt schon mal gesehen, dass er etwas richtig angefasst hatte? Die Handys sollten wir in einen Beutel legen. Die Schranktür hatte er Freigunda vor die Tür stellen lassen. Er hatte immer alles Daris tragen lassen. Und jetzt trank er auch noch Milch. Mit dem Strohhalm. Ich hatte auf einmal überhaupt keine Angst mehr. Mein Hund war tot, und ich hatte an diesem ersten Tag ohne ihn das Gefühl, für alles andere unverwundbar zu sein. Außerdem hatte ich Verbündete. Und zwar keine, die ich bezahlen oder erpressen musste, sondern welche, die mich mochten und an dasselbe glaubten wie ich. Was wollte er schon? Geld. Das war keine Weltsicht. Das war ein Babygefühl wie mehr, mehr, mehr, will haben. Wir wollten Gerechtigkeit, und das machte uns stärker. Sagte ich mir. Und glaubte ich mir auch. Er konnte uns die Handys wegnehmen, aber nicht, dass wir zusammenhielten. Meistens jedenfalls. Er hatte höchstens

Oleksiy auf seiner Seite und vielleicht Antipenko. Aber nach weiteren Minuten stillem Rühreischmatzen kam Antipenko, und ich hörte ihn die Männer im Gemeinschaftsraum anblaffen, dass er sich nicht auf die Forderungen einließ. Das habe er gesagt, und dabei bleibe es auch. Sie sollten sofort in ihre Kabinen gehen, dann würde es auch keine Strafen geben. Er klang wie ein kläffender Hund am Gartenzaun, so einer, der dann aber nicht beißt, wenn das Gartentor offen ist. Bei Antipenkos großem Wauwau war Kusmyn aufgesprungen und in den Gang geeilt. Er wusste, was sich gehörte. Bellte der große Hund, dann musste der kleinere große Hund sofort mitbellen, um der kleinere große Hund zu bleiben. Dachte ich mir so. Keine Ahnung. Meine Vorstellungen waren aus Filmen. Was hatte ich denn mit solchen Sachen im Alltag zu tun? Nichts. Ich musste alles raten.

Ich hörte, wie die Männer aufstanden und gingen. Viele Füße, feste Schritte, trotz der Schaukelei. Solange er hier Kapitän sei, würde es auf diesem Schiff so etwas nicht geben, rief Antipenko ihnen hinterher.

«Was? So etwas?» Da war Yvettes Stimme endlich wieder. Sie flüsterte: «So etwas WAS?»

«Er hat was von Forderungen gesagt», flüsterte ich zurück.

Kusmyn sprach jetzt. Natürlich verstanden wir nichts, aber ich horchte so sehr auf die Betonung der Sätze, dass mir gleich Antennen wachsen würden. Antipenko war immer noch laut und wütend, als er antwortete. Meine Antennen wuchsen aus dem Raum, um die Ecke, bis kurz vor die Münder der beiden Männer, aber ich konnte nicht raushören, ob Antipenko auf die Mannschaft wütend war oder auf Kusmyn. Auf jeden Fall war er sehr wütend, wauwauwau in einer Tour, während Kusmyn sehr ruhig war. Als Antipenko sich leergeschimpft hatte, ging er, und Kusmyn kam zurück zu uns. Mitkommen, sagte er, und wir tranken schnell aus und stürzten ihm hinterher. Das Schaukeln hatte noch einmal zugenommen, und ich war froh, dass ich nicht so viel gefrühstückt hatte. Kusmyn nahm mit großen Schritten die Stufen und knallte die Tür zu unserem Flur auf. Er war so drauf wie an dem Tag, als er mich umgerannt hatte. Da war er auch so in den Gang gestürmt, und seine Laune hatte sich erst verändert, als er Antonia entdeckte und ihm damit das schöne Geschenk in den Schoß plumpste, dass er nun feinste Macht über uns hatte. Da hatten die kalten Augen geblitzt wie bei einem bösen Kind, das eine Katzenquälanlage zu Weihnachten bekommt.

«You!», sagte er und zeigte auf mich. Mir kam fast das Rührei hoch. Yvette griff nach meiner Hand. Ich habe ihn belogen, sagte er, was das Handy angehe. Es sei nur das Display gesprungen, aber das Handy funktioniere. Deshalb bekämen wir alle unsere Handys nicht zurück. Bisher hätten wir uns nicht an die Abmachungen gehalten, deshalb werde er sich auch nicht daran halten. Wir sollten den Affen holen. Er starrte nur mich an, während er mit uns allen sprach, als wäre es wichtig, vor allem mich zu bestrafen und mich wieder auf Spur zu bringen, mich, die Feigste aus der Truppe, damit ich wieder schön feige wäre, wie es sich für mich gehörte. Husch, zurück auf deinen Platz. Mir war von Anfang an kalt in seiner Nähe gewesen, aber jetzt wurde mir heiß. «Nein!», sagte ich und wartete einen Moment, aber lieber nicht zu lange. Yvette zermatschte fast meine Hand. Kusmyn atmete ein, als hätte er eine Rachenentzündung. Dann sagte ich, nein, wir könnten den Affen nicht holen, weil wir keinen Schlüssel hätten, deshalb könnten wir den Affen nicht holen. Yvette lockerte ihre Handkralle. Kusmyn atmete wieder normal. Das alles hatte gar nichts gebracht, nur ein bisschen Stolz, aber wir würden Fritzi trotzdem rausrücken müssen. Es war sein Affe. Er konnte mit ihm machen, was er wollte.

Kusmyn schloss auf, ging vor und zog Fritzi am Arm hoch, die vor der Eckbank gestanden hatte. Die fing an zu schreien und sich aus seinem Griff zu winden. Eine Drehung, und sie fiel auf den Boden, landete auf den Beinen und sprang auf die Eckbank, wo Antonia saß mit den größten Augen, die ich je an ihr gesehen habe. Nur Fritzi hatte noch größere Augen.

Kusmyn streckte seine Hände nach Fritzi aus, aber Fritzi schrie sofort wieder. Sie krallte sich an Antonia fest.

Das Schiff schaukelte uns alle schief und dann zur anderen Seite. Kurze Ausgleichsbewegungen. Festhalten.

Freigunda stand stabil. Sie bat Kusmyn, nicht den Affen zu bestrafen, wenn er in Wahrheit uns bestrafen wolle. Das sei nicht fair.

Ihr gebt mir jetzt den Affen, wiederholte Kusmyn. Dann kratzte er sich an der Hand. Nicht zu fassen. Er hatte juckende Hände. Ich hatte es genau gesehen.

Antonia versuchte Fritzis Hände von sich zu lösen, erklärte ihr dabei, dass sie gleich wieder bei ihr sei, keine Angst, hab keine Angst.

Kusmyn griff nach dem Affen. Fritzi kreischte und war ziemlich schnell auf dem Tisch, auf dem Schrank, im Nachbarzimmer. Wir stürmten alle hinterher. Fritzi saß auf dem Schrank und schrie und hopste dabei auf und ab.

Kusmyn war inzwischen auch fast an der Tür, eine große Welle warf das Schiff zur Seite und zurück. Yvette schlug die Tür zu, mit der Welle zusammen. Es rumste gewaltig. Das war sein Kopf. Kusmyn ächzte hinter der geschlossenen Tür. Als er die Tür öffnete, stand er mit verzerrtem Gesicht vor uns. Er zischte etwas auf Ukrainisch, dann auf Englisch, dass er den Affen jetzt ins Meer schmeißen würde.

Eine weitere Welle oder Yvette oder wieder beide zusammen knallten ihm noch mal die Tür gegen den Kopf, noch doller. Er versuchte die Tür abzuhalten, und dabei wurde seine Hand eingeklemmt. Er brüllte.

Als wir die Tür wieder aufmachten, kniete Kusmyn auf dem

Boden in einer Schmerzpose. Die rechte Hand hielt das linke Handgelenk umklammert. Die linke Hand streckte er verkrampft nach oben wie eine vertrocknete Wurzel.

Ich musste mich am Türrahmen festhalten, weil es mit dem Schiff kräftig hin und her ging.

Kusmyn gab seiner Stimme so viel Autorität, wie er es in dieser Position hinbekam. Er stieß hervor, dass jetzt Schluss sei. «Fesseln! Sofort!» Und auf Autorität reagierte Freigunda natürlich, und sie fesselte ihn. Aber nicht Fritzi, sondern Kusmyn. Sie verdrehte Kusmyns Handgelenk so, dass er sich auf dem Boden einrollte, als wäre ein Klappmechanismus ausgelöst worden. «Ich brauch ein Tuch oder einen Schal», sagte sie, während sie ihn am verdrehten Handgelenk hielt und auf seiner Hüfte kniete. Antonia war zur Garderobe gerannt und warf alle Schals zu Freigunda.

Kusmyn beschimpfte sie, aber Freigunda hatte als Antwort nur, dass sie immer ganz genau das machte, was man zu ihr sage, und wenn er als ihr Vormund sage, sie solle jetzt fesseln, dann würde sie sofort fesseln.

Das war einfach zu krass. Ich musste erst mal irgendwas machen. Den Affen vom Schrank holen. Ich ging zum Schrank und hielt meine beiden Arme zu Fritzi hoch. Sie kletterte runter und in meine Arme. Ich setzte mich mit ihr auf das Bett. Blickrichtung in die andere Kabine, wo direkt im Eingang Kusmyn auf dem Bauch lag. Yvette setzte sich neben mich. Das Schiff immer noch stark schaukelnd.

Ich streichelte Fritzi, die aufgeregt keckerte. «Ja, das war jetzt ganz schön viel.»

Yvette starrte auch auf Kusmyn. «Wir haben ihn überwältigt.»

«Wir haben ihn überwältigt, hörst du», wiederholte ich für Fritzi, die sich langsam beruhigte.

«Das gibt Ärger.» Yvette schlug sich mit der Hand an den Kopf. «Das gibt so Sauärger.»

«Nein», flüsterte ich zu Fritzi. «Das gibt keinen Ärger.»

«Doch!» Yvette war aufgesprungen. «Oh doch! Wir stecken in der Scheiße.»

«Wir stecken nicht in der Scheiße, nein», flüsterte ich Fritzi zu.

Freigunda saß auf dem Boden neben Kusmyn und betrachtete ihre Beute. «Wir würden sonst in einer anderen Scheiße stecken, wenn wir nicht in der hier stecken würden.»

«Ach, blabla», sagte Yvette. «Wir müssen ihn losbinden und ...»

«Und dann wirft er Fritzi ins Meer?» Antonia stand im Nebenraum, und ich war mir sicher, dass sie gern zu uns und zu Fritzi kommen wollte, aber dafür müsste sie über Kusmyn steigen. Als Fritzi Antonias Stimme hörte, sprang sie mir vom Schoß und wackelte rüber. Sie lief auf allen vieren und einfach über Kusmyn drüber, kletterte an Antonia hoch und fasste ihr ins Gesicht.

Ich lachte kurz. Wie sollten wir aus der Nummer rauskommen? Der Erste Offizier dieses Schiffes lag mit drei bunten Schals verknüppert auf dem Boden. Noch zwei Tage bis Marokko. Mir war schlecht, weil das Schiff so schaukelte oder sowieso.

«Ja, aber was schlägst du denn vor?», fragte Yvette Freigunda. «Wir können ihn doch nicht hier liegen lassen oder ...»

Freigunda stand auf und kam zu uns in die Nachbarkabine, und Antonia gab sich auch einen Ruck und machte einen großen Schritt über Kusmyn. «Wir müssen mit ihm verhandeln.» Sie setzte sich zu mir auf den Bettrand, neben Yvette, und Freigunda setzte sich auch dazu. Das war ein seltsames Kino. Wir waren ein seltsames Publikum für einen seltsamen Film. Ein Mann lag gefesselt auf dem Boden. Mehr passierte nicht.

«Was macht er?», flüsterte Antonia. «Warum macht er nichts?»

«Ich glaube, er ist ...», Yvette seufzte. «Er ist eingeschnappt.»

In dem Moment, wo sie es aussprach, fing sie an zu lachen. Sie ließ den Oberkörper nach hinten auf das Bett kippen und grölte. Sie rappelte sich wieder ins Sitzen und sagte, immer noch lachend: «Na, wenn man euch euer Äffchen nicht zurückgibt, die Tür zweimal vor den Kopp kloppt, eure Patsche einklemmt und euch dann zu einem Bündel verschnürt, dann wärt ihr auch eingeschnappt, oder?» Sie ließ sich wieder nach hinten fallen.

Antonia musste auch lachen und kippte auch nach hinten um. Ich auch. Sogar Freigunda. Fritzi quackelte und hopste zwischen uns herum, während wir uns einem ausgiebigen Gequieke und Gekicher hingaben. Klar war er eingeschnappt. Wäre ich auch. Dann war das hier also doch kein harter Actionfilm, sondern einer mit komischen Elementen. Der Bösewicht war eingeschnappt. Ich bekam gar keine Luft mehr, als ich das sagen wollte, schon das Wort Bösewicht war unaussprechlich. Ein Wicht, ein böser Wicht. Als wir uns wieder hinsetzten, war unser Bösewicht allerdings nicht eingeschnappt, sondern gerade dabei, zur Tür zu hüpfen. Yvette fiel jetzt seitlich um vor Lachen.

«Was sollen wir jetzt machen?», fragte Freigunda, die ich überhaupt noch nie hatte so lachen sehen.

«Hinterher!», rief Yvette und hopste auf Kusmyn zu, um ihm hinterherzuhopsen. Fritzi hopste vom Bett und auf dem Boden auf und ab. Wir grölten alle. Ich weinte auch schon wieder ein bisschen wegen Kajtek, aber lachte dabei und nahm, ebenfalls hopsend, die Verfolgung auf.

Es wummerte an der Tür.

Yvette hörte auf zu hopsen und machte auf. Kusmyn hörte auf zu hopsen und stellte sich aufrecht hin.

Oleksiy stand draußen, hinter ihm mehrere Männer aus der Mannschaft, fast alle. Nur Daris und Antipenko fehlten. Und der eine Mann aus dem Maschinenraum, Mykyta. Gesichter im ganzen Flur, die ernst aussahen. Oleksiy sagte etwas auf Ukrainisch zu Kusmyn. Er sah ihn dabei nicht direkt an. Dann brachte er Kusmyn in seine Kabine, nahm ihm die Schalfesseln ab und schloss ihn ein. Die anderen Männer nickten.

Wir standen inzwischen alle an der Tür und die Männer alle davor.

Die Männer starrten Antonia mit dem Affen auf dem Arm an. Sie redeten durcheinander.

Ob wir mal erfahren könnten, was los ist, fragte Yvette.

Besser nicht hier im Gang, sagte einer der Männer, der Rolando oder Jocar hieß. Jimmy-Junior zeigte zu Kusmyns Kabine rüber. Wir würden uns in der Mannschaftsmesse treffen. Das Schiff schaukelte immer noch stark, aber zumindest wurde es nicht noch stärker.

Wir passten alle gerade so in die Mannschaftsmesse, einige auf dem Boden.

Es hatte eine Meuterei gegeben oder nicht oder so etwas Ähnliches. Oleksiy sagte, es wäre eine. Arnel sagte, der Kapitän sei zurückgetreten. Das sei etwas anderes.

Ich hatte das gigantische Bedürfnis zu fragen: Was ist los?

Oleksiy schnaufte und stand auf. Das mit Antipenko sei die eine Sache, aber das mit Kusmyn, er sah uns an, Kusmyn sagte, wir hätten ihn angegriffen.

Jetzt schnauften auch die Männer. Das sei nicht gut, sagte Jimmy-Junior und einige andere. Nicht gut. Wenn ich es richtig verstand, ging es sowieso vor allem um Kusmyn. Deshalb hatten sie mit Antipenko gesprochen, aber er habe nichts davon hören wollen. Er sagte, er würde zurücktreten, bis die Vorwürfe gegen Kusmyn fallengelassen würden. Die Männer waren gerade zu Kusmyn unterwegs gewesen, um ihm mitzuteilen, dass Antipenko nicht mehr das Kommando habe und sie auf keinen Fall unter seinem Kommando fahren würden, denn sie wären jetzt ein halbes Jahr unter seinem Kommando gewesen, und das wollten sie nicht noch einmal.

Oleksiy nahm seine Zigaretten aus dem Latz seiner Latzhose und klopfte mit den Fingern gegen die Packung, damit eine Zigarette rauskam. Wenn sie ihm das gesagt hätten, sagte er, spätestens dann wäre es eine Meuterei gewesen, denn dann hätten sie sich geweigert, auf den Ersten Offizier zu hören, der natürlich die Führung übernimmt, wenn der Kapitän zurücktritt. Genauso wie er es bei der langen Beurlaubung getan hatte.

Ja, das sei wahr, stimmte Romeo zu. Dann wäre es eine Meuterei gewesen, aber das haben die Mädchen ja jetzt schon gemacht.

Jetzt hatten wir also gemeutert? Wir sahen uns an. Yvette zog eine Grimasse.

Die Männer sprachen darüber, wie es gewesen war, unter Kusmyn zu fahren. Angefangen habe es damit, dass er ihnen den Zugang zum Schiffsnetz verweigert hat, weil es sie angeblich zu sehr von der Arbeit ablenkt. Als sie daraufhin protestiert haben, hat er sie bei der Reederei schlechtgemacht und dafür gesorgt, dass er das Recht bekam, die Zahlung der Heuer zu stoppen, wenn die Männer keinen Gehorsam zeigten. Daraufhin hat er alles Mögliche als Dienstverweigerung angesehen. Er habe sich bedienen lassen, ihre Dienstzeiten nicht respektiert, sie beschimpft. Sie haben das alles hingenommen, weil sie wussten, dass Antipenko bald zurück sein würde. Jetzt sei Antipenko zurück, aber er ließ Kusmyn weiterhin freie Hand, was die Gelder der Männer anging. Kusmyn hätte ständig damit gedroht. Darum wollten sie schon in Rotterdam mit Antipenko reden, aber der lehnte jedes Gespräch ab. Wenn es um Kusmyn ging, sei Antipenko, seit er wieder da war, irgendwie komisch, sagte Arnel. Das fanden alle aus der Mannschaft.

Oleksiy fummelte mit der Zigarette und der Packung herum.

Nein, nicht die Mannschaft, sagte er. Er würde sich da nicht dazuzählen. Und Daris auch nicht. Und Mykyta auch nicht.

Joriz schüttelte langsam den Kopf. Ja, alle die, die weiterhin bezahlt werden. Allen anderen habe man die letzten Zahlungen ausgesetzt bis Ende der Fahrt. Jetzt sah Joriz aus, als hätte er Schmerzen. Die Überweisung, die er in Le Havre getätigt habe, sei nicht angekommen. Und seine Familie brauche das Geld. Gerade jetzt. Nicht morgen oder in zwei Tagen. Sondern vor zwei Tagen. Er habe schon unter anderen Kapitänen und Offizieren gearbeitet, und es sei eben manchmal hart, aber sein Geld habe er immer bekommen. Kusmyn hatte sie doch die ganze Zeit damit erpresst, die Zahlungen zu stoppen. Sie waren sich so sicher gewesen, dass es aufhört, wenn Antipenko zurück ist. Nun ist er zurück, und jetzt hat Kusmyn die Zahlungen gestoppt. Wie es aussieht, ist diese Sondergenehmigung nicht zurückgenommen worden. Das steht ihm nicht zu. Und darum haben sie heute auf ein Gespräch mit Antipenko bestanden, aber Antipenko möchte sich nicht gegen seinen Ersten Offizier stellen. Aber damit stellt er sich gegen seine Mannschaft.

Oleksiy klemmte sich die Zigarette hinter das Ohr. Die Zahlungen seien gestoppt worden, weil es doch Gründe dafür gäbe. Sie hätten schon vorher Forderungen gehabt. Er steckte die Zigarettenschachtel weg. Ihr wolltet, dass die An- und Abreisetage nicht als Urlaubstage gerechnet werden. Ihr wolltet Internetzugang auf dem Schiff, und ihr wolltet, dass ihr besser versichert seid. Das hat euch alles diese Frau in Rotterdam eingeredet, die immer an Bord kommt und mit euch redet. Nur weil die Schiffsdiakonin euch sagt, dass das euer Recht ist, heißt das nicht, dass ihr das auch bekommt. Das ist ein hartes Geschäft, und es war schon immer eins, und kein Seemann hat früher verlangt, dass keine Ratten an Bord sind oder man bei Sturm nicht rausfährt. Man habe sich für diesen Beruf entschieden und damit anerkannt, dass der Kapitän das Sagen hat, und wenn der Kapitän nicht da ist, dann hört man auf die vorübergehende Führung. Wenn nicht, ist das eine Meuterei. Die Art, wie Oleksiy stand und alle anderen saßen, erinnerte mich daran, wie Kusmyn in unserer Kabine gestanden hatte, wenn wir saßen, und wie er saß, wenn wir standen. Oleksiy zeigte mit beiden Händen auf sich. Sorry, aber für ihn sei das eine Meuterei, und er möchte damit nichts zu tun haben. Er stehe treu zum Kapitän.

Deshalb stand er vielleicht auch. Weil er zum Kapitän stand. Das sei einfach eine Frage der Ehre. Sein Kinn zeigte auf die Männer, die vor ihm saßen.

Ich fand es krass, wie er sich gegen sie stellte, denn er war immerhin gerade nur einer, der das so sah, aber vermutlich war er ranghöher, und daran wollte er sie erinnern, denn der Erste Maschinist war eben kein Koch. Der Erste Maschinist dachte vielleicht, dass ein Schiff schon ohne einen Kapitän fahren könnte, denn der steuerte bloß, aber ein Maschinist, ja ein Maschinist, ohne den fuhr das Schiff ja gar nicht. Vielleicht dachte der Koch aber auch, dass ohne ihn der Maschinist ja gar nichts zu essen hatte und darum das Schiff nur fuhr, weil er kochte. Was hatte ich denn für eine Ahnung von diesem Mannschaftsbauwerk, in dem sich gerade ein Fenster geöffnet hatte, durch das ich ein bisschen hineinsehen konnte?

Die anderen Männer bewegten sich nicht. Das Schiff fuhr inzwischen wieder relativ ruhig und ließ die Männer schunkeln zu einem ganz alten Lied, einem langsamen Lied über die Treue zum Kapitän. Aber wir stehen doch auch zum Kapitän, sagte Arnel. Jeder von uns. Mit dem Kapitän haben sie keine Probleme. Er ist ein guter Kapitän. Aber seit er sich vor einem halben Jahr krankmelden musste, nicht mehr derselbe. Das war kein Urlaub. Das wüssten auch alle. Alle nickten. Irgendetwas ist mit ihrem Kapitän. Auch jetzt noch. Seit er zurückgekehrt ist, überließ er Kusmyn zu viele der Aufgaben, die Aufgaben eines Kapitäns sind. Und Kusmyn habe sich aufgeführt, als sei er so was wie der geheime Kapitän. Kusmyn stünde nämlich nicht zum Kapitän.

Wenn sie gemeutert hätten, dann gegen Kusmyn. Alle nickten. Einer der Männer, Rolando oder Jocar, sagte, dass Kusmyn immer weiter gehe, immer weiter, noch ein Stück weiter und sich nicht mehr an die Regeln hielt, als ob sie für ihn nicht gelten würden. Was er mit den Mädchen gemacht habe, hätte er auch nicht gedurft. Das mit dem Affen sei Privatsache. Dazu sagten sie nichts. Die Männer nickten.

Fritzi lag auf dem Boden und untersuchte einen ihrer Füße, wie der aussah, wie der schmeckte. Um sie ging es also gar nicht. Uns war es die ganze Zeit vor allem um sie gegangen.

Jimmy-Junior stand vom Boden auf und sagte, dass er Essen machen müsste. Falls abgestimmt werden würde, sei er dafür, den Kapitän zu bitten, wieder seinen Posten einzunehmen. Das sei wichtiger als alles andere. Und er sei dafür, alle Forderungen erst einmal ruhen zu lassen, Hauptsache, dass Kusmyn nicht weiter Erster Offizier blieb. Er führe nicht noch einmal mit Kusmyn.

Jimmy-Junior hatte das Gespräch ganz schön beschleunigt, weil er Essen zubereiten musste, Kapitän hin oder her, eine Mannschaft muss essen. Die Männer stimmten Jimmy-Junior zu.

Oleksiy nicht so ganz, nur dass Antipenko wieder sein Amt aufnehmen sollte. Er bot an, zu Antipenko zu gehen und mit ihm zu reden.

Arnel sagte, dann sei es besser, er ginge in den Maschinenraum, damit Mykyta dort nicht mehr allein sei. Rolando oder Jocar, der Kleinere jedenfalls, bot an, zu Daris auf die Brücke zu gehen, der dort auch allein sei. Irgendwer müsste sowieso Daris ablösen können in den nächsten Tagen, wenn Antipenko nicht auf die Brücke zurückkehrte. Und er habe ein bisschen nautisches Grundwissen und den ersten Kurs für Lotsen bestanden. Mach das, Jocar, sagte Romeo. Das war also Jocar. Auch Rolando ging, von dem ich jetzt wusste, dass er Rolando war. Die Brüder Romeo und Darwin verabschiedeten sich auch.

Antonia roch, dass Fritzi gewickelt werden musste. Vielleicht hatte sich auch wegen des Gestankes die Versammlung so plötzlich aufgelöst.

Um Fritzi ging es also gar nicht. Das war für die Männer Privatsache. Das gefiel mir nicht.

Es ging um Geld. Aber wofür sonst waren die Männer denn hier monatelang von ihren Familien getrennt? Sie wollten Geld nach Hause schicken.

Wir waren jetzt wieder freiwillig in der Kabine, nicht weil wir eingesperrt waren.

Antonia lief mit Fritzi an der Hand herum. Das Affenbaby strahlte und griff nach meiner Hand. Dann konnte sie zwischen uns baumeln. Das war pures Glück, aber Antonia lachte nicht. Und sagte nichts. Also lachte ich und redete ein bisschen in diesem Dutzidutziton, dass sie das ganz toll macht, ganz toll macht sie das. Yvette hatte sich auf die Eckbank gesetzt und glotzte vor sich hin. Auf dem Boden lag Freigunda, ungefähr da, wo Kusmyn gelegen hatte. Das war gerade mal vor einer Stunde gewesen.

Weil alle so gar nichts machten, machte ich auf einmal lauter Zeug, als müsste ich alle drei ersetzen.

«Was sollen wir denn jetzt tun?», fragte ich, wie Antonia gefragt hätte. «Das ist doch scheiße», fluchte ich wie Yvette. «Wir müssen abwarten», sprach ich Freigundas Text. Aber ich bekam die drei dadurch nicht dazu, wieder so zu sein, wie sie sonst waren. Nur Fritzi war wie immer. Sie schaukelte zwischen mir und Antonia und keckerte. Dann kletterte sie auf das

Fensterbrett und knutschte die Scheibe ab. Ich setzte mich auf meine Seite der Eckbank und sah aus dem Seitenfenster. Zwei blaue Flächen. «Sagt doch mal was», sagte ich zum Meer und zum Himmel.

«Sag du doch was.» Antonia hatte eine Bürste geholt und kämmte Fritzi.

Mir fiel was ein. Gar nicht so schlecht, fand ich. «Wir haben doch, als Francesca noch hier war, gesagt, dass wir jede ein Geheimnis haben und dass wir die uns sagen.»

«Fang an!», sagte Yvette.

Ich musste mich erst mal sortieren. Ein Geheimnis ist ja eher ein schüchternes Wesen. Es kommt nicht sofort raus, wenn man es ruft. «Okay», sagte ich und schnaufte durch. Dann kehrte ich zu dem Nachmittag in Le Havre zurück. Ich erzählte vom Regen. Ich baute das Museum. Ich schickte Yvette in die Toiletten, um sich trocken zu föhnen, und ließ die alte Frau auf mich zukommen. Meine Worte ließen sie erscheinen, und sie stand bei uns in der Kabine. Sie sagte mir etwas und sagte es den anderen, die in der Kabine waren und lauschten. Der Sog, etwas zu erzählen, erfasste mich wieder so stark, dass ich erst dachte, er würde mich wegtreiben, aber ich hatte alles unter Kontrolle und konnte darin schwimmen, wie ich es in dem Traum konnte, als ich ein Seeungeheuer war. Ich ließ die alte Frau ihre Last an mich geben und damit an alle. Jetzt war es raus. Als hätte ich das Ei gelegt.

Ich rechnete damit, dass Antonia mich gleich fragte, wo das Ei denn wäre, aber sie schüttelte den Kopf. «Du kannst ja wirklich toll erzählen, Charlotte, aber ich dachte, wir sagen wirkliche Geheimnisse. Ich mag es ja, wenn du dir was ausdenkst, aber ...»

Ich stand auf, klappte die Eckbank auf, holte den Rucksack raus, aus dem Rucksack den Leinenbeutel, aus dem Leinenbeutel das Tischtuch und aus dem Tischtuch das Ei. Jetzt lag es in meinem Schoß und zog alle magisch an. Sie kamen und legten eine Hand darauf. Freigunda und Antonia saßen jetzt links und rechts von mir, Yvette setzte sich wieder mal auf den Tisch. Sogar Fritzi kam und legte ihre Affenhand dazu. Vielleicht hätte es jetzt aufgehen müssen und sein Geheimnis preisgeben, denn wir wollten ja alle unsere Geheimnisse preisgeben, aber es blieb, wie es war. Ein versteinertes Ei.

Dann war der Moment auch schon vorbei, weil Freigunda fragte: «Warum gibst du es Antipenko nicht? Sie wollte es ihm geben und nicht dir.»

Yvette schlug vor, es zu verkaufen.

«Du nun wieder», lachte Antonia.

«An ein Museum. Warum nicht?» Yvette verschränkte ihre Arme. «Ich meinte ja gar nicht wegen Geld. Kannst es ja auch der Wissenschaft schenken.»

Oder es Antipenko geben, dachte ich. Bestimmt wusste ich bald, was mit dem Ei passieren sollte. Aber jetzt noch nicht.

«Warum hast du denn nicht gleich davon erzählt?», fragte Antonia. «Ich meine, du hast mir von der alten Frau erzählt, aber nicht von dem Ei.»

Ich zuckte die Schultern. «Keine Ahnung. Warum erzählt man manchmal Sachen nicht?»

Jetzt zuckte Antonia die Schultern. «Ich kann nur sagen, warum ich mein Geheimnis bisher nicht erzählt habe. Ich hab keins.»

Wir stöhnten alle genervt auf.

«Jaja! Die heilige Antonia. Wer's glaubt …», sagte Yvette.

«Doch. Wirklich. Ich hab keine Geheimnisse. Einfach weil ich …»

«Weil du immer alles richtig machst.» Yvette winkte ab.

«Nein! Also ja, aber nicht weil ich mir das vorgenommen habe, sondern weil …»

Yvette unterbrach sie schon wieder «Weil es bisher keinen

Grund gab, mal etwas zu tun, das richtig und falsch gleichzeitig ist.»

«So was gibt es doch nicht.»

«Doch!», sagten Yvette und Freigunda. Sie sahen sich überrascht an. Ich musste lachen.

«Okay. Dann bin ich jetzt dran, weil es gerade so gut passt.» Yvette klatschte in die Hände. «Das Problem bei mir ist, dass ich viele Geheimnisse habe und jetzt eine ganze Weile vor mich hin beichten könnte. Wo wir auch eine Heilige dahaben, passt das doch mit dem Beichten. Ich erzähl euch mal das, was mit euch zu tun hat.»

«Also, wenn Francesca behauptet hat, dass wir nicht versichert sind und sie deshalb alles privat bezahlen muss ... also alle Kosten, die sie durch ihren Unfall verursacht hat», Yvette wurschtelte mit den Händen rum, «dann hat sie da recht.» Sie wollte ihre Finger abpflücken, wie es aussah. «Das hab ich verbockt. Ich hab gedacht, dass man da Geld sparen kann, und wenn was passiert, dann hab ich ja genug Geld. Ergibt keinen Sinn, ich weiß. Ich werd sie jedenfalls nicht mit den Kosten allein lassen. Das ist klar.» Yvette schüttelte ihre Hände aus. «Ja, das war das eine. Und das andere ...»

«Moment», unterbrach ich sie. «Wir sind also auch nicht versichert? Ich hab doch gefragt, ob wir versichert sind, und du hast gesagt, ja, klar. Das hast du gesagt.»

Yvette machte ein Gesicht, als sei ihr was runtergefallen und zersprungen, aber eher was Kleines, eine Butterdose höchstens.

Ich klatschte mir mehrfach gegen die Stirn. Immer wieder. Das wollt nicht in meinen Kopf. «Echt? Echt, Yvette? Keine von uns ist versichert? Bist du irre? Das geht doch nicht. Weiß das Kusmyn zufällig? Dann kann er uns richtig fertigmachen. Das kann deine Familie gar nicht bezahlen. Wenn irgendwas mit dem Schiff ist oder mit der Lieferung, und der hängt das uns an.» Ich knetete mit beiden Händen an meinen Wangen

herum, zog sie runter, schob sie hoch, kratzte mit den Finger-
nägeln einmal runter. Horror! Ich sah uns alle unser restliches
Leben irgend so eine Scheiße abbezahlen. Ich fühlte mich wie
Francesca, als sie erfahren hatte, dass sie nicht versichert war.
Aber Francesca musste nur ihren Krankentransport und die
Behandlung bezahlen. Wenn Kusmyn uns richtig eins reinwür-
gen wollte, dann würden wir daran noch jahrelang schlucken.
«Ich kill dich!», sagte ich zu Yvette.

«Versteh ich. Total verdient.» Sie sah mich trotzdem immer
noch an, als wäre das alles irgendwie zu regeln. Wenn ich sie killen würde, dann würde sie mich verklagen. Mann, wie konnte
man sich so sicher fühlen, nur weil man immer fucking Geld
gehabt hatte?

Yvette schnaufte einmal richtig durch. «Und jetzt das andere.
Ich sag euch jetzt, was für eine Vereinbarung ich mit Francesca
getroffen habe.»

«Ach, das wissen wir doch schon», sagte ich. «Sie sollte ein
Buch schreiben.»

«Jaha, das wisst ihr schon, aber es kann sein, dass ich unbedingt wollte, dass es ein sehr spannendes Buch wird. Also kann
nicht nur sein, ist so. Ich habe ein bisschen was gemacht, damit
das Buch spannender wird.» Yvette zupfte wieder an ihren Fingern herum. «Also, ich habe einige Male gelogen, und ein paar
Mal habe ich die Wahrheit gesagt, wo ich besser gelogen hätte.»

«Jetzt sag einfach, was du gemacht hast», forderte Freigunda.
«Ich möchte das gern wissen, bevor Charlotte dich killt.»

Yvettes Beichte zwei war genauso kacke wie Beichte eins,
und wir hatten danach keine Lust, zu sagen, dass sie sieben
Rosenkränze beten sollte und alles wäre wieder okay. Immerhin erklärte sie uns nicht noch, warum das alles gar nicht so
schlimm sei. Damit das Buch spannender werden würde nämlich. Weil es sonst einfach nur eine lahmarschige Schifffahrt
geworden wäre.

«Jetzt wissen wir ja, dass auch so genügend passiert wäre.» Yvette verdeckte ihr Gesicht mit beiden Händen und hockte jetzt auf dem Tisch wie ein Schäm-dich-Denkmal. «Mann, das war eine Scheißidee!», murmelte sie in ihre Handflächen.

«Mehrere Scheißideen», verbesserte ich, denn Yvette hatte erzählt, dass es gar nicht nötig gewesen wäre, Francesca als erwachsene Aufsichtsperson mitzunehmen, wenn wir unterschriebene Zettel von unseren Eltern dabeigehabt hätten oder eben gefälschte unterschriebene Zettel. Das wäre ja überhaupt nicht schwer gewesen. Und darum hätte anstatt Francesca Antonia ganz einfach mitfahren können, ohne sich zu verstecken, und Mimiko wollte gar nicht wirklich mit, zumindest nicht als blinder Passagier. Yvette hatte sie ein bisschen bearbeitet, dass das doch die Chance ihres Lebens sei und so weiter. Wir hätten also einfach gemütlich auf das Schiff gehen können, einchecken und die Fahrt genießen. Ich sah es vor mir, wie entspannt wir gewesen wären, wie viele Gefühle nicht gefühlt worden wären. Antonia hatte Angst gehabt, Mimiko ein schlechtes Gewissen, als sie nicht mitfuhr. Nur weil Yvette das besser für das Buch fand. Wir waren aber in keinem Buch. Der Unterschied war, dass Gefühle im Buch nur beschrieben waren und unsere echt. Und wenn man ein Buch über etwas schrieb, das wirklich passiert war, dann war es eben so passiert, aber es extra so hinzubiegen, dass es interessant wurde, das war, als ob sich Wirklichkeit und Geschichte das erste Mal am Fenster sahen und ineinander verkuckten. Wenn es dieses Buch geben würde, dann wäre ja alles, was ich tat, in diesem Buch. Dann könnte ich jetzt den Arm heben, und es würde in dem Buch stehen. Ich hob den Arm.

«Was ist denn?», fragte Antonia.

«Ich mache das Buch interessanter», sagte ich und nahm den Arm wieder runter.

«Ich könnte dich, nur damit die Handlung interessanter wird, vom Tisch werfen», überlegte Freigunda.

Yvette stieg vorsichtshalber runter. «Jetzt hast du mich nur mit Worten runtergeworfen.»

«Nur mit Worten», wiederholte ich. Genau darum ging es gerade bei meinen verwirrenden Gedanken. Das hier war kein «Nur mit Worten», denn dann hätten wir auch einfach eine entspannte, vielleicht langweilige Fahrt haben können und uns den Rest ausdenken. Das wäre doch auch gegangen.

Yvette lachte und schlug sich gegen den Kopf. «Das war so dumm von mir. Dumme Yvette! Dumme, dumme Yvette!»

«Eher egoistisch», sagte ich. «Nicht dumm. Einfach egoistisch. Wir hätten auffliegen können, und dann hätten wir aussteigen müssen oder Strafe zahlen. Wenn Kusmyn nicht die Chance ergriffen hätte, uns damit zu erpressen, dass Antonia ohne Anmeldung an Bord ist, dann hätten wir Ärger bekommen. Und dann noch ohne Versicherung. Das kommt ja noch dazu. Das ist doch nur spannend, wenn das jemand anderem passiert. Wenn das einem selbst passiert, ist das doch nicht spannend. Überhaupt wären wir nicht so erpressbar gewesen und hätten die ganze Zeit Angst gehabt, dass wir auffliegen. Wir haben geflüstert, und Antonia konnte nicht aus dem Fenster kucken. Alles nur, weil du eine dumme Idee hattest.»

Yvette lachte. «Keine dumme! Eine egoistische!» Und sie schlug sich wieder. «Egoistische Yvette, egoistische, egoistische Yvette!»

«Das ist nicht lustig», sagte Freigunda.

«Ich weiß nicht, was ich sonst machen soll. Es fühlt sich so scheiße an.»

«Du hast ein schlechtes Gewissen», entschied Antonia.

«Und was macht man da? Hatte ich noch nie. Was muss ich machen?» Yvette klang jetzt ganz hoffnungsvoll, dass es irgendein Ritual gebe, um schlechtes Gewissen abzuwaschen, wegzufegen, auszuschütteln oder rauszubürsten.

«Aushalten!», sagte Freigunda trocken.

«Bis wann?» Wieder klang sie so hoffnungsvoll.

«Manchmal für immer», war Freigundas Antwort.

Yvette war geschockt, und mir platzte jetzt der Arsch. «Das ist mir scheißegal gerade, wie du dich dabei fühlst. Kann doch nicht sein, dass du so was abziehst, und danach kümmern wir uns liebevoll um dein schlechtes Gewissen. Du hast eine Idee und dann los. Einfach mal probieren. Mal sehen, was passiert.» Mir war klar, dass mir so was nie passieren würde, weil ich nie was tat. Meine Fehler passierten beim Nichttun von etwas, und klar, damit war ich auf jeden Fall sicherer. Wenn Yvette im Team «Hätte-ich-mal-nicht» spielte, spielte im gegnerischen Team «Hätte-ich-mal». Aber wenn es um einen Sport ging, würde Yvette gewinnen, denn sie würde zwar foulen, aber wenigstens Tore schießen. Vielleicht regte es mich deshalb so auf.

«Ja, wir werden sehen, was passiert», sagte Freigunda. «Jetzt gibt es erst mal Mittagessen.»

«Und dein Geheimnis?», protestierte Antonia.

«Danach!» Freigunda war schon zur Kabinentür gegangen und raus. Dann Antonia mit der schlafenden Fritzi auf dem Arm, dann ich und hinterher wie ein geprügelter Hund Yvette.

«Meinst du, du kannst Oleksiy mal nach unseren Handys fragen? Dass er die von Kusmyn holt?», fragte ich Yvette, und die war sich ganz sicher, dass sie das könnte, und sie war echt erleichtert, dass sie irgendetwas tun konnte, was es wiedergutmachen würde.

Vor der Küche standen Rolando und Arnel und lachten mit Jimmy-Junior. In der Mannschaftsmesse lief wie immer der Fernseher. Die Diaz-Brüder und Joriz saßen am Tisch, und alle schauten auf ihre Handys. Ich als Fernseher hätte mich ja abgeschaltet, wenn sowieso niemand zuhört.

Die Männer vor der Küche begrüßten uns. Arnel lächelte wie immer. Rolando aber auch. Jimmy-Junior verkündete, dass wir zur Feier des Tages das philippinische Essen bekämen. Und heute Abend auch. Da würden wir zusammen feiern und essen. Jocar habe Geburtstag. Wir würden doch auch kommen? Normalerweise würden die Geburtstage nicht groß gefeiert werden, aber an diesem Tag müsste es einfach sein, denn alle seien so angespannt. Heute Abend wird erst einmal gesungen. Singen muss sein. Aber vor allem das Essen sei wichtig. Es gäbe Pancit. Pancit muss sein.

Von dem ganzen Lärm wurde Fritzi wach und wollte sofort mitmischen. Antonia hielt sie fest, aber sie machte sich frei und setzte sich an den Nachbartisch, dahin, wo der Kapitän immer saß. Dort fing sie an, mit den Lippen zu schnattern und sich über sich selbst zu freuen. Sobald Antonia versuchte, sie dort wegzuholen, schrie Fritzi. Jimmy-Junior kam mit dem Essen und schüttelte beim Anblick des Affen den Kopf. Er rief die anderen. Ich verstand nur Kapitän. Die Männer kamen und lachten sich kaputt. Wir haben wieder einen Kapitän, sagte Jimmy-Junior.

Als die Männer wieder weg waren, beruhigte sich Fritzi, und bis darauf, dass sie an der Tischkante hing, verlief das Essen sehr ruhig. Der Reis mit Hühnchen und Gemüse schmeckte ausgesprochen gut, und wir lobten Jimmy-Junior, als er zum Abräumen kam. Er freute sich und erinnerte uns noch einmal an die Feier. Er tat so, als habe er ein Mikrophon in der Hand, und sang ein Stück aus einem unbekannten Lied. Ich kann nicht singen, dachte ich sofort. Singen war so ungefähr das Peinlichste überhaupt. Singen war noch schlimmer als sprechen. Da konnte man wenigstens mittendrin aufhören.

Im Treppenhaus wollte Fritzi ewig an dem Geländer turnen. «Geht doch schon vor, wenn ihr wollt», schlug Antonia vor. Freigunda wollte bei Antonia bleiben, und ich ging in die Kabine, hinter mir Yvette, die, seit wir die Kabine verlassen hatten, wirklich wenig gesagt hatte.

Ich setzte mich an das Fenster mit Blick nach vorne auf die Fracht. Ich dachte an Kajtek, denn auch wenn lauter andere Sachen geschahen, blieb er tot, und immer wenn mir das einfiel, machte ich irgendwie dicht und bekam eine undurchdringliche Hülle. Nichts kam rein und nichts kam raus, und innen war alles wund.

«Auf einer Skala von null bis zehn, wie sauer bist du?», fragte Yvette.

«Fünf.»

«Ich dachte, zehn.»

«Du bist meine Freundin.»

«Ja?»

«Ja!»

«Ich hab gar keine Freunde. Eigentlich. Außer euch.» Sie schaute weg.

«Ich hab auch nicht viele», sagte ich. «Außer euch.»

«Wurdest du in der Schule gemobbt?»

Ich überlegte.

«Wenn du überlegen musst, dann wahrscheinlich nicht.» Sie setzte sich wieder auf den Tisch. «Wenn du gemobbt wirst, weißt du es. Ich wurde ziemlich gemobbt. Als ich deshalb die Schule gewechselt habe, ging es an der anderen Schule weiter.»

«Warum denn?» Ich drehte mich auf dem Fensterbrett herum und setzte mich mit dem Gesicht zu ihr.

«Das ist eine blöde Frage. Sorry, ich will nicht schon wieder so aggro rüberkommen, aber das klingt so, als ob es einen Grund gibt, jemanden zu mobben. Ich war nicht dick, wenn du das meinst.»

«Ich dachte nur, weil du doch immer so selbstbewusst bist und deine Meinung sagst und überhaupt nicht schüchtern bist.»

Sie lachte. «Na ja. Hab ich mir angewöhnt. Wenn dich sowieso niemand mag, dann kannst du auch einfach so sein, wie du willst. Hat auch Vorteile.»

«Das stimmt doch nicht, dass dich niemand mag.» Das sagte ich, weil man es sagen muss.

Yvette schüttelte den Kopf. «Wie lange kennst du mich jetzt? Ein halbes Jahr. Hattest du da jemals das Gefühl, dass sich irgendwer freut, wenn ich auftauche? Glaubst du, dass ich jemals zu einer Gruppe dazugehört habe?» Und dann machte sie eine Pause, als sollte ich antworten.

Ich hatte eigentlich gedacht, dass es irgendwo eine Gruppe anderer reicher Mädchen gab, alle wie sie, und dann laufen sie zu dritt durch den Schulflur, die besten Klamotten von allen, Kaugummi kauend, solche Mädchen. Was sollte ich denn jetzt antworten? Nein, natürlich warst du nie beliebt. So was konnte ich doch nicht sagen. Aber vermutlich stimmte es. Und als mir das auffiel, tat sie mir so leid. Sie war unbeliebt. Oh Mann. Und ich könnte schwer was anderes behaupten. Nein, sie war oft ätzend, und wenn ich da jetzt widersprechen würde, hätte ich echt nicht alle Bimmeln am Turm. Plötzlich fiel mir die richtige Antwort ein. Ich sagte: «Du gehörst zu uns.»

Yvette lachte kurz auf. «Einfach, weil ich dabei bin, aber nicht, weil ihr mich euch ausgesucht hättet. Und jetzt habe ich so viel Mist gemacht. Keine Versicherung. Weil ich dachte, ach egal. Ich hab die ganze Zeit nur daran gedacht, wie man das alles nachher verkaufen kann. Damit wir weiter die Auftritte machen können. Und damit ich noch mehr Follower bekomme. So hab ich gedacht. Es wäre doch ein super Buch geworden.»

Ich überlegte. Ja, vermutlich. Ich würde es lesen.

Dann kamen die anderen wieder. Fritzi hatte sich am Treppengeländer ausgetobt und war jetzt durstig. Sie krähte unzufrieden und zerrte an Antonias Pullover herum. Ich machte ein Fläschchen fertig. Das alles hatte sich gut eingespielt.

«Wir könnten jetzt eigentlich noch mal nach einem Wasserkocher fragen, wo Kusmyn weg ist», überlegte Antonia.

«Mach ich gleich», Freigunda setzte sich wie immer nach dem Mittag auf die Eckbank und schloss die Augen.

«Is gut. Ich mach schon», sagte Yvette und ging.

Antonia und ich setzten uns zum Quatschen in die Nebenkabine, um Freigunda nicht zu stören.

Ich gab Fritzi das Fläschchen. Dieses Leichtgewicht im Arm hob mich jedes Mal wieder an und erdete mich. Da das zwei Bewegungen nach unten und oben gleichzeitig waren, wuchs ich dabei. Fritzi suckelte an der Flasche herum, hielt sie mit den Füßen und verdrehte den Kopf, um die Wände entlangzuspazieren mit ihren Blicken. Ich streichelte ihren Kopf und streichelte meine Erinnerungen an Kajtek. Ich liebte an ihr einfach, dass sie ein Tier war und ich durch sie ein Stück Kajtek hatte. Fritzi warf die leere Flasche gegen die Wand und lachte.

«Komisch, dass die Männer von der Mannschaft so gut gelaunt sind, obwohl nicht klar ist, was nach der Fahrt passiert.» Antonia hatte sich auf das Bett gelegt, die Beine im rechten Winkel an der Wand hoch. «Weißt du, was ich meine? Sie könnten auch alle bedrückt und ängstlich sein, aber alle sind so locker gerade.»

«Weil Kusmyn nicht herumspukt», sagte ich.

«Wahrscheinlich. Ich bin auch total froh, dass er nicht mehr einfach so reinkommen kann und irgendwas anordnen. Das war echt grauselig.»

«Grauselig, ja», sagte ich. Das Wort hatte ich noch nie benutzt.

«Weißt du, woran ich denken musste, als du heute von dem Ei erzählt hast und ich erst dachte, das wäre wieder nur eine Geschichte von dir?» Antonia zog ihre Beine ran und rollte sich auf die Seite, um mich anzusehen. «An diese Geschichte, die du von Kusmyn erzählt hast. Mit dem verlorenen Kompass und dem Wassergeist. Die war ja ausgedacht.»

«Natürlich.» Ich lachte.

«Aber überleg mal, du hast erzählt, dass er keine Kinder bekommen kann, und das hat er auch erzählt. Vielleicht hast du hellseherische Fähigkeiten.»

«Quatsch.»

Das Wort Quatsch fand Fritzi toll, und ich sagte noch ein paarmal Quatsch, weil sie jedes Mal so zuckte und dann ihr Gesicht aufriss, Mund, Augen, diese Augenbrauenwülste ganz hoch. Dieses unglaublich schöne Affenkind.

Da wir gerade von Kusmyn redeten, wurde die Tür aufgerissen, wie er das immer gemacht hat, aber es war Yvette. «DIE HANDYS! UND INTERNETZUGANG!»

Ich ging rüber in die Hauptkabine. Fritzi hoppelte hinterher. Yvette hielt einen Zettel hoch und den Beutel, mit dem Kusmyn unsere Handys eingesammelt hatte.

«Und der Wasserkocher?», fragte Antonia, die auch rübergekommen war.

«Oops. Vergessen.» Yvette stürmte wieder davon.

Freigunda saß immer noch mit geschlossenen Augen da. Bestimmt schon seit einer Viertelstunde. Ohne unruhig zu werden, weil sie nichts tat. Normalerweise brauchte sie nur zehn Minuten, und dann suchte sie sich etwas zu tun. Fritzi schlug mit den Händen auf den Tisch und schrie überfröhlich, einfach weil sich bewegen und Krach machen so großartig war. Und auch dazu sagte Freigunda nichts. Nicht «verwöhnt», nicht «erziehen», nicht «konsequent». Nichts!

Egal. DIE HANDYS! waren wieder da. Und auch INTERNETZUGANG! Sofort kamen vier Videos von Bea.

Wir warteten noch auf Yvette, die diesmal auch einen Wasserkocher mitbrachte.

Dann schauten wir die vier Videos hintereinanderweg.

Video 20

Musik. Ein Stück Meer, ein Stück Tisch, ein Stück Himmel, ein Stück Bea.

Meer in einer Bucht gefangen, von Häusern umstellt, Tisch von einem Mosaik bedeckt, Himmel offen, Bea verschlossen.

Das Handy wird nicht gehalten. Bea hat die Hände frei, um sie in ihre Achselhöhlen zu stopfen. Sie hängt in dem Stuhl. Das Gesicht sagt: «Leck mich!» Die Augen: «Schau mir nicht ins wütende Herz!» Der Mund sagt gar nichts, die Lippen eine Presse. Die Musik kommt näher. Kommt ins Bild. Ein alter Mann, ganz in Gelb, mit einem Instrument vor dem Bauch, das er mit einem Bogen streicht, dass es jammert und lacht. Der Mann singt, jammert und lacht auch. Das Gewand Eidottergelb mit schmalen gelben Streifen. Eine viereckige, glänzende Mütze, wie ein Goldbarren zum Aufsetzen, ein Sonnenmagnet mit beiden Polen, zieht Sonne an, stößt Sonne ab. Die Musik ist so, dass man hört, dass der Bogen streicht, die Seiten vibrieren, die Finger darauf gleiten. Quietschend, klagend, kichernd, höhnend, seufzend. Der Mann stimmt allem zu und hat mal dieselbe Meinung, mal eine andere als das Instrument. Eine Musik, die sofort nach einer Landschaft klingt, nach rötlichem Geröll, bizarren Gewächsen, nach freilaufenden Ziegen, nach den langen Gewändern der Männer, nach verzierten Krügen, Silberschmuck, Tee. Der gelbe, alte Mann schaut Bea an. Bea löst ihre Arme auf und setzt sich gerade. Das alles dauert, bis der gelbe Mann von Leifs Hand Geld bekommt. Er verbeugt sich, aber nicht vor Leif. Er hat für Bea gespielt. Die lächelt. Er nickt. Dann zieht die Musik weiter.

Bea greift nach dem Handy, stoppt die Aufnahme.

Video 21

Innenraum. Wohnmobil von Leif. Blickwinkel durch den Perlen-vorhang. Zwei Männerstimmen. Leif und Pim. Einer sagt: Das hast du nicht! Das war Leif. Einer sagt: Doch. Leider. Das war Pim.

Wieder Leif: «Na ja, Alter! Das sieht finster aus.»

Wieder Pim: «Da ist aber noch was.»

Dann kommt Pim durch den Perlenvorhang ins Bild, müde und mit dem blauen Auge. Das Bild wird schwarz. Rascheln. Handy weggesteckt.

Pims Stimme: «Draußen gibt's Hundewelpen. Gehst du dir die mal ankucken?»

Aber klingt gar nicht wie eine Frage.

Rascheln, Schritte.

Hell. Eine Mülltonne, eine Ritze, ein Sperrholzbrett. Hundenase, noch eine, noch eine, verklebte Augen. Dann die dürre Mutter, braun, weiß, schwarz gescheckt, lange halbvolle Zitzen bis zum Boden. Die Mutter sieht friedlich aus, aber erschöpft. Die Klei-nen kommen raus, dürr, verdreckt, einer weiß-braun gefleckt, einer schwarz-weiß gefleckt, der dritte schwarz. Keiner sieht aus wie die Mutter.

Die Hundemutter spielt mit den Jungen, hält ihnen einen Stock hin, bis alle drei dranhängen, einer zieht, einer ruckt, einer wa-ckelt hin und her, sie sind schon jetzt verschieden. Dann legt sich die Mutter mit dem Stock im Maul hin und lässt die drei ziehen und zerren und wackeln. Sie schließt die Augen und liegt, hält fest.

Kamera auf das Wohnmobil. Drinnen wird geschrien. Leif: «Und da kommst du zu mir? Bist du bescheuert! Was ist, wenn die jetzt hier auftauchen?»

Die Tür vom Wohnmobil fliegt auf. Pim kommt raus, Blick ge-senkt.

Leifs Kopf. «Schleich dich, Paul! Echt! Zieh mich da nicht rein. Vielleicht fragst du lieber mal deinen guten Freund Amine. Der hat nämlich hier angerufen und wollte wissen, wo du bist.» Zu Bea: «Sorry, Bea, sorry, dass du so einen saublöden Vater hast.»

«Saublöder Vater!» Gebrüllt.

Tür zu. Video Ende.

Video 22

Rechts das Meer hinter Promenade mit Palmen, links Siedlungsgebiet, unverputzte Würfelhäuser und rötliche Mauern mit weißen Aufschriften. Pims Profil im Abendlicht, Sonnenbrille auf. Sonnenuntergang blendet. Leise irgendwelche Musik. Fast nicht da.

«Erzählst du mir jetzt, worum es geht? Bitte.»

Der Motor brummt monoton. Pim brummt auch. «Ist blöd gelaufen, sag ich mal.» Eine Gruppe Kinder rennt ein Stück neben dem LKW her. Ein Kind auf einem Fahrrad hält länger durch als die anderen.

«Die eine Tour letzte Woche, da warst du schon da ... Da hab ich Kisten gefahren, die mir komisch vorkamen. Luftlöcher und bei einer Geräusche. Na ja, kann ja vorkommen. Tiere halt, dachte ich. Warum nicht? Ich fahr ja alles, und oft weiß ich nicht, was es ist. War auch gar nicht beabsichtigt, dass ich hinten reinkuck, aber Plane war auf. Keine Ahnung. Muss jemand dran gewesen sein. Als beladen wurde, war ich beim Chef, und du hast dich ja hoffentlich fein versteckt. Und beim Abladen haben wir ...»

«Pommes-Cola.»

«Genau, Pommes-Cola haben wir uns reingepfiffen. Jedenfalls, ich mir nichts weiter gedacht. Als ich in der Firma war, dacht ich dann doch, ich kuck mal, was ich da für Getier rumfahre. Auf dem Plan stand Stühle. Nee, das wüsst ich aber, wenn Stühle Luftlöcher brauchen. Gut, vier Beine haben die. Das kommt hin. Na ja, so was kann auch schon mal vorkommen, dass was in der Dispo nicht hinhaut, und als Amine bei mir war, am, na ...»

«Sonntag.»

«Genau. Da hab ich gedacht, ich erzähl ihm mal davon, weil lustig, Stühle, Luftlöcher, vier Beine. Und er hat gesagt, ich soll besser niemand davon erzählen, was ich ja auch nicht habe. Hast du ja gemerkt.»

«Geschwiegen wie ein Grab hast du.»

«Genauestens. Aber Tag drauf ist dein Pass weg, und Tag darauf ruft Chef an und sagt, ich solle keinen Scheiß über die Firma erzählen. Er habe zufällig deinen Pass im LKW gefunden und erst mal einbehalten, bis wir geklärt haben, dass ich meine Fresse zu halten habe, oder ob er mal melden soll, dass ich mit meiner Tochter rumfahre. Also bisschen cholerisch war er schon manchmal, aber nicht so. Weißt du, ich hätt mir gar nichts weiter bei den Stühlen mit den Luftlöchern gedacht, aber jetzt wusste ich, dass irgendwas stinkt, und hab noch mal mit Amine geredet, der echt kurz angebunden war. Dann rief Chef wieder an. Er hätte gehört, ich würde schon wieder Scheiß über die Firma erzählen, und wenn ich noch irgendwem davon erzähle, dann würde er seine Jungs schicken. Ich nehme an, das hat er dann auch gemacht.» Er zeigt auf sein blaues Auge. «Nächste Ansage von Chef war, ich würde jetzt jedenfalls mit drinstecken. Wodrin, weiß ich gar nicht so genau, aber wie's aussieht, in der Scheiße. Beweise hab ich nicht, aber wie es aussieht, hab ich was Illegales gefahren. Bumm. Da biste Neese.»

Links immer noch das Meer, das so schön ist, als könnte das Leben ganz einfach sein. Rechts die Siedlung, die Wassertanks, die angezapften Stromleitungen, die Wäscheleinen mit großen und kleinen Hosen und Pullovern.

Bea filmt in den Seitenspiegel, ihr halbes Gesicht ratlos, wahrscheinlich die andere Hälfte auch, sieht man nicht.

Wieder Pim: «Und was bringt das jetzt, dass ich dir das erzählt habe? Amine konnte mir nicht helfen. Ich nehme an, er steckt auch mit drin, ob freiwillig oder nicht. Leif wollte mir nicht helfen, weil er sagt, dass er seit zehn Jahren keinen Ärger mit irgendwem hat und er sich gut an dieses Gefühl gewöhnen könnte. Also jetzt hab ich es dir erzählt. Glücklich?»

Die Pause ist zu lang, das Meer zu schön. Frauen, die was tragen. Männer, die rauchen. Hunde mit Hundenachwuchs. Eine Bildergeschichte, die immer wieder von vorne beginnt.

Bea: «Ja, ich bin glücklich.»

«Watt? Wieso nu?»

Bea ruckelt mit dem Handy herum. Es raschelt. «Ich hab gedacht, dass du weißt, was du fährst, und dass es dir egal ist. Und jetzt hast du gesagt, dass du es nicht wusstest und dass es dir nicht egal ist. Ich könnte nicht glücklicher sein.»

«Na, das freut mich ja erst mal, verwirrt mich aber auch. Erklärung bitte, also eine, die ich verstehe.»

«Ich hab an dem Tag die Plane aufgemacht.»

«Du? Wann?»

«Abends, als wir Rast gemacht haben. Du warst duschen, und ich war draußen und hab auf dich gewartet, und da hab ich was gehört und hab diese Verzurrung hinten abgemacht und gekuckt. Das waren Schildkröten. Viele.»

«Der ganze Wagen voll?»

«Nein, ein paar Kisten. Drei oder vier.»

Pim nimmt seine Sonnenbrille ab. «Fuck! Fuck, fuck, fuck. Das ist echt übel. Das ist verboten. Weißt du, oder?»

«Ja.»

«Du hast nicht zufällig gefilmt?»

«Doch.»

«Oh, Mann, denk bei der nächsten Rast dran, dass ich dich dafür mal doll umarme. Das könnte unsere Rettung sein. Mann, warum hast du das denn nicht früher gesagt?»

«Warum hast DU das denn nicht früher gesagt? Ich dachte, du wüsstest davon und wolltest deshalb nicht drüber reden. Als wir bei deiner Firma waren, hab ich ja auch noch mal Geräusche gehört, und ich hab dich danach gefragt, aber du hast gesagt, da ist nichts, vergiss das. Da war ich mir dann sicher, dass du davon weißt.»

Pim schnauft. «Bea! Echt! Was denkst du von mir? Nee. Ich bin kein Sauhund. Echt. Das müsstest du doch wissen.»

«Woher denn? Ich kenn dich ja gar nicht. Eigentlich.»

Die Straße führt vom Meer weg. Die Sonne ist fast untergegangen. Pim schaltet das Radio aus. «Ja, ist mir auch schon aufgefallen, darum hab ich dir so viel erzählt, die letzten Tage. Ich weiß auch nicht so richtig viel über dich. Eigentlich nur, dass du kein Hase bist.»

Sie fahren in die Dunkelheit. Die Straßenbeleuchtung geht an.

Video 23

Pim: «Film mal.»

Bea leise: «Mach ich schon.»

Der Motor vom LKW wird ausgestellt. Kamera filmt vorn aus der Windschutzscheibe. Es ist Tag. Eine Straße im Gelände. Die Straße selbst auch Gelände, festgefahren. Ein Auto direkt vor ihnen. Karge Landschaft. Rechts graue Berge, links Schafe.

«Film die Gesichter. Und die Kennzeichen.»

Aus dem Auto steigen zwei Männer, einer jung, einer alt. Sie kommen auf den LKW zu.

Kamera filmt in den Rückspiegel. Auch da festgefahrene Straße. Die Berge jetzt links, die Schafe rechts. Ein Auto, das den Rückweg abschneidet. Hinten ist alles wie ein Spiegelbild von vorn, nur dass hinten nur ein Mann aussteigt.

Pims Stimme: «Okay. Jetzt haben sie mich. Das war's.»

Er schnallt sich ab, öffnet die Wagentür und steigt diese steilen Stufen runter. Nur noch sein Kopf zu sehen. «Film nicht mich. Film raus.»

«Pim? Ich kann den LKW fahren, und du rennst, und dann mache ich die Tür auf und ...»

«Ich kann ja nicht ewig wegrennen.» Er schüttelt den Kopf. Dann sieht er sie an. «Sag Papa.»

Die Tür knallt zu. Die Kamera filmt vorneraus. Die beiden Männer gehen auf Beas Vater zu. Der Mann von hinter dem LKW kommt ins Bild. Sie reden. Das sieht ganz ruhig aus. Die Ziegen kommen angelaufen und schauen zu. Sie sind langhaarig und alle schwarz. Einige rupfen an Gestrüpp. Die meisten starren die Männer an.

Die LKW-Tür wird geöffnet. Der Kopf von Beas Vater. Er kommt die Leiter hoch. Die Tür knallt wieder zu.

Bea mit zittriger Stimme. «Was ist los?»

Pim lässt den Motor an. «Wir sollen ihnen hinterherfahren. Mann, Bea. Tut mir leid.»

«Sag Hase.»

Der Motor startet.

Das traf uns hart. Wie mit einer großen Tischtenniskelle geschmettert und kein Netz in der Mitte, das uns auffing, nur die nächste Kelle auf der anderen Seite.

Während wir hier wieder frei waren, waren Pim und Bea das Gegenteil. Ging es bei uns hoch, ging es bei ihnen runter. Also zur Tischtennisplatte noch eine Wippe. Das Schiff war die Schaukel. Ein hinterhältiger Spielplatz.

Jetzt hatten sie Pim und Bea. Wer? Wussten wir nicht so genau. Vielleicht Männer, die der Chef beauftragt hatte. Wo? Das wussten wir auch nicht. Warum? Ahnten wir. Schmuggelware. Schildkröten. Illegal. So viel war klar. Und jetzt? War das eine Erpressung? Aber was sollte Pim tun? Müsste er jetzt viel Geld bezahlen? Dann könnte Yvette helfen, sagte sie. Und wenn es nicht um Geld ging? Yvette sagte, dann könnte sie auch helfen, weil ihr Vater als Anwalt …

«Aber doch nicht in Marokko», Antonia rieb sich im Gesicht herum und fluchte vor sich hin. Das sei alles verdammter Scheiß und lauter Wörter, die sie sonst nicht benutzte.

Ich versuchte nachzudenken, aber mein Kopf war eine verstopfte Fabrik. Alle Fließbänder waren verkeilt. Zu viele Informationen und gleichzeitig auch zu wenige.

Ich schrieb an Bea: *Wir sind übermorgen da. Bitte sag uns, wo du ungefähr bist.*

Nachricht gesendet. Aber nicht empfangen. Geduld haben. Mussten wir sowieso. Denn das Schiff fuhr nicht mit Ungeduld.

«Er heißt also gar nicht Pim», sagte Antonia. «Sondern Paul. Wir können ihn im Netz suchen. Den Namen von der Spedition haben wir doch.»

Wir suchten Paul Adler bei der Spedition Worldwide Surmann. Das war leicht. Paul Ingo Marten Adler. Auf dem Bild sah er vergnügt aus, als ob er gleich so was sagt wie: «Es ist fünf Minuten vor Hosenknopp.» Er war sechsunddreißig Jahre alt, geboren in Berlin. Was nützt uns das jetzt?

«Facebook», schlug Yvette vor und legte gleich los. Da war er nicht, nicht als Paul, nicht als Pim.

Ich schickte Mimiko den Namen. Sie war irgendwie besser in so was als ich. Vielleicht rief sie bei der Spedition an. So was könnte ich nie. Vermutlich könnte ich dann nicht Detektivin werden, überlegte ich. Dann müsste ich mir was anderes überlegen, aber nicht jetzt.

«Warum ist er nicht einfach weitergefahren? Einfach durch die Ziegen durch und weg», überlegte Yvette.

«Warum?», sagte ich einfach nur matt, denn es waren zu viele Warums, um alle einzeln aufzuzählen.

Freigunda saß danach wieder mit geschlossenen Augen da. Ich stupste sie an, aber sie brummte, dass sie noch Zeit bräuchte.

«Du wolltest uns noch dein Geheimnis erzählen», erinnerte Antonia.

«Ich brauche noch Zeit. Habe ich doch gerade gesagt», brummte Freigunda wieder.

Wir ließen sie in Ruhe und beschäftigten uns mit unseren Handys. Wir lasen die Berichte über uns, in denen nichts stand, weil sie nichts wussten. Wir waren eben weg. Das musste schrecklich sein, wenn man nicht wusste, wo jemand ist, den man liebt. Ich dachte an Bea und Kajtek. Sie waren auf unterschiedliche Art weg, aber um Kajtek musste ich mir zumindest keine Sorgen machen.

Der Empfang wurde immer schlechter. Wahrscheinlich waren alle im Netz, jetzt wo es da war. Arnel, um lachend seiner Familie zu winken. Romeo, um zu flirten. Jimmy-Junior, um Hahnenkämpfe anzusehen. Jocar, um Geburtstagsgrüße zu empfangen. Joriz, der mit seiner schwangeren Frau über ihre geschwollenen Füße sprach. Darwin, um ein Video einer auf den Philippinen populären Band anzusehen. Rolando, der ein Fitnessvideo ansah. Und die Ukrainer gab es ja auch noch. Daris hatte eine Verlobte. Das hatte Freigunda erzählt. Er hatte aber gar keine Zeit, irgendetwas im Netz zu machen, weil er jetzt fast ständig Dienst auf der Brücke hatte. Oleksiy flirtete wie Romeo. Dann gab es noch Mykyta im Maschinenraum. Ich hatte keine Ahnung, was der tun könnte. Das waren alle, oder? Nein. Am meisten Zeit hatte Kusmyn, denn er war in seiner Kabine eingesperrt und half auch nicht auf der Brücke aus. Ob man ihm das Passwort gegeben hatte?

Ich flog ständig aus dem Netz raus. Das nervte mich lustigerweise mehr, als gar kein Netz zu haben. Sicherlich flogen gerade alle ständig aus dem Netz. Ich hoffte irgendwie, dass einer der anderen den anderen zuliebe aus der Verbindung ging.

Vermutlich fasste dieses Verhalten das Verhalten der gesamten Menschheit ganz gut zusammen. Warum ich?

Ich beschloss, wenigstens etwas Wichtiges im Netz zu machen. Versuchte erst, etwas über Paul Ingo Marten Adler zu finden, aber da war nichts weiter als dieses eine vergnügte Foto.

Dann fiel mir was wirklich Wichtiges ein, das ich immer wieder vergessen hatte oder verschieben musste. Ich wollte endlich die Aufnahme von Antipenko übersetzen. Ich brauchte zwei Handys dafür, denn das eine Handy musste dem anderen Handy die Aufnahme vorspielen, weil auf dem einen die Übersetzungs-App nur arbeiten konnte, wenn nicht gleichzeitig das Diktiergerät lief.

Antonia und Yvette wollten ihre Handys nicht rausrücken, weil sie gerade nach irgendwas im Netz herumsuchten.

Ich stupste also wieder Freigunda an, und sie sagte, dass sie jetzt so weit sei.

«Nee, ich wollte mir nur dein Handy borgen», erklärte ich, aber Yvette rief: «Sie ist so weit. Antonia! Freigunda legt jetzt los.» Als würde das ein super Rummel werden mit diesen Automaten zum Plüschtieregreifen. Antonia legte sofort ihr Handy weg. Also legte ich meins auch weg.

Freigunda stand auf und schüttelte ihre Beine aus. Es sah genauso aus wie sonst, wenn sie gesessen hatte, um eine Phase des Tages in die andere übergehen zu lassen. Sie hatte nur viel länger gesessen.

Es war nicht die Art Geheimnis, die ich erwartet hatte, aber gut, es war Freigunda. Eigentlich wusste ich nicht viel über sie.

Wie wir schon wussten, hatte sich Freigunda von Francesca eine Adresse von einem Frauenarzt geben lassen. Freigunda wollte sich die Spirale einsetzen lassen. Der ganze Plan war gewesen, so schnell wie möglich ihren Verlobten zu heiraten, nach Spanien zu ziehen und dort mit ihm zu leben. Manuel hatte sie im Winterquartier ihrer Familie kennengelernt. Wie sie kam er aus einer kinderreichen Familie, die vom Straßenverkauf und dem Geschäft auf Mittelaltermärkten lebte. Er trat dreimal am Tag als Knappe bei Reitturnieren auf und verkaufte darüber hinaus Lederwaren, Gürtel, Täschchen, Bucheinbände, derlei. Sie hatten beide nicht vor, weiter auf den Märkten zu arbeiten, schon allein um Abstand zu ihren Familien zu gewinnen. Sie wollten mit ihren Familien und deren Weltsicht brechen. Es sei sowieso so, dass sie ausgestoßen werden würde, wenn sie fortginge. Bei Manuels Familie sei das nicht so, aber er wollte auch lieber mit alldem aufhören.

So war jedenfalls der Plan gewesen, aber nun hatte Freigunda nachgedacht über alles, was in den letzten Tagen geschehen sei, vor allem über das, was Antonia ihr vorgeworfen hat.

«Antonia hat recht. Ich bin zu hart», sagte sie und sah dabei aus wie immer. Alles in ihrem Gesicht hatte seinen festen Platz. «Ich bin hart erzogen worden.» Sie überlegte einen Moment. «Sehr hart.» Dann räusperte sie sich. «Und mehr werde ich dazu nicht sagen. Ich möchte eher über die Zukunft sprechen. Mir ist bewusst geworden, dass ich meine kleinen Geschwister alleinlasse, wenn ich gehe. Also möchte ich gern das Sorgerecht für die beiden jüngsten. Geht so etwas, Yvette?»

Yvette zuckte zusammen. «Was? Ich? Ähm, Sorgerecht …» Sie saß wie immer auf dem Tisch. «Ich weiß nicht. Mein Vater ist zuständig für Mietrecht, aber bestimmt kennt er jemanden. Das ist eine Gemeinschaftskanzlei. Er hat mehrere Kollegen, die andere Spezialgebiete haben, und Sorgerecht ist bestimmt dabei.» Sie bekam ganz große Augen. «Meintest du, dass ich dir helfen soll? Ja?»

«Ja, bitte.» Jetzt rutschte etwas in Freigundas Gesicht.

«Ja, klar. Mach ich.» Yvette wirkte richtig glücklich.

«Danke.»

«Ja. Gerne. Wirklich. Ich helf dir, die Zwerge da rauszuholen.»

Freigunda räusperte sich. «Vermutlich würde ich jetzt weinen, wenn ich es könnte.» Sie öffnete den Mund und schloss ihn wieder, presste die Lippen fest zusammen. «So. Das war's. Entschuldigung, dass ich nicht so schön wie Charlotte erzählen kann. Das war's jedenfalls.»

Ich wusste nicht, ob es gut wäre, wenn sie jetzt wirklich weinen würde. Vielleicht war es erst mal krass genug, zu welchem Schritt sie sich durchgerungen hatte. Ich konnte mir nicht vorstellen, dass man unbedingt von seinen Eltern wegwollte, mit sechzehn, dass man lieber die kleinen Geschwister selbst großzog, als sie bei den Eltern zu lassen. Die Geschwister müssten den Eltern weggenommen werden. Dazu musste Freigunda sie vermutlich anzeigen oder verklagen. Und obwohl Freigunda auf keinen Fall Kinder wollte, würde sie versuchen, ihre Geschwister großzuziehen. Mit sechzehn. Ich konnte mir nicht vorstellen, dass ich das wäre. Ich war ein anderes sechzehn als Freigunda. Am krassesten war eigentlich, dass Freigunda aus dem Mittelalter zu uns umziehen würde oder umsiedeln, wie sie vielleicht sagen würde.

Freigunda atmete einmal kräftig aus: «Eure Meinung dazu würde ich gern nicht hören.» Dann sagte sie schon einmal Danke dafür, dass wir nicht unsere Meinung dazu sagen würden, und suchte sich schnell etwas zu tun. Sie ließ sich Kleidungsstücke von uns geben, um Wäsche zu waschen.

Ich gab ihr mein Schlafshirt von ganzem Herzen.

Ich lag rum und starrte mich durch die Zeit vorwärts. Wie wäre das heute Abend? Eine Feier mit der Mannschaft? Ich schickte meinen Blick noch weiter. Morgen der letzte Tag auf See. Und dahinter schon der Hafen von Tanger. Während die Kräne entladen würden, müssten wir aussteigen und die Mannschaft der Lexy Barker verlassen, als ob wir aus einer Geschichte ausstiegen. Wir wären kein Teil dieser Geschichte mehr, könnten sie nicht mehr beeinflussen und vielleicht nie ihr Ende erfahren. Ich sah mich an der Hühnerleiter Jimmy-Junior meine Handynummer geben. Ich sah eine Nachricht von ihm, dass die Mannschaft von einem Gericht verurteilt wurde. Ich löschte die Nachricht in meiner Vision und bekam eine andere, dass die Mannschaft vor Gericht Recht bekam, dass alle ihre Forderungen erfüllt wurden. Ich sah Daris, wie er Erster Offizier wurde, und sah einen neuen Zweiten Offizier, jung und nett, aus Indien. Aber ich könnte Kusmyn nicht meine Handynummer geben, damit ich regelmäßig Fotos von Fritzi bekam, die dann anders hieß und ein Kleid tragen musste. Wenn wir wollten, dass diese Geschichte gut ausging, durften wir übermorgen nicht aus ihr aussteigen, ohne dass sie zu Ende gebracht worden war. Ich schickte meinen Blick noch weiter und sah das Marokko aus Beas Videos. Ich versuchte zu sehen, ob ich ein Ei aus Stein bei mir hatte, aber die Charlotte, die ich sah, machte ihren Rucksack nicht extra für mich auf. Ich musste mich auch gar nicht auf diese Vision verlassen. Immerhin hatte ich sie mir nur ausgedacht. Nahm ich das Ei mit, hätte ich es dabei. Nahm ich es nicht mit, hätte ich es nicht dabei.

«Kannst du sie mal nehmen?» Antonia hielt mir eine schlechtgelaunte Fritzi hin.

Zurück aus der Zukunft. Die Gegenwart war ein kleiner Affe, der irgendwas hatte. Wir tippten auf Bauchweh. Sie maunzte und fiepste.

«Sie hat gespuckt. Ich muss duschen», sagte Antonia, und Freigunda nahm ihr den dreckigen Pullover ab.

«Ich sag jetzt nicht, dass du zu doll mit ihr getobt hast.»

«Hab ich selber bemerkt.»

«Eben.»

Ich ging mit Fritzi in die Nebenkabine, wo es ruhiger war, und erzählte ihr leise davon, wie die Menschen und die Tiere früher miteinander sprechen konnten. Ich zählte auf, was sich

Mensch und Tier früher alles erzählten. Wie die Vögel erzählten, was sie von oben sahen, die Pferde erzählten, wie das Wetter wird, die Hunde fragten, was denn los ist, wenn sie spürten, dass ein Mensch ängstlich war. Wie die Menschen den Tieren Komplimente gemacht hatten, sie vor Gefahren gewarnt, die die Tiere nicht spüren konnten. Wenn das eine Geschichte werden sollte, müsste es jetzt zu einem Punkt kommen, wo der Mensch es verkackt. Was könnte er getan haben, dass die Tiere nicht mehr mit ihm sprachen? Gegen was hatte der Mensch diese Fähigkeit eingetauscht? Aber ich hatte keine Lust, die Geschichte so zu erzählen. Überhaupt keinen Bock. «Und das ist bis heute so, dass die Tiere mit den Menschen sprechen und die Menschen mit den Tieren», sagte ich. Ich stand mit dem Äffchen am Fenster und sah zu, wie die Sonne einen goldenen Abgang hinlegte. Die Fracht reflektierte. Das Meer reflektierte.

Nach dem Fläschchen schlief Fritzi ein, und ich sah mir ihre Hände an, die ein ganz anderes Wunder waren als dieses riesige Schiff. Wenn man sich einmal reingewundert hatte, wurde alles immer unfassbarer und breitete sich aus wie ein eigenes Meer. Meine Gedanken schwammen auf dem Wundern und tauchten dann ein. Unter der Oberfläche das Staunen, und weiter unten kippte es in die Dunkelheit der Sachen, an die man glauben konnte oder nicht. Alles, was dort unten lebte, starb, wenn es an die Oberfläche kam, und wenn es angespült wurde, hatte es nur noch die aufgequollene Form der rätselhaften Funde, die ich in der Seeungeheuerausstellung gesehen hatte. Globster. So hießen die. Jede Geschichte war also nur ein Globster. So genau wusste ich auch nicht, was ich da gerade gedacht hatte. Der Gedanke hatte es auch nur als Globster rausgeschafft. Ich glaube, ich fand einfach das Wort Globster richtig gut.

Als es Abendbrotzeit war, zeigte sich mal wieder, was wir an unserer Freigunda hatten, denn sie knotete meinen und ihren Schal zusammen und schnürte die schlafende Fritzi an mir fest.

Ich fühlte mich gleichzeitig mächtig und verletzlich, als ich mit diesem wichtigen Paket an der Brust zum Essen ging. Wir bekamen wieder das philippinische Essen, eine Nudelsuppe mit einem Ei drin. Wir behaupteten, das wäre das beste Essen der Welt. Jimmy-Junior lachte.

«Gehen wir vor dem Fest noch mal in die Kabine?» Yvette wollte sich aufbrezeln. «Wenn schon Feier, dann Feier, oder?»

Antonia, ich und Freigunda halfen Jimmy-Junior bei dem Buffet. Antonia stellte alle Teller mit Essen auf die größeren Teller, und auf den überstehenden Tellerrand legte sie aus jeweils zwei Möhrenstücken Zacken nach oben, unten, links und rechts. Neben die Zacken legte sie aus Maiskörnern die Buchstaben N, S, E und W. Ich wollte auch irgendwas dekorieren. Jimmy-Junior fand eine Packung ovale weiße Papierdeckchen. Ich setzte mich in die Kapitänsmesse und schrieb «Happy Birthday Jocar» darauf, pro Deckchen ein Buchstabe. Jimmy-Junior setzte sich zu mir. Beim «Happy» redeten wir noch ein bisschen vorsichtig, was mit der Mannschaft passieren würde. So richtig gesprächig war Jimmy-Junior bei dem ganzen Thema nicht. Wird man sehen, sagte er. Als ich mit «Birthday» anfing, erzählte er, dass Joriz und Arnel mit dem Kapitän geredet hatten und sie sich zumindest darauf einigen konnten, dass Antipenko wieder Dienste auf der Brücke übernahm, damit Daris zwischendurch schlafen konnte. Den Rest musste man sehen. Ich hatte das Gefühl, dass es uns nichts anging, dass wir gar nicht so mit drinhingen, wie wir dachten. Ich schrieb auf die letzten Papierdeckchen «Jocar» und klebte alles mit Tesa an die Wand in der Mannschaftsmesse. Fritzi wurde wach und von mir abgeknotet. Die Stelle blieb noch eine Weile warm, während das Äffchen alles im Raum erkundete.

Als alle da waren, wurde erst einmal Happy Birthday gesungen. Jocar legte die Hände in den Schoß und lächelte. Er wurde vierundzwanzig Jahre alt und wirkte wie ein kleiner Junge, als für ihn gesungen wurde. Danach sangen die Männer ein Lied, das wir nicht kannten. Ihre Stimmen griffen ineinander, und jeder hatte seinen Weg in der Melodie, aber alle dieselbe Richtung. Das Lied klang nach Heimweh, die Melodie wie die Masse an Wasser, die zwischen dem Seemann und seinem Zuhause lag, jede Seemeile eine zu viel. Nach dem Lied klatschten sie. Wir klatschten mit, und es wurde laute Musik angemacht. Eine Frau sang. Freigunda sagte, über die Liebe. Einige Männer tanzten. Sie warteten nicht auf das richtige Lied. Sie mussten nicht erst trinken. Sie tanzten nicht ironisch. Sie tanzten einfach. Arnel, Joriz und die Diaz-Brüder. Alles wurde weggetanzt. Die Seemeilen, die Gedanken daran, die vielen Jahre, die noch vor ihnen lagen. Und auch die Situation, in der sie jetzt waren. Jede drohende Strafe wurde umtanzt. Weggeklatscht, weggehopst, weggewedelt. Die Männer klatschten rhythmisch. Wir klatschten mit und waren nun alle in einem Rhythmus wie Gefangene auf einer Galeere, die im Takt rudern, um irgendwohin zu gelangen, wo wir vielleicht gar nicht hinwollten, aber auf der Stelle bleiben war auch keine gute Idee. Also vorwärts. Also rudern. Aber gefangen waren wir alle nicht, gerade heute nicht, gerade jetzt nicht. Wie auch immer das alles weiterging, wo auch immer wir uns gerade hinruderten, jetzt gerade war es schön.

«Wieder über Liebe», sagte Freigunda, als das nächste Lied kam. «Er würde für sie bis ans Ende der Welt laufen. Dann glaubt er, dass die Welt eine Scheibe ist. Das glauben nicht mal wir.» Sie lachte.

Ich wippte mit dem Kopf, Sitztanzen, und sah den anderen beim Stehtanzen zu. Antonia tanzte mit Fritzi auf dem Arm. Yvette hatte sich an Romeo rangewackelt, aber der schnappte sich eine Gabel vom Tisch und griff damit seinen Bruder an, der sich auch eine Gabel schnappte und in ein Geklapper mit seinem Bruder stürzte.

Ich saß neben Jocar, der nicht sehr gesprächig war und über den ich nichts wusste, als dass er heute vierundzwanzig Jahre alt wurde. Entschuldigung, sagte ich, was machen die beiden da? Ich zeigte auf die Diaz-Brüder, die aufeinander eingabelten.

Das sei Arnis, sagte er. Der philippinische Nationalsport. Er könne das auch. Er zeigte auf sich. Und er. Er zeigte auf Jimmy-Junior. Und er. Er zeigte auf Rolando. Und er. Er zeigte auf Joriz. Arnis wird in der Schule unterrichtet. Aber sie könnten es nicht so gut wie die beiden. Er zeigte auf die Diaz-Brüder.

Was lernt ihr für einen Sport in der Schule?, fragte er.

Wir laufen und so, sagte ich. Und Handball und Basketball. Wenn wir kleiner sind, lernen wir Schwimmen im Sportunterricht. Jocar sah mich groß an. Schwimmen könnte bei ihnen niemand. Obwohl überall Wasser sei.

Arnel setzte sich zu uns und sagte, er müsse Pause machen vom Tanzen.

Ich habe ihr ein bisschen über Arnis erzählt, sagte Jocar.

Wo ich herkomme, nennen wir es Eskrima, sagte Arnel. Darwin und Romeo bezeichnen es als Kali.

Eskrima sei ganz wichtig auf den Philippinen, erklärte Arnel. Nationalsport. Das habe Jocar bestimmt schon gesagt. Und bestimmt hat er auch gesagt, dass Eskrima uralt sei. So alt wie ich, sagte Arnel und lachte. Jocar auch. Ich auch. Die anderen tanzten oder kämpften. Fritzi schrie.

Schau mal, Arnel zeigte auf die Diaz-Brüder, bei Eskrima werden beide Hände benutzt. Es gibt keine schwächere Hand. Beide können angreifen und abwehren. Das muss man üben. Üben, üben, üben, lachte Arnel. Wie die beiden, er zeigte wieder auf die Diaz-Brüder. Und wenn du dann mit beiden Händen angreifen und abwehren kannst, bist du unbesiegbar. Jeder Gegenstand kann in deinen Händen eine Waffe werden. Die beste Kampfsportart auf der ganzen Welt. Und das sagt er nicht nur, weil er von den Philippinen ist. Und er lachte wieder.

Jocar nickte. So gefährlich, dass es verboten war.

Hier? Auf dem Schiff?, fragte ich.

Ja, hier auf dem Schiff auch. Kusmyn wollte das nicht. Hatte Angst wie die Spanier. Damit es keinen Aufstand gibt. Aber als wir jetzt einmal Eskrima für einen Aufstand gebraucht hätten, habt ihr Kusmyn einfach eine Tür an den Kopf gehauen. Er lachte und lachte. Jocar auch, und ich fand das alles auf einmal auch so komisch, dass ich mich gar nicht einkriegte.

Jimmy-Junior sagte, dass das Pancit fertig sei. Alle hörten auf zu tanzen und sagten noch hundertmal Pancit. Pancit, Pancit, als ob das Wort wie eine Wimpelkette aneinanderhing und wir den Raum damit schmückten. Die Musik wurde lauter gemacht, und alle klatschten wie wild, als Jimmy-Junior einen großen Topf reintrug. Pancit waren Spaghetti mit Hühnchen und Gemüse. Lange Nudeln für ein langes Leben, sagte Jocar. Aber die Nudeln waren klein geschnitten. Ein langes Leben in Abschnitten. Es schmeckte toll. Ich mochte diesen Pancit-Lebensabschnitt, in dem ich genau in diesem Moment war, sehr.

Freigunda schlang wie immer alles in sich rein, aber lächelte danach. Sie sagte, das Lied würde schon wieder von Liebe handeln. Es gäbe wohl keine anderen Themen. Yvette fragte von der anderen Seite des Tisches, über was es denn sonst Lieder geben sollte. Über Arbeit? Aber Freigunda würde bestimmt auch für Arbeit bis ans Ende der Welt gehen.

Rolando nickte und sagte, ja, das würden sie ja auch tun. Für die Arbeit.

Aber eigentlich für die Familie, sagte Joriz.

Also doch für die Liebe, sagte Romeo. Yvette kicherte.

Die einzelnen Lieder kamen mir vor wie ein einziges langes Lied, aber vor allem ein einziger langer Rhythmus. Als wäre mein Herzschlag außerhalb von meinem Körper. Mein Herz hatte Ausgang.

Rolando setzte sich und fächerte sich Luft zu. Er wäre nicht mehr so fit, sagte er. Er sähe fit aus, aber er mache zu wenig an Bord. Rolando zeigte mir auf dem Handy Fotos von seinen Kindern, Gabrielle, genannt Lele, Isko, genannt Pizza, Dodong, genannt Dodo, Manila, genannt Anak. Anak heißt Kind.

Warum sie dann nicht alle Anak rufen, frage ich.

Weil nur Anak Anak genannt wird. Er lacht. Dann zeigt er mir ein Foto seiner Frau Bambi. Ich frage nach ihrem richtigen Namen. Das ist ihr richtiger Name.

Ob ich Geschwister habe? Nein, sagte ich. Das fand er traurig. Eine große Familie sei gut. Ich solle Mama und Papa das sagen. Zu spät, sagte ich. Was? Wieso? Ich sagte ihm, dass meine Eltern zu alt seien. Warum hatten sie so spät nur ein Kind bekommen in so einem reichen Land? Ich solle ganz viele Kinder bekommen. Das wünsche er mir. Von ganzem Herzen. Dann tanzte er wieder.

Es wurde noch mehr Pancit verdrückt. Erstaunlich, was die Männer wegaßen. Yvette hatte es geschafft, Romeo in ein Gespräch zu verwickeln. Ich hörte ein bisschen zu, aber es ging schon wieder um Kali. Sein Bruder und er würden hauptsächlich auf mittlere Distanz üben, obwohl er eher die kurze Distanz mag. Aber sie haben sich auf mittlere Distanz geeinigt, also Inosanto Kali.

Yvette nickte und ging auch auf kurze Distanz, aber das merkte Romeo gar nicht. Er erklärte, dass er am liebsten Panantukan praktiziere. Daher auch sein Spitzname Panana.

«Panana», wiederholte Yvette.

Dann setzte sich Darwin zu mir. Wie mir die Reise gefalle. Gut, sagte ich. Anders als ich dachte. Ja, das sei wohl so. Ob ich es nicht langweilig fände? Er fände es oft langweilig. Nein, nur ein bisschen. Ja, die paar Tage, aber wenn man länger fährt. Was machst du gegen die Langeweile, wollte ich wissen. Er spiele Two Dots. Ob ich das kenne? Nicht mal, wenn er es erzählt, ist es interessant, oder? Doch, doch, sagte ich, und wir lachten uns an. Ich solle doch lieber was erzählen. Wie viele Geschwister hätte ich. Wieder das Bedauern, dass ich allein sei und meine Eltern nicht gesegnet mit vielen Kindern. Was arbeiten Mama und Papa? Kein Geld für Kinder? Doch, schon. Ja, eben, sie hätten ja auch Geld für so eine Reise. Dass ich die Reise bezahlt habe, konnte er gar nicht glauben, und ich sollte erzählen, warum ich so viel Geld habe. Ich versuchte es zu erklären. Seine Augen wurden immer größer. Das konnte er sich kaum vorstellen. Erst als ich ihm im Internet die Zeitungsausschnitte vom Sommer zeigte mit unseren Gesichtern, verstand er ein bisschen. Er verstand vor allem, dass wir berühmt sind, und wollte ein Autogramm. Dann wollte Jocar auch ein Autogramm. Und Arnel auch und Romeo. Und dann wollten alle auch von Freigunda, Antonia und Yvette Autogramme. Dass wir dafür berühmt waren, dass wir weggelaufen waren, fanden sie unglaublich. So was sollten wir nie wieder machen. Die armen Mamas und Papas. Ja, die armen Mamas und Papas, wiederholte ich. Kloß im Hals.

Ich war mir sicher, dass ich nicht tanzen würde, und dann tanzte ich doch.

Und ich war mir sicher, dass ich nicht Karaoke singen würde, und dann sang ich doch, denn alle sangen. Schief und laut. Als Oleksiy vorbeischaute, sang er auch. *My Heart will go on.* Kurz darauf war auch Daris kurz da. Er sang auch, und er konnte richtig gut singen. Er sang so ernsthaft, wie er sowieso war, verbeugte sich danach und ging wieder.

Ich sang sogar zwei Lieder. *Happy* und *Passenger.* Lalalalalala, machte es noch in meinem Kopf, als wir zusammen mit Jimmy-Junior aufräumten. Und lalalala, machte es in meinem Kopf, als wir in die Kabine gingen und kicherten. Sollte Kusmyn uns doch hören. Es war ja nicht verboten zu feiern. An diesem Tag jedenfalls nicht.

Ich kuschelte mich in meine Decke, hörte Yvette duschen und dabei singen. Freigunda schlief sofort. In meinem Kopf wie ein Echo das Lalalalala von *The Passenger*. Das Schiff war auch Lalalalalala und schaukelte ein bisschen stärker. Das Meer hatte auch gefeiert. Irgendwas. Das heute war. Und den Geburtstag sehr vieler Fische. Und Seeungeheuer. Mir fiel die Aufnahme von Antipenko ein. Ich sprang auf und ging rüber zu Yvette und Antonia. Antonia spielte Two Dots. Darwin hatte ihr das Spiel gezeigt.

«Kann ich mir mal ein Handy leihen? Deins? Ich muss was Wichtiges machen.»

Antonia wischte wie irre auf dem Handy rum. «Das ist auch wichtig.»

Yvette warf sich, ins Handtuch gewickelt, aufs Bett und sagte, sie müsse das Foto von Romeo ansehen. Auch ganz wichtig. «Na gut, hier, aber nicht das Foto löschen. Ich sterbe.» Sie zappelte mit den Beinen. «Vielleicht träum ich ja von ihm.»

«Zum ersten Mal verliebt?», fragte Antonia.

«Zum ersten Mal in jemand, den ich in echt gesehen habe.»

Ich sagte gute Nacht und ließ die Verknallte und die Durchgeknallte alleine.

Dann ließ ich endlich die Übersetzungs-App die Aufnahme von Antipenko übersetzen. Als ich Yvette das Handy zurückbrachte, schlief sie schon. Ich legte mich auch hin und grübelte wie ein Bohrer einen Tunnel in die Nacht.

Gluckern und Schmatzen um mich herum. Ein Licht oben. Schiffsrumpf. Ich stieß mich im Wasser ab, glitt zum Licht. Meine Flossen ruderten mich kraftvoll durch das Meer. Das Licht tanzte auf der Wasseroberfläche. Ich hatte das Ei bei mir. Als ich fast oben war, sah ich Antipenko über die Reling gebeugt, die Hände ausgestreckt. Ich zuckte zusammen. Irgendwas war auf mir. Ich zappelte die Zudecke von mir und schnappte nach Luft.

«Wir müssen packen», sagte Freigunda zu mir, während ich noch aus meinem Traum vom Auftauchen auftauchte.

«Dir auch einen guten Morgen, Freigunda», sagte ich.

«Das ist gut, wenn du sagst, was ich sagen sollte. Dann weiß ich es. Dir auch einen guten Morgen, Freigunda, äh, Charlotte. Das war lustig, oder?» Sie legte weiter ihre Sachen zusammen und stapelte sie in ihren Armeerucksack.

Nebenan fing die große Aufwacherei an. Fritzi keckerte. Antonia lachte. Yvette gähnte laut. Seltsam, dass es der letzte Tag auf der Lexy Barker war. Heute schon. Jetzt wo alles gerade so gut war an Bord, wo ich mit fast allen aus der Mannschaft geredet hatte und heute wieder mit ihnen reden könnte, weil wir gestern geredet hatten.

Ich ging ins Bad. Ein Schwapp nasses Wasser ins Gesicht, und es ging wieder. Kaltes Wasser, meinte ich natürlich. Nass sowieso. Mir fiel mein Unterwassertraum wieder ein. Und Antipenko. Und die Aufnahme. Und die Übersetzung. Ich könnte versuchen, vor dem Frühstück auf die Brücke zu gehen. Vielleicht war Antipenko da. Dann würde er der anderen Person auf der Brücke zunicken, und diese würde weggehen. Dann wäre ich mit ihm allein. Dann könnte ich ... Ich brauchte einen Plan. Was dann? Hallo, Kapitän, ich habe hier ein Ei. Einfach so. Das wollte ich Ihnen geben. Warum auch nicht? Macht man bei uns in Deutschland so am Ende einer Seereise.

«Charlotte, ich muss mal!» Antonia klopfte an die Tür. «Yvette will auch rein. Mach doch mal.»

Ja, mach doch mal, Charlotte, sagte ich mir.

«Bin so weit.»

Ich war so weit. Absolut. Ich schnappte mir den Leinenbeutel mit dem Ei und machte mich auf den Weg.

Ich hätte gern vorgespult, um es hinter mir zu haben. Dann wüsste ich, wie es war, und müsste mich nicht fragen, wie es wird. Diese Buchsache fiel mir wieder ein. Man könnte die Szene einfach überspringen, und dann wäre ich schon fertig. Ich stellte es mir vor: *Charlotte ging die Holztreppe der Brücke wieder hinunter. Das hatte ja gut geklappt. Dieser letzte Tag fing phantastisch an. Sie hatte mit Antipenko gesprochen. Damit war die Sache erledigt. Bimmbammbomm, jetzt Frühstück.*

Ich schleppte mich die Stufen im Treppenhaus hoch. Das Ei war so schwer, logisch. Ich trödelte bis zur Tür, die auf die Außentreppe führte, fand, dass mir ein bisschen frische Luft nicht schaden könnte. Der Wind würde mir hoffentlich in beide Ohren wehen und meine Gedanken rumwirbeln. Wenn sie sich wieder legten, warum nicht zufällig als perfekter Plan, was ich jetzt eigentlich genau tun wollte. Das Wetter war fein, ganz sanft. Friedlicher Himmel, unter dem nie etwas Unrechtes geschah. Das Meer so groß, dass es alles schon gesehen hatte. Aber leider kein Wind. Ich setzte mich auf die Außentreppe, den Beutel mit dem Ei auf dem Schoß. Ich las mir die Übersetzung der Aufnahme noch einmal durch.

Nur eine alte Frau glaubt mir. Das muss man sich mal vorstellen. Nur einer alten Frau hab ich davon erzählt. Und die ist so verrückt,

dass ich ihr nicht glaube. Es ist nicht passiert. Ruhig bleiben. Das
war nur ein Aussetzer. Nicht dran denken, nicht dran denken.

Ich steckte das Handy wieder weg. Antipenkos Selbstgespräch
war nicht so ergiebig. Es war irgendwas passiert, wo er sich selbst
nicht sicher war, dass es passiert war. Ich war mir sicher, dass
das Ei irgendwie damit zu tun hatte, denn er hatte die alte Frau
erwähnt, die ihm als Einzige glaubte. Ich erinnerte mich daran,
wie die alte Frau auf die Bilder in der Sonderausstellung gezeigt
hatte. Mehr wusste ich nicht. Ich musste mir alles ausdenken.
Ich stellte mir vor, dass Antipenko ein Seeungeheuer gesehen
hatte oder meinte, eins gesehen zu haben. Das war schon so
seltsam, wenn man drüber nur nachdachte. Wie seltsam musste
es sein, wenn einem das passiert war? Danach bist du entweder
irre, oder alle halten dich für irre, oder du kannst es niemandem erzählen. Vermutlich wollte er das Ei gar nicht haben, weil
er nicht dran denken wollte. Als Francesca ihm dazu Fragen
gestellt hatte, war er verärgert gewesen und hatte ihre Verletzungen genutzt, um sie schnell loszuwerden. Er hatte sie offensichtlich wirklich weghaben wollen. Als die alte Frau ihm das Ei
geben wollte, war er sogar weggelaufen. Was würde er jetzt tun?

Von der Treppe aus sah ich gleich Jocar an dieser zurückgesetzten Armatur stehen. Wir lächelten uns an. Und dann passierte
es wieder: Antipenko war wieder übertrieben nett, ich solle
einen Tee trinken, und da wären Waffeln. Ob er mir erklären
soll, wie alles hier funktioniert? Ich sagte ja, warum nicht? Er
nickte daraufhin Jocar zu. Er würde anrufen, wenn er ihn wieder bräuchte. Oder er könnte auch gleich Daris zur Ablösung
wecken. So wurde es abgemacht, und dann waren wir alleine.
Ob ich Fragen hätte? Ich überlegte, was für Fragen er meinte.
Über Eier? Ich fragte mich, warum ich so schwitzte zum Beispiel.
Ich fragte mich, warum nicht einfach jetzt ein Seeungeheuer

auftauchte. Das würde einiges verändern, aber hallo. Danach wäre ich auch irre, und wir könnten mit jemandem, der einen Yeti gesehen hatte, und der alten Frau einen Club gründen. Echt, was meinte er für Fragen? Ich fragte mich, warum er mich so komisch ansah. Warum er auch so geschafft wirkte, gar nicht mehr wie der Hahn, der über den Hof stolziert. Er sah aus, als wäre ein zweiter Hahn aufgetaucht, und sie wären aufeinander losgegangen. Die stolz geschwellte Brust war abgeschwollen. Na, immer raus mit den Fragen, sagte er. Aber keine dummen. Oder andere. Auf der Brücke gäbe es einen Voice Recorder, der alles aufzeichnet.

Ob ich mal ans Steuerrad wollte? Er stand auf und bot mir seinen Sitz an. Er lachte. Keine Angst, sagte er, das Schiff fährt automatisch. Es könne nichts passieren. Der Kurs sei eingegeben. Na los, trau dich, sagte er. So eine Gelegenheit kommt doch nie wieder. Ich setzte mich auf den Kapitänsstuhl. Mein Hintern berührte Verantwortung und Macht. Für jede Arschbacke ein Gefühl. Auch wenn sie automatisch fuhr, ich saß grad hinterm Steuerrad der Lexy Barker. Das ist keine Übung, Achtung, Achtung. Ich saß dort in echt, glühend heiß, strahlend, also sonnengleich. Antipenko lachte und sah mal wieder aus, als wäre unter dem Gesicht, was man sieht, ein anderes. Das hier sei jedenfalls der Fahrstand, mittig, erklärte er mir, mit Radar hier, elektronischer Seekarte da. Das sei die Nervenzentrale des Schiffes. Hier sei die Schiffsposition in Längen- und Breitengrad erkennbar. Dort seien die Seekarten, auf denen alles eingezeichnet wäre: Wassertiefe, Lage von Seekabeln, Wasserstraßen, besondere Seegebiete, zum Beispiel U-Boot-Übungsgebiete, und die Lage von Schiffswracks. Im Moment sei nichts Besonderes in der Nähe. Auch kein Seeungeheuer, dachte ich. Ich atmete einmal kräftig ein und sagte es wie einen Scherz. Auch keine Seeungeheuer? Er hatte mich immerhin gerade eben dazu aufgefordert, mich zu trauen. Antipenko fiel das Gesicht ab. Darunter war eins, was Sorgenfalten hatte. Dann lachte er kurz. Seeungeheuer würden leider sowieso nicht angezeigt werden, sagte er. Außerdem gibt es keine. Ich sah lieber schnell wieder nach vorne. Nicht dass ich gegen einen Eisberg fuhr. Antipenko räusperte sich. Wie gesagt, ich müsste keine Angst haben, die geplante Route würde vorab ins Steuerungssystem eingetragen werden, vorgegebene Kursänderungen würden dabei schon erfasst, sogenannte Waypoints. Das Schiff steuere sich alleine über die Satellitennavigation. Der Computer vergleiche immerzu den Kurs mit den Schiffsdaten.

Ja, traurig eigentlich, sagte er, ein Kapitän sei nicht mehr, was er früher mal war, schon gar nicht er. Er lachte, als wäre alles zu absurd. Ich überlegte, ob er wegen der Meuterei so komisch drauf war. War die Meuterei der zweite Hahn, der dem ersten Hahn so die Luft aus dem Brustkorb gelassen hatte?

Wie auch immer, murmelte er, an den Seiten, Backbord und Steuerbord, befänden sich die Nocks. Dort gebe es gesonderte Fahrstände, zum besseren Navigieren auf schwierigen Strecken. Dort stehe der Assistierende, aber auf diesem Schiff sei nichts mehr so, wie es mal war. Schon länger nicht. Wer war hier jetzt der Assistierende? Er tippte sich an die Brust. Ich verstand nicht richtig. Weil ich gerade hinter dem Steuer saß? Oder wegen der Meuterei? Aber er hatte gesagt, dass sei schon länger so. Also ging es nicht um die Meuterei. Oder war Kusmyn der zweite Hahn, von dem die Mannschaft sagte, dass er sich wie eine Art geheimer Kapitän benehmen würde? So, reicht jetzt, sagte Antipenko. Er rief Daris an, zeigte mir noch einen Sextanten, der aber nicht mehr benutzt wurde, aber schön, oder? Ja, schön, bestätigte ich. Damals musste man noch selbst navigieren. Na ja, egal. Er wirkte jetzt müde. Sei alles egal.

Als Daris kam, nickte er mir zu. Ich nickte zurück. Antipenko beachtete mich nicht weiter. Er sah jetzt aus, als wäre sein Rückgrat verbeult in einem Ramschladen gekauft worden.

Die anderen saßen schon beim Frühstück. Aus der Kapitäns-messe klang es wie Klassenfahrt mit Affe.

Jimmy-Junior pfiff in der Küche, nannte mich Lolo und fragte, ob er mir seinen besonderen Kaffee machen sollte.

«Wo warst du denn?», begrüßte mich Antonia.

«Brücke.»

«Also hast du ihm das Ei gegeben?»

Das Ei! Ich hatte den Beutel auf der Brücke vergessen. Ich rieb mir über den Mund. «Ähm, ja», sagte ich. Ich hatte ihm irgendwie das Ei gegeben. Und der Voice Recorder auf der Brü-cke hatte nichts aufgezeichnet. Das war doch ganz gut gelaufen. Wenn Antipenko wirklich ein Seeungeheuer gesehen hatte, dann müsste der Voice Recorder das auch aufgezeichnet haben. Aber was gab es schon zu hören, wenn jemand etwas sah?

«Das letzte Frühstück auf der Lexy Barker», sagte Antonia. «Das wird mir fehlen. Und meine Fritzi natürlich.»

Alle wollten dem Äffchen etwas Gutes tun, dabei ahnte es ja nicht, dass es von uns wegmusste. Eigentlich lenkten wir nicht sie ab, sondern uns. Freigunda gab ihr gerade das Fläschchen. «Das schmeckt gut», sagte sie, dabei hatte sie das noch nie gesagt. Sie würde das gut machen mit ihren Geschwistern.

«Ich kann nicht glauben, dass das der letzte Tag ist», sagte Antonia.

«Habt ihr schon gepackt?», wollte Freigunda von uns wissen.

«Ja, Mama.» Yvette lachte.

«Freut ihr euch auf Marokko? Ich nicht», beantwortete Anto-nia ihre Frage gleich selbst. «Ich meine, die ganze Reise war nur dafür, aber ... Wir wissen nicht mal, wo sie ist.» Antonia drehte den Salzstreuer, bis er auch nicht mehr wusste, wo er war. «Was sollen wir denn da machen? Das können wir doch gar nicht.»

Yvette stand auf und knallte ihre Hand auf den Tisch. «Klar können wir das. Überleg doch mal, was wir alles hingekriegt haben, seit wir vor den Polizistinnen abgehauen sind. Wir haben es nach Rotterdam geschafft. Wir haben dich und Mimiko auf das Schiff geschmuggelt. Wir haben es geschafft, an Bord zu bleiben, als Francesca sich mit K.-o.-Yoga Birne und Arm verletzt hat. Wir haben Kusmyns Schreckensherrschaft überstanden und den Tyrannen gestürzt. Uuuuund, was das Tapferste war: Wir haben dieses grausame Essen hier gegessen. Ende der Beweisführung.» Yvette tat so, als würde sie ein unsichtbares Mikrophon fallen lassen. «Und jetzt sag noch mal ernsthaft, dass du es uns nicht zutraust, Bea zu finden und zu befreien.»

Antonia nickte. «Darf ich dich mal umarmen, Yvette?»

Wir umarmten uns alle. Der Affe war völlig begeistert von diesem neuen Spiel.

Wie genießt man so einen letzten Tag? Man trinkt ganz langsam den besonderen Kaffee. Man schaut ganz doll aus dem Bullauge, durch das der Horizontstrich geht und oberes von unterem Blau teilt. Man genießt, dass es anfängt zu nieseln draußen. Man öffnet die Kühlschranktür noch einmal, um das Licht im Kühlschrank anzusehen, das einem sagt, dass alles wahr ist. Man hört auf den Schiffsmotor, der sagt: «Vorwärts!»

Nach dem Frühstück half ich Jimmy-Junior beim Aufräumen. Er erzählte mir, dass Antipenko ein Gespräch mit der Mannschaft weiterhin ablehne, weil es ihm an diesem Morgen nicht gutging. Vielleicht hat er wieder ein Seeungeheuer gesehen, lachte Jimmy-Junior. Was?, fragte ich und lachte in die Spülmaschine. Aus der Spülmaschine kam mein schräges Lachen zurück. Er hat ein Seeungeheuer gesehen? Ja, sie glauben, er habe eins gesehen. Das ist der Grund, warum Antipenko mal ein halbes Jahr beurlaubt war. Eigentlich war er krankgeschrieben. Er hat gedacht, dass er irre wird. Danach hat er überall diese Seeungeheuerbilder auf dem Schiff aufgehängt und wollte nicht mehr allein auf der Brücke sein. Jimmy-Junior setzte neuen Filterkaffee auf. Hast du schon mal eins gesehen?

Nein, hatte er nicht, aber er würde sich freuen. Auf den Philippinen glaubt man sowieso an alles, warum nicht auch daran? Das Meer ist so groß. Warum soll es sie nicht geben? Nur weil sie nicht zu sehen sind, heißt es nicht, dass es sie nicht gibt. Oder? Man kann nicht immer alles wissen. Man kann sich aber immer freuen.

Ich nickte.

Wir waren fertig mit der Küche. Jimmy-Junior wollte Hahnenkämpfe auf dem Handy sehen. In fünf Minuten gab es Liveübertragungen. Ich könnte auch zusehen, bot er an. Ich müsste noch packen. Ach so. Nachmittags gäbe es auch noch weitere Kämpfe. Dann nachmittags. Gut, bis nachmittags, Lolo.

Ich packte meinen Koffer und packte rein einen Hahnenkampf nachmittags. Ich packte meinen Koffer und packte rein einen Hahnenkampf nachmittags und so viel Gegrübel. Warum wussten denn die anderen von Antipenkos Geheimnis, wenn es ein Geheimnis war? Dann war's doch gar keins.

Die anderen packten auch schon ihre Sachen in die Rucksäcke, und Fritzi zerrte sie wieder raus.

«Ja, wir wollen auch noch nicht, dass die Reise heute zu Ende ist», sagte Antonia und packte ihre Sachen wieder ein und Fritzi wieder raus.

Das Geniesel draußen passte gut. Ein bisschen feine Tränchen. Ich legte mich hin. Bei Geschaukel schlafen würde ich richtig vermissen. Kurz vor dem Wegnicken surrte mein Handy. «Ich hab eine Nachricht», sagte ich, und alle kamen zusammengeschnellt wie eingeschaltete Magneten.

Ein Video von Bea, aber sie sah direkt in die Kamera.

Sie saß auf einer Terrasse mit dunkelblauen Wänden. Die Sonne schien. Zwei rote Katzen auf einem Mauervorsprung, die nebeneinanderschliefen wie eine Katze mit zwei Köpfen. Daneben Kakteen in Kübeln. Im Schattenwurf noch mal die Katze mit zwei Köpfen, noch mal die Kakteen in Töpfen. Bea sagte als Erstes: «Hallo, Charlotte!», dann auch: «Hallo, Freigunda, Antonia, Yvette! Und Mimiko! Ich hab mich wahrscheinlich noch nicht bedankt, weil ich die ganze Zeit gar nicht wusste … oder nicht konnte. Aber jetzt. Danke. Wirklich. Danke.»

Dann lächelte sie schief. «Ja, gut. Das wäre erledigt. Jetzt zum weniger guten Teil.»

Bea erzählte die Geschichte von hinten, damit wir nicht die ganze Zeit warten mussten, wie es ausgegangen war. Aber ich möchte sie von vorne erzählen. Später haben wir Bea gebeten, es uns noch mal ausführlicher zu erzählen, und darum weiß ich ziemlich genau, wie es war, und kann es nacherzählen.

Bea und Pim waren dem Auto gefolgt, hinter ihnen das andere Auto. Stundenlang waren sie auf einer Straße gefahren, die am Meer entlangführt. Bea hatte an uns gedacht und dass wir unterwegs zu ihr waren. Sie hat auf das dunkle Meer gesehen und gewusst, dass uns nur noch ein bisschen Wasser und eine Nacht trennen, zwei große, schwarze Flächen. Jetzt, wo es wirklich gefährlich wurde, wären wir pünktlich da. Das brachte uns alle pünktlich in Gefahr. Bea hatte uns in diese Geschichte gezogen. Angst hätte sie nur um uns gehabt und ihren Vater.

Pim behauptete, er hätte auch nur um Bea Angst. Dann wollten sie nicht weiter über Angst reden. Angst hatten sie sowieso, angster gab es nicht.

Bea erzählte ihrem Vater, dass sie alle Videos verschickt hatte. «Wem?», fragte Pim. Und Bea sagte: «Meiner Freundin Charlotte.» Das war meine Lieblingsstelle der Erzählung, und darum erzähle ich sie gleich noch mal:

Bea erzählte ihrem Vater, dass sie alle Videos verschickt hatte. «Wem?», fragte Pim. Und Bea sagte: «Meiner Freundin Charlotte.»

Ich könnte es auch noch mal erzählen, aber das wäre viel-

leicht übertrieben. Jedenfalls hat Bea gesagt: «Meiner FREUN-
DIN Charlotte.»

«Auch das Video, wo die Schildkröten zu sehen sind?»,
fragte Pim. Das hatte sie nicht geschickt. Genau das sollte sie
aber schicken, fand Pim, und das tat Bea dann auch. Dann bat
er sie, das Video auf ihrem Handy zu löschen, und das tat sie
auch.

Die Fahrt war lang. Sie hatten Zeit. Bea erzählte alles
Mögliche, von ihrem Knie, von dem Mist, den sie angestellt
hatte, vom letzten Sommer und viel von uns.

Pim sagte später, als er uns kennenlernte, kannte er uns
schon. Das ging uns mit ihm genauso.

Dann redeten sie über Amine. Den hatte Pim von Anfang
an gemocht, im Gegensatz zu einigen der deutschen Kollegen
in der Firma, «… außer Mike, Kumpel wie Sau», sagte er. Bei
Mike hoffte er, dass er nicht mit drinsteckte. Bei Amine sei es
für ihn leider klar, dass der mit drinstecke. «Bis zur Halskrause»,
weil er vermutlich den Pass genommen hatte an dem Abend,
als er da war. Dabei hieß der Name Amine vertrauenswürdig.
Schade. Echt. Und woher hatten die Männer, die in den Autos
vor und hinter ihnen waren, gewusst, wo Pim sich gerade aufhält? Amine hatte bei Leif angerufen, wie es aussieht. Leif hatte
gesagt: «Frag doch mal deinen Freund Amine.»

«Ich kann Leif nicht leiden», sagte Bea.

«Okay. Kann ich mit leben.»

«Aber Amine kann ich leiden. Wenn er doch nichts damit zu
tun hat?», überlegte Bea, aber Pim hatte den Kopf geschüttelt.
Sah nicht so aus. Leider.

Nach mehreren Stunden Fahrt waren sie in Tanger angekommen, fuhren dem vorderen Wagen weiter hinterher, und
der fuhr zu Amines Haus.

«Na siehste», brummte Pim. «Amine steckt mit drin. Pass
auf! Ganz schnell, bevor wir aussteigen. Wir haben nichts

gesehen, wir wissen nichts. Keine Heldennummern. Wenn wir Glück haben, bekommen wir deinen Pass, und ich soll einfach die Klappe halten. Sie werden dich hoffentlich rauslassen aus allem.»

«Wenn wir Pech haben …?»

«Soll ich weiter für die Firma fahren.»

«Und dann?»

«Dann muss ich zur Polizei, obwohl ich selber jetzt drinsteck, weil ich die eine Fuhre ja gemacht habe. Kann ich sagen, dass ich nichts von wusste. Kann klappen, muss aber nicht. Dann weiß ich nicht, was passiert. Gefängnis.»

«Und Auswärtiges Amt? Man kann da doch hin, wenn man seine Papiere verloren hat.»

«Ja, klar, dann wird deine Mutter dafür sorgen, dass ich das Sorgerecht entzogen bekomme. Und wir können uns nicht sehen.»

Bea lachte. «Ja, so wie vorher. Wir haben uns doch sowieso nicht gesehen. So schlimm ist Mama gar nicht.»

«Na, wenn du das sagst, Hase.»

«Ja.»

«Gut. Was auch immer passiert …» Er sah sie an. «Ich bereue nichts. Dann mal los.»

So ungefähr war das Gespräch. So hatte es Bea erzählt. So habe ich es nacherzählt. Den Rest soll sie allein erzählen, so wie sie es auf dem letzten Video getan hat.

Video 24

«Es kam gar nichts mit Erpressung und so was. Amine hat uns Pfefferminztee gemacht. Dann hat er erst mal eine Weile geredet. Ihm waren die Nebenbeigeschäfte bei Worldwide Surmann aufgefallen, und er ist deshalb zur Polizei gegangen. Ab da hat er mit der Polizei zusammengearbeitet. Die haben alles eine Weile beobachtet, um an die Zwischenhändler und Zulieferer ranzukommen. Sie wollten alle erwischen. Amine hat nicht genau gewusst, ob mein Vater mit drinsteckt oder nicht, aber als ihm mein Vater von den Schildkröten erzählt hat, wusste er, dass er nicht mit drinsteckt. Dann hat er unsere Pässe aus dem LKW geklaut, an dem Abend, als er da war. Er hatte wohl gehofft, dass Pim dann nicht losfährt oder dass er mich wenigstens nicht mitnimmt. Das hat ja so nicht geklappt, weil wir erst bemerkt haben, dass der Pass weg ist, als wir schon losgefahren waren. Dann hat Amine dem Chef der Firma gesagt, dass mein Vater ohne Pass rumfährt, weil Amine wieder gehofft hat, dass mein Vater dann nicht fahren kann, weil er wusste, dass die Polizei in den nächsten Tagen die Firma und alle Wagen durchsuchen wird. Er wollte auf keinen Fall, dass mein Vater genau dann wieder irgendwelche Kisten mit Luftlöchern rumfährt. Irgendwie hat der Chef mitbekommen, dass es jemanden in der Firma gibt, der gequatscht hatte. Er war sich sicher, das wäre mein Vater, und darum hat er ihn mit allen möglichen Sachen unter Druck gesetzt und ihn verprügeln lassen. Ja. Was noch? Ach so. Damit mein Vater nicht in die Firma fährt, wenn die Großdurchsuchung läuft, hat uns gestern die Polizei abgefangen und bis hierher begleitet. Auch wegen Schutz. Ja, verständlich so weit? Ganz schön viele Infos, oder? Amine hat auch echt lange geredet. Wir haben jedenfalls unsere Pässe wieder, und nachher holen wir euch erst mal vom Hafen ab. Ich bastle ein Schild, wo draufsteht: Trotzdem danke! Ja, das ist die schlechte Nachricht gewesen. Ihr seid umsonst losgefahren. Hab ich mich schon bedankt? Echt, danke!»

Bea klopfte sich mit der Faust aufs Herz.

Im Hintergrund werden die beiden Katzen wach und sehen sich erstaunt an.

Pim und Amine kommen ins Bild, setzen sich und zünden sich eine Friedenspfeife an.

Pim in die Kamera: «Schöne Grüße. Wir holen euch nachher ab. Und danke. Kommt ihr einfach her. Ihr seid echt der Knaller. Klasse Freunde. So muss das sein.» Er sieht Amine an und der ihn. Die beiden Katzen beginnen sich gegenseitig zu putzen.

«Bis gleich», Kamera wieder auf Bea. Großes Grinsen. «Wenn ihr was braucht, dann sagt Bescheid. Ich mach alles für euch. So muss das.»

Es hätte alles in der Luft schweben können, denn alles war vorbei, bevor es vorbei war. Nichts war also mehr schwer, und alles flog nach oben. Unsere Mission flog nach oben, hui. Unsere ganze Anspannung, Angst, Sorge. Alles hob ab, aber an allem hing ein kleines Gewicht. Ein Gewichtchen. Alles war umsonst gewesen? Wir würden niemanden retten, aber auch nicht retten müssen. Schwebend einfach. Wir würden keine Heldinnen sein. Aber auch nichts Gefährliches tun müssen. Sie hatten uns gebraucht und jetzt eben nicht mehr. War doch gut, sagte ich mir. War sehr gut. Außer dass es eben alles sinnlos war.

«Wenn ihr was braucht, dann sagt Bescheid», platzte Yvette heraus. «Wenn WIR was brauchen. Gerade eben waren wir noch unterwegs, um sie zu retten. Jetzt auf einmal: Wenn ihr was braucht …» Sie sah uns an. «Brauchen wir was?»

Freigunda zuckte die Achseln.

«Ich schick das Video mal Mimiko», sagte ich. «Und dann können wir auch eigentlich unseren Eltern Bescheid geben.»

«Ja», sagte Antonia matt. «Das sollten wir. Unbedingt.»

Und das taten wir dann auch. Alles war vorbei. Ich wusste nicht, ob wir in ein Loch fielen oder aus einem Loch kamen. Mich darauf einzulassen, was meine Eltern die ganze Zeit gefühlt hatten und jetzt fühlten, wo ich mich meldete, war ganz schön krass.

Die Eltern schrieben, dass sie weinten, dass sie erleichtert wären. All das, was wir die ganze Zeit weggedrückt hatten, schwappte durch einen nachgebenden Staudamm. Unser eigentliches Leben kehrte in uns zurück. Wir würden wieder zur Schule gehen. Wir könnten morgen schon fliegen. Mit Bea zusammen.

Wieso fühlte sich das alles so nach Seufzen an? Wir müssten doch feiern. Yeah? Jippie?

Fritzi hatte meine Taschenlampe aus meinem Rucksack gezerrt und auch herausgefunden, wie sie funktioniert. Sie blendete mich, dann sich selbst.

«Schildkröten», sagte Antonia irgendwann. «Das ist so gemein. Sie haben extra diesen Panzer und sind trotzdem völlig schutzlos.»

Ja, irgendwie so kam ich mir vor.

Dann musste Fritzi gewickelt werden. Wir wollten alle diesen kleinen Affenpopo ein letztes Mal waschen. Wir spielten «Schnickschnackschnuck». Ich durfte. Die anderen gingen schon zum Essen.

Ich genoss das Wickeln und sang dabei «Bruder Jakob». Ich nahm ihre Füße in die Hand, die sie gegen meine Handflächen drückte, als wäre es ein Affen-Mensch-Ritual. Ich dachte: «Ich werde dich nie, nie, nie vergessen, kleiner Affe. Niemals.» Und was dachte sie? Nach dem Wickeln quakelte sie und kletterte an mir hoch und miepste mich nach Milch an.

«Ich mach schon», flüsterte ich. «Ich kümmer mich. Natürlich kümmer ich mich. Ich mach das schon. Du musst keine Angst haben. Ich kümmer mich.» Eigentlich ging es erst nur um die Milch, aber als ich die Milch angerührt hatte, redete ich noch eine Weile weiter, während Fritzi schon trank. «Ich mach schon. Wirklich. Ich werd mich auch darum kümmern, dass du nicht zu dem bösen Kusmyn musst. Ich kümmer mich. Ich mach das schon. Menschenehrenwort. Und nicht, dass du denkst, das ist nichts wert. Wirst schon sehen. Ich mach das. Ich hab sogar schon eine Idee. Das könnte klappen. Wirst schon sehen. Lass mich mal machen.»

Nachdem Fritzi ausgetrunken hatte, untersuchte sie mein Gesicht. Ich schnappte nach ihren langen Fingern. Ihre hellbraunen Augen lauerten belustigt, wann ich wieder zuschnappen würde. Dann riss sie den Mund auf. Ich glaube, da kam ein neuer Zahn. Ich nahm sie auf den Arm und ging zum Essen. Ich hatte ihr mein Menschenehrenwort gegeben, und jetzt musste ich den anderen nur noch mitteilen, was Sache war. Kusmyn sollte Fritzi nicht bekommen. Nein! Weil nein! Weil falsch! Dieses Arschloch, das sich immer nahm, was er wollte. Er sollte damit nicht durchkommen.

Die Mannschaftsmesse war voll. Und alle wollten mich und den Affen begrüßen.

«Lolo!», rief Jimmy-Junior. Ich rief auch seinen Namen, sollte ihn aber Tintin nennen. Ob ich nach dem Essen mit Hahnenkampf ansehen würde. Er würde mir das so gern erklären. Ich nickte.

Antipenko hätte das Gespräch wieder verschoben, sagte Jimmy-Junior. Er sagt, er wäre krank, fühle sich nicht so. Jetzt solle ich aber mal essen, weil mein Essen sonst kalt wird.

Die anderen hatten schon fast aufgegessen und schaufelten sich den Nachtisch rein. Ich bekam meinen Teller gebracht. Auf der Frischhaltefolie stand Lolo.

«Ich hab mir was überlegt», fing ich an. «Ich weiß, was wir Bea schreiben können, was wir brauchen», ich wartete kurz, ob ich selber Zweifel bekam, aber ich bekam keine. Außerdem hatte ich mein Menschenehrenwort gegeben. «Bea soll Amine mitbringen und überhaupt Polizei. Wenn die sich für die Schildkröten einsetzen, setzen sie sich auch für einen Schimpansen ein. Dann wird Fritzi beschlagnahmt und kommt zu einer Hilfsorganisation in so ein Auswilderungsprogramm oder kann da wenigstens mit anderen Schimpansen zusammen sein. Ich will nicht, dass Kusmyn Fritzi zurückbekommt. Er ist ein Arschloch und gehört bestraft. Und ich bin stinkwütend auf ihn. Ich hab erst gedacht, dass das Angst ist, was ich fühle. Aber das ist Wut. Ich hasse den. Und ich hab Fritzi versprochen, dass wir sie nicht zurückgeben. Wie seht ihr das?»

Antonia umarmte mich.

«Du hast ja gar nicht gefragt, ob du mich umarmen darfst», lachte ich.

«Durfte ich dich umarmen?»

«Immer!»

Da umarmte sie mich gleich noch mal.

Wie sie das sahen? So wie ich. Genau wie ich. Wir hassten Kusmyn alle und liebten alle Fritzi. Die Polizei war vorher die ganze Zeit keine Lösung gewesen. Hallo, wir waren auf der Flucht gewesen zu Bea, die auch nicht wollte, dass die Polizei wusste, wo sie ist. Aber jetzt sah das alles anders aus. Wir konnten der Polizei Bescheid geben. So einfach war das?

«Kusmyn hat gesagt, er werde sich dann eben einen neuen Schimpansen anschaffen.» Freigunda bremste unsere Begeisterung etwas, aber sollten wir wirklich Fritzi nicht retten, um einen anderen Schimpansen zu retten? Ging das so als Überlegung? Als wäre das eine mathematische Formel. Das Retten eines Affen kostet drei weitere Affen das Leben? Das konnten wir denken, aber nicht fühlen.

Antonia schnaufte. Sie war eigentlich die, die immer genau wusste, wie man uns den Kopf zurechtrückte. Natürlich musste um jedes Lebewesen derselbe Kampf geführt werden. Sie hatte uns genug solcher Reden gehalten, aber jetzt schnaufte sie bloß. Ich wollte keine Träumerin sein, die vorne am Bug eines Schiffes über der Reling hing und zufrieden war, einzelne Tüten aus dem Wasser zu fischen, während das Schiff hinten lauter anderen Dreck ins Meer schmiss. Ich wollte das nicht tun, um zufrieden mit mir zu sein, sondern um das Richtige zu tun.

Wir schrieben Bea. Ja, wir bräuchten tatsächlich etwas. Ihre Hilfe und jede Menge Polizei.

«Wir versuchen das», schrieb Bea zurück.

Na gut, das war doch erst mal ein Plan. Wir versuchen das.

Yvette verfeinerte den Plan noch etwas. «Wir sollten die Übergabe von Fritzi so lange wie möglich rauszögern, damit Kusmyn sie nicht …»

«… ins Meer schmeißt», beendete Freigunda den Satz.

«Dann spring ich hinterher», sagte Antonia.

«Du wirst dich nicht für diesen Affen in Gefahr begeben», wollte Freigunda befehlen, aber Antonia sah aus, als würde sie in diesem Punkt keine Befehle entgegennehmen.

«Werd ich nicht?»

«Ich sag nichts», sagte Freigunda. Sie hätte früher nie gesagt, dass sie nichts sagt. Sie hätte einfach nichts gesagt. «Ich weiß, ich bin immer zu skeptisch, also sag ich jetzt nicht noch mal, dass sich Kusmyn dann ein neues Affenbaby holt. Aber meine Eltern können auch weitere Kinder machen, und das heißt nicht, dass ich nicht … Wie gesagt, ich sag nichts.»

Antonia stupste sie. Und streichelte dann ihre Hand. Freigunda sah auf die Stelle, wo Antonias Hand ihre Hand berührte. Ob die jetzt in Flammen aufging oder dort eine Knospe aus dem Handrücken wuchs.

Weil alle darauf vorbereitet gewesen waren, dass es ein Gespräch mit Antipenko geben sollte, waren einige Männer in die Mannschaftsmesse gekommen und dann einfach dortgeblieben.

Es war fast so voll wie bei der Party am Vortag, aber die Musik und das Pancit fehlten.

Jocar, Rolando, Arnel und Darwin waren da. Yvette, Antonia und ich wurden eingeladen, uns dazuzusetzen. Sie redeten ein bisschen darüber, was passieren könnte, wenn sie anlegten und alles immer noch so ungeklärt wäre. Ob sie ihre Taschen packen sollten und sagen: «Er oder wir», denn wenn Antipenko Kusmyn nicht feuerte, dann blieb die Situation auf dem Schiff so, wie sie war. Ein wirklich guter Kapitän, der sich nicht mehr verhielt wie ein Kapitän. Ein Erster Offizier, der sich nicht mehr verhielt wie ein Erster Offizier, sondern wie ein wirklich schlechter Kapitän. Er müsste weg. Oder sie müssten gehen. Vielleicht müssten sie sowieso gehen, denn sie hatten gemeutert. Ausreichend Grund, sie alle zu kündigen. Wenn doch nur Antipenko mit ihnen sprechen würde.

Sie alle hatten gehofft, dass ein Gespräch mit Antipenko alles klären würde. Bevor sie am Hafen ankamen. Es waren nur noch wenige Stunden Zeit. Sie nickten viel und klapperten mit Stiften herum, zappelten mit dem Knie. Wenn man Energie aus Anspannung gewinnen könnte, dann hätte dieser Raum genug Strom gehabt, um die Straßenbeleuchtung einer Kleinstadt zu versorgen.

Trotzdem waren alle freundlich und lenkten sich ab, so gut es ging.

Im Fernsehen lief ein Animationsfilm namens «Prinzessin Urduja», und Arnel erzählte die Handlung nach. Es war der Lieblingsfilm aller seiner Enkelinnen, und auf den Philippinen kannte jeder diese Heldin. Oder ob wir sie auch kennen? Nein, wir kannten sie nicht. Das tat uns wirklich leid. Na, jetzt würden wir sie ja kennen.

Yvette starrte auf die Prinzessin, die erst einen Mann heiraten wollte, wenn er sie in den Kampfkünsten besiegt hätte. Dazwischen starrte sie zur Tür, aber Romeo kam leider nicht, sonst hätte sie ihn besiegen können, und sie hätten geheiratet.

Während Prinzessin Urduja ein Lied sang, zeigte mir Darwin das Spiel Two Dots, weil ich mich doch am Vorabend so dafür interessiert hätte. Ja, langweilig eigentlich, lachte er. Es ist so langweilig wie die Tage auf dem Meer, wo er nichts zu tun hat. Aber wenn man ein Quadrat verbindet, vibriert das Handy, als bekäme man eine Nachricht.

Auf Jimmy-Juniors Handy hatte der Hahnenkampf angefangen, viel Geschrei, viel Werbung zwischendurch. Rolando sah auch zu. Die beiden Männer versuchten Antonia zu erklären, wie man dem Hahn kleine Messer an die Beine band, aber Antonia hatte so gar keinen Bock darauf, das zu wissen. Ich auch nicht. Dieses Hahnenkampfding war beschissener, als ich gedacht hatte.

«Uncool», sagte Yvette nebenbei. «Not cool.»

Fanden die Männer nicht. Sie hatten Argumente, natürliches Kampfverhalten der Hähne, Tradition, und sie würden die Hähne danach essen.

Nee, wir schüttelten den Kopf. Das würde bestimmt verboten werden. Bald. Es würde dann Hahnroboter geben. Hofften wir. Da schüttelten die Männer den Kopf.

Darwin drückte mir sein Handy in die Hand. Ich solle selbst mal spielen. Er litt und kicherte neben mir, wenn ich eine große Chance auf viele Punkte übersah. «Oh, no!», rief er und hielt sich den Bauch vor Lachen. Aber nicht schlimm, nur ein Spiel. Darwin sagte, dass er eine Zeitlang Geld ausgegeben hatte für das Spiel, weil man Punktverdoppler kaufen kann. Aber das war dumm. Nur ein Spiel. Er ist ja hier und hält das alles aus, um Geld für die Familie zu verdienen. Dann kann er es nicht verspielen. Vielleicht ist er abhängig, aber gibt Schlimmeres. Zigaretten sind auch schlimm. Ist er auch abhängig. Aber so vergeht der Tag. Außerdem stirbt niemand bei Two Dots, rief er zu Jimmy-Junior und Rolando rüber, und man verspiele nicht ganz so viel Geld. Die beiden winkten ab.

Darwin erzählte, dass es in seinem Dorf keinen Hahnenkampf mehr gäbe, weil die Touristen das nicht mögen. Sie hätten auch aufhören müssen, die Wale zu jagen und die Rochen.

Die ganze Bucht sei Naturschutzgebiet, und dann habe man Hütten am Strand für Touristen gebaut. Sie hätten auch die Boote umgebaut, und jetzt fahren sie mit den Touristen raus, und die fotografieren die Tiere. Es müssten nur mehr kommen. Nicht dass sie jetzt alle nicht fliegen wollen wegen der Umwelt. Manchmal hätten sie dann zu wenig zu essen, und draußen schwammen die Fische herum.

Darwin zeigte mir eine Möglichkeit, ein Riesenquadrat zu bilden: Wenn ich hier ein paar Punkte löschte und da zwei gelbe entfernte, würde ein großes lila Quadrat entstehen. Die Zusammenhänge erkennen, sagte er. All die Sachen, die Darwin mir gerade über sein Leben erzählt hatte, waren auch Punkte, aber es war komplizierter als ein Quadrat. Das Handy summte. Riesenquadrat. Zwanzig Punkte. Darwin gratulierte mir.

Ich gab ihm sein Handy zurück. Bedankte mich und sagte, dass ich ein wenig aufs Deck gehen wollte. Der Regen hatte aufgehört, und die Sonne schien durch die Bullaugen. Dadurch wirkte die Mannschaftsmesse dunkel und eng. Prinzessin Urduja besiegte einen Mann nach dem anderen.

Ich bekam eine Nachricht von Mimiko. Mehrere Smileys, die fast durchdrehten, Tröte, Schildkröte, Tröte, Schildkröte, Herz. Sie sei jetzt erst aus der Schule gekommen und hatte gerade Beas letztes Video angesehen.

Stimmt, die Ferien waren zu Ende. Ich hätte an dem Tag wieder zur Schule gemusst. Was wohl auf meiner Entschuldigung stand? Charlotte musste nach Marokko, um einer Freundin zu helfen, die mit ihrem Vater in Schwierigkeiten geraten ist, weil die Firma, in der der Vater der Freundin arbeitet, in einen illegalen Handel mit seltenen Schildkröten und so weiter. Da sich nun alles geklärt hat, wird Charlotte voraussichtlich gegen Ende der Woche wieder zur Schule kommen. Ich hoffte, dass es nicht wieder so ein Riesending in der Presse gewesen war, dass wir schon wieder verschwunden waren. Als würden wir in jeden Ferien immer verschwinden. Mal sehen, was wir in den Winterferien so machen würden, dachte ich und musste grinsen.

Mimiko schrieb noch: *Ich habe mit Francesca telefoniert. Ich hoffe, ihr seid nicht böse deshalb. Ich hatte ja keinen Streit mit ihr. Sie sagt, sie würde sich gern mit uns vertragen und doch das Buch schreiben. Habe ich Yvette auch schon geschrieben.*

Da würde sich Yvette vermutlich freuen. Alles war so gelaufen, wie sie es gehofft hatte. Dann würden wir also in den Winterferien Lesungen haben und das Buch vorstellen. Vielleicht.

Aber Yvette hatte gar keinen Bock mehr, mit Francesca das Buch zu schreiben, sagte sie, als ich zurück in der Kabine war. «Sie hat doch die Hälfte gar nicht mitbekommen.»

«Kannst du ihr doch erzählen», fand ich.

«Nee.» Yvette schüttelte wild den Kopf. «Ich hab an jemand anderen gedacht.» Und sie wackelte wichtig mit den Augenbrauen.

«Du, Yvette?» Antonia legte den Kopf schief. «Ich denke, Charlotte könnte das gut.»

Yvette lachte. «Genau an die hab ich auch gedacht.» Sie legte ihren Arm um mich. «Was sagst du?»

Was sagte ich? Ja, was sagte ich. Wenn es das Buch mal geben würde, könnte ich ja nachlesen, was ich gesagt hatte. Ich sagte erst mal: «Häh? Ich?» Aber ich hoffte, in dem Buch würde ich dann was Klügeres sagen.

«Wieso denn nicht?», fragte Antonia.

Ich schnaufte. «Nee, das kann ich nicht. Es ist so viel passiert. Und wie soll ich die Geschichten drum rum erzählen? Die von der Mannschaft. Und von ihren Ländern. Das kann ich nicht.»

«Dooooch», sagte Yvette. «Das kannst du.»

«Und wenn das … wenn das nur mein Eindruck ist, alles?»

«Is doch klar, dass du nur erzählen kannst, was du erzählen kannst. Oder?» Yvette nahm ihren Arm runter. «Also, machste?»

Ich schlug nicht ein. *Das konnte sie nicht, dachte sie*, dachte ich über mich in der dritten Person.

«Na ja, musste ja jetzt nicht entscheiden. Jetzt müssen wir sowieso überlegen, wie wir das nachher mit Fritzi machen. Wenn wir Kusmyn nicht noch mal sehen wollen, dann …»

Antonia zerrte gleich Fritzi an sich.

«Nu entspann dich mal. Er ist ja nicht hier. Wir reden nur über ihn.» Yvette tat furzcool, dabei war sie auch ganz still gewesen, als wir unter Kusmyns Fuchtel gestanden hatten.

Freigunda merkte an, dass eigentlich wir ihm seinen Affen weggenommen hatten. So gesehen. «Wir sollten ihm das Tier geben. Es wird ja dann hoffentlich im Hafen beschlagnahmt.»

Wie sie «das Tier» und «es» sagte, wirkte fast so, als hätte Freigunda kein Problem damit.

«Vielleicht sollte Freigunda das machen», schlug ich vor. «Und Antonia bleibt so lange noch in der Kabine.»

Antonia wollte so lange wie möglich in Fritzis Nähe sein und sehen, dass es ihr gutging.

Um uns aufzumuntern, spielte Yvette mal wieder Kusmyn nach. Sie setzte sich mit übereinandergeschlagenen Beinen und die Arme auf der Lehne auf die Eckbank und ließ ihre Füße nicken. «Habe ich einen Fehler gemacht?», fragte sie. Jaja, sagte das Füßchen. «Bin ich jetzt ganz allein und muss mit meinen Füßen reden, weil niemand mich leiden kann?» Jajaja, nickte das Füßchen.

«Darf ich seine Füße auch was fragen?», bat Antonia.

Yvette nickte mit dem Fuß. «Jaja!»

«Hast du ein schlechtes Gewissen, weil du das mit Fritzi gemacht hast?», und sie freute sich auf das «Jaja», aber Yvette schüttelte den Fuß. «Nein, nein.»

«Mann, die Freude hättest du ihr echt lassen können», lachte ich.

Aber Yvette schüttelte wieder den Fuß. «Nein, nein. Die Welt ist nicht so, wie Antonia sie gern hätte. Friede, Freude, schlechtes Gewissen. Das ist ein echt harter Typ. Romeo sagt, er traut dem alles zu.»

«Na, wenn er das sagt.» Ich tat, als würde mich das beeindrucken. «Also, wenn der Romeo das sagt ...»

Gegen vier Uhr nachmittags begann es zu dämmern, und die Küste kam in Sicht. Ein fingerbreiter Streifen nur. Marokko. Das war ein anderer Kontinent. Das war Afrika. Wir wuselten an die Fenster und starrten hin, als würde nur wegen der Bedeutung mehr zu sehen sein als das, was da war. Lichter waren noch nicht zu sehen. Die Sonne war dabei unterzugehen. Ich musste daran denken, wie ich im Auto von Yvettes Vater von den Tickets für die Lexy Barker erzählt hatte und Antonia geschrien hatte: «Afrika?» Als ich den anderen von dieser Erinnerung erzählte, sagte Yvette: «Und schwupps, sind wir da.» Sie boxte Antonia, die neben ihr am Fenster kniete. «Ruf doch mal Mars. Oder ...»

«Ähm. Gerechtigkeit!», rief Antonia.

«Da sind wir aber noch eine Weile unterwegs», sagte Freigunda trocken.

«Das können wir schon mal ansteuern.» Yvette hatte ein unsichtbares Steuerrad in den Händen. «Ich kann es dort hinten schon sehen.»

Als wir dachten, wir würden jetzt bald anlegen und vielleicht wären die Lichter dort oder die Lichter dort schon der Hafen, stoppten die Maschinen der Lexy Barker. Egal, welche der Lichter an Land unser Ziel waren, wir kamen ihnen erst einmal nicht näher. Yvette und Freigunda gingen nachsehen, was los war.

«Besprechung mit Antipenko», sagte Freigunda knapp, als sie wieder zurückkamen.

«Sie haben angehalten, damit alle dabei sein können», hatte Yvette noch ein bisschen mehr Infos.

«Ist Kusmyn dabei?», wollte ich wissen. Die Mannschaft setzte ja sehr viel Hoffnung darauf, dass sich Antipenko nichts mehr von Kusmyn einreden ließ.

Yvette und Freigunda wussten leider nicht, ob Kusmyn bei der Besprechung dabei war.

«Und wir hocken jetzt hier und erfahren nichts», nölte Yvette.

Also hockten wir da und sahen aus wie unsere Rucksäcke, abreisebereit.

Dann klopfte es, und Daris stand vor der Tür.

Der Kapitän will dich sprechen, sagte er und meinte mich.

Ich musste mit dem Zeigefinger noch mal auf mich selbst zeigen. Ich? Also mich?

«Oh, oh», machte Yvette. «Das ist nicht gut.»

Gut oder nicht gut, es fühlte sich auf jeden Fall an, als ob Daris mich abführte durch das stumme Schiff, das absolut stillstand.

Wir kamen auf das Captain's Deck, klopften an der Kabine. Antipenko öffnete die Tür ganz weit. In seiner Kabine saß Kusmyn. Mit Schuhen an. Und Handschuhen wie immer. Daris nahm sofort eine andere Haltung an und trat ein Stück von mir zurück. Ich wäre gern auch ein Stück von mir zurückgetreten. Antipenko, von dem Daris gerade noch vermutet hatte, er würde mir vielleicht etwas sagen wollen, sagte gar nichts. Er hatte den Leinenbeutel mit dem Ei darin in der Hand, gab ihn mir und schloss die Tür wieder. Daris war schon dabei, die Treppe runterzugehen, und ich ging ihm hinterher und überlegte, dass Antipenko vermutlich nicht in den Beutel reingesehen hatte. Warum sollte er auch in einen Beutel sehen, den ein Passagier auf der Brücke vergisst? Er wusste ja nicht, dass etwas für ihn darin war. Oder? Vielleicht hatte die alte Frau ihm gemailt, dass sie einem Mädchen etwas für ihn mitgegeben hatte. Hatte die alte Frau mich genauer beschrieben? Und war ich mit ihrer Beschreibung von den anderen Mädchen zu unterscheiden? Warum sollte ich extra zu ihm kommen? Es hätte wirklich gereicht, Daris den Beutel mitzugeben.

Ich beschloss, für einen Moment zu vergessen, dass ich schüchtern war. Wenn ich mir jetzt einfach einen anderen Charakter ausdachte und ihn kurz in Anspruch nahm wie ein Probeabo, dann könnte ich danach wieder sein, wie ich war. Das müsste doch gehen.

Ich fragte Daris, ob Kusmyn vorhin schon bei Antipenko gewesen war, als er mich holen sollte.

Er schüttelte den Kopf.

Wenn Antipenko also mit mir über einen gewissen Inhalt eines gewissen Leinenbeutels hatte reden wollen und das dann unterließ, weil ein gewisser Kusmyn da war, dann ... Keine Ahnung. Ich hasste Textaufgaben. Die Lösung war vierunddreißig Eier?

Gut, was hatte ich zu verlieren? Eine halbe Stunde vor dem Hafen. Ich würde Daris, diesen strubbeligen, mauligen Burschen nie wiedersehen. Wenn ich wollte, konnte ich so tun, als wäre ich nicht schüchtern.

Ob er wüsste, was mit Antipenko und Kusmyn los sei, fragte ich.

Daris setzte sich auf die Treppe und verschränkte die Arme. Er kniff die Augen zusammen, und dann, als ich dachte, er würde etwas sagen, zuckte er mit den Schultern. Das wüsste er auch nicht. Habe er sich immer wieder gefragt.

Auf der Brücke gäbe es doch einen Voice Recorder, sagte ich. Wer die Aufnahmen eigentlich alles zu hören bekam?

Konnte man echt seine Arme in mehr als zwei Windungen verschränken? Daris konnte.

Ob es irgendwas Ungewöhnliches gab, bevor Antipenko in seine längere Pause gegangen war?

Daris schaute auf einen Punkt irgendwo weit außerhalb des Schiffes und über das ganze Meer. Dann begann er zu murmeln.

Seine Mutter hätte gesagt, er solle anständig sein, aber er hatte noch nicht oft die Gelegenheit, anständig zu sein. Vielleicht wäre das jetzt eine. Sein Blick kehrte zurück.

Ja, er dürfe die Aufnahme von dem Voice Recorder hören.

Wenn im Treppenhaus ein Voice Recorder gewesen wäre, dann hätte der jedenfalls erst mal eine lange Pause aufgezeichnet. Dann ein Rascheln von Stoff, als Daris seine Arme entschränkte, und ein leises Knistern, als er sich durch seine Haare voller Wirbel fuhr.

Dann murmelte er weiter. So genau wüsste er es nicht mehr, aber Antipenko hatte etwas gesehen und war aufgeregt. Er hatte das Kusmyn zeigen wollen, aber Kusmyn, na ja. Daris verzog sein Gesicht. Kusmyn sagte, da wäre nichts. Daris kratzte sich an seinem Stirnwirbel. Kann man nun so oder so sehen. Wem man glaubt.

Ich nickte und bedankte mich.

Aber Daris war noch gar nicht fertig. Wie wenn etwas einmal verrutscht war, kippte nun alles in ihm und rutschte auf eine Seite, so stark und schnell, dass ich befürchtete, das ganze Schiff würde gleich schief liegen, weil Daris etwas in sich verschoben hatte.

Er räusperte sich. Er glaubte jedenfalls, dass …

Oben ging die Tür zum Treppenhaus auf und Schritte kamen die Stufen runter, und Daris war so schnell auf den Beinen und die Treppe runter, dass ich gar nicht anders konnte, als hinterherzuflitzen. Ich sprang die letzten Stufen hinunter, und während Daris weitere Etagen runtereilte, riss ich die Tür zum Officer's Deck auf und klopfte an unsere Kabinentür.

«Moment!», kam es von drinnen. Ich hatte aber keinen Moment und klopfte weiter.

Macht auf, macht auf, macht auf, dachte ich. Los! Hinter mir immer noch die Schritte. Wenn das Kusmyn war und er in seine Kabine gehen würde, dann stand ich hier ganz großartig zum

Anrempeln herum. Sollte ich in die Bibliotheksecke, mich hinter dem Regal verstecken? Noch schnell ins Treppenhaus und versuchen, die Treppe runterzuhuschen, bevor er hier war? Aber da ging die Tür vom Treppenhaus schon auf. Immer wieder keine Freude, ihn zu sehen. Gott sei Dank ging auch die Kabinentür endlich auf, und Antonia machte auf und zuckte kurz.

«Buh!», sagte Kusmyn. Das machte ihm einen Mordsspaß, uns hier wie Frettchen aufzustöbern. Keine Frage, es schien gut für ihn zu laufen. Keine Kündigung also. Er bewegte sich auf dem Schiff so frei und selbstbewusst wie vorher. Ich bekam wieder eine solche Wut im Bauch. Er sollte damit nicht durchkommen. Dreckskerl. Ich wüsste genau, was er getan habe, sagte ich zu ihm.

Das sei ja köstlich, fand er. Er wollte mich nur bitten, besser auf meine Sachen aufzupassen, auf meine Worte und auch sonst so. Im Treppenhaus läge ein Beutel von mir, und wenn ich den unbedingt loswerden wollte, sollte ich ihn ins Meer werfen, anstatt ihn ständig irgendwo liegenzulassen. Er kam ein Stück näher. So würde er das mit Sachen machen, die er loswerden will. Er schob ein Stück von seinem Handschuh zurück, um auf seine Uhr zu sehen. In exakt dreißig Minuten wollte er seinen Affen haben. Übergabe auf dem Main Deck. In der Kiste, in der das Tier an Bord gekommen war. Die Kiste müsste bei Daris sein. Ich starrte auf die Stelle seines Handgelenkes. Pusteln, die bestimmt juckten. Dann löste sich Kusmyn auf. In einer Wolke aus giftigen Dämpfen. Na gut, er ging einfach in seine Kabine. Wollen wir mal bei der Wahrheit bleiben.

«Komm rein!», drängelte Antonia. «Wir müssen die anderen holen. Und die Kiste. Und überlegen, wie wir Kusmyn hinhalten. Bis zum Hafen. Wenn die Polizei kommt. Ich hoffe, sie kommt. Komm doch mal rein jetzt!»

«Moment.» Ich zischte noch mal los und holte den Leinenbeutel. Wie es aussah, wollte ich das Ei wirklich gern loswerden, so oft, wie ich es liegen ließ. Dann ließ ich meine Schuhe an, nur um mal zu sehen, wie es war. Wenn sich Kusmyn nicht an Regeln hielt und wir uns die ganze Zeit an Regeln hielten, dann mussten wir ja gegen ihn verlieren. Aber ich konnte auch die Schuhe anlassen. Er sollte sich mal nicht so sicher sein, dass ich ein unsicheres Mädchen war.

Das Schiff begann zu vibrieren. Der Motor sprang an. Endlich. Wie lange konnte man denn eine halbe Stunde vor Tanger sein? Ich hatte ein komisches Gefühl, aber so komisch war es dann doch nicht. Ich musste bloß aufs Klo. Wie viele Menschen hatten eigentlich schon auf Klo eine Erleuchtung? Ich wünschte, meine Erleuchtung wäre woanders gewesen. Dann wär's nicht so peinlich. Ich konnte auf einmal wie bei Two Dots alle Punkte verbinden, und das ergab ein Quadrat. Glaubte ich zumindest. Kusmyn hatte den gleichen Ausschlag wie ich. Und wenn der Ausschlag meinem ähnlich sah, tauchte er möglicherweise genau wie bei mir dann auf, wenn Kusmyn ein Geheimnis hatte und es niemandem sagte. Antipenko glaubte, ein Seeungeheuer gesehen zu haben. Glaubte ich. Zumindest hatte er auf dem Voice Recorder gesagt, dass er etwas sieht. Er war klug genug gewesen, es nicht auszusprechen. Er hatte nur «etwas» gesagt. Aber die große Neuigkeit war, dass er gar nicht allein gewesen war. Kusmyn war bei ihm gewesen. Und Kusmyn hatte gesagt, da sei kein «Etwas».

Das passte alles zusammen. Für mich. In dem Moment. Kusmyn wollte Kapitän werden und Antipenko loswerden. Und wie es aussah, hatte er etwas, womit er ihn immer wieder dazu bekam zu tun, was er wollte. Ich saß immer noch auf dem Klo und schaute meine Hände an. Meine eine Hand wurde zu Antipenko. «Da war doch ein Seeungeheuer», sagte die Antipenkohand. Die andere Hand wurde zu Kusmyn. «Nein, Spartak, da war nichts.» – «Doch.» – «Nein. Du bist verrückt. Ich sag's allen.» – «Nein.» – «Doch.» – «Nein.»

«Kommst du?», rief Yvette draußen. «Wir sind jetzt alle da. Und die Kiste für Fritzi wird uns gleich gebracht.»

Meine Hände begannen zu jucken. Ja, schon klar, ich musste den anderen Bescheid sagen, was ich meinte, herausgefunden zu haben. Ich wusch Kusmyn und Antipenko und ging raus.

Langsam fuhr das Schiff schneller, und so war irgendwie gerade alles, langsam und schneller gleichzeitig. Ich erzählte den anderen meine neuen Erkenntnisse über Antipenko und Kusmyn, über die Seeungeheuersichtung von Antipenko und dass Kusmyn dabei war und behauptete, kein Seeungeheuer zu sehen, und dass ich glaubte, er würde Antipenko damit erpressen. Als ich gerade noch über juckende Hände erzählen wollte, begann Yvette zu lachen. «Siehst du. Du kannst dir so irre Sachen ausdenken. Das! Ist! Großartig! Das muss unbedingt mit ins Buch. Seeungeheuer. Super!» Sie lachte sich halb schief. «Darum war er auch in der Sonderausstellung. Verstehe.» Sie drehte ihre Hand neben dem Kopf. Klare Geste für durchgedreht. Ich wusste nicht, ob sie mich meinte oder Antipenko oder die ganze Geschichte.

«Aber ...», fing ich an.

Yvette schüttelte den Kopf. «Egal jetzt. Kusmyn hat gesagt, in dreißig Minuten sollen wir ihm seinen Affen geben. Das ist zehn Minuten her. Macht also zwanzig Minuten.»

«Ich denke, wir geben ihm Fritzi nicht.» Antonia sah zu Fritzi, die friedlich schlief, Arme und Beine weit von sich gestreckt, voller Vertrauen, dass ihr bei uns nichts Schlimmes passieren konnte.

«Ich hab einen Plan», sagte Yvette und grinste. «Der ist nicht genial, aber könnte klappen. Okay, Plan ...»

Wir saßen in der Kabine und warteten, dass die Zeit verging, die letzten Minuten und alles. Nach allem, was bisher war, jetzt einfach noch der Rest. Das bisschen hinten. Der Schluss. Das war doch absurd, dass all das vorher, diese ganze Reise, nun einen Deckel bekam. Als wär's eine Kiste mit einem Affen.

Wir saßen da und hatten Angst, dass Kusmyn klopfte. Klopfte aber nicht. Nur unsere Herzen.

Dann klopfte Jimmy-Junior und brachte die Kiste. Er wünschte uns viel Glück.

Kusmyn hatte zwar gesagt «Übergabe auf dem Main Deck», aber wir hatten beschlossen, dass wir als uninformierte Touristen schon mal das Main Deck mit dem Upper Deck verwechseln konnten, und gingen zum Upper Deck. Wir sahen einmal nach hinten auf das dunkle Meer, das uns trug, und nach vorne zum Hafen, der größer wurde. Wir fuhren auf das Ende zu.

Noch neun Minuten. Ungefähr. All die Hafendinge waren schon verdammt nah. Die aufgestapelten karierten Wände aus Containern. Überhaupt dieses ganze lackierte Metall. Diese Kräne, die in ihrem eigenen Flutlicht standen. Zwei Schiffe, die be- und entladen wurden. Das Wasser war hier schon kein Meer mehr.

«Wollen wir nicht runtergehen?», fragte Antonia. Sie hielt die Kiste an sich gepresst und zitterte.

«Noch nicht. Je näher wir am Hafen sind, umso besser.» Freigunda machte einen langen Hals. Das sah aus, als ob sie den richtigen Zeitpunkt riechen konnte.

«Jetzt?» Antonia zitterte. «Sollen wir mal hallo rufen?»

«Das ist auch gut, falls Antipenko uns noch nicht gesehen hat.» Freigunda sah nach oben zur Brücke und winkte. Den Arm ganz lang, als wäre das ein internationales Zeichen für «Achtung! Hier passiert gleich was.»

«Der hat uns bestimmt schon gesehen. Er oder Daris.» Yvette ging zur Treppe. «Hallo?», rief sie runter.

Noch acht Minuten. Ungefähr. Ich atmete tief ein.

Yvette war jetzt ein Stück die Treppe runtergegangen. «Officer Kusmyn?» rief sie. Er antwortete von unten. Yvette rief zu ihm runter, dass wir gedacht hätten, er hätte das Upper Deck gemeint, aber nein, er hatte ja das Main Deck gemeint. Wieder eine Minute um. Yvette kam extra zu uns hoch und erklärte, dass wir runterkommen sollten. Wieder eine halbe Minute um. Freigunda winkte noch einmal das internationale Zeichen für «Achtung! Bitte hinsehen!». Wir gingen alle die Treppe runter. Sehr langsam. Antonia trug die Kiste, ganz vorsichtig, schaute in die Luftlöcher.

Es war so klar, dass Kusmyn die Übergabe draußen machen wollte, um Fritzi wirklich in Gefahr zu bringen oder wenigstens damit zu drohen. Bestimmt würde er seine Aufforderung wiederholen, dass wir die Klappe zu halten hatten über den kleinen Affen, sonst platsch, Affe ertränkt. Das hatte er ja klar genug gesagt.

Okay, spielten wir also «Affenübergabe». Für «Affenübergabe» brauchte man drei bis vier, die die Guten waren, ein Arschloch und eine Kiste. Um die Spielfläche ist ein Geländer, dann tiefes Wasser und Dunkelheit. An Deck sind mehrere Außenlichter an. Alle Mitspieler werfen lange Schatten in mehrere Richtungen, stehen also auf einem Kreuz aus Schatten, das wie eine Markierung aussieht, aber einfach mitkommt, wenn man sich bewegt. Es sieht aus, als stünden alle auf ihrem Standpunkt.

Wir mit harten Gesichtern. Die Kieferknochen taten weh vom Zusammenpressen. Yvette wie Stein, Freigunda wie Stahl, Antonia Glas. Wenn Blicke zerdrücken könnten, wäre Artem Kusmyn nur noch vom Deck zu kratzen. Er allerdings mit einem Gesicht wie «mein Deck, mein Schiff, meine Regeln, meine Welt». Er stand seitlich an die Reling gelehnt wie eine Werbeanzeige für weiße Kleidung. Die Reling hatte eine große Öffnung an dieser Stelle. Groß genug, um eine Kiste durchzuschieben.

Warum hatten wir überhaupt überlegt, was wir tun mussten?

Gar nichts. Es lief von alleine. Einfach mal vertrauen, dass sich die Bösen von allein böse verhalten. Und die Guten gut und dass jeder von allein wusste, zu welcher Seite er gehörte.

Kusmyn legte seine Hände in den Handschuhen aneinander und ließ uns an seinen Gedanken teilhaben. Wir hätten zwei Rechnungen bei ihm offen, und nun sei es an der Zeit, diese zu begleichen. Als Erstes sollten wir die Kiste dort hinstellen. Er zeigte direkt vor sich.

Antonia stellte die Kiste hin und kam zu uns zurück. Kusmyn stieß mit dem Fuß leicht dagegen. Er sah aus, als würde alles wirklich vorzüglich laufen. Endlich hatte er uns wieder da, wo er uns hinhaben wollte. Wir standen vor ihm und hatten zu lauschen. Er erklärte uns, warum es gut sei, dass wir diese Lektion jetzt bekämen in so jungen Jahren. Wir hätten genau das richtige Alter. Junge Männer kämen in die Armee, und dort würden sie das auch lernen müssen. Was für die jungen Männer gilt, gälte auch für uns als junge Frauen. Wir haben uns einzufügen in das bestehende System. Junge stünden unter Älteren und Frauen unter Männern, wir also in doppelter Hinsicht unter ihm. Was wir heute lernen würden, hätten wir für unser ganzes Leben. Die Lektion sei: Wir haben keine Chance. Man könnte uns einsperren, sogar wenn wir einen Schlüssel zu der Tür hätten. Er lachte. Wir seien schwach. Das sollten wir uns merken. Dass wir geglaubt hätten, einen Sieg über ihn errungen zu haben, würde sich jetzt in die bitterste Niederlage unseres Lebens verwandeln. Aber diese Erfahrung würde uns davor bewahren, es noch einmal zu versuchen. Seine Bedingungen waren doch ganz klar gewesen. Ein Verstoß, und der Affe müsse dran glauben. Wir wären schuld am Tod des Affen. Damit müssten wir nun leben.

Er schob mit dem Fuß die Kiste Richtung Reling. Kusmyn sah uns an, seine Augen total gierig danach zu sehen, wie wir zuckten und weinten, bettelten.

«Wir gehen rein», sagte Yvette. «Müssen wir uns nicht ansehen. Oder?»

Wir drehten uns um und gingen. Wir hörten die Kiste hinter uns ins Wasser fallen.

Ich legte meinen Arm um Antonia, die lachen musste. Vielleicht sah es von hinten aus wie Weinen.

Ob Antipenko beim Anlegen Zeit gehabt hatte, auf den Bildschirmen zu sehen, was auf dem Main Deck passiert war? Ob es ihn überhaupt interessierte? Ob Daris es gesehen hatte?

Wir atmeten zumindest erst einmal auf, als wir im Treppenhaus waren. Okay. So weit war es doch erst mal gut gelaufen. Alles nach Plan. Ich hatte vorher gesagt, dass Kusmyn zwei Schwachstellen hatte. Er würde uns unterschätzen, und er würde nie etwas in die Hand nehmen. Er würde hoffentlich die Kiste auch nicht anfassen. Hatte er dann ja auch nicht. Das Schiff war kurz davor anzulegen, als wir zurück in der Kabine waren.

Wir klebten uns ans Seitenfenster, um zu sehen, ob irgendwo da draußen Polizei zu sehen war. Da waren nur Hafenarbeiter, die in einer Gruppe zusammenstanden und rauchten. Weiter hinten spärlich beleuchtete Hallen. Dahinter dunkel.

«Sind wir zu früh?», überlegte Antonia. «Oder sollte die Lexy Barker woanders anlegen, und die warten jetzt an einer anderen Stelle?»

Nee, das glaubten wir nicht. Die Polizei würde ja wohl rausbekommen, wo ein Schiff anlegte.

«Dann müssen wir jetzt noch ein bisschen in der Kabine bleiben», schlug Yvette vor. «Bis sie da sind.»

Er müsse auf jeden Fall wieder runter, sagte Jimmy-Junior. Er küsste Fritzi und sagte etwas zu ihr. Das klang nett und endgültig. Fritzi fasste nach seinen Lippen. Dann übernahm Antonia Fritzi. Denn sie war nicht betäubt in einer Kiste im Hafen untergegangen. Sie war die ganze Zeit mit Jimmy-Junior in der Kabine gewesen. Vielleicht hatte sie gespielt. Sicherlich hatte sie so viel Spaß gehabt wie immer, und hoffentlich hätte sie auch in Zukunft viel Spaß. Wenn Kusmyn nicht noch irgendeine wilde Nummer brachte. Aber er dachte ja, er hätte ein Affenbaby im Hafen ertränkt. Und nicht einen Affenrucksack. Er hatte nur kurz in die Kiste reingesehen. Er traute uns echt gar nichts zu. Aber wenn er Fritzi sah, würde er durchdrehen. Wo blieb die Polizei? Mann! Durch das Fenster sah ich, wie Romeo die Hühnerleiter ausfuhr und an Land ging. Daris warf ihm ein Seil rüber, das Romeo um einen Poller festzog. Wir waren mit dem Festland verknotet.

«Jetzt müssen wir hoffen.» Antonia drückte Fritzi an sich. «Ruf doch mal Bea an.»

Das hatte ich die ganze Zeit nicht getan. Immer nur Nachrichten. Wie eine stille Abmachung. Ach, nur eine Nachricht. Nichts weiter. Als würde anrufen irgendwas Krasses bedeuten, dass wir dann so richtig dolle befreundet wären. Waren wir doch auch.

Sie ging sofort ran. Unsere beiden Stimmen freuten sich so krass. Sie umarmten sich. Das war kein bisschen cool. Es war unfassbar gut, sie zu hören.

«Wir sind vorne am Hafenterminal. Die müssen alle Pässe sehen. Aber gleich da. Geht's euch gut?»

«Ja, so weit.»

«Nur noch ein Pass. Dann sind wir durch. Nicht erschrecken. Diese Francesca ist auch da.»

«What? Francesca ist da. Warum?»

«Die wusste ja, wann ihr ankommt. Sie will was schreiben. Sagt sie.»

«Sag ihr, das wird nichts mit dem Buch.»

Yvette rief rein. «Weil Charlotte das Buch schreibt.»

«Du schreibst das Buch?» Bea klang beeindruckt.

«Nee, weil Yvette das nicht mehr mit Francesca machen wollte.»

«Weil du das machst», rief Yvette. «Du kannst das.»

Bea sagte, dass sie da ausnahmsweise mal Yvette zustimmen müsste. «Ich glaube auch, dass du das kannst.»

Ich hätte gern das Handy fest an die Brust gedrückt.

«Okay. Bis gleich. Wir sind gleich da.» Bea legte auf.

«Francesca ist da?», fragte Antonia nach. «Echt?»

«Ja, Antonia, große Versöhnung im Hafen. Toll, oder?» Yvette verdrehte die Augen.

Antonia lachte. «Sag das doch nicht so. Isses doch wirklich.»

Freigunda zog ihre Waldjacke an, setzte ihren Militärrucksack auf und nickte uns zu.

Antonia, Yvette und ich zogen auch unsere Jacken an. Dann Rucksäcke auf und noch mal in der Kabine umsehen, ob wir alles hatten. Tschüss, Kabine. Danke!

«Hast du das Ei?», fragte Yvette.

Ich nahm das Ei aus dem Leinenbeutel und auch aus dem Tuch. Wir berührten es alle. Bestimmt brachte das Glück. Ich trug das Ei einfach so. Wie man eben ein sehr großes, versteinertes Ei trägt. Das war jetzt die letzte Chance, das Ei endlich Antipenko zu geben. Und wenn es wieder nicht klappte, dann hätte er es wenigstens gesehen. Vielleicht bekam er dann eine Erleuchtung. Ich hoffte, dass ich ihn nicht lange suchen musste. Draußen wurde irgendeine Pumpe angelassen, die irgendeine Flüssigkeit in das Hafenbecken platschen ließ. Dann wurde der Schiffsmotor ausgestellt. Das Piepen der Kräne war zu hören, die ihre Arbeit aufnahmen.

Ich musste Antipenko kein bisschen suchen. Er war auf dem Main Deck. Ich hörte ihn gleich. Er sprach sehr laut, leider auf Ukrainisch, also mit Oleksiy, Daris, Mykyta oder Kusmyn. Wir sahen Kusmyn durch die offene Tür unten, wie er direkt vor der Hühnerleiter stand und sie mit ausgebreiteten Armen versperrte. Es waren noch andere Stimmen zu hören. Es waren alle da.

Antonia blieb mit Fritzi im Gang. Freigunda, Yvette und ich gingen raus. Wir wollten runter vom Schiff. Der einzige Gedanke. Schnell runter. Gleich würde die Polizei da sein. Wir gingen zu Daris, der auf meiner Truhe saß. Ich setzte mich neben ihn, das Ei auf dem Schoß. Wir fragten Daris, was los sei.

Streit, sagte Daris. Antipenko hatte eigentlich nur wissen wollen, was in der Kiste gewesen war, die Kusmyn ins Wasser geworfen hatte, denn er hatte die Affenübergabe tatsächlich mitbekommen. Um das Spiel perfekt zu spielen, brauchte man nämlich noch Zeugen.

Daris flüsterte uns zu, Kusmyn würde behaupten, er habe keine Kiste ins Wasser geworfen. Antipenko würde sich wieder was einbilden. Andere sagten, sie hätten das mit der Kiste auch gesehen. Mykyta aus dem Maschinenraum. Und Rolando, der gerade eine geraucht hätte. Mykyta zeigte auf uns und sagte etwas. Bestimmt, dass wir es ja auch gesehen hatten.

Kusmyn lächelte uns an. Hatte er noch nie getan. Wir hätten doch gar nichts hiermit zu tun. Wirklich. Ob wir nicht gehen wollten? Er trat ein Stück beiseite und zeigte einladend die Hühnerleiter runter in die Freiheit.

Wir sahen uns an. Sollten wir jetzt echt gehen? Oder zumindest noch sagen, dass Kusmyn auf jeden Fall die Kiste ins Meer geworfen hatte und dass er geglaubt hatte, dass Fritzi in der Kiste war?

Antipenko winkte ab. Es ging doch nicht um die Kiste. Die Männer redeten wieder durcheinander, diese ganzen Stimmen der Männer, die wir inzwischen alle kannten und von denen wir doch keine Ahnung hatten.

Antipenko befahl, dass sie alle ruhig sein sollten.

Kusmyn stellte sich wieder vor den Ausgang und sagte etwas,

das auf keinen Fall eine Frage war. Es war eine Ansage. So und so sollte es laufen.

Was sagt er?, fragten wir Daris leise. Der kam mit Übersetzen gar nicht hinterher. Niemand sollte vom Schiff, flüsterte Daris, bis Antipenko nicht endlich die Männer feuern würde, die für die Meuterei zuständig waren. Antipenko wüsste, was auf dem Spiel stand. Sonst könnte Kusmyn auch gerne erzählen …

Antipenko schrie etwas.

Kusmyn blieb ruhig.

Ich versuchte, in der Dunkelheit des Hafengeländes zu sehen, ob endlich die Polizei kam. Neben den dunklen Hallen waren tatsächlich Menschen. Ich erkannte Bea sofort, Pim, Amine, Francesca und Polizei, vier Mann.

Antipenko ging auf Kusmyn zu. Die Mannschaft folgte ihm einige Schritte. Antipenko blieb stehen und sah zwischen Mannschaft und Kusmyn hin und her.

Was hatte er geschrien, fragte Yvette. Aber Daris stand auf und stellte sich zu der Mannschaft hinter Antipenko. Genauso Oleksiy und Mykyta.

Na, prima, jetzt hatten wir keinen Übersetzer mehr.

Die Männer standen da, als wären sie ein Gemälde. Eines, das nicht schwer zu deuten war. Zwei Fronten. Einer in der Mitte. Das Gemälde hatte keinen versteckten Hinweis, zu welcher Seite sich der Mann in der Mitte wenden würde. Im Hintergrund Männer in Uniformen, jetzt auch für alle außer Kusmyn zu erkennen, der mit dem Rücken zum Hafen stand und Antipenko anstarrte. Das war vielleicht ganz gut, dass er nicht mitbekam, dass sich hinter ihm etwas tat, aber da hatte schon einer der Männer «Polizei» gesagt und gezeigt. Kusmyn drehte sich kurz herum, dann wieder zurück. Er sprach jetzt englisch, damit die Mannschaft ihn verstand. Ja, er habe die Polizei gerufen, damit sie die Männer festnahm, die gemeutert hatten.

Ich glaubte ihm sogar kurz. Yvette sagte, dass das nicht stimmt, sondern wir die Polizei gerufen hätten. Sie würde den Affen beschlagnahmen.

Kusmyn kratzte sich an seinen Händen, aber hatte sich sofort wieder im Griff. Er lächelte wieder, trat von der Hühnerleiter weg und forderte uns erneut auf, jetzt bitte sofort das Schiff zu verlassen. Das alles hier ginge uns wirklich nichts weiter an.

Das ginge uns sehr wohl etwas an, widersprach Yvette. Wir würden bleiben. Weil wir bezeugen konnten, dass er die Kiste ins Meer geworfen hätte.

Er habe die Kiste nicht ins Meer geworfen. Kusmyn schüttelte den Kopf. Er habe sie mit dem Fuß geschoben.

Es ginge nicht um diese scheiß Kiste, sagte Antipenko. Und das wüsste er auch. Antipenko sagte, dass er Kusmyn nicht mehr glaube. Nichts mehr. Das nicht. Und nichts anderes. Und er richtete sich immer weiter auf. Er habe ihm lang genug geglaubt. Das sei vorbei. Warum sollte er einem wie ihm mehr glauben als sich selbst? Ich weiß, was ich gesehen habe, sagte Antipenko.

Kusmyn lächelte, als er sagte, dann wäre er sich jetzt also sicher, dass er damals vor einem halben Jahr …

Auf einmal kam Antonia mit Fritzi auf dem Arm aus der Tür gerannt. Sie hatte die ganze Zeit im Gang gestanden, und vermutlich hatte sie gesehen, dass der Ausgang frei war. Sie kam nur bis kurz vor Kusmyn, der sofort wieder den Ausgang verstellte und Antonia grob festhielt.

Antipenko eilte ein Stück auf das Gerangel zu. Die Mannschaft rückte auf, und alles zog sich noch mehr zu. Die Diaz-Brüder stellten sich in Kampfhaltung.

Fritzi schrie und sprang von Antonias Arm, kletterte auf die Reling. Wir versuchten, sie zu uns zu rufen. Freigundas, Yvettes und meine Stimme.

Kusmyn ließ Antonia los und schüttelte seine Hände aus.

Fritzi kletterte wackelig von der Reling und wollte an Kusmyn vorbei zu uns. Sie war ziemlich aufgeregt und jammerte.

Kusmyn machte einen schnellen Schritt auf Fritzi zu, streckte beide Arme nach ihr aus, und ohne nachzudenken, sprang ich von meiner Truhe auf, als wäre ich mit Kusmyn in einem American-Football-Spiel, und warf ihm das Ei direkt in die ausgestreckten Hände. Das passierte alles so flüssig, als hätte ich nur auf seine Bewegung reagiert. Ich hatte nicht mal gedacht. Ich hatte es nur getan. Wenn ich später an diesen Moment dachte, kam es mir immer vor, als habe das Ei einfach so genau in seine Hände gepasst, dass ich gar nichts anderes hätte machen können, als es zu werfen.

Kusmyn fing, aber wie ich es mir die ganze Zeit gedacht hatte, taten Kusmyns entzündete Hände einfach zu sehr weh, um etwas festzuhalten. Er ließ das Ei sofort fallen. Es knallte auf seinen Fuß und brach auf. Als hätte es eine Naht, genau in zwei Hälften.

Dann lag es da, und so viele Augen sahen es an. Alle. Der Kranfahrer in seinem Glaskasten von ganz oben. Obwohl er von dort sicherlich nicht erkennen konnte, was darin war.

Und die Polizisten sahen es an, als sie an Bord kamen.

Kusmyn begann zu lachen, als könnte er nicht anders, als hätte er das jahrelang aufgestaut. Er lachte und lachte. Und Antipenko begann auch zu lachen. Erst leise, dann immer lauter. Er zeigte auf das Ei und lachte. Er nickte und lachte. Kusmyn schüttelte den Kopf und lachte noch mehr. Sie sahen sich an und lachten. Immer wieder sahen sie auf dieses kleine versteinerte Lebewesen in dem Ei. Es sah aus wie ein kleiner Wassersaurier. Langer Hals, Flossen. Was auch immer irgendwann mal zwischen Antipenko und Kusmyn vorgefallen war, jetzt sahen sie auf jeden Fall beide ein Seeungeheuer.

Ich musste auch lachen, und nach und nach fingen nun auch einige der Männer an zu lachen. Selbst die Männer von der

Polizei lachten. Es war gar nicht so lustig. Wir mussten einfach lachen. Unkontrollierbar. Langsam tat mir der Bauch weh davon.

Bea kam auf mich zugerannt und umarmte mich. Sie lachte auch. Oder weinte.

Dann umarmte sie die anderen, während Pim zu uns kam und uns ebenfalls lachend umarmte.

Francesca kam und umarmte uns. Sie weinte allerdings, lachte dann aber auch.

Als Kusmyn verhaftet wurde, lachte er nicht mehr. Er sah sehr erschöpft aus. Und nach und nach konnten auch alle anderen aufhören zu lachen.

Ich glaube, alle hatten aus einem anderen Grund gelacht. Ich jedenfalls lachte, weil alles vorbei war. Weil Fritzi beschlagnahmt wurde, weil wir das geschafft hatten. Warum die anderen lachten, wusste ich nicht.

Das müsste ich mir dann wirklich überlegen, wenn ich das Buch schreiben würde. Und auch wie es mit der Mannschaft weiterging, andererseits konnte ich eben bloß erzählen, was ich wusste. Wie Antipenko gesagt hatte: Ich weiß, was ich gesehen habe.

Als wir von Bord gingen, spiegelten sich im Wasser verwackelt die Lichter, die am Ufer ganz fest waren.

Weitere Titel

Alle außer das Einhorn

Die Titanic und Herr Berg

Heile, heile

Mädchenmeute

Mädchenmeuterei

Signalstörung

Zieh dir das mal an!

Urlaub mit Punkt Punkt Punkt

(zusammen mit Horst Evers, Rita Falk u.a.)

Kirsten Fuchs
Mädchenmeute

Lesen Sie auch, was vorher geschah:
«Mädchenmeute», das erste Abenteuer
von Charlotte Nowak und ihren
Freundinnen – ausgezeichnet mit dem
Deutschen Jugendliteraturpreis 2016.

Nur widerwillig fährt Charlotte Nowak,
fünfzehn und sehr schüchtern, mit sieben
anderen Mädchen ins Sommerferiencamp.
Doch dort ist alles anders als erwartet:
Dinge verschwinden, und als eines Morgens die Gruppenleiterin ausrastet, flüch-

464 Seiten

ten die Mädchen, klauen ein Hundefängerauto samt Hunden und
fahren ins Erzgebirge, wo eine von ihnen einen alten Stollen kennt.
Hier schlagen sie sich durch immer freiere, immer aufregendere und
schönere Sommertage zwischen Waldabenteuern und nächtlichen
Streifzügen zu Supermarkt-Containern – und Charly Nowak merkt,
dass sie nicht nur schüchtern ist. Doch plötzlich stoßen die Mädchen
auf eine brisante DDR-Hinterlassenschaft, die Außenwelt holt sie ein,
und dann kommt auch noch die erste Liebe. Charly muss das, was sie
gerade an Mut und Freundschaft entdeckt hat, unter Beweis stellen …

Weitere Informationen finden Sie unter **rowohlt.de**